Klein   Das neue Unterhaltsrecht 2008

ANWALTSPRAXIS
DeutscherAnwaltVerlag

Das neue Unterhaltsrecht 2008

mit Beispielsfällen und Musterberechnungen

Von
Rechtsanwalt Michael Klein,
Fachanwalt für Familienrecht,
Regensburg

DeutscherAnwaltVerlag

Zitiervorschlag:
Klein, Unterhaltsrecht 2008, S. 1

Copyright 2008 by Deutscher Anwaltverlag, Bonn
Satz: Griebsch & Rochol, Hamm
Druck: Medienhaus Plump GmbH, Rheinbreitbach
ISBN 978-3-8240-0918-3

Bibliografische Information der Deutschen Bibliothek
Die Deutsche Bibliothek verzeichnet diese Publikation in der Deutschen Nationalbibliografie; detaillierte bibliografische Daten sind im Internet über http://dnb.ddb.de abrufbar.

Vorwort

Nach jahrelangem Hin und Her in der Gesetzgebung ist das Neue Unterhaltsrecht nun doch noch – überraschend schnell – am 1.1.2008 in Kraft getreten. Die familienrechtliche Praxis hat daher sehr wenig Zeit, sich auf die doch gravierenden Veränderungen des Unterhaltsrechts einzustellen. Autor und Verlag freuen sich daher besonders darüber, dass es nach großer Kraftanstrengung gelungen ist, den Praktikern des Familienrechts dieses Buch als praktische Hilfe für die tägliche Arbeit in Familiensachen rechtzeitig vor Inkrafttreten des UÄndG 2008 zur Verfügung zu stellen.

Dieses Buch verzichtet bewusst darauf, durch Abdruck der Gesetzesmaterialien unnötige Kosten zu verursachen; vielmehr können Sie diese Materialien auf meiner Homepage www.kk.famr.eu unter dem Menüpunkt „Mandateninformationen – Unterhaltsreform 2008" abrufen.

In den Jahren 2005, 2006 und 2007 habe ich auf meinen bundesweiten Seminaren in der Fachanwaltsausbildung und -fortbildung viele wertvolle Anregungen und Hinweise erhalten, die in dieses Buch eingegangen sind. Dafür und für künftige Anregungen und Hinweise wie auch für konstruktive Kritik danke ich an dieser Stelle. Besonderen Dank schulde ich meiner Tochter Marion Klein, Fachanwältin für Familienrecht, für ihre umfassende Unterstützung, ohne die es mir nicht möglich gewesen wäre, dieses Werk pünktlich zum Inkrafttreten des Neuen Unterhaltsrechts vorzulegen.

Regensburg, im Dezember 2007 *Michael Klein*

Inhaltsverzeichnis

Seite

I. Notwendigkeit einer Reform des Unterhaltsrechts (UÄndG 2008) 13
1. Normenklarheit im Bereich des Kindesunterhalts (BVerfGE 108, 52 ff.) 14
2. Begründung des Reformgesetzgebers 15

II. Zielsetzungen und wesentliche Änderungen des Reformgesetzes 17
1. Zielsetzungen des UÄndG 2008 17
2. Förderung (Stärkung) des Kindeswohls 19
   a) Geänderte Rangfolge aufseiten der Unterhaltsgläubiger (§ 1609) 19
   b) Besserstellung kinderbetreuender, nicht miteinander verheirateter Eltern (§ 1615l) 20
   c) Gesetzliche Definition des Mindestunterhalts minderjähriger Kinder und vereinfachte Kindergeldverrechnung (§ 1612a) 21
3. Stärkung der Eigenverantwortung nach der Ehe 26
4. Vereinfachung des Unterhaltsrechts und Justizentlastung 27
5. Reichweite der Reform 28
6. Historie des Gesetzgebungsverfahrens 29
7. Die wesentlichen Änderungen im Überblick 30
   a) Kindesunterhalt 30
   b) Tiefgreifende Veränderungen des Unterhalts des geschiedenen Ehegatten 30
   c) Verbesserung der Rechtsstellung kinderbetreuender, nicht miteinander verheirateter Eltern (§ 1615l) 31
   d) Übergangsvorschriften 31

III. Änderungen des Bürgerlichen Gesetzbuchs im Einzelnen 33
1. § 1361 Unterhalt bei Getrenntleben 33
2. § 1569 Grundsatz der Eigenverantwortung 34
   a) Reformen des nachehelichen Unterhaltsrechts 34
   b) Regel-Ausnahme-Prinzip des nachehelichen Unterhalts 35
   c) Begrenzung des nachehelichen Unterhalts 38
   d) Veränderungen durch das UÄndG 2008 38
      aa) Auslegung von § 1570 39
      bb) Auslegung von § 1578b 40
      cc) Auslegung der übrigen Tatbestände 40

7

Inhaltsverzeichnis

3. § 1570 Unterhalt wegen Betreuung eines Kindes 41
   a) Strukturen der Norm 41
   b) Normzweck 45
   c) Erweiterung der Norm durch das UÄndG 2008 45
   d) Tatbestandsvoraussetzungen 49
      aa) Zumutbarkeit der Wiederaufnahme früherer bzw. Fortsetzung bisheriger Berufstätigkeit 50
      bb) Gesamte Umstände des jeweiligen Einzelfalles 51
      cc) Alter und Zahl der Kinder 52
      dd) Möglichkeiten der Fremdbetreuung 54
      ee) Problemkinderfälle 56
   e) Obliegenheit zum Beginn der Arbeitsplatzsuche 57
   f) Begrenzungen des Anspruchs 59
   g) Erlöschen des Anspruchs nach § 1570 60
      aa) Veränderungen bei der Kinderbetreuung 60
      bb) Vertragliche Begrenzungen des Anspruchs 60
   h) Umfang des Anspruchs 61
   i) Angleichung der Vorschriften zum Betreuungsunterhalt ... 62
      aa) § 1570 62
         (1) Altersphasenmodell nach der Rechtsprechung des Bundesgerichtshofes 62
         (2) Die drei Anspruchsgrundlagen des § 1570 62
      bb) § 1615l 63
      cc) Verbliebene Unterschiede 63
4. § 1573 Unterhalt wegen Erwerbslosigkeit und Aufstockungsunterhalt ... 64
5. § 1574 Angemessene Erwerbstätigkeit 65
   a) Strukturen der Norm 66
   b) Veränderungen durch das UÄndG 2008 66
   c) Kriterien angemessener Erwerbstätigkeit i.S.d. § 1574 .. 67
      aa) Subjektive Kriterien, insbesondere Legaldefinition des § 1574 Abs. 2 68
         (1) Ausbildung 68
         (2) Persönliche Fähigkeiten 69
         (3) Frühere Erwerbstätigkeit 69
         (4) Gesundheitszustand 69
         (5) Lebensalter 69
         (6) Eheliche Lebensverhältnisse 70
      bb) Objektives Kriterium: Reale Beschäftigungschance 70
   d) Eheliche Lebensverhältnisse 71
   e) Darlegungs- und Beweislast 73
6. § 1577 Bedürftigkeit 74
   a) Strukturen der Norm 75

Inhaltsverzeichnis

b)	Bereinigung des überobligatorischen Einkommens	76
c)	Aufspaltung der überobligatorischen Einkünfte	77
	aa) Unterhaltsrelevanter Teil	78
	bb) Nicht unterhaltsrelevanter Teil	79
d)	Kriterien zur Aufspaltung der überobligatorischen Einkünfte	80
	aa) Kriterien der Abgrenzung obligatorischer von überobligatorischen Einkünften	80
	bb) Gesetzliches Kriterium „beiderseitige wirtschaftliche Verhältnisse".	81
e)	Kinderbetreuung neben Berufstätigkeit durch einen Elternteil	82
	aa) Betreuungsbonus	82
	bb) Kriterien für die Zumessung des Betreuungsbonus	83
	cc) Anforderungen an den Sachvortrag bezüglich des Betreuungsbonus	84
f)	Kinderbetreuung neben Berufstätigkeit durch beide Elternteile	84

7. § 1578 Maß des Unterhalts 84
8. § 1578b Begrenzung des Unterhalts wegen Unbilligkeit 86

- a) Grundlagen der Einführung einer neuen Norm 87
- b) Grundlegende Strukturen 90
  - aa) Rechtslage vom 1.4.1986 bis zum 31.12.2007 90
    - (1) § 1573 Abs. 5 91
    - (2) § 1578 Abs. 1 S. 2 91
  - bb) Neuordnung der Unterhaltsbegrenzungen ab 1.1.2008 91
    - (1) Struktur der (neuen) Norm § 1578b 93
    - (2) Gebot verschärfter Anwendung der neuen Norm § 1578b 94
- c) Grundsätzliche Erwägungen zur Neuregelung der Unterhaltsbeschränkung 95
  - aa) „Gleiche Teilhabe am gemeinsam Erwirtschafteten" 95
  - bb) Nachteilsausgleich aufgrund fortwirkender Verantwortung 96
  - cc) Fortwirkung der nachehelichen Solidarität unter Billigkeitsgesichtspunkten 97
- d) Voraussetzungen des § 1578b 98
  - aa) Herabsetzung: § 1578b Abs. 1 98
  - bb) Zeitliche Begrenzung: § 1578b Abs. 2 99
  - cc) Kumulation Herabsetzung/zeitliche Begrenzung: § 1578b Abs. 3 ... 99
- e) Maßstäbe zur Begrenzung des Unterhalts nach § 1578b 99
  - aa) Grundlegender Maßstab: Gemeinsame Lebensführung 99
  - bb) Ersatzmaßstab: Höhe des angemessenen Lebensbedarfs 101
  - cc) Maßstab für die Feststellung der Unbilligkeit 101
  - dd) Wirtschaftliche Verflechtung 102
  - ee) Ehedauer i.S.d. § 1578b 102
    - (1) Zeitraum nach der Rechtsprechung des Bundesgerichtshofes zu §§ 1573 Abs. 5, 1578 Abs. 1 S. 2 103
    - (2) Ehedauer und Kindererziehungszeiten 105

Inhaltsverzeichnis

		(3) Bemessung der Ehedauer	107
f)	Billigkeitsprüfung		109
g)	Kombination beider Begrenzungsmöglichkeiten (§ 1578b Abs. 3)		110
	aa)	Minderung des Unterhalts nach Ablauf einer Schonfrist	110
	bb)	Umfang der betragsmäßigen Reduzierung	111
h)	Darlegungs- und Beweislast		112
i)	Präklusion (§ 323 Abs. 2 ZPO)		113
j)	Notwendigkeit der Abänderungswiderklage		113
	aa)	Notwendigkeit eines einheitlichen Verfahrens	114
	bb)	BGH FamRZ 2004, 1357 = FuR 2004, 548	114
k)	Vorausschau		116
l)	Hinweis auf die Gefahr verspäteten Sachvortrages		118
m)	Neuere Rechtsprechung des Bundesgerichtshofes zu §§ 1573 Abs. 5, 1578 Abs. 1 S. 2		119
	aa)	BGH FamRZ 2005, 101 = FuR 2005, 178	119
	bb)	BGH FamRZ 2006, 1006 = FuR 2006, 374	119
	cc)	BGH FamRZ 2007, 200 = FuR 2007, 25	119
	dd)	BGHZ 171, 206 = FamRZ 2007, 793 = FuR 2007, 276	121
	ee)	Verfahren XII ZR 11/05	124
	ff)	Verfahren XII ZR 15/05	125
n)	Neuere Rechtsprechung der Oberlandesgerichte zu §§ 1573 Abs. 5, 1578 Abs. 1 S. 2		126
	aa)	OLG Schleswig NJW-RR 2004, 1372	126
	bb)	OLG Hamm OLGR 2004, 340	126
	cc)	OLG Hamm FamRZ 2005, 35	127
	dd)	KG FamRZ 2005, 458	127
	ee)	OLG Düsseldorf ZFE 2005, 101 [Ls]	127
	ff)	OLG Karlsruhe FamRZ 2005, 1179	127
	gg)	OLG Hamm FuR 2005, 332 = FamRZ 2005, 1177	128
	hh)	OLG München FamRZ 2005, 459	128
	ii)	OLG Düsseldorf FamRZ 2006, 1040 = FuR 2006, 89	128
	jj)	OLG Oldenburg FamRZ 2006, 1842 = FuR 2007, 90	129
	kk)	OLG Koblenz FamRZ 2007, 833 = FuR 2007, 44	129
	ll)	OLG Celle FF 2007, 262	129
	mm)	OLG Karlsruhe FamRZ 2007, 1176	130
	nn)	OLG Saarbrücken NJW-RR 2007, 1462	131
	oo)	OLG München (Urteil vom 30.10.2007 – 4 UF 105/07 – n.v.)	131
o)	Beispiele zur Anwendung des § 1578b		133
9.	**§ 1579 Beschränkung oder Versagung des Unterhalts wegen grober Unbilligkeit**		**134**
a)	Normzweck		136
b)	Bemessung der Ehedauer i.S.d. § 1579 Nr. 1		138

c) § 1579 Nr. 2 n.F. – Verfestigte Lebensgemeinschaft des
Unterhaltsgläubigers 141
   aa) § 7 SGB II 143
   bb) Rechtsprechung der Bundesgerichte 144
      (1) Bundesverfassungsgericht 145
      (2) Bundesgerichtshof (zu § 1579 Nr. 7 a.F.) 145
      (3) Bundessozialgericht 154
      (4) Bundesverwaltungsgericht 155
   cc) Bürgerlich-rechtliche Definition der „Verfestigten
      Lebensgemeinschaft" 155
   dd) Indizienprüfung im Einzelfall 157
      (1) Übersicht über die Kriterien des SGB II 157
      (2) Zeitkriterium (§ 7 Abs. 3a Nr. 1 SGB II) 157
      (3) Zusammenleben mit einem gemeinsamen Kind
      (§ 7 Abs. 3a Nr. 2 SGB II) 158
      (4) Versorgung von Kindern oder Angehörigen im Haushalt
      (§ 7 Abs. 3a Nr. 3 SGB II) 158
      (5) Befugnis zu wirtschaftlichen Dispositionen
      (§ 7 Abs. 3a Nr. 4 SGB II) 158
      (6) Art des (räumlichen) Zusammenlebens („Wohnverhältnisse") .. 159
      (7) Weitere Kriterien 160
      (8) Anwendung von Erfahrungssätzen bzw. Vermutungsregelungen 160
      (9) Summarisches Verfahren und Prozesskostenhilfe 162
d) Kinderschutzklausel des § 1579 162
10. § 1582 Rang des geschiedenen Ehegatten bei mehreren
Unterhaltsberechtigten 162
11. § 1585b Unterhalt für die Vergangenheit 163
12. § 1585c Vereinbarungen über den Unterhalt 165
13. § 1586a Wiederaufleben des Unterhaltsanspruchs 167
14. § 1604 Einfluss des Güterstands 168
15. § 1609 Rangfolge mehrerer Unterhaltsberechtigter 169
  a) Strukturen der Neuregelung 170
  b) Rangverschiebungen 171
   aa) Abänderungsklage 171
   bb) Rangordnung des § 1609 172
  c) Die Neue Rangordnung im Einzelnen 172
   aa) 1. Rang (§ 1609 Nr. 1) 172
   bb) 2. Rang (§ 1609 Nr. 2) 173
   cc) 3. Rang (§ 1609 Nr. 3) 175
   dd) 4. Rang (§ 1609 Nr. 4) 176
   ee) 5. Rang (§ 1609 Nr. 5) 177

ff) 6. Rang (§ 1609 Nr. 6) 177
gg) 7. Rang (§ 1609 Nr. 7) 177
d) Mangelfalllagen 178
e) Mangelfallrechnungen ab 1.1.2008 179
   aa) Beispiel eines einstufigen Mangelfalles: Mangellage (nur) im
      1. Rang... 181
   bb) Beispiel eines zweistufigen Mangelfalles: Mangellage im 2. Rang . 182
   cc) Beispiel eines zweistufigen Mangelfalles: Mangellage im 2. Rang . 184
   dd) Beispiel zu den Rangeinstufungen 184
16. § 1612 Art der Unterhaltsgewährung.................................... 186
17. § 1612a Mindestunterhalt minderjähriger Kinder 188
   a) Neufassung der Norm.. 190
   b) Dynamiksystem (§ 1612a Abs. 1)..................................... 191
   c) Mindestunterhalt (§ 1612a Abs. 1 S. 2 und 3) 192
   d) Alterssprünge (§ 1612a Abs. 1 S. 3)................................ 194
18. § 1612b Deckung des Barbedarfs durch Kindergeld 195
   a) Neukonzeption des § 1612b 196
   b) Grundgedanken der Regelung 197
   c) Die Neuregelungen im Einzelnen 200
19. § 1615l Unterhaltsanspruch von Mutter und Vater aus Anlass der
    Geburt 203

IV. Übergangsvorschriften 207
1. Grundgedanken der Regelung... 208
2. Strukturen der Norm.. 209
3. Regelungen des § 35 EGZPO im Einzelnen 211
   a) § 35 Nr. 1 EGZPO 211
   b) § 35 Nr. 2 EGZPO 213
   c) § 35 Nr. 3 EGZPO 213
   d) § 35 Nr. 4 EGZPO 216
   e) § 35 Nr. 5 EGZPO 216
   f) § 35 Nr. 6 EGZPO 217
   g) § 35 Nr. 7 EGZPO 217

V. Änderung sonstiger Vorschriften 219

VI. Inkrafttreten des UÄndG 2008;
    Außerkrafttreten sonstiger Gesetze 223

VII. Das Gesetzgebungsverfahren 225

VIII. UÄndG 2008 – Synopse 227

I. Notwendigkeit einer Reform des Unterhaltsrechts (UÄndG 2008)

Die steigende Berufstätigkeit beider Elternteile, die vermehrte Anzahl von Kindern, die in nichtehelichen Lebensgemeinschaften aufwachsen, sowie die zunehmende Gründung von Zweitfamilien mit Kindern prägen die heutige Familienrealität. Das Unterhaltsrecht soll an diese geänderten gesellschaftlichen Verhältnisse und den eingetretenen Wertewandel angepasst werden.

Die Unterhaltsreform betont den Grundsatz der nachehelichen Eigenverantwortung stärker als das bis zum 31.12.2007 geltende Recht. Die geschiedenen Ehegatten sind noch mehr angehalten, sich um ihren eigenen Lebensunterhalt selbst zu bemühen. Dies soll umso mehr gelten, wenn keine sog. ehebedingten Nachteile bestehen, die dem Ehegatten die Aufnahme einer Erwerbstätigkeit erschweren. Zwar besteht weiterhin die Möglichkeit, nachehelichen Unterhalt wegen Betreuung eines Kindes, Erwerbslosigkeit, Ausbildung, Alter oder Krankheit zu verlangen; im Lichte des Grundsatzes der Eigenverantwortlichkeit werden diese Voraussetzungen jedoch zukünftig kritischer zu betrachten sein: So sind etwa im Rahmen des Betreuungsunterhalts künftig verstärkt die im Einzelfall bestehenden Möglichkeiten der Kinderbetreuung zu berücksichtigen. Für alle nachehelichen Unterhaltsansprüche soll zudem die Möglichkeit geschaffen werden, den Unterhalt der Höhe nach zu begrenzen und/oder zeitlich zu befristen.

Bedeutung kommt dieser Rangfolge immer dann zu, wenn der Unterhaltsschuldner aufgrund seines Einkommens nicht in der Lage ist, die Unterhaltsansprüche aller Unterhaltsberechtigten zu befriedigen. Rangniedrigere Unterhaltsgläubiger erhalten dann nur Unterhalt, wenn die Unterhaltsansprüche aller ranghöheren Unterhaltsgläubiger befriedigt sind.

Diese unbestritten notwendige Veränderung des Unterhaltsrechts geht auf entsprechende Reformüberlegungen in den vergangenen Jahren zurück.[1] Der *Deutsche Bundestag* hat in einer Entschließung vom 6.7.2000[2] anlässlich der Neuregelung der Anrechnung des Kindergeldes (§ 1612b) durch das Gesetz zur Ächtung der Gewalt in der Erziehung vom 2.11.2000[3] vor allem in Bezug auf den Mindestbedarf von Kindern eine **Vereinfachung** des **Unterhaltsrechts**,[4] eine bessere Abstimmung mit dem Steuer- und Sozialrecht und eine Änderung der unterhaltsrecht-

---

1 Alle §§ ohne nähere Bezeichnung sind solche des BGB.
2 BT-Dr. 14/3781 S. 3.
3 BGBl I 1479.
4 S. auch Finke FPR 2005, 477 ff. – gesetzlich definierter Mindestbedarf und Abschaffung der RegelbetragVO.

I. Notwendigkeit einer Reform des Unterhaltsrechts

lichen Rangverhältnisse angeregt. Auch das *Bundesverfassungsgericht*[5] hat in einer Entscheidung zu § 1612b Abs. 5 unter dem Aspekt des Rechtsstaatsprinzips nach Art. 20 Abs. 3 GG mehr **Normenklarheit** bei der **Bestimmung** des **Existenzminimums** von **Kindern** gefordert. Eine entsprechende gesetzliche Klarstellung des Mindestunterhalts wurde bereits im Jahre 2002 vom Deutschen Juristentag[6] und 2003 vom Deutschen Familiengerichtstag[7] vorgeschlagen. Beide Institutionen haben sich außerdem mit großer Mehrheit für eine **Neuregelung** der **unterhaltsrechtlichen Rangfolge** ausgesprochen.

Auch in der Literatur wird zunehmend gefordert, den **Grundsatz** der **Eigenverantwortung** nach der Ehe **stärker** zu betonen; auch die Möglichkeiten einer stärkeren Beschränkung nachehelicher Unterhaltsansprüche werden zunehmend thematisiert. Die Rechtsprechung war hier bislang sehr zurückhaltend; erst in jüngster Zeit ist eine Tendenz zur verschärften Anwendung der bereits bestehenden gesetzlichen Instrumente zur **Herabsetzung nachehelicher Unterhaltsansprüche** und **zeitlichen Begrenzung** zu verzeichnen.[8]

1. Normenklarheit im Bereich des Kindesunterhalts (BVerfGE 108, 52 ff.)

Leitsätze

1. § 1612b Abs. 5 verstößt nicht gegen Art. 3 Abs. 1 GG, soweit er zur Sicherung des Existenzminimums des unterhaltsberechtigten Kindes die Anrechnung des Kindergeldes auf den Kindesunterhalt von der Leistungsfähigkeit des barunterhaltspflichtigen Elternteils abhängig macht und diesen vor dem betreuenden Elternteil verpflichtet, seinen Kindergeldanteil zur Deckung eines Defizits beim Kindesunterhalt einzusetzen.

2. Das Rechtsstaatsprinzip des Art. 20 Abs. 3 GG gebietet dem Gesetzgeber, bei der von ihm gewählten Ausgestaltung eines Familienleistungsausgleichs Normen zu schaffen, die auch in ihrem Zusammenwirken dem Grundsatz der Normenklarheit entsprechen. Dem genügen die das Kindergeld betreffenden Regelungen in ihrer sozial-, steuer- und familienrechtlichen Verflechtung immer weniger.

---

5 BVerfGE 108, 52 ff. = FamRZ 2003, 1370 = FuR 2003, 535.
6 Vgl. Martiny, Empfiehlt es sich, die rechtliche Ordnung finanzieller Solidarität zwischen Verwandten in den Bereichen des Unterhaltsrechts, des Pflichtteilsrechts, des Sozialhilferechts und des Sozialversicherungsrechts neu zu gestalten? – 64. Deutscher Juristentag 2002 Gutachten A 30 A 117.
7 Arbeitskreis 1 des 15. DFGT 2003, Brühler Schriften zum Familienrecht Bd. 13 [2004] S. 75.
8 Zur Begrenzung des nachehelichen Unterhalts insbesondere Büte FPR 2005, 316; Grandel FF 2004, 237 ff.; 2005, 303 ff.; FPR 2005, 320 ff.

I. Notwendigkeit einer Reform des Unterhaltsrechts

2. Begründung des Reformgesetzgebers

Der Gesetzgeber plante daraufhin – so hat er es selbst mehrfach formuliert – die zweite große „Reform" des Unterhaltsrechts seit 1977. Er hat die Notwendigkeit einer „Reform" des Unterhaltsrechts wie folgt begründet:[9]

Das Unterhaltsrecht regele die Übernahme von Verantwortung innerhalb der Familie und den Umfang finanzieller Solidarität unter Verwandten, zwischen Ehegatten in bestehenden und geschiedenen Ehen sowie zwischen Eltern eines außerhalb einer bestehenden Ehe geborenen Kindes und nicht zuletzt zwischen Lebenspartnern im Sinne des Lebenspartnerschaftsgesetzes. Damit sei das Unterhaltsrecht in besonderer Weise auf die **Akzeptanz** der Bürgerinnen und Bürger angewiesen. Um diese Akzeptanz auf Dauer zu bewahren, müsse es zeitnah auf gesellschaftliche Veränderungen[10] und gewandelte Wertvorstellungen reagieren.

Die Realität von Ehe und Familie habe sich in den vergangenen Jahren wesentlich geändert. Die Zahl der Scheidungen steige mit jedem Jahr. Größtenteils handele es sich dabei um Ehen von relativ kurzer Dauer. Fünfzig Prozent der geschiedenen Ehen seien kinderlos. Auch die Rollenverteilung in der Ehe ändere sich zunehmend. Immer häufiger blieben beide Partner – auch mit Kindern – berufstätig oder nähmen ihre Erwerbstätigkeit nach einer erziehungsbedingten Unterbrechung wieder auf. Neue Familienstrukturen bildeten sich heraus: Immer mehr Kinder lebten in nichtehelichen Lebensgemeinschaften oder bei einem alleinerziehenden Elternteil. Etwa ein Drittel der über zwei Millionen nicht verheiratet zusammenlebenden Paare hätten Kinder. Da immer häufiger kurze Ehen geschieden würden, komme es nach der Scheidung vermehrt zur Gründung einer „Zweitfamilie" mit Kindern.[11]

Gerade wenn mehrere bedürftige Ehegatten aus erster und zweiter Ehe sowie minderjährige Kinder vorhanden seien, reiche das Einkommen des Unterhaltsschuldners häufig nicht aus, um alle Unterhaltsgläubiger ausreichend zu versorgen. Die Berechnung von Unterhaltsansprüchen in solchen Mangelfällen sei äußerst kompliziert und führe vielfach zu nicht angemessenen Ergebnissen. Dies sei zum einen auf die nur noch Fachleuten verständliche Regelung des Mindestbedarfs von Kindern (§ 1612b) zurückzuführen, und zum anderen auf die geltende Rangfolge (§§ 1582, 1609). Diese sei unter mehreren Gesichtspunkten unbefriedigend und

---

9 Im Folgenden wird stellenweise die Gesetzesbegründung fast wörtlich wiedergegeben, da sie aufgrund der Methodenlehre für die Anwendung der neuen Normen entscheidend ist.
10 Zu den gesellschaftlichen Veränderungen ausführlich Gerhardt FuR 2005, 529 m.w.N.
11 BT-Dr. 14/3781 m.w.N.

I. Notwendigkeit einer Reform des Unterhaltsrechts

werde zunehmend als nicht mehr gerecht empfunden. In den genannten – in der Praxis häufig auftretenden – Konstellationen erhielten die unterhaltsberechtigten Kinder und geschiedenen Ehegatten zusätzlich zu den Unterhaltszahlungen ergänzende Sozialleistungen. Dies sei einer der Gründe dafür, dass Ende 2003 1,08 Mio. Kinder und Jugendliche unter 18 Jahren auf Sozialhilfe angewiesen waren; 38% aller Empfänger von Sozialhilfe waren damit minderjährig (vgl. Statistisches Bundesamt, Statistik der Sozialhilfe: Kinder in der Sozialhilfe 2003 [2004]). Ein weiteres Problem der geltenden Rangfolge bestehe in der **weitgehenden Privilegierung** des **ersten** Ehegatten, die auch unter dem Aspekt des Kindeswohls nicht mehr zu rechtfertigen sei.

Mit den gesellschaftlichen Veränderungen einer gehe ein Wertewandel: Der schon heute im Gesetz verankerte **Grundsatz** der **Eigenverantwortung** nach der Ehe (§ 1569) stoße auf eine immer größere Akzeptanz. Dies korrespondiere mit der empirischen Erkenntnis, wonach ein Hauptmotiv für die Scheidung gerade bei Frauen der Wunsch nach größerer Unabhängigkeit sei. Konsens bestehe auch darüber, dass die Kinder als das „schwächste Glied in der Kette" eines besonderen Schutzes bedürften, da sie anders als Erwachsene nicht selbst für ihren Unterhalt sorgen könnten. Auch in anderen Bereichen des Familienrechts stehe das Kindeswohl deshalb zunehmend im Vordergrund von Neuregelungen. Gerade unter dem Aspekt des Kindeswohls werde auch die Schutzbedürftigkeit nicht verheirateter Mütter und Väter anders beurteilt als früher. In der Praxis handele es sich dabei allerdings überwiegend um nicht verheiratete Mütter. Im Jahre 2000 habe es von 1,77 Mio. Alleinerziehenden in Deutschland 85,5% alleinerziehende Mütter und 14,5% alleinerziehende Väter gegeben.

II. Zielsetzungen und wesentliche Änderungen des Reformgesetzes

Das **UÄndG 2008** entspricht dem „Reform-"bedarf mit teilweise bedeutsamen Veränderungen der bestehenden Gesetzeslage.[12]

1. Zielsetzungen des UÄndG 2008[13]

Nach Ansicht des Reformgesetzgebers beschränke sich das Unterhaltsrecht in weiten Teilen auf konkretisierungsbedürftige Grundaussagen und Generalklauseln. Der Gesetzgeber gebe den Gerichten damit bewusst einen relativ breiten Spielraum, um dem **konkreten Einzelfall** nach **Billigkeits- und Zumutbarkeitsgesichtspunkten** gerecht zu werden. Die Gerichte orientierten sich dabei an Leitlinien der Oberlandesgerichte, die zur Rechtsvereinheitlichung und zum Rechtsfrieden erheblich beitrügen. Diese Grundkonzeption habe sich in der Vergangenheit bewährt und solle beibehalten werden.

Das neue Recht will das bis 31.12.2007 geltende Unterhaltsrecht vor allem anpassen an **geänderte**

- **gesellschaftliche Verhältnisse** aufgrund steigender Scheidungszahlen, vermehrter Gründung von Zweitfamilien und zunehmender Zahl von Alleinerziehenden, und
- **Wertevorstellungen** aufgrund geänderter Rollenverteilung und Berufstätigkeit beider Elternteile.

Die geänderten gesellschaftlichen Verhältnisse wie auch die veränderten Wertevorstellungen verlangten in einigen wesentlichen Punkten eine Anpassung des Rechts und eine Änderung der Maßstäbe, anhand derer die Gerichte den Einzelfall zu entscheiden hätten. Das **UÄndG 2008** lasse sich bei diesen rechtlichen Veränderungen vor allem von **drei Zielen** leiten:

---

[12] Zum UÄndG 2008 ausführlich Kemper FuR 2006, 481 ff.; 2006, 541 ff.; FuR 2007, 49 ff.; Gerhardt FuR 2005, 529 ff. mit Berechnungsbeispielen; Peschel-Gutzeit ZRP 2005, 177 ff.; Hohloch FF 2005, 217 ff.; Grundmann FF 2005, 213 ff.; DRiZ 2006, 146 ff.; Hauß FamRB 2006, 180 ff.; Borth FamRZ 2006, 813 ff.; Brudermüller FF 2005, 121 f.; Menne JAmt 2005, 433 ff.; Kind-Prax 2005, 174 ff.; FPR 2005, 323 ff.; ZFE 2006, 244 ff.; Schwab FamRZ 2005, 1417 ff.; 2007, 1053 ff.; Luthin FamRB 2006 Beilage zu Heft Nr 5/2006, 1 ff.; Willutzki ZKJ 2006, 334 ff.; 2007, 262 ff.; ZRP 2007, 5 ff.; Viefhues ZFE 2005, 220 ff.; 2006, 204 ff.; 2006, 241 ff.; ZNotP 2007, 11 ff.; Klinkhammer FamRZ 2007, 85 ff.; Schürmann FuR 2007, 445 ff.

[13] Zu den Zielsetzungen des UÄndG 2008 ausführlich Gerhardt FuR 2005, 529.

II. Zielsetzungen und wesentliche Änderungen des Reformgesetzes

- **Förderung (Stärkung)** des **Kindeswohls**: Die Änderung der **Rangfolge** solle zu mehr Verteilungsgerechtigkeit im Mangelfall führen und zugleich die Zahl minderjähriger Sozialhilfeempfänger reduzieren; auch diene die Besserstellung der ein außerhalb einer bestehenden Ehe geborenes Kind betreuenden Mütter und Väter der Stärkung des Kindeswohls;[14] im Übrigen sei wieder ein Mindestunterhalt zu definieren,

- **Stärkung** der **Eigenverantwortung** nach gescheiterter **Ehe** (die Ausweitung der Möglichkeit, nacheheliche Unterhaltsansprüche zeitlich oder der Höhe nach zu begrenzen, solle die Chancen für einen Neuanfang nach einer gescheiterten Ehe erhöhen und die Zweitfamilien entlasten),[15] und

- **Vereinfachung** des **Unterhaltsrechts**: Die gesetzliche Definition des Mindestunterhalts von Kindern wie auch die vereinfachte Anrechnung des staatlichen Kindergeldes entspreche dem Gebot der Normenklarheit aus Art. 20 Abs. 3 GG und erhöhe die Akzeptanz von Unterhaltszahlungen an bedürftige Kinder.

Insgesamt solle daneben das Unterhaltsrecht besser mit dem Sozial- und mit dem Steuerrecht harmonisiert werden, etwa durch die Definition des Kindesunterhalts (s. § 1612a) sowie die Beschreibung der Erwerbsobliegenheit (s. §§ 1570, 1574, § 10 SGB II). Diese Ziele des Gesetzgebers beruhen (auch) auf Empfehlungen der einzelnen Arbeitskreise des 15. Deutschen Familiengerichtstages 2003.[16]

Der Gesetzgeber des **UÄndG 2008** hat sechs Inhaltsübersichten geändert, um die Ziele der Reform zu verdeutlichen:

- § 1569: Grundsatz der Eigenverantwortung
- § 1578a: Herabsetzung und zeitliche Begrenzung des Unterhalts wegen Unbilligkeit
- § 1579: Beschränkung oder Versagen des Unterhalts wegen grober Unbilligkeit
- § 1582: Rangfolge mehrerer unterhaltsberechtigter Ehegatten
- § 1609: Rangfolge mehrerer Unterhaltsberechtigter
- § 1612a: Mindestunterhalt minderjähriger Kinder.

---

14 Peschel-Gutzeit FF 2005, 296 ff. zur Stärkung des Kindeswohls durch die Reform des Unterhaltsrechts; Schubert/Moebius NJ 2006, 289 zum künftig absoluten Vorrang des Kindesunterhalts.
15 Krit. Klein/Schlechta FPR 2005, 496, und Berghahn/Wersig FPR 2005, 508 – Unterhaltsreform zu Lasten der geschiedenen Ehefrau.
16 Vgl. etwa Arbeitskreis 1 des 15. Deutschen Familiengerichtstages 2003.

II. Zielsetzungen und wesentliche Änderungen des Reformgesetzes

2. Förderung (Stärkung) des Kindeswohls

Die Förderung (Stärkung) des Wohls von Kindern steht im Vordergrund der Reform; ihr dient die

- **Änderung** der **Rangfolge** (im Mangelfall): Vorrang minderjähriger und diesen gem. § 1603 Abs. 2 S. 2 gleichgestellter volljähriger Kinder (§ 1609),[17]
- Verbesserung der Rechtsstellung Kinder betreuender, **nicht miteinander verheirateter Eltern** (§ 1615l),[18] und
- **gesetzliche Definition** des **Mindestunterhalts** minderjähriger Kinder (§ 1612a).

a) Geänderte Rangfolge aufseiten der Unterhaltsgläubiger (§ 1609)

§ 1609 regelt die Rangfolge aufseiten der Unterhaltsgläubiger übersichtlich in einer zentralen neuen Norm (§ 1578b) und ersetzt damit das bisherige komplizierte Zusammenspiel von § 1582 und § 1609. Durch die Änderung der Rangfolge wird zugleich die Verteilungsgerechtigkeit erhöht. Künftig hat der **Unterhalt minderjähriger** und ihnen nach § 1603 Abs. 2 S. gleichgestellter sog. **privilegierter volljähriger Kinder absoluten Vorrang** vor allen anderen Unterhaltsansprüchen (**erster Rang**, § 1609 Nr. 1). Da Kinder keine Möglichkeit haben, selbst für ihren Unterhalt zu sorgen, ist ihnen am wenigsten zuzumuten, die vorhandenen Mittel mit anderen zu teilen und auf ergänzende Sozialhilfe angewiesen zu sein. Erwachsene können dagegen grundsätzlich selbst für ihren Unterhalt sorgen, so dass ihre Unterhaltsansprüche erst nachrangig befriedigt werden müssen.

Allerdings ist nicht jeder erwachsene Unterhaltsberechtigte ist in gleicher Weise schutzbedürftig. Im **zweiten** Rang (§ 1609 Nr. 2) stehen daher im Interesse des Kindeswohls **alle kinderbetreuenden Elternteile**. Damit werden der erste und der zweite Ehegatte, wenn und soweit sie Kinder zu betreuen haben, nunmehr gleich behandelt; ebenso schutzwürdig wie diejenigen Ehegatten, die gegen den Unterhaltsschuldner einen Anspruch auf Betreuungsunterhalt haben, sind Ehegatten bei **langer Ehedauer**, da hier über Jahre hinweg Vertrauen in die eheliche Solidarität gewachsen ist. Dieses Vertrauen wirkt auch nach der Scheidung fort und bedarf eines besonderen Schutzes; daher befinden sich auch diese Ansprüche künftig im zweiten Rang. Der geschiedene Ehegatte, der nur verhältnismäßig kurz verheiratet

---

17 Zur neuen Rangfolge im Unterhaltsrecht s. Hohloch FPR 2005, 486; Willutzki FPR 2005, 505.
18 Zum Betreuungsunterhalt der unverheirateten Mutter s. ausführlich Luthin FamRB 2005, 116; Schilling FamRZ 2005, 351 ff.; 2005, 445 ff.; 2006, 1 ff. – § 1615l im Spiegel der höchstrichterlichen Rechtsprechung, sowie FPR 2005, 513 – zur Reform des § 1615l; Menne FamRZ 2007, 173 ff.

II. Zielsetzungen und wesentliche Änderungen des Reformgesetzes

war und keine Kinder betreut, kann von dem auf Unterhalt in Anspruch genommenen Ehegatten weniger Solidarität erwarten; seine Unterhaltsansprüche werden daher künftig erst im **dritten Rang** (§ 1609 Nr. 3) befriedigt. Gleichrangig stehen auch im zweiten Rang nunmehr Kinder des Unterhaltsschuldners betreuende Mütter (§ 1615l). Im Übrigen bleibt die bisherige Rangfolge unverändert. Die neue Rangfolge trägt damit sowohl dem Kindeswohl Rechnung, als auch der sich aus Art. 6 GG gerade bei langen Ehen ergebenden nachehelichen Solidarität.

Mit der Änderung des Lebenspartnerschaftsgesetzes durch das Gesetz zur Überarbeitung des Lebenspartnerschaftsrechts vom 15.12.2004[19] werden **Lebenspartner Ehegatten gleichgestellt**; diese gesetzgeberische Wertung wird in der Neuregelung der unterhaltsrechtlichen Rangfolge nachvollzogen.

b) Besserstellung kinderbetreuender, nicht miteinander verheirateter Eltern (§ 1615l)

Der Elternteil, der ein außerhalb einer bestehenden Ehe geborenes Kind betreut – in der Praxis ist das mehrheitlich die Mutter –, erhielt bis zum 31.12.2007 nach der Geburt des Kindes bis zu drei Jahre lang Betreuungsunterhalt. Danach wurde von alleinerziehenden Müttern und Vätern wieder eine Erwerbstätigkeit erwartet, soweit dies nicht „grob unbillig" war (§ 1615l). Der Gesetzgeber knüpfte damit an den Rechtsanspruch auf einen Kindergartenplatz für dreijährige Kinder an. Der geschiedene Ehegatte, der ein Kind betreute – auch hier zumeist die Mutter –, musste dagegen nach ständiger Rechtsprechung frühestens dann wieder erwerbstätig werden, wenn das Kind etwa acht Jahre alt ist.

Die unterschiedliche Behandlung getrennt lebender bzw. geschiedener Elternteile einerseits und nicht verheirateter Elternteile andererseits ist grundsätzlich gerechtfertigt und mit Art. 3 sowie Art. 6 GG vereinbar.[20] Der Betreuungsunterhalt getrennt lebender bzw. geschiedener Elternteile beruht ebenso wie der Betreuungsunterhalt nichtehelicher Elternteile auf der **notwendigen Betreuung** des Kindes, der Unterhaltsanspruch nach § 1570 Abs. 2 darüber hinaus noch auf **fortwirkender nachehelicher Solidarität**. Die Neufassung von § 1615l Abs. 2 stellt nunmehr den Anspruch auf Betreuungsunterhalt getrennt lebender bzw. geschiedener Elternteile einerseits und nicht verheirateter Eltern andererseits im Hinblick auf den Unterhaltszeitraum gleich. Damit trägt das **UÄndG 2008** der Entscheidung des Bundes-

---

19 BGBl I 3396.
20 BGHZ 168, 245 = FamRZ 2006, 1362.

II. Zielsetzungen und wesentliche Änderungen des Reformgesetzes

verfassungsgerichts vom 28.2.2007[21] Rechnung, ebenso der Rechtsprechung des Bundesgerichtshofes zur Annäherung der Betreuungstatbestände der §§ 1570, 1615l.[22] Die Dauer des Anspruchs wegen Betreuung eines Kindes richtet sich beim nichtehelichen Kind nunmehr nach denselben Grundsätzen wie beim ehelichen Kind; der Anspruch ist in beiden Fallgruppen gleich lang ausgestaltet.

c) Gesetzliche Definition des Mindestunterhalts minderjähriger Kinder und vereinfachte Kindergeldverrechnung (§ 1612a)

Das **UÄndG 2008** führt eine **gesetzliche Definition** des **Mindestunterhalts** minderjähriger Kinder und eine **vereinfachte Kindergeldverrechnung** ein.[23] Damit erfüllt der Gesetzgeber den Auftrag des Bundesverfassungsgerichts,[24] im Bereich des Kindesunterhalts mehr Normenklarheit zu schaffen. Mit der gesetzlichen Definition des Mindestunterhalts und der Vereinfachung der Kindergeldverrechnung wird eine klare und verständliche Regelung geschaffen, die die Akzeptanz bei der Zahlung des Mindestunterhalts an Kinder fördern wird.

Durch die gesetzliche Definition des Mindestunterhalts unter Bezugnahme auf den steuerrechtlichen Kinderfreibetrag wird eine Harmonisierung des Unterhaltsrechts mit dem Steuer- und Sozialrecht erreicht. Die im Unterhaltsrecht bewährten **drei Altersgruppen** („**06/12/18**") werden beibehalten. Der Mindestunterhalt entspricht damit im Wesentlichen dem steuerrechtlichen Existenzminimum eines Kindes, das an die Berechnung des steuerfrei zu stellenden sächlichen Existenzminimums im Existenzminimumbericht der Bundesregierung[25] anknüpft. Die Angleichung beruht auf der Feststellung, dass der Mindestbedarf von Kindern eine absolute Größe ist, die im Unterhaltsrecht grundsätzlich nicht anders bestimmt werden kann als im Steuer- und Sozialrecht. Mit der Anlehnung an den steuerlichen Kinderfreibetrag des § 32 Abs. 6 EStG wird die Festsetzung von Regelbeträgen nach der bisherigen Regelbetrag-Verordnung und die Differenzierung der Höhe des Kindesunterhalts danach, ob das Kind in West- oder Ostdeutschland lebt, entbehrlich; die Regelbetrag-Verordnung wird daher aufgehoben.

---

21 FamRZ 2007, 965.
22 Hahne FF 2006, 24 ff., Schürmann jurisPR-FamR 13/2007 Anm 1 und Viefhues ZFE 2007, 244 ff., jeweils zum Verhältnis des Betreuungsunterhalts nach § 1615l zu dem Betreuungsunterhalt gem. § 1570.
23 Zu Änderungen der Rechtsprechung und Gesetzesinitiativen beim Kindergeld s. auch Scholz FPR 2006, 329.
24 BVerfGE 108, 52 ff. = FamRZ 2003, 1370 = FuR 2003, 535.
25 S. zuletzt Sechster Existenzminimumbericht vom 2.11.2006 (Bericht über die Höhe des Existenzminimums von Erwachsenen und Kindern für das Jahr 2008) – BT-DR 16/3265.

II. Zielsetzungen und wesentliche Änderungen des Reformgesetzes

Die **Übergangsregelung** des § 35 Nr. 4 EGZPO bezweckt, dass das bis zum 31.12.2007 geltende Unterhaltsniveau nicht absinkt, und dass es dennoch bei der Harmonisierung mit dem Steuerrecht verbleiben kann. Danach beträgt der Mindestunterhalt minderjähriger Kinder i.S.d. § 1612a Abs. 1 für die

- <u>erste</u> Altersstufe (Zeit bis zur Vollendung des sechsten Lebensjahres) 279 EUR,
- <u>zweite</u> Altersstufe (Zeit vom siebten bis zur Vollendung des zwölften Lebensjahres) 322 EUR, und
- <u>dritte</u> Altersstufe (für die Zeit vom 13. Lebensjahr an bis zur Volljährigkeit) 365 EUR,

jeweils bis zu dem Zeitpunkt, in dem der Mindestunterhalt nach Maßgabe des § 1612a Abs. 1 diese Beträge übersteigt.

Diese Übergangsvorschrift des § 35 Nr. 4 EGZPO gilt, weil sie materiellen Rechtscharakter hat, nicht nur für ab 1.1.2008 zu errichtende Unterhaltstitel (sog. „Neufälle"), sondern auch für die Anpassung alter Titel (sog. „Altfälle"), etwa aufgrund des § 1609 Nr. 1, insbesondere in den neuen Bundesländern.

Die neue Regelung der **Kindergeldverrechnung** in § 1612b weist das Kindergeld unterhaltsrechtlich dem Bedarf des Kindes zu. Sie greift wesentliche Aussagen der neueren Rechtsprechung des Bundesgerichtshofes[26] auf und ersetzt das bisher komplizierte Normgefüge durch eine einfache und transparente Regelung: „Kindergeld als Einkommen des Kindes".

- Betreuung des Kindes i.S.d. § 1606 Abs. 3 S. 2 („Bar- und Betreuungsunterhalt"): hälftige Anrechnung des Kindergeldes auf den Barbedarf
- Ansonsten: volle Anrechnung des Kindergeldes auf den Barbedarf.

<u>§ 1612b Abs. 1 Nr. 1</u> – Ein minderjähriges Kind lebt im Haushalt eines Elternteils: Der Barunterhalt ermäßigt sich um $1/2$ des Kindergeldes.

<u>§ 1612b Abs. 1 Nr. 2</u> – Ein minderjähriges Kind lebt bei Dritten, und beide Eltern erfüllen den Unterhaltsbedarf des Kindes durch Barzahlung: Die Höhe des Unterhalts ist zu ermitteln und um den vollen Kindergeldbetrag zu kürzen; der Restbetrag ist haftungsanteilig zu bezahlen.

<u>§ 1612b Abs. 2</u> entspricht § 1612b Abs. 4 a.F.: Es wird nur der für ein gemeinsames Kind gezahlte Kindergeldbetrag ausgeglichen.

---

26 BGHZ 164, 375 = FamRZ 2006, 99 ff. = FuR 2006, 76.

II. Zielsetzungen und wesentliche Änderungen des Reformgesetzes

Beispiel 1

Unterhaltsanspruch dreier Kinder im Alter von 5, 6 und 12 Jahren, die bei ihrer Mutter wohnen, wenn der Vater der Kinder monatlich netto 1.500 EUR (um Erwerbsaufwand bereinigt) verdient?

Mangellage, daher Mindestbedarf in der
- **1. Altersstufe**

§ 1612a: Kinderfreibetrag (1.824 EUR x 2 = 3.648 EUR : 12 =) 304 EUR, hieraus 87 % = 265 EUR,

<u>jedoch</u> Übergangsrecht § 35 Nr. 4 EGZPO: <u>279 EUR</u>
- **2. Altersstufe**

§ 1612a: Kinderfreibetrag (1.824 EUR x 2 = 3.648 EUR : 12 =) 304 EUR

<u>jedoch</u> Übergangsrecht § 35 Nr. 4 EGZPO: <u>322 EUR</u>
- **3. Altersstufe**

§ 1612a: Kinderfreibetrag (1.824 EUR x 2 = 3.648 EUR : 12 =) 304 EUR, hieraus 117% = 356 EUR,

<u>jedoch</u> Übergangsrecht § 35 Nr. 4 EGZPO: <u>365 EUR</u>.

Somit stehen den Kindern nach der Übergangsregelung des § 35 Nr. 4 EGZPO zu:

K_1: 5 Jahre alt (1. Altersstufe) – Bedarf 100% =	279 EUR
K_2: 6 Jahre alt (2. Altersstufe) – Bedarf 100% =	322 EUR
K_3: 12 Jahre alt (3. Altersstufe) – Bedarf 100% =	365 EUR

Auf diesen Bedarf ist das staatliche Kindergeld nach §§ 1612b, 1612c hälftig anzurechnen; im Übrigen ist der Unterhalt – vorbehaltlich verschärfter Leistungspflicht gem. § 1603 Abs. 2 – durch den Selbstbehalt zu begrenzen.

K_1: 5 Jahre alt (1. Altersstufe) – Bedarf 100% = 279 EUR ./. 77 EUR =	202 EUR
K_2: 6 Jahre alt (2. Altersstufe) – Bedarf 100% = 322 EUR ./. 77 EUR =	245 EUR
K_3: 12 Jahre alt (3. Altersstufe) – Bedarf 100% = 365 EUR ./. 77 EUR =	<u>288 EUR</u>
Summe Kinderunterhalte (202 EUR + 245 EUR + 288 EUR =)	735 EUR
Unterhaltsrelevant bereinigtes Nettoeinkommen	1.500 EUR
./. (notwendiger) Selbstbehalt + [900 EUR], verbleiben	<u>600 EUR</u>

II. Zielsetzungen und wesentliche Änderungen des Reformgesetzes

mangelnde Leistungsfähigkeit: (735 EUR ./. 600 EUR =) insoweit sind – vorbehaltlich verschärfter Leistungspflicht gem. § 1603 – die verbleibenden Beträge für Kinderunterhalt anteilig zu kürzen.	135 EUR

Beispiel 2

Vater V verdient unterhaltsrelevant bereinigt 1.300 EUR; seine zwei Kinder im Alter von 12 (K_1) und 6 (K_2) Jahren leben bei ihrer Mutter M; diese hat kein eigenes Einkommen. Barunterhaltsansprüche der Kinder?

Offensichtliche Mangellage, daher

(1) <u>Einsatzbeträge:</u>

K_1: 365 EUR ./. 77 EUR =	288 EUR
K_2: 322 EUR ./. 77 EUR =	245 EUR
Summe =	533 EUR

Im Mangelfall wird dieser Betrag nicht mehr erhöht (s. hierzu § 1612b Abs. 5 a.F.), weil der Kindergeldanteil des V. bereits hälftig bedarfsmindernd verrechnet ist.

(2) <u>Verteilungsmasse</u> (Leistungsfähigkeit):

Der Vater hat lediglich ein Einkommen in Höhe von 1.300 EUR; sein notwendiger Selbstbehalt (§ 1603) beträgt 900 EUR; verteilungsfähiges Einkommen (Verteilungsmasse) – vorbehaltlich verschärfter Leistungspflicht – beträgt somit (nur) 400 EUR.

(3) <u>Kürzungsfaktor:</u> 75%

K_1: 288 EUR, daraus 75% =	216 EUR
K_2: 245 EUR, daraus 75% =	184 EUR
Leistungskontrolle: (216 EUR + 184 EUR =)	400 EUR

Die bedarfsmindernde Kindergeldanrechnung verändert auch den Unterhalt im 2. Rang (z.B. §§ 1361, 1570 ff., 1615l), da jetzt im Mangelfall nicht mehr nach der Rechtsprechung des Bundesgerichtshofes Tabellenbeträge in den Vorabzug einzustellen sind, sondern nur mehr die kindergeldbereinigten **Zahlbeträge**.

II. Zielsetzungen und wesentliche Änderungen des Reformgesetzes

Beispiel 3

Das zweijährige Kind K lebt bei seiner Mutter M, die kein eigenes Einkommen hat. Der barunterhaltspflichtige Vater V verfügt über ein bereinigtes Nettoeinkommen in Höhe von 2.400 EUR. Unterhaltsansprüche K und M?

Kindesunterhalt

1. Altersstufe: 87% des doppelten Kinderfreibetrages gem. § 32 Abs. 6 EStG [304 EUR] nach § 1612a = 265 EUR, **jedoch** nach der Übergangsregelung des § 35 Nr. 4 EGZPO (mindestens) 279 EUR ./. 1/2 Kindergeld 77 EUR = 202 EUR.

Ehegattenunterhalt

Recht bis zum 31.12.2007: 2.400 EUR ./. 279 EUR,
aus dem Rest 3/7 =   909 EUR
Recht ab 1.1.2008: 2.400 EUR ./. 202 EUR, aus dem Rest 3/7 =   942 EUR

In der Veränderung des Rangs gem. § 1609 steckt allerdings auch eine Steuererhöhung und damit eine Verminderung des für die Restfamilie verfügbaren Einkommens (hierzu § 10 EStG).

Beispiel 4

Der Ehemann M hat ein unterhaltsrelevant bereinigtes Einkommen in Höhe von 1.400 EUR. Unterhaltsberechtigt sind die Ehefrau F sowie die gemeinsamen Kinder im Alter von 5 und 12 Jahren.

Offensichtliche Mangellage

Recht bis zum 31.12.2007:

K_1:	273 EUR
K_2:	389 EUR
UE:	770 EUR
Summe	1.432 EUR
Selbstbehalt:	900 EUR [UK] bzw. 1.000 EUR [UE]
Verteilungsmasse:	500 EUR bzw. 400 EUR
K_1:	118 EUR
K_2:	167 EUR
UE:	215 EUR
Steuervorteil:	ca. 112 EUR

II. Zielsetzungen und wesentliche Änderungen des Reformgesetzes

Recht ab 1.1.2008:
Vorrangig UK (§ 1609 Nr. 1 i.V.m. § 35 Nr. 4 EGZPO):

K_1: 279 EUR ./. 77 EUR =	202 EUR
K_2: 365 EUR ./. 77 EUR =	288 EUR
UE (2. Rang):	10 EUR
Steuervorteil:	0 EUR

3. Stärkung der Eigenverantwortung nach der Ehe

Das **UÄndG 2008** betont die verstärkte Eigenverantwortung geschiedener Ehegatten durch

- Neufassung des Grundsatzes der Eigenverantwortung (§ 1569),
- Charakterisierung der Erwerbstätigkeit als Obliegenheit (§§ 1569, 1574),
- Verschärfung der Anforderungen an die Wiederaufnahme einer Erwerbstätigkeit nach einer Scheidung (§§ 1570, 1574).[27]

Das Unterhaltsrecht gibt kein bestimmtes Ehebild vor. Die Ehegatten sind in der Ausgestaltung der Ehe frei und durch Art. 6 GG umfassend geschützt. Aus dieser Norm ergibt sich aber auch eine fortwirkende **nacheheliche Solidarität**, die im Falle der Bedürftigkeit des einen Ehegatten für bestimmte Tatbestände eine Unterhaltsverpflichtung des anderen Ehegatten auch nach der Scheidung zur Folge haben kann, insbesondere dann, wenn die Bedürftigkeit ehebedingt ist. Auf diesem Prinzip der fortwirkenden Verantwortung basieren die Unterhaltstatbestände der §§ 1570 ff. Art. 6 GG gebietet aber keineswegs eine uneingeschränkte nacheheliche Solidarität, sondern gibt dem Gesetzgeber insoweit einen Gestaltungsspielraum, innerhalb dessen er gesellschaftlichen Veränderungen und gewandelten Wertvorstellungen Rechnung tragen kann und aus Gründen der Akzeptanz des Unterhaltsrechts auch muss.

Schon bislang galt der Grundsatz der Eigenverantwortung nach der Ehe (§ 1569): Nach der Systematik des Gesetzes ist ein **nachehelicher Unterhaltsanspruch** nicht die Regel, sondern die **Ausnahme**. Seit dem UÄndG 1986[28] besteht – unter engen Voraussetzungen – außerdem die Möglichkeit, nacheheliche Unterhaltsansprüche der Dauer oder der Höhe nach zu begrenzen (bislang §§ 1573 Abs. 5, 1578 Abs. 1). Die Rechtsprechung hatte diese Beschränkungsmöglichkeiten jedoch

---

27 Zur Beschränkung des Aufstockungsunterhalts nach langer Kindesbetreuung s. Heumann FamRZ 2007, 178 ff.
28 BGBl I 301.

II. Zielsetzungen und wesentliche Änderungen des Reformgesetzes

kaum genutzt, und sie hatte unter Bezug auf die „ehelichen Lebensverhältnisse" relativ hohe Anforderungen an die Wiederaufnahme einer Erwerbstätigkeit nach der Scheidung gestellt. Die damit verbundene weitgehende Privilegierung des unterhaltsberechtigten Ehegatten hat den **Neuanfang** in einer **zweiten Ehe** erschwert, wenn die finanziellen Belastungen zu hoch waren und sind. Gerade wenn die erste Ehe nur kurz gedauert hat, wird dies häufig als ungerecht empfunden. Das **UÄndG 2008** stärkt deshalb den **Grundsatz** der **nachehelichen Eigenverantwortung** durch eine neue amtliche Überschrift zu § 1569 und die Ausgestaltung dieses Grundsatzes in Satz 1 und der Erwerbstätigkeit als Obliegenheit in Satz 2. Er schafft außerdem eine neue, für alle Unterhaltstatbestände geltende **Beschränkungsmöglichkeit** in Form einer Billigkeitsregelung (§ 1578b), die insbesondere darauf abstellt, ob „ehebedingte Nachteile" vorliegen. Je geringer solche Nachteile sind, desto eher kommt eine Beschränkung in Betracht. Das **UÄndG 2008** unterstreicht den Grundsatz der Eigenverantwortung nach der Ehe schließlich durch erhöhte Anforderungen an die **Wiederaufnahme** einer **Erwerbstätigkeit**.

Der nacheheliche Unterhalt kann demnach wie folgt strukturiert werden:
- Grundsatz der Obliegenheit zur Deckung des eigenen Bedarfs (**Grundsatz der Eigenverantwortung**, § 1569 S. 1).
- Einschränkung bei voller bzw. teilweiser Unmöglichkeit: Unterhaltsanspruch wegen ehebedingter Bedürftigkeit bzw. aus nachehelicher Solidarität (**Grundsatz der Mitverantwortung**, § 1569 S. 2): Es sind fortbestehende, durch die Ehe bedingte Nachteile ausgleichen (zu den typisierten ehebedingten Nachteilen s. die Tatbestände der §§ 1570, 1571, 1572, 1573, 1575, 1576).

Unterhalt wird geschuldet, solange ein ehebedingter Nachteil besteht. Dies ist zwar grundsätzlich unbefristet der Fall, jedoch kann eine Billigkeitskontrolle den Unterhalt begrenzen: § 1578b bzw. § 1579.

4. Vereinfachung des Unterhaltsrechts und Justizentlastung

Das **UÄndG 2008** vereinfacht das Unterhaltsrecht in wesentlichen und in der Praxis bedeutsamen Punkten durch
- die gesetzliche Definition des Mindestunterhalts minderjähriger Kinder (§ 1612a Abs. 1),
- den Wegfall der (bislang alle zwei Jahre anzupassenden) Regelbetrag-Verordnung,
- eine vereinfachte Regelung für die Verrechnung des Kindergeldes (§§ 1612b, 1612c),

II. Zielsetzungen und wesentliche Änderungen des Reformgesetzes

- eine klare und verständliche Regelung der unterhaltsrechtlichen Rangfolge (§ 1609),
- die Konzentration der bislang verstreuten Begrenzungsregelungen auf eine Norm (§ 1578b), <u>und</u>
- die explizite Regelung der praktisch relevanten Fallgruppe der Beschränkung oder Versagung des Unterhalts, wenn der Berechtigte in einer verfestigten Lebensgemeinschaft mit einem neuen Partner lebt (§ 1579 Nr. 2).[29]

Insbesondere die Änderung der Rangfolge und die Definition des Mindestunterhalts von Kindern wird zu einer Entlastung der Justiz sowie der Jugendämter in ihrer Eigenschaft als Unterhaltsbeistand (§ 1712 Abs. 1 Nr. 2) führen; sie werden in weitem Umfang von den heutigen **hochkomplizierten** und für die Betroffenen **kaum nachvollziehbaren Mangelfallberechnungen** befreit.

5. Reichweite der Reform

Das **UÄndG 2008** ändert das Unterhaltsrecht punktuell, soweit dies erforderlich ist. Eine sorgfältige Prüfung war angezeigt bei der Frage, inwieweit das Unterhaltsrecht mit dem **Steuer-** und **Sozialrecht harmonisiert** werden kann, um Wertungswidersprüche zwischen diesen Rechtsgebieten zu vermeiden. Eine vollständige deckungsgleiche Ausgestaltung dieser Rechtsgebiete hätte die bestehenden sachlichen Unterschiede nicht berücksichtigt und wäre der jeweils eigenen Rationalität der betroffenen Rechtsgebiete nicht gerecht geworden. Die familiäre Solidarität zwischen Privatpersonen kann nicht mit dem gleichen Maße gemessen werden wie die Rechte, Pflichten und Obliegenheiten des Einzelnen gegenüber der Solidargemeinschaft aller Staatsbürger. Im **Einzelfall** kann eine **Angleichung** in der Sache aber durchaus **geboten** sein. In der praktisch bedeutsamsten Frage der Bestimmung des sächlichen Existenzminimums von Kindern sieht das Gesetz deshalb eine Harmonisierung vor (s. hierzu § 32 Abs. 6 EStG).

In der Reformdiskussion der letzen Jahre wurde auch eine **Beschränkung** des **Elternunterhalts** angeregt, um unterhaltspflichtige Kinder nicht übermäßig zu belasten. Die praktische Relevanz von Unterhaltszahlungen für pflegebedürftige ältere Menschen wird in Zukunft schon aufgrund des demographischen Wandels zunehmen. Ein unterhaltsrechtlicher Regelungsbedarf folgt daraus zurzeit aber nicht. Die

---

[29] Ausführlich Schnitzler FamRZ 2006, 239 zur verfestigten Lebensgemeinschaft in der Rechtsprechung der Familiengerichte.

II. Zielsetzungen und wesentliche Änderungen des Reformgesetzes

neuere höchstrichterliche Rechtsprechung des Bundesgerichtshofes[30] zum Elternunterhalt, die das Bundesverfassungsgericht[31] erst jüngst bestätigt, hat bereits vernünftige und gut handhabbare Maßstäbe entwickelt, anhand derer die Belastung von Kindern mit Elternunterhaltszahlungen im Einzelfall angemessen begrenzt werden kann. Im Übrigen entlastet bereits die Einführung einer Grundsicherung im Alter und bei Erwerbsminderung (§§ 41 ff. SGB XII) die Kinder ganz maßgeblich.

6. Historie des Gesetzgebungsverfahrens

- Referentenentwurf vom 26.4.2005
- Gesetzentwurf der Bundesregierung (**BT-Dr. 16/1829** und **16/1830** vom **15.6.2006**)
- Äußerung des Bundesrates zum Gesetzentwurf der Bundesregierung (**BR-Dr. 253/06** vom **7.4.2006**)
- Stellungnahme des Bundesrates zum Entwurf eines Gesetzes zur Änderung des Unterhaltsrechts (**BR-Dr. 253/06** vom **19.5.2006**)
- Koalitionsvereinbarung vom 22.3.2007
- Bekanntgabe der Entscheidung des Bundesverfassungsgerichts vom 28.2.2007[32] (erst) am 23.5.2007
- Sitzung des Rechtsausschusses am 24.5.2007
- Einholung eines verfassungsrechtlichen Gutachtens (CDU/CSU-Fraktion)
- Gemeinsame Beratung SPD und CDU/CSU (17.9/22.9.2007)
- Beschlussempfehlung und Bericht des Rechtsausschusses (**BT-Dr. 16/6980** vom **7.11.2007**)
- Verabschiedung des **UÄndG 2008** im Deutschen Bundestag am 9.11.2007
- Billigung im Bundesrat am 30.11.2007
- Inkrafttreten des **UÄndG 2008** am 1.1.2008.

(Die zitierten Gesetzesmaterialien können im Internet auf der Homepage des Autors www.kk.famr.eu abgerufen werden).

---

30 Vgl. etwa BGH FamRZ 1992, 795; BGHZ 152, 217 = FamRZ 2002, 1698 = FuR 2003, 26; 154, 247 = FamRZ 2003, 1179 = FuR 2003, 456; 2004, 792 = FuR 2004, 222.
31 FamRZ 2005, 1051 ff. = FuR 2005, 376.
32 BVerfGE 108, 52 ff. = FamRZ 2003, 1370 = FuR 2003, 535; s. auch BVerfG FamRZ 2007, 1531.

II. Zielsetzungen und wesentliche Änderungen des Reformgesetzes

7. Die wesentlichen Änderungen im Überblick

Das **UÄndG 2008** will diese vorstehend genannten Ziele mit folgenden Änderungen des Gesetzes erreichen:

a) Kindesunterhalt

- **Vereinfachung** des **Unterhaltsrechts** (Berechnung von Unterhaltsansprüchen in Mangelfällen, Wegfall der Regelbetrag-Verordnung und der Differenzierung der Höhe des Kindesunterhalts, bezogen auf West- oder Ostdeutschland),
- **Bestimmung** des **Existenzminimums** von Kindern: gesetzliche Definition des Mindestunterhalts minderjähriger Kinder sowie Harmonisierung des Unterhaltsrechts mit dem Steuer- und Sozialrecht,
- vereinfachte **Kindergeldverrechnung** entsprechend BGHZ 164, 375 = FamRZ 2006, 99 = FuR 2006, 76,
- **Neuregelung** der **unterhaltsrechtlichen Rangfolge** in **Mangellagen**: Begrenzung der weitgehenden Privilegierung des ersten Ehegatten sowie Verschärfung des Schutzes minderjähriger und gem. § 1603 Abs. 2 S. 2 privilegierter volljähriger Kinder,
- einheitliche Entscheidung des Familiengerichts zur elterlichen **Unterhaltsbestimmung**.[33]

b) Tiefgreifende Veränderungen des Unterhalts des geschiedenen Ehegatten

- Verschärfung des **Grundsatzes** der **nachehelichen Eigenverantwortung**, Ausgestaltung dieses Grundsatzes und Pflicht zur Erwerbstätigkeit als Obliegenheit sowie erhöhte Anforderungen an die Wiederaufnahme einer Erwerbstätigkeit nach der Scheidung der Ehe,
- Einführung einer neuen, für alle nachehelichen Unterhaltstatbestände geltenden **Begrenzungsmöglichkeit** in Form einer Billigkeitsregelung sowie Konzentration der bislang an zwei Stellen im Gesetz verstreuten Begrenzungsregelungen auf <u>eine</u> neue Norm (§ 1578b),
- Explizite Regelung der praktisch relevanten Fallgruppe der **Begrenzung/Versagung** von Unterhalt bei Aufnahme einer **verfestigten Lebensgemeinschaft** (§ 1579 Nr. 2),

---

[33] S. hierzu Erdrich FPR 2005, 490 ff.

II. Zielsetzungen und wesentliche Änderungen des Reformgesetzes

- Pflicht zur **notariellen Beurkundung** von vor der Rechtskraft der Scheidung getroffenen **Vereinbarungen** über die **nacheheliche Unterhaltspflicht**,
- Streichung der Ansprüche auf **Betreuungsanschlussunterhalt**.

c) Verbesserung der Rechtsstellung kinderbetreuender, nicht miteinander verheirateter Eltern (§ 1615l)

- aufgrund **veränderter Rangfolge**, und
- durch Erweiterung des **Betreuungsunterhalts** über den **Drei-Jahreszeitraum** hinaus aus Billigkeitsgründen (das Tatbestandselement der „groben" Unbilligkeit wurde durch „Billigkeit" ersetzt.

d) Übergangsvorschriften[34]

- Anpassung bestehender Unterhaltsregelungen an das neue Recht,
- Materiell-rechtliche und verfahrensrechtliche Übergangsvorschriften,
- Sonderregelung für bestehende, dynamische Unterhaltstitel und –vereinbarungen,
- Modifikationen bezüglich § 323 und § 767 ZPO zur Durchsetzung von Anpassungen nach dem neuen Recht (Ausschluss der Präklusion für erst durch das neue Recht erheblich gewordene Umstände und Begrenzungen der Anpassungsmöglichkeiten zur Gewährleistung von Rechtssicherheit und Rechtsfrieden sowie aus Gründen des Vertrauensschutzes).

---

34 Für im Zeitpunkt des Inkrafttretens des neuen Gesetzes noch nicht rechtskräftig abgeschlossene, laufende Verfahren (Anträge auf Wiedereröffnung bereits geschlossener mündlicher Verhandlung).

III. Änderungen des Bürgerlichen Gesetzbuchs im Einzelnen

Die einzelnen Änderungen des Bürgerlichen Gesetzbuchs durch das **UÄndG 2008** gegenüber dem bis zum 31.12.2007 geltenden Recht sind *kursiv* gedruckt.

1. § 1361 Unterhalt bei Getrenntleben

Fassung bis 31.12.2007	Fassung ab 1.1.2008
§ 1361 – Unterhalt bei Getrenntleben (1) Leben die Ehegatten getrennt, so kann ein Ehegatte von dem anderen den nach den Lebensverhältnissen und den Erwerbs- und Vermögensverhältnissen der Ehegatten angemessenen Unterhalt verlangen; für Aufwendungen infolge eines Körper- oder Gesundheitsschadens gilt § 1610a. Ist zwischen den getrennt lebenden Ehegatten ein Scheidungsverfahren rechtshängig, so gehören zum Unterhalt vom Eintritt der Rechtshängigkeit an auch die Kosten einer angemessenen Versicherung für den Fall des Alters sowie der verminderten Erwerbsfähigkeit. (2) Der nicht erwerbstätige Ehegatte kann nur dann darauf verwiesen werden, seinen Unterhalt durch eine Erwerbstätigkeit selbst zu verdienen, wenn dies von ihm nach seinen persönlichen Verhältnissen, insbesondere wegen einer früheren Erwerbstätigkeit unter Berücksichtigung der Dauer der Ehe, und nach den wirtschaftlichen Verhältnissen beider Ehegatten erwartet werden kann. (3) Die Vorschrift des § 1579 Nr. 2 bis 7 über die Herabsetzung des Unterhaltsanspruchs aus Billigkeitsgründen ist entsprechend anzuwenden.	**§ 1361 – Unterhalt bei Getrenntleben** (1) Leben die Ehegatten getrennt, so kann ein Ehegatte von dem anderen den nach den Lebensverhältnissen und den Erwerbs- und Vermögensverhältnissen der Ehegatten angemessenen Unterhalt verlangen; für Aufwendungen infolge eines Körper- oder Gesundheitsschadens gilt § 1610a. Ist zwischen den getrennt lebenden Ehegatten ein Scheidungsverfahren rechtshängig, so gehören zum Unterhalt vom Eintritt der Rechtshängigkeit an auch die Kosten einer angemessenen Versicherung für den Fall des Alters sowie der verminderten Erwerbsfähigkeit. (2) Der nicht erwerbstätige Ehegatte kann nur dann darauf verwiesen werden, seinen Unterhalt durch eine Erwerbstätigkeit selbst zu verdienen, wenn dies von ihm nach seinen persönlichen Verhältnissen, insbesondere wegen einer früheren Erwerbstätigkeit unter Berücksichtigung der Dauer der Ehe, und nach den wirtschaftlichen Verhältnissen beider Ehegatten erwartet werden kann. (3) Die Vorschrift des § 1579 Nr. 2 bis *8* über die *Beschränkung oder Versagung des Unterhalts wegen grober Unbilligkeit* ist entsprechend anzuwenden.

(4) Der laufende Unterhalt ist durch Zahlung einer Geldrente zu gewähren. Die Rente ist monatlich im Voraus zu zahlen. Der Verpflichtete schuldet den vollen Monatsbetrag auch dann, wenn der Berechtigte im Laufe des Monats stirbt. § 1360a Absatz 3, 4 und die §§ 1360b, 1605 sind entsprechend anzuwenden.	(4) Der laufende Unterhalt ist durch Zahlung einer Geldrente zu gewähren. Die Rente ist monatlich im Voraus zu zahlen. Der Verpflichtete schuldet den vollen Monatsbetrag auch dann, wenn der Berechtigte im Laufe des Monats stirbt. § 1360a Absatz 3, 4 und die §§ 1360b, 1605 sind entsprechend anzuwenden.

§ 1361 enthält in seiner Neufassung nur eine durch eine in § 1579 neu eingefügte Nummer bedingte Folgeänderung; gleichzeitig wird die Formulierung von Absatz 3 an die amtliche Überschrift von § 1579 angepasst.

2. § 1569 Grundsatz der Eigenverantwortung

Fassung bis 31.12.2007	Fassung ab 1.1.2008
§ 1569 – Abschließende Regelung	*§ 1569 – Grundsatz der Eigenverantwortung*
Kann ein Ehegatte nach der Scheidung nicht selbst für seinen Unterhalt sorgen, so hat er gegen den anderen Ehegatten einen Anspruch auf Unterhalt nach den folgenden Vorschriften.	Nach der Scheidung obliegt es jedem Ehegatten, selbst für seinen Unterhalt zu sorgen. Ist er dazu außerstande, so hat er gegen den anderen Ehegatten einen Anspruch auf Unterhalt nur nach den folgenden Vorschriften.

a) Reformen des nachehelichen Unterhaltsrechts

Das nacheheliche Unterhaltsrecht wurde innerhalb der letzten Jahrzehnte mehrfach reformiert:

- Das **1. EheRG** hatte – mit Wirkung ab 1.7.1977 – infolge des Übergangs vom Verschuldens- zum **Zerrüttungsprinzip** (auch) das Recht des nachehelichen Unterhalts grundlegend neu gestaltet: Der Unterhaltsanspruch wurde nicht mehr (wie früher nach §§ 58 ff. EheG) mit einem zur Scheidung führenden Verschulden verknüpft, sondern es galt und gilt nunmehr nach Auflösung der Ehe aufgrund Zerrüttung der **Grundsatz** der **Eigenverantwortung** (§ 1569, Programmsatz, nicht Unterhaltstatbestand!), der nur dann durchbrochen wird, wenn einer der in §§ 1570 ff. – enumerativ und abschließend – normierten

III. Änderungen des Bürgerlichen Gesetzbuchs im Einzelnen

sechs[35] nachehelichen Unterhaltstatbestände für bestimmte Bedürfnislagen bejaht werden kann:

(1) **Betreuung eines gemeinschaftlichen Kindes** (§ 1570),
(2) **Alter** (§ 1571),
(3) **Krankheit/Gebrechen** (§ 1572),
(4) **Erwerbslosigkeit bzw. Aufstockung** (§ 1573),
(5) **Ausbildung, Fortbildung oder Umschulung** (§ 1575),
(6) **Billigkeit** (§ 1576).

Dieses System der §§ 1569 ff. gilt auch für die Rechtsfolgen der Aufhebung einer Ehe (§ 1318).[36]

- Das am 1.4.1986 in Kraft getretene **UÄndG 1986** hat wichtige Teile des ab 1.7.1977 geltenden Unterhaltsrechts geändert (s. zu den Anspruchsgrundlagen etwa § 1573 Abs. 1 und 2, zu den Begrenzungsmöglichkeiten §§ 1573 Abs. 5, 1578 Abs. 1 S. 2 und 3 und zu den Verwirkungstatbeständen § 1579).[37]

- Das **KindUG** vom 6.4.1998[38] hat das Kindesunterhaltsrecht verändert (insbesondere Dynamisierung des Unterhalts auch ehelicher Kinder sowie veränderte Kindergeldverrechnung), in das *nacheheliche* Unterhaltsrecht jedoch nicht eingegriffen.

- Das **UÄndG 2008** hat das Kindesunterhaltsrecht wie auch das nacheheliche Unterhaltsrecht am tiefgreifendsten verändert. Hauptziele „im Vordergrund der Reform"[39] sind neben der Förderung des Kindeswohls die Stärkung der Eigenverantwortung nach der Ehe sowie die Vereinfachung des Unterhaltsrechts und (dadurch) Entlastung der Justiz.

b) Regel-Ausnahme-Prinzip des nachehelichen Unterhalts

Der Gesetzgeber hatte bereits 1977 das nacheheliche Unterhaltssystem als **Regel-Ausnahme-Prinzip** aufgebaut: **Ausnahmsweise**[40] (und nur dann) besteht außerhalb eines Unterhaltsvertrages ein Anspruch auf nachehelichen Unterhalt, wenn –

---

35 Teilweise werden sieben nacheheliche Unterhaltstatbestände genannt: § 1573 differenziert zwischen Erwerbslosen- (Abs. 1 und 3) und Aufstockungsunterhalt (Abs. 2).
36 Zur rechtlichen Behandlung einer nach Scheidung der Ehe erhobenen Eheaufhebungsklage, mit der die vermögensrechtlichen Folgen für die Zukunft ausgeschlossen werden sollen, s. BGHZ 133, 227 = FamRZ 1996, 1209.
37 Ausführlich hierzu Jaeger FamRZ 1986, 737 ff.
38 BGBl I 666.
39 Begründung des RegE (BT-Dr. 16/1830).
40 BGH FamRZ 1981, 242.

bei manchen Tatbeständen in bestimmten **Einsatzzeitpunkten** – bestimmte Bedürfnislagen aufgrund der **sechs** in §§ 1570 bis 1576 normierten **Unterhaltstatbestände** vorliegen. Zutreffend wurde bereits damals kritisiert, dass der Grundsatz der wirtschaftlichen Eigenverantwortung durch das umfassende System der Tatbestände weitgehend ausgehöhlt ist: Aus der Ausnahme wurde die Regel („Meer von nachehelichen Unterhaltsansprüchen",[41] „Überforderung nachehelicher Solidarität",[42] der Reformgesetzgeber habe geradezu „ein vermögensrechtliches Füllhorn über die bisher am häuslichen Herd vermögensmäßig verkümmerte Hausfrau ausgeschüttet",[43] „Weg in die Unterhaltsknechtschaft"[44]). Die Tatbestände des nachehelichen Unterhalts setzten und setzen **nicht allgemein** einen **kausalen Zusammenhang** zwischen **Ehe** und **Bedürftigkeit** voraus: Der Gesichtspunkt der „ehebedingten Unterhaltsbedürftigkeit" hatte in dieser Form bereits 1977 keinen Eingang in das Gesetz gefunden.[45]

Die **drei** Tatbestände §§ **1570, 1571, 1572** sind **vorrangig** (sog. Primärtatbestände); sie können jedoch miteinander konkurrieren. Die Tatbestände des § **1573**[46] und des § **1576** sind **subsidiär** (sog. Subsidiärtatbestände, s. den Wortlaut des Gesetzes!), § **1575** betrifft einen Sondertatbestand. Obwohl aufgrund der Ausweitung der Möglichkeit zeitlicher Begrenzung des nachehelichen Unterhalts nunmehr alle nachehelichen (Unterhalts-)Tatbestände der einheitlichen Begrenzungsnorm des § 1578b unterfallen, ist die schwierige Lehre der **Anspruchskonkurrenzen** (Lehre von den **Teilansprüchen**)[47] nicht überflüssig geworden: Auch künftig kommt es noch immer auf die **Unterscheidung** der einzelnen **Unterhaltstatbestände** an, wenn und soweit ein nachehelicher Unterhaltsanspruch auf **mehreren Tatbeständen** beruht. Beruht etwa ein nachehelicher Unterhaltsanspruch teilweise auf § 1570 (Betreuung eines minderjährigen kleineren Kindes) und teilweise auf Aufstockung gem. § 1573 Abs. 2, dann wird bei der Frage der Begrenzung dieses (einheitlichen) nachehelichen Unterhaltsanspruchs zu prüfen sein, ob der Teilanspruch nach § 1570 gem. § 1578b (bereits) begrenzbar ist (regelmäßig wohl zunächst noch nicht), wohl aber – insbesondere bei nicht langer Ehedauer – der Teilanspruch nach

---

41 Diederichsen NJW 1977, 353.
42 Diederichsen NJW 1993, 2265 ff.
43 Diederichsen FamRZ 1988, 889, 894.
44 Deubner ZRP 1972, 153 ff.
45 BGH FamRZ 1980, 981, 983; 1981, 1163 zu § 1572; 1982, 28.
46 BGH FamRZ 1999, 708 = FuR 1999, 372.
47 Vgl. BGH FamRZ 1990, 490, 492; 1993, 769; 2001, 1687 = FuR 2001, 494; 2004, 1357 = FuR 2004, 548; näher hierzu FA-FamR/Gerhardt 5. Aufl. 6. Kap. Rn 362, 387a.

III. Änderungen des Bürgerlichen Gesetzbuchs im Einzelnen

§ 1573 Abs. 2 gem. § 1578b, so dass letztlich der einheitliche nacheheliche Unterhaltsanspruch teilweise doch zu begrenzen ist.

Besteht (nach der Systematik des nachehelichen Unterhaltsrechts) **ausnahmsweise**[48] – in der Praxis bildet jedoch die Ausnahme die Regel, insbesondere bezüglich der Tatbestände § 1570 und § 1573 Abs. 2! – ein Anspruch auf (nachehelichen) Unterhalt, dann entsteht ein (gesetzliches) **Unterhaltsschuldverhältnis**,[49] das – wie jedes Schuldverhältnis aufgrund des **Gegenseitigkeitsprinzips** – wechselseitige **unterhaltsrechtliche Nebenpflichten (Obliegenheiten)** begründet, da die Mitverantwortung der Eheleute füreinander (§ 1353) – wenn auch deutlich gemindert – auch nach rechtskräftiger Auflösung der Ehe fortwirkt.[50] Diese Nebenpflichten bestimmen beiderseits – regelmäßig – in gleichem Umfange das Maß der **beiderseitigen Rechte** und **Pflichten**. Insbesondere obliegt dem bedürftigen geschiedenen Ehegatten (**Unterhaltsgläubiger**), sich möglichst selbst um sein Auskommen zu kümmern, die Unterhaltslast also soweit als möglich zu verringern (§ 1569), und dem anderen geschiedenen Ehegatten (**Unterhaltsschuldner**), seine Leistungsfähigkeit höchstmöglich zu erhalten (§ 1581).

In der Folgezeit ab 1.7.1977 hatte sich der nacheheliche Unterhalt entgegen den Vorstellungen des Gesetzgebers bei der Reform des Scheidungs- und Scheidungsfolgerechts durch das 1. EheRG mit der lückenlosen Regelung der Unterhaltstatbestände zum Regelfall entwickelt, nicht entsprechend dem Grundsatz der Eigenverantwortung zur Ausnahme. Daraus folgte vielfach eine Überlastung des Unterhaltsschuldners;[51] die Eigenverantwortung des Unterhalt begehrenden geschiedenen Ehegatten trat in den Hintergrund. Diese Situation hat sich nochmals durch die sog. Surrogats-Rechtsprechung des Bundesgerichtshofes[52] verschärft, so dass Gesetzgeber und Rechtsprechung die „Reißleine" ziehen mussten: Auch wenn der Grundsatz der Eigenverantwortung bereits im Gesetz normiert war, führt deshalb die Neufassung zu einer neuen Rechtsqualität.[53]

---

48 BGH FamRZ 1981, 242, 243.
49 S. hierzu näher Schwab FamRZ 1997, 521.
50 BVerfGE 57, 361 = FamRZ 1981, 745 ff., zugleich auch zur Verfassungsmäßigkeit des seit 1.7.1977 geltenden Unterhaltsrechts.
51 BVerfG FamRZ 2007, 273 = FuR 2007, 76.
52 BGHZ 148, 105 = FamRZ 2001, 986 = FuR 2001, 306.
53 Vgl. auch Schwab FamRZ 2005, 1417.

III. Änderungen des Bürgerlichen Gesetzbuchs im Einzelnen

c) Begrenzung des nachehelichen Unterhalts

Der Anspruch auf nachehelichen Unterhalt **entsteht** am Tage der Rechtskraft der Scheidung.[54] §§ 1570 ff. lösten – aufgrund Nachwirkung früherer ehelicher Solidarität – bei entsprechender **Bedürftigkeit** des Unterhaltsgläubigers und bestehender **Leistungsfähigkeit** des Unterhaltsschuldners zunächst eine unbegrenzte und auch – von § 1579 abgesehen – nicht begrenzbare und somit **grundsätzlich lebenslange Unterhaltspflicht** aus: Als Folge der fortwirkenden nachehelichen Verantwortung für den bedürftigen geschiedenen Ehegatten musste sich der wirtschaftlich stärkere geschiedene Ehepartner, wenn einer der Unterhaltstatbestände der §§ 1570 ff. gegeben ist, lebenslang bis zur Grenze des Zumutbaren mit seiner finanziellen Unterhaltslast abfinden.[55]

Erst mit dem **UÄndG 1986** normierte der Gesetzgeber (erstmals) mit §§ 1573 Abs. 5, 1578 Abs. 1 S. 2 Möglichkeiten, den nachehelichen Unterhalt zu begrenzen. Auf Grund der verschiedenen Rechtsfolgen wurde die Lehre von den Tatbestands- bzw. Anspruchskonkurrenzen entwickelt (sog. **zusammengesetzte Anspruchsgrundlage**). Nunmehr hat das **UÄndG 2008** diese beiden Begrenzungsmöglichkeiten in einer einheitlichen Norm zusammengefasst. Ein geschiedener Ehegatte kann jedoch Unterhalt sogar noch dann beanspruchen, wenn im Zeitpunkt der Scheidung zu erwarten war, sein Unterhalt werde aufgrund bestimmter Lebensverhältnisse **nachhaltig gesichert** sein; allerdings normieren §§ 1578b, 1577 Abs. 4 S. 1 Ausnahmeregelungen.[56]

Der Einwand der Begrenzung muss bereits bei der Erstentscheidung zum Unterhalt erhoben gemacht werden.[57] Der Unterhaltsanspruch aus §§ 1570, 16151 Abs. 2 ist bereits im Tenor der Entscheidung zu befristen, es sei denn, dass die Prognose eines weitergehenden Billigkeitsunterhalts im Zeitpunkt der Entscheidung nicht möglich ist. Die Begrenzung ist keine rechtsvernichtende Einwendung.[58]

d) Veränderungen durch das UÄndG 2008

Das **UÄndG 2008** hat in § 1569 den **Grundsatz** der **Eigenverantwortung** durch eine **geänderte Überschrift** und einen **neu gefassten Normtext** in den Vordergrund gestellt und den **Grundsatz** der **Mitverantwortung** als **Obliegenheit** aus-

---

54 BGH FamRZ 1981, 242; 1984, 256.
55 BGH FamRZ 1996, 1272; 1999, 710 = FuR 1999, 278.
56 BGH FamRZ 1987, 689.
57 BGH FamRZ 2001, 905; 2004, 1357 ff. = FuR 2004, 548.
58 BGH FamRZ 2000, 1499 = FuR 2000, 475.

III. Änderungen des Bürgerlichen Gesetzbuchs im Einzelnen

gestaltet. Die Neuregelung betont den Ausnahmecharakter des nachehelichen Unterhalts und verlangt positiv, dass sich jeder Ehegatte grundsätzlich selbst zu unterhalten hat, also Unterhalt **nur** (dieses Wort ist im Gesetz hinzugefügt worden) beanspruchen kann, soweit er dazu nicht in der Lage ist. Es soll auch klargestellt werden, dass Unterhalt jedenfalls auf Dauer in der Regel lediglich dazu dienen soll, die im Zusammenhang mit der Ehe, insbesondere wegen der vereinbarten Aufgabenverteilung, eingetretenen Nachteile auszugleichen (etwa entsprechend der Situation des „nichtehelichen" Elternteils in § 1615l). Damit erhält der Grundsatz der Eigenverantwortung eine neue Rechtsqualität und ist in weitaus stärkerem Maße als bisher als Auslegungsgrundsatz für die einzelnen Unterhaltstatbestände heranzuziehen.

Satz 1 stellt den **Grundsatz** der **Eigenverantwortung** – anders als bisher – in den Vordergrund und stärkt ihn in mehrfacher Hinsicht: Zum einen durch eine prägnantere Fassung der amtlichen Überschrift, und zum anderen durch die Klarstellung in Satz 1, dass den geschiedenen Ehegatten die Obliegenheit trifft, nach der Scheidung selbst für sein wirtschaftliches Fortkommen zu sorgen. Mit dieser stärkeren Betonung der eigenen Verantwortung des geschiedenen Ehegatten für seinen Unterhalt soll das Prinzip der nachehelichen Solidarität in einer nach heutigen Wertvorstellungen akzeptablen und interessengerechten Weise ausgestaltet werden.

Satz 2 schränkt den **Grundsatz** der **Eigenverantwortung** durch den **Grundsatz** der **nachwirkenden Mitverantwortung** des wirtschaftlich stärkeren Ehegatten für den anderen ein: Ist ein Ehegatte nicht in der Lage, selbst für seinen Unterhalt zu sorgen, gebietet es die nacheheliche Solidarität, den in den einzelnen Unterhaltstatbeständen konkretisierten Bedürfnislagen gerecht zu werden und vor allem den notwendigen Ausgleich für ehebedingte Nachteile zu leisten. Mit der Formulierung in Satz 2, dass der Unterhalt fordernde geschiedene Ehegatte „außerstande ... ist", wird an die **Obliegenheit** des **geschiedenen Ehegatten**, für sich selbst zu sorgen, angeknüpft, und gleichzeitig Bezug genommen auf die Bedürftigkeit des Unterhaltsberechtigten, einem allgemeinen Merkmal jedes Unterhaltsanspruchs. Die Einfügung des Wortes „nur" in Satz 2 soll einmal mehr verdeutlichen, dass ein Unterhaltsanspruch gemessen am Grundsatz der Eigenverantwortung die Ausnahme, aber nicht die Regel ist, und daher nur in Betracht kommt, wenn einer der Unterhaltstatbestände der §§ 1570 ff. vorliegt.

aa) Auslegung von § 1570

Bei der Auslegung von § 1570 (Anspruch auf Betreuungsunterhalt) soll dies dazu führen, dass das bisherige, von der Rechtsprechung entwickelte „Altersphasenmo-

III. Änderungen des Bürgerlichen Gesetzbuchs im Einzelnen

dell", ab welchem Alter des Kindes dem betreuenden Elternteil eine Erwerbstätigkeit zumutbar ist, zu korrigieren ist.[59] Künftig ist verstärkt darauf abzustellen, inwieweit im konkreten Einzelfall und aufgrund der Betreuungssituation vor Ort von dem betreuenden Elternteil eine **(Teil-)Erwerbstätigkeit neben** der **Kinderbetreuung** erwartet werden kann. Dies hat der Gesetzgeber auch durch die Änderung des § 1570 unterstrichen: Angemessene Möglichkeiten der Kinder-Fremdbetreuung sind in Anspruch zu nehmen (§ 1570 Abs. 1 S. 2); die Aufnahme oder Ausweitung einer Erwerbstätigkeit wird von dem Elternteil, bei dem minderjährige Kinder leben, früher als nach der bisherigen Gerichtspraxis erwartet.

bb) Auslegung von § 1578b

Der nacheheliche Unterhalt konnte bislang nur in (seltenen) **Ausnahmefällen** gegen den Willen des Unterhaltsgläubigers begrenzt werden. Das Gesetz kennt nunmehr (nurmehr) – anwendbar auf alle nachehelichen Unterhaltstatbestände – **zwei Begrenzungsnormen**: **§ 1578b** und **§ 1579**. Besondere Bedeutung erlangt der Grundsatz der Eigenverantwortung daher (auch) bei der Auslegung von § 1578b: Das verschärfte Prinzip der Eigenverantwortung führt nunmehr dazu, dass im konkreten Fall jeder Unterhaltsanspruch – unter Wahrung der Belange eines gemeinschaftlichen, vom Unterhaltsgläubiger betreuten Kindes – sowohl der Dauer als auch der Höhe nach zu begrenzen „ist", wenn die Voraussetzungen dieser Begrenzungsnorm vorliegen. Ein nachehelicher Unterhaltsanspruch kann umso eher beschränkt werden, je geringer die aufgrund der Kinderbetreuung eingetretenen („**betreuungsbedingten**") bzw. die auf der Aufgabenverteilung während der Ehe beruhenden („**ehebedingten**") Nachteile sind, die beim unterhaltsberechtigten Ehegatten infolge der Scheidung eingetreten sind.

Die ehelichen Lebensverhältnisse werden nicht mehr – wie bisher in § 1574 Abs. 2 – von vornherein berücksichtigt, sondern nach der Neuregelung nur noch auf Einwand des Unterhaltsgläubigers, treten also gegenüber den Obliegenheiten des Unterhaltsgläubigers zurück.

cc) Auslegung der übrigen Tatbestände

§ 1569 S. 1 ist als Programmsatz für die gesamte Neuregelung zu verstehen, der bei der Auslegung jedes Unterhaltstatbestands zu berücksichtigen ist; daher wird im Hinblick auf die Neufassung des § 1569 künftig im Rahmen der Prüfung aller

---

[59] So bereits etwa OLG Karlsruhe NJW 2004, 523, 524; Puls FamRZ 1998, 865, 870; Luthin FPR 2004, 567, 570; Reinken FPR 2005, 502, 503.

nachehelichen Unterhaltstatbestände ein anderer (**engerer**) **Maßstab** anzulegen sein. Die Stärkung der Eigenverantwortung wird sich insbesondere auch auf die Auslegung von § 1573 Abs. 2 auswirken: Nicht jede Einkommensdifferenz geschiedener Eheleute kann deshalb zum Aufstockungsunterhalt führen, sondern nur ein wesentlicher Einkommensunterschied.[60]

3. § 1570 Unterhalt wegen Betreuung eines Kindes

Fassung bis 31.12.2007	Fassung ab 1.1.2008
§ 1570 – Unterhalt wegen Betreuung eines Kindes Ein geschiedener Ehegatte kann von dem anderen Unterhalt verlangen, solange und soweit von ihm wegen der Pflege oder Erziehung eines gemeinschaftlichen Kindes eine Erwerbstätigkeit nicht erwartet werden kann.	**§ 1570 – Unterhalt wegen Betreuung eines Kindes** *(1) Ein geschiedener Ehegatte kann von dem anderen wegen der Pflege oder Erziehung eines gemeinschaftlichen Kindes für mindestens drei Jahre nach der Geburt Unterhalt verlangen. Die Dauer des Unterhaltsanspruchs verlängert sich, solange und soweit dies der Billigkeit entspricht. Dabei sind die Belange des Kindes und die bestehenden Möglichkeiten der Kinderbetreuung zu berücksichtigen.* *(2) Die Dauer des Unterhaltsanspruchs verlängert sich darüber hinaus, wenn dies unter Berücksichtigung der Gestaltung von Kinderbetreuung und Erwerbstätigkeit in der Ehe sowie der Dauer der Ehe der Billigkeit entspricht.*

a) Strukturen der Norm

§ 1570 normiert den Anspruch auf nachehelichen Unterhalt wegen Betreuung eines (ehelichen) Kindes/mehrerer **gemeinsamer** (ehelicher) Kinder („**Betreuungsunterhalt**"):[61] Ein geschiedener Ehegatte kann von dem anderen wegen der Pflege

---

60 So bereits OLG München FamRZ 2004, 1208 = FuR 2009, 179 – nur wenn der errechnete Unterhalt 10% des bereinigten Nettoeinkommens des Unterhaltsgläubigers erreicht; OLG Koblenz FamRZ 2006, 704 = FuR 2006, 45 – wenn sich die Einkommensdifferenz auf weniger als 10% des Gesamteinkommens beläuft; s. auch OLG Düsseldorf FamRZ 1996, 947; OLG München FamRZ 1997, 425; OLG Brandenburg FamRZ 2005, 210.
61 Zu Streitfragen zum Unterhalt nicht miteinander verheirateter Eltern wegen Kindesbetreuung s. Wever/Schilling FamRZ 2002, 581.

III. Änderungen des Bürgerlichen Gesetzbuchs im Einzelnen

oder Erziehung eines gemeinschaftlichen Kindes für mindestens drei Jahre nach der Geburt Unterhalt verlangen (Abs. 1 S. 1, sog. Betreuungsunterhalt I). Die Dauer des Unterhaltsanspruchs verlängert sich, solange und soweit dies der Billigkeit entspricht (Abs. 1 S. 2); dabei sind die Belange des Kindes und die bestehenden Möglichkeiten der Kinderbetreuung zu berücksichtigen (Abs. 1 S. 3, sog. Betreuungsunterhalt II). Insoweit können neben den kindbezogenen Gründen im Einzelfall zusätzlich auch andere Gründe, namentlich elternbezogene Gründe, berücksichtigt werden (s. das Wort „insbesondere"). Die in der Rechtspraxis bewährte Differenzierung nach kind- und elternbezogenen Umständen[62] im Rahmen des § 1615l wird damit fortgeführt und weiter entwickelt. Die Dauer des Unterhaltsanspruchs verlängert sich sodann noch darüber hinaus, wenn dies unter Berücksichtigung der Gestaltung von Kinderbetreuung und Erwerbstätigkeit in der Ehe sowie der Dauer der Ehe der Billigkeit entspricht (Abs. 2, sog. nachehelicher Betreuungsunterhalt **III** – ehebedingte Nachteile aufgrund der Kinderbetreuung). Diese Änderung trägt der Entscheidung des Bundesverfassungsgerichts vom 28.2.2007[63] Rechnung); mit ihr hat das Bundesverfassungsgericht die Verfassungswidrigkeit der bis 31.12.2007 noch gültigen unterschiedlichen Dauer von Unterhaltsansprüchen für die Betreuung ehelicher und nichtehelicher Kinder festgestellt. Die Dauer der Unterhaltsansprüche wegen der Kinderbetreuung nach § 1570 und nach § 1615l richtet sich künftig nach denselben Grundsätzen und ist gleich lang ausgestaltet.

Allerdings reicht der Betreuungsunterhaltsanspruch – wie bereits bisher – nur so weit, wie die Kindesbetreuung den kinderbetreuenden Elternteil an der Ausübung einer Erwerbstätigkeit hindert. Ist der Unterhaltsgläubiger aufgrund der Kinderbetreuung in *vollem Umfange* unterhaltsbedürftig, kann er – soweit der Unterhaltsschuldner leistungsfähig ist – in den ersten drei Jahren nach der Geburt des Kindes vollen Betreuungsunterhalt I verlangen. Ist er aufgrund der Kinderbetreuung jedoch nur *teilweise* an einer **Erwerbstätigkeit gehindert**, kann er Unterhalt nur bis zur Höhe des Mehreinkommens verlangen, das er durch eine Vollerwerbstätigkeit erzielen könnte. Allerdings ist Erwerbstätigkeit vor Beginn des dritten Lebensjahres des Kindes grundsätzlich unzumutbar und daher grundsätzlich als überobligatorisch anzusehen, insbesondere wenn sie aus Not heraus zur eigenen Existenzsicherung ausgeübt wird.

Auf Grund verfassungsrechtlicher Vorgaben[64] war der Gesetzgeber des **UÄndG 2008** gezwungen, die beiden sog. „Kinderbetreuungs"-Normen (§ 1570 und

---

62 Hierzu ausführlich BGHZ 168, 245 = FamRZ 2006, 1362.
63 FamRZ 2007, 965.
64 BVerfG FamRZ 2007, 965 zu § 1615l.

III. Änderungen des Bürgerlichen Gesetzbuchs im Einzelnen

§ 1615l) einander anzupassen. Die Dauer des Anspruchs wegen der Betreuung des Kindes richtet sich beim nichtehelichen Kind künftig nach denselben Grundsätzen wie beim ehelichen Kind; sie ist auch gleich lang ausgestaltet. Für die ersten drei Lebensjahre des Kindes wird in beiden Vorschriften klargestellt, dass der nicht verheiratete Elternteil – ebenso wie der geschiedene – im Falle der Bedürftigkeit stets einen Unterhaltsanspruch hat. Ausnahmslos wird in dieser Zeit unterhaltsrechtlich keinem Elternteil eine Erwerbstätigkeit zugemutet (s. auch § 1615l Abs. 2 S. 3); eine trotzdem nicht aus der Not heraus ausgeübte Tätigkeit kann allerdings zumutbar sein. Für die Zeit nach Vollendung des dritten Lebensjahres kann der Unterhaltsanspruch wegen Kinderbetreuung nach Billigkeit verlängert werden (s. auch § 1615l Abs. 2 S. 4); bei dieser Billigkeitsentscheidung kommt den Belangen des Kindes sowohl bei § 1570 wie auch im Rahmen von § 1615l entscheidende Bedeutung zu, in deren Licht auch die bestehenden Möglichkeiten der Kinderbetreuung zu berücksichtigen sind. Mit dieser Angleichung der beiden Kinderbetreuungsnormen hat der Gesetzgeber (endlich) dem Gleichstellungsauftrag aus Art. 6 Abs. 5 GG Rechnung getragen, auch dem nichtehelichen Kind zur Förderung seiner Entwicklung die gleichen Lebensverhältnisse zu sichern wie dem ehelichen Kind.

Die neu in Absatz 2 eingefügte besondere Verlängerungsmöglichkeit besteht unabhängig vom Wohle des Kindes, das bei der Bestimmung der Dauer des Unterhaltsanspruchs wegen der Betreuung eines Kindes nach Absatz 1 maßgeblich ist. Sie rechtfertigt sich aus der nachehelichen Solidarität. Entscheidend dafür sind die tatsächliche Gestaltung der Kinderbetreuung und der Erwerbstätigkeit durch die Ehegatten sowie die Dauer der Ehe, die im Einzelfall eine Verlängerung rechtfertigen können. Mit diesem Anspruch, der sich gleich einem Annexanspruch an die Betreuungsunterhalte I und II (gem. Absatz 1) anschließen kann, wird der besondere Schutz der Ehe zum Ausdruck gebracht, wie ihn auch das Bundesverfassungsgericht in seinem Beschluss vom 28.2.2007[65] anerkannt hat.

Dem Anspruch auf Betreuungsunterhalt kommt unter den nachehelichen Unterhaltstatbeständen eine **hervorgehobene Bedeutung** zu; das Gesetz hat diese Norm insbesondere zum **Schutze** der **Kindesinteressen** in mehrfacher Hinsicht besonders stark ausgestaltet (s. etwa §§ 1577 Abs. 4, 1578b, 1579, 1586a). Ist der unterhaltspflichtige geschiedene Ehegatte nur nach Maßgabe des § 1581 zu Unterhaltsleistungen imstande („**Mangellage**" bzw. „**Mangelfall**"), so kann dies zu einer **Verschärfung** der **Anforderungen** führen, die in § 1570 im Rahmen der Zumut-

---

65 BVerfG FamRZ 2007, 965, 970 [Rn 58].

barkeitsprüfung an die Erwerbsobliegenheit des Unterhaltsgläubigers zu stellen sind.[66]

§ 1570 kennt **keine Einsatzzeitpunkte**: Die für den Anspruch auf Betreuungsunterhalt maßgebliche Betreuungssituation kann jederzeit (auch wieder) aufleben, etwa aufgrund später eintretender Pflegebedürftigkeit des (auch volljährigen)[67] Kindes oder infolge Wechsels der Obhut. Das marokkanische Recht, das keinen Unterhaltsanspruch nach der Scheidung kennt, verletzt den deutschen ordre public jedenfalls dann, wenn die unterhaltsbedürftige Ehefrau Kinder zu versorgen hat und ihren Lebensunterhalt ohne erhebliche Vernachlässigung dieser Elternpflicht nicht sicherstellen kann.[68]

Arbeitet der geschiedene Ehegatte – trotz Kinderbetreuung – **überobligatorisch** (aus Not heraus, nicht aus freien Stücken,[69] obwohl er wegen des Alters des/der von ihm betreuten Kinde/s/r nicht erwerbstätig sein müsste), dann ist nur der **unterhaltsrelevante Teil** des überobligatorisch erzielten Einkommens in die Additions-/Differenzmethode einzubeziehen; der nicht unterhaltsrelevante Teil bleibt bei der Unterhaltsermittlung vollständig unberücksichtigt.[70] Im Rahmen des § 1570 stellt der nicht unterhaltsrelevante Teil zumeist den sog. **Betreuungsbonus** dar,[71] der nicht als Entgelt für die Betreuung gewährt wird, sondern als **Ausgleich** für die **Doppelbelastung** durch Betreuung kleinerer Kinder und überobligationsmäßige Berufstätigkeit.[72]

Bei der Auslegung von **§ 1570** (Anspruch auf Betreuungsunterhalt) will der Gesetzgeber das bisherige, von der Rechtsprechung des Bundesgerichtshofes entwickelte sog. „**Altersphasenmodell**" der 80-Jahre des vorigen Jahrhunderts nicht mehr in dieser Form angewendet wissen.[73] Künftig ist verstärkt darauf abzustellen, inwieweit im konkreten Einzelfall und der konkreten Betreuungssituation vor Ort von dem betreuenden Elternteil **neben** der **Kinderbetreuung** eine **(Teil-)Erwerbstätigkeit** erwartet werden kann. Dies hat der Gesetzgeber auch durch die Änderung

---

66 Zu allem ausführlich BGH FamRZ 1983, 569; 1984, 769; 1989, 487; 1989, 1160; 1990, 989.
67 BGH FamRZ 1985, 357.
68 OLG Hamm FamRZ 1999, 1142.
69 OLG Schleswig OLGR 2003, 184.
70 BGHZ 162, 384 = FamRZ 2005, 1154 = FuR 2005, 364 in Fortführung von BGHZ 148, 368 = FamRZ 2001, 1687 = FuR 2001, 494; BGH FamRZ 2003, 518 = FuR 2003, 248.
71 BGH FamRZ 2001, 350 = FuR 2001, 262; s. auch OLG Hamm FamRZ 2002, 1708; OLG Koblenz OLGR 2003, 245 – pauschaler Betreuungsbonus von 1/5.
72 OLG Schleswig OLGR 2003, 157; s. auch OLG Celle FamRZ 2005, 1746.
73 So bereits etwa OLG Karlsruhe NJW 2004, 523, 524; Puls FamRZ 1998, 865, 870; Luthin FPR 2004, 567, 570; Reinken FPR 2005, 502, 503.

des § 1570 unterstrichen: Angemessene, bestehende Möglichkeiten der Kinder-Fremdbetreuung sind in Anspruch zu nehmen (§ 1570 Abs. 1 S. 3); die Aufnahme oder Ausweitung einer Erwerbstätigkeit wird von dem Elternteil, bei dem minderjährige Kinder leben, früher als nach der bisherigen Gerichtspraxis erwartet (§ 1570 Abs. 1 S. 1).

b) Normzweck

§ 1570 schützt den geschiedenen Ehegatten, **solange** und **soweit** er wegen der Pflege und Erziehung eines gemeinsamen Kindes an einer Erwerbstätigkeit gehindert ist, und wenn er sich deshalb **insoweit** nicht selbst unterhalten kann.

Die Vorschrift ist Ausdruck der gemeinsamen Elternverantwortung und dient dazu, die persönliche Betreuung des Kindes trotz Trennung/Scheidung seiner Eltern wenigstens durch einen Elternteil zu ermöglichen, um auch Kindern aus gescheiterten Ehen gleichmäßige Entwicklungschancen zu geben.[74] Ein nach der Trennung allein erziehender Elternteil steht oftmals vor ganz anderen Schwierigkeiten als während des Zusammenlebens, als beide Eltern den Alltag noch gemeinsam gemeistert hatten.

c) Erweiterung der Norm durch das UÄndG 2008

Das **UÄndG 2008** hat § 1570 grundlegend neu strukturiert: Die Norm regelt jetzt drei Unterhaltszeiträume (sog. **Betreuungsunterhalt I, II und III**).

Betreuungsunterhalt I gem. Abs. 1 S. 1: Der betreuende Elternteil kann künftig einen zeitlichen „Basisunterhalt" über eine Dauer von „mindestens" drei Jahren nach der Geburt des Kindes verlangen. In den ersten drei Lebensjahren des Kindes hat der geschiedene Ehegatte – ebenso wie der nicht verheiratete Elternteil – im Falle der Bedürftigkeit stets einen Anspruch auf Betreuungsunterhalt. Die betreuende Mutter oder der betreuende Vater können sich also auch dann, wenn eine Versorgung durch Dritte möglich wäre, frei dafür entscheiden, das Kind selbst zu betreuen. Die Drei-Jahres-Frist ist nach Ansicht des Gesetzgebers im Regelfall mit dem Kindeswohl vereinbar;[75] er knüpft insoweit – genauso wie dies bereits beim geltenden § 1615l Abs. 2 S. 3 der Fall ist – an zahlreiche sozialstaatliche Leistungen und Regelungen an, insbesondere an den Anspruch des Kindes auf einen Kin-

---

74 BVerfGE 57, 361 = FamRZ 1981, 745 ff.
75 Anlage „Formulierungshilfe" zu BT-Drucks 16/1830 unter Hinweis auf BVerfG FamRZ 2007, 965, 972 f. [Rn 73, 77] und Puls FamRZ 1998, 865, 870 f.

III. Änderungen des Bürgerlichen Gesetzbuchs im Einzelnen

dergartenplatz (§ 24 Abs. 1 SGB VIII). Mit dieser Vorschrift hat der Gesetzgeber dokumentiert, dass er in die **Betreuungsmöglichkeiten** und **-notwendigkeiten** von **Kleinkindern** nicht eingreifen will: Nicht einmal in den Sozialgesetzen (etwa SGB II und SGB XII) hat er Berufstätigkeit für zumutbar erachtet, wenn ein Elternteil ein **Einzelkind unter drei Jahren** betreut. Allerdings hindert im Regelfall das Alter eines Kindes ab Vollendung des dritten Lebensjahres per se Erwerbstätigkeit nicht ohne weiteres.

Betreuungsunterhalt II gem. Abs. 1 S. 2 und 3: Der zeitliche „Basisunterhalt" ist zu verlängern, „solange und soweit" dies der Billigkeit entspricht (§ 1570 Abs. 1 S. 2), wobei Maßstab für eine Verlängerung in erster Linie kindbezogene Gründe sind (§ 1570 Abs. 1 S. 3 – „Belange des Kindes").

Die nunmehrige Forderung des Gesetzes, dass im Rahmen des Betreuungsunterhalts (auch) *„die bestehenden Möglichkeiten der Kinderbetreuung zu berücksichtigen"* sind, ist einer der markanten Neuerungen des **UÄndG 2008**. Der Gesetzgeber sieht diese Änderung vor dem Hintergrund des gesellschaftlichen Wandels: Die Möglichkeiten der Fremdbetreuung von Kindern hätten – ungeachtet regionaler Unterschiede und einzelner, bestehender Angebotslücken – insgesamt stark zugenommen; Erwerbstätigkeit neben Kindererziehung sei heute vielfach Realität. Diese gesellschaftliche Entwicklung sei bei der Beurteilung der Frage, inwieweit dem geschiedenen Elternteil neben der Betreuung eines Kindes eine Erwerbstätigkeit zumutbar ist, angemessen zu berücksichtigen. Anstelle der bisherigen, häufig sehr schematisierenden Betrachtungsweise anhand des tradierten „Altersphasenmodells" sei künftig stärker auf den **konkreten Einzelfall** und **tatsächlich bestehende**, **verlässliche** und auch **zumutbare Möglichkeiten** der Kinderbetreuung abzustellen, wenn und soweit sie mit dem Kindeswohl im Einklang stehen.

Die „Belange des Kindes" sind immer dann berührt, wenn das Kind in besonderem Maße betreuungsbedürftig ist; insoweit ist eine Orientierung an der bisherigen Rechtsprechung zu den „kindbezogenen Belangen" bei § 1615l Abs. 2 S. 2 möglich. Bereits der Wortlaut der neuen Bestimmung stellt nunmehr ausdrücklich klar, dass der betreuende Elternteil sich nur dann auf eine Fremdbetreuungsmöglichkeit verweisen lassen muss, wenn dies mit den Kindesbelangen vereinbar ist. Damit hat der Gesetzgeber die „Leitidee" der gesamten Vorschrift noch klarer gemacht, nach der der Betreuungsunterhalt vor allen Dingen im Interesse des Kindes gewährt wird. Die Belange des Kindes können etwa dann einer Fremdbetreuung entgegen stehen, wenn das Kind unter der Trennung besonders leidet und daher der persönlichen Betreuung durch einen Elternteil bedarf.

III. Änderungen des Bürgerlichen Gesetzbuchs im Einzelnen

Die im Einzelfall zu bestimmende **Billigkeit** richtet sich im Übrigen auch nach dem allgemeinen und in § 1569 künftig für den nachehelichen Unterhalt ausdrücklich verankerten Prinzip der Eigenverantwortung des Unterhaltsgläubigers. Ihm werden allerdings durch diejenigen Umstände Grenzen gesetzt, die den jeweiligen Unterhaltstatbestand tragen. In besonderer Weise gilt dies dort, wo es um das Kindeswohl geht. Soweit es das Kindeswohl erfordert, hat das Prinzip der Eigenverantwortung zurückzustehen. Mit der Feststellung, dass die Verlängerung des Unterhalts der Billigkeit entspricht, steht also zugleich fest, dass eine Erwerbstätigkeit nicht erwartet werden kann. Einer besonderen Erwähnung dieses bisher in § 1570 enthaltenen Prüfungsmaßstabs bedarf es daher nicht mehr. Eine materielle Änderung ist damit nicht verbunden.

Das Gesetz enthält – wie bislang – keine ausdrückliche Vorgabe zu der Frage, in welchem Umfange der betreuende Elternteil bei einer bestehenden Betreuungsmöglichkeit auf eine eigene Erwerbstätigkeit und damit auf seine Eigenverantwortung (§§ 1569, 1574 Abs. 1) verwiesen werden kann. Mit den Worten „solange und soweit" hat der Gesetzgeber allerdings deutlich gemacht, dass es – wie bislang – auch hier auf die Verhältnisse des Einzelfalles ankommt. In dem Maße, in dem eine kindgerechte Betreuungsmöglichkeit besteht, kann von dem betreuenden Elternteil eine Erwerbstätigkeit erwartet werden. Ist also zunächst nur eine Teilzeittätigkeit möglich, ist daneben – je nach Bedürftigkeit – auch weiterhin Betreuungsunterhalt zu zahlen.

In der Begründung zum Entwurf des **UÄndG 2008** hat die Bundesregierung klipp und klar zum Ausdruck gebracht, dass die Neuregelung keineswegs einen abrupten, übergangslosen Wechsel von der elterlichen Betreuung zu Vollzeiterwerbstätigkeit verlangt, sondern dass im Interesse des Kindeswohls auch künftig ein gestufter, an den Kriterien von § 1570 Abs. 1 orientierter Übergang möglich sein muss.

Betreuungsunterhalt III gem. Abs. 2: Die Möglichkeit, die Dauer des Unterhaltsanspruchs über den Betreuungsunterhalt nach § 1570 Abs. 1 hinaus zu verlängern, berücksichtigt die bei geschiedenen Eltern im Einzelfall aus Gründen der nachehelichen Solidarität gerechtfertigte weitere Verlängerung des Unterhaltsanspruchs. Damit hat der Gesetzgeber eine Erwägung des Bundesverfassungsgericht in seinem Beschluss vom 28.2.2007[76] aufgegriffen: Es sei dem Gesetzgeber unbenommen, einen geschiedenen Elternteil „wegen des Schutzes, den die eheliche Verbindung durch Art. 6 Abs. 1 GG erfährt, ... unterhaltsrechtlich besser zu stellen als

---
[76] FamRZ 2007, 965 ff. [Rn 58].

III. Änderungen des Bürgerlichen Gesetzbuchs im Einzelnen

einen unverheirateten Elternteil, was sich mittelbar auch auf die Lebenssituation der mit diesen Elternteilen zusammenlebenden Kinder auswirken kann". Diese Möglichkeit der Verlängerung des Unterhalts über den im Interesse des Kindeswohls wegen Kinderbetreuung geschuldeten (Betreuungs-)Unterhalt hinaus im Einzelfall beruht auf Gründen, die allein in der Ehe zu finden sind. Maßgeblich ist dabei das in der Ehe gewachsene Vertrauen in die vereinbarte und praktizierte Rollenverteilung und die gemeinsame Ausgestaltung der Kinderbetreuung. Die konkreten ehelichen Lebensverhältnisse und die nachwirkende eheliche Solidarität finden hier ihren Niederschlag und können eine Verlängerung des Betreuungsunterhaltsanspruchs über § 1570 Abs. 1 hinaus rechtfertigen. So kann etwa einem geschiedenen Ehegatten, der im Interesse der Kindererziehung seine Erwerbstätigkeit dauerhaft aufgegeben oder zurückgestellt hat, ein längerer Anspruch auf Betreuungsunterhalt eingeräumt werden als einem Ehegatten, der von vornherein alsbald wieder in den Beruf zurückkehren wollte.

Daher handelt es sich bei dem Anspruch nach § 1570 Abs. 2 nicht um einen selbständigen Unterhaltstatbestand, sondern um eine „ehespezifische Ausprägung"[77] des Betreuungsunterhaltsanspruchs; er ist damit eine Art **„Annexanspruch"** zum Anspruch nach § 1570 Abs. 1. Die Regelungstechnik lehnt sich im Übrigen an diejenige des § 1578b an:[78] Ist die ehebedingte „Billigkeit" einer Verlängerung festgestellt, verlängert sich der Unterhaltsanspruch ohne weiteres.

Mit dieser Neuordnung der Erwerbsobliegenheiten[79] neben der Kinderbetreuung ist der Gesetzgeber der Forderung des Bundesverfassungsgerichts nachgekommen, das Bürgerliche Recht und das Sozialrecht weiter zu harmonisieren, indem er auf § 10 Abs. 1 Nr. 3 SGB II [Grundsicherung für Arbeitsuchende] und auf § 11 Abs. 4 S. 2–4 SGB XII [Sozialhilfe] als Wertentscheidungen des Sozialrechts verwiesen hat. Diese (§ 10 Abs. 1 Nr. 3 SGB II [Grundsicherung für Arbeitsuchende] und § 11 Abs. 4 S. 2–4 SGB XII [Sozialhilfe]) verlangen von dem Kind/er betreuenden Elternteil eine Erwerbstätigkeit in der Regel ab dem dritten Geburtstag des betreuten Kindes. Damit korrespondiert der Anspruch auf einen Kindergartenplatz ab Vollendung des dritten Lebensjahres des Kindes gem. § 24 SGB VIII. Der geschiedene Ehegatte kann daher, wenn er ein gemeinsames eheliches Kind oder gar mehrere gemeinsame eheliche Kinder betreut, jedenfalls im Regelfall nicht auf eine eigene Erwerbstätigkeit verwiesen werden, wenn und solange das jüngste Kind das

---

77 Anlage „Formulierungshilfe" zu BT-Drucks 16/1830 S. 6.
78 Vgl. BT-Drucks 16/1830 S. 19.
79 Ausführlich hierzu Dose FamRZ 2007, 1289 ff.

dritte Lebensjahr noch nicht vollendet hat,[80] sofern er nicht vor der Trennung/ Scheidung aus freien Stücken erwerbstätig war, und die Trennung/Scheidung an der Betreuungssituation nichts geändert hat.

d) Tatbestandsvoraussetzungen

Der (nacheheliche) Anspruch auf **Betreuungsunterhalt** gem. § 1570 Abs. 1 setzt – anders als der Anspruch nach § 1361 (Trennungsunterhalt) – voraus, dass der Unterhalt begehrende **geschiedene** Ehegatte

- ein **gemeinschaftliches** (= eheliches oder adoptiertes [§ 1754 Abs. 1]) **Kind** betreut, <u>und</u>
- dieses in **Pflege** und/oder **Erziehung** („Kinderbetreuung") hat; dieser **Umfang elterlicher Pflichten** bestimmt die **Einschränkung** der **Erwerbsfähigkeit**.

Die **Begriffe „Pflege** oder **Erziehung"** umschreiben den Inhalt der elterlichen Personensorge; sie entsprechen § 1606 Abs. 3 S. 2. Betreuen beide Elternteile gemeinsame Kinder, für die sie gemeinsam die elterliche Sorge tragen, dann ist der **Umfang** der Kinderbetreuung maßgebend dafür, ob ein Elternteil nach § 1570 anspruchsberechtigt ist (sog. „**Wechselmodell**").[81]

Betreut ein Elternteil ein Kind bis zu drei Jahren, dann kommt es für den Anspruch auf Betreuungsunterhalt gem. § 1570 Abs. 1 S. 1 nicht darauf an, ob ohne die Kindesbetreuung eine Erwerbstätigkeit ausgeübt würde, ob also die Kindesbetreuung die alleinige Ursache für die Nichterwerbstätigkeit ist: Der ein **Kleinkind betreuende Elternteil** ist nach der Trennung im **Regelfall** jederzeit berechtigt, eine Berufstätigkeit während der ersten drei Lebensjahre des Kindes aufzugeben und sich ganz dessen Pflege und Erziehung zu widmen.[82] Ist allerdings ausnahmsweise – insbesondere aufgrund anderweitiger möglicher, zumutbarer und dem Kindeswohl nicht widersprechender Betreuungsmöglichkeiten wie bereits vor Trennung/Schei-

---

80 So bereits BGH FamRZ 1983, 456; 1984, 356; 1989, 487; 1995, 291 – gemeinschaftliches Kind im Alter von weniger als acht Jahren; 1982, 25; 1983, 456; 1998, 1501.
81 Zur Problematik Betreuung aufgrund elterlicher Sorge („Schwergewicht der tatsächlichen Betreuung") oder sog. „Wechselmodell" s. BGH FamRZ 2006, 1015 mit Anm. Luthin FamRZ 2006, 1018 und FamRB 2006, 233 sowie van Els FF 2006, 255, Viefhues FPR 2006, 287, Soyka FuR 2006, 423; BGH FamRZ 2007, 707 = FuR 2007, 213 mit Anm. Luthin FamRZ 2007, 710 und FamRB 2007, 163 sowie Rakete-Dombek FF 2002, 16, 17; 2007, 200, und Born NJW 2007, 1859; aus der neueren Rechtsprechung der Instanzgerichte etwa OLG Koblenz FamRZ 2005, 1997; OLG Karlsruhe FamRZ 2006, 1225; KG FamRZ 2006, 1626; OLG München FamRZ 2007, 753; OLG Stuttgart FamRZ 2007, 1266; OLG Brandenburg FamRZ 2007, 1354; s. auch Schilling FPR 2006, 291 ff. – Betreuungsunterhalt und Wechselmodell.
82 BGH FamRZ 2005, 442 = FuR 2005, 174 [Berufungsurteil OLG München OLGR 2003, 340] – zu § 1615l; s. auch OLG Hamburg FamRZ 2005, 927.

dung – Erwerbstätigkeit mit der Kinderbetreuung vereinbar, dann obliegt es dem Unterhalt begehrenden Ehegatten nach dem durch das **UÄndG 2008** in § 1569 verschärften Eigenverantwortungsprinzip, seine **frühere Berufstätigkeit** wieder **aufzunehmen** bzw. seine bisherige Berufstätigkeit **fortzusetzen** bzw. eine Erwerbstätigkeit **anzunehmen**.

aa) Zumutbarkeit der Wiederaufnahme früherer bzw. Fortsetzung bisheriger Berufstätigkeit

Meist wird der geschiedene Ehegatte infolge der Kinderbetreuung daran gehindert sein, **frühere Berufstätigkeit** wieder **aufzunehmen** bzw. die **bisherige Berufstätigkeit fortzusetzen** bzw. eine **neue Erwerbstätigkeit aufzunehmen**,[83] weil er jetzt in aller Regel nicht mehr – wie in intakter Ehe – auf die Mitbetreuung durch den anderen Elternteil zurückgreifen kann. Da die gemeinsame frühere Lebensplanung durch die Trennung/Scheidung hinfällig geworden ist, muss nunmehr im jeweiligen Einzelfall auf die **konkrete Lage** des **betreuenden Ehegatten nach Trennung/Scheidung** abgestellt werden.[84] Die Fortsetzung einer bereits vor der Trennung ausgeübten Tätigkeit kann daher trotz Betreuung eines Kindes bis zu drei Jahren zumutbar sein, wenn der betreuende Elternteil die durch Trennung/Scheidung eintretende Mehrbelastung ohne große Mühen auffangen kann.[85]

Der Bundesgerichtshof hatte sich mit Urteil vom 23.9.1981 („**Lehrerin**"-**Fall**)[86] mit den unterhaltsrechtlichen Auswirkungen der Fortführung einer Berufstätigkeit des getrennt lebenden Ehegatten, der gemeinsame Kinder betreut, befasst. Beide Parteien waren als Lehrer im öffentlichen Schuldienst tätig. Die Klägerin hatte ihren Beruf auch nach der Eheschließung der Parteien – mit Unterbrechungen durch die Schwangerschaften – stets ausgeübt; seit der Geburt des zweiten Kindes arbeitete sie mit halber Arbeitskraft. Sie fühlte sich wegen der ihr nach der Trennung nunmehr allein obliegenden Aufgabe, die beiden Töchter zu pflegen und zu erziehen, zu einer Erwerbstätigkeit nicht verpflichtet;[87] ihr Einkommen aus dem gleichwohl nach wie vor mit halber Arbeitskraft ausgeübten Lehrerberuf dürfe ihr deshalb nur zur Hälfte angerechnet werden. Dem ist der Bundesgerichtshof nicht gefolgt: Die **Fortsetzung** einer bereits während intakter Ehe **ausgeübten Arbeit** kön-

---

83 BGH FamRZ 1981, 1159; 1982, 148 [Nr. 69]; 1983, 569.
84 BGH FamRZ 1988, 145.
85 S. etwa OLG Naumburg FamRZ 1998, 552.
86 BGH FamRZ 1981, 1159.
87 Zum Zeitpunkt der Entscheidung des Bundesgerichtshofes waren die Kinder knapp 13 bzw. 9 Jahre alt.

ne auch dann **zumutbar** sein, wenn damit eine in der Ehe trotz der Belastung durch die zunächst noch kleinen Kinder beibehaltene Berufstätigkeit im lediglich gleichen Umfange fortgeführt wird.

bb) Gesamte Umstände des jeweiligen Einzelfalles

Die **Notwendigkeit** der **Kinderbetreuung**, der **Umfang** der demnach zumutbaren **Erwerbstätigkeit** und die daraus zumeist folgende **Einschränkung** der **Erwerbsfähigkeit** hängen nicht allein vom Alter des/der betreuten Kinde/s/r und/oder von den bestehenden Möglichkeiten der Fremdbetreuung ab. Diese beiden Kriterien bestimmen zwar oftmals den **konkreten Betreuungsbedarf** im Einzelfall, sind aber nicht das einzige und ausschlaggebende Moment, sondern maßgebend sind die **gesamten Umstände** des **jeweiligen Einzelfalles**. Weitere, nicht unmaßgebliche **Kriterien** sind daher insbesondere die **persönlichen** und **wirtschaftlichen Verhältnisse** der Eltern;[88] abzustellen ist insbesondere auf die persönliche Situation des Unterhalt begehrenden Ehegatten (insbesondere Alter und Gesundheitszustand, Berufsausbildung und Chancen auf dem Arbeitsmarkt, etwaige frühere Berufstätigkeit, Dauer der Ehe,[89] Hilfe durch Dritte[90] sowie überdurchschnittlich hoher Betreuungsaufwand wegen Behinderung oder Krankheit des Kindes bzw. für sog. Problemkinder).[91]

Daher darf die Frage der Erwerbsobliegenheit nicht – wie dies in der Praxis jedoch die Regel ist – im Sinne eines Regel-Ausnahme-Verhältnisses nach Zahl und Alter der Kinder fixiert werden: Im Gesetzgebungsverfahren wurde bereits 1977, aber auch 2007, im Hinblick auf die Vielgestaltigkeit der zu erfassenden Lebenssachverhalte bewusst davon abgesehen, eine widerlegbare Vermutung des Inhalts zu schaffen, dass ein Ehegatte eine Erwerbstätigkeit erst aufnehmen könne, wenn das zu erziehende Kind ein bestimmtes Lebensalter erreicht habe.[92] Diese Beurteilung ist Teil der Anwendung sachlichen Rechts und deshalb auch ohne ausdrückliche Revisionsrüge einer revisionsrechtlichen Nachprüfung zugänglich.[93] Eine Ausnahme bildet nunmehr der Betreuungsunterhalt I aufgrund der Pflege und Erziehung von Kindern bis zum Alter von drei Jahren (§ 1570 Abs. 1 und § 1615l Abs. 2).

---

88 BGH FamRZ 1982, 148 [Nr. 69]; 1984, 364.
89 BGH FamRZ 1983, 996.
90 BGH FamRZ 1989, 487 – neue Lebenspartner.
91 Häufig derzeit verbreitet „ADS" – Aufmerksamkeitsdefizitsyndrom.
92 BT-Dr. 7/650 S. 122 f.; s. auch BGH FamRZ 1983, 456 unter Hinweis auf BT-Dr. 7/650 S. 122 f.
93 BGH FamRZ 1990, 989.

cc) Alter und Zahl der Kinder

Bis zum Inkrafttreten des **UÄndG 2008** hatte sich die familienrechtliche Praxis überwiegend an dem sog. „Altersphasenmodell" orientiert, das der Bundesgerichtshof zu Beginn der 80-er Jahre nach dem Paradigmenwechsel durch das 1. EheRG entwickelt hatte. Alter und Zahl der Kinder sind auch nach neuem Recht maßgebende Eckpfeiler für die Frage nach der Betreuungsbedürftigkeit eines Kindes, wobei aufgrund der Vielfalt des sozialen Gefüges in Gesamtdeutschland heute kein derart umfangreiches Phasenmodell mehr gebildet werden kann, sondern (zunächst nur) ein **grundlegender Erfahrungssatz**: Betreut ein geschiedener Ehegatte ein oder gar mehrere gemeinsame eheliche Kinder, dann kann er – jedenfalls im Regelfall – nicht auf eine eigene Erwerbstätigkeit verwiesen werden, wenn und solange das jüngste Kind das dritte Lebensjahr noch nicht vollendet hat,[94] sofern er nicht vor der Trennung/Scheidung aus freien Stücken erwerbstätig war, und die Trennung/Scheidung an der Betreuungssituation nichts geändert hat. Die Betreuung fast erwachsener Kinder begründet grundsätzlich keinen Unterhaltsanspruch wegen Kinderbetreuung.

Im neuen Jahrtausend kann an diesen vor etwa 25 Jahren entwickelten Erfahrungssätzen der bisherigen Rechtsprechung nicht mehr ohne weiteres und in diesem Umfange festgehalten werden. Erfahrungsgrundsätze vermögen aufgrund ihres hohen Bestätigungsgrades bei Fehlen entsprechender Gegengründe volle richterliche Überzeugung nur dann zu begründen, wenn die Beobachtungen von Handlungsabläufen zwar nicht ausnahmslos gelten, nach anerkanntem Erfahrungswissen aber mit sehr hoher Wahrscheinlichkeit zutreffen. Solche Handlungsabläufe dürfen nur dann angenommen werden, wenn ein gleichmäßiger Hergang als Beobachtungsgrundlage vorhanden ist, sie also dem **neuesten Stand** der **Erfahrung** entsprechen sowie eindeutig und überprüfbar formuliert werden, wenigstens aber der hohe Grad ihrer Bestätigung nach der Lebenserfahrung mit einer gewissen Evidenz festgestellt werden kann. Insoweit haben sich in den letzten 30 Jahren die sozialen und gesellschaftlichen Verhältnisse grundlegend – insbesondere etwa durch **Zunahme** der **Drittbetreuung** und der **insoweit geschaffenen Möglichkeiten** – verändert.[95]

Daher wird sich ein <u>**verändertes**</u> sog. **Altersphasenmodell** herausbilden müssen. Der Gesetzgeber des **UÄndG 2008** hat sich nur mit der Frage befasst, wann einem

---

94 BGH FamRZ 1983, 456; 1984, 356; 1989, 487; 1995, 291 – gemeinschaftliches Kind im Alter von weniger als acht Jahren; 1982, 25; 1983, 456; 1998, 1501.
95 S. auch die Begründung des Bundesgerichtshofes zur Veränderung der familiären Situation seit den 70-er Jahren in der Entscheidung zur Änderung der Bemessung des Ehegattenunterhalts in BGHZ 148, 105 = FamRZ 2001, 986 = FuR 2001, 306.

III. Änderungen des Bürgerlichen Gesetzbuchs im Einzelnen

geschiedenen Ehegatten, der **ein** Kleinkind betreut, im Regelfall eine Erwerbstätigkeit zugemutet werden kann; zu Erwerbsobliegenheiten in anderen Fällen hat er sich nicht geäußert (etwa zur Frage des Beginns einer Erwerbsobliegenheit bei der Betreuung mehrerer Kinder, zur Frage der Ausweitung einer Teilzeiterwerbstätigkeit mit zunehmendem Alter heranwachsender Kinder sowie zu der Frage, ab wann dem ein Kind/mehrere Kinder betreuenden Ehegatten eine Vollzeittätigkeit obliegt). Die Entwicklung eines Kindes wird in aller Regel zumindest ab dem 3. Lebensjahr durch eine Fremdbetreuung wegen teilweiser Berufstätigkeit der Mutter in der Regel nicht beeinträchtigt sein. In aller Regel kann diesem Elternteil daher eine Erwerbstätigkeit geringen Umfangs zuzumuten sein, wenn das Kind einen Kindergarten besuchen kann bzw. die Grundschule besucht, jedoch keinesfalls mehr als maximal Halbtagstätigkeit, solange das Kind frühestens das 14. Lebensjahr noch nicht vollendet hat.

Durch die **Ausweitung** der **Betreuungsmöglichkeiten** von Kindern in den vergangenen Jahren kann heute der Beginn der Erwerbsobliegenheit trotz Betreuung <u>eines</u> Kindes früher – regelmäßig ab Kindergartenbesuch, spätestens aber ab Schulbeginn – angesetzt werden, wobei von einem Regelfall durchaus nach oben oder unten abgewichen werden kann, etwa bei Besuch einer Ganztagsschule bzw. bei fehlender Betreuungsmöglichkeit. Der Gesetzgeber geht davon aus, dass in der Vergangenheit ausreichende Fremdbetreuungsmöglichkeiten geschaffen worden sind, wobei eine vollschichtige Erwerbstätigkeit bei Betreuung eines Kindes unter 14 Jahren sicherlich erst dann in Betracht kommt, wenn im Einzelfall zumutbar Ganztagskindergarten bzw. Ganztagsschulen Verweisung auf solch eine Fremdbetreuung gestatten.

Betreut ein Elternteil zwei oder mehr Kinder, wird es im Grundsatz bei dem bisherigen **Altersphasenmodell** verbleiben müssen: Die Verantwortung für Pflege, Erziehung und Betreuung minderjähriger Kinder hat Vorrang vor den wirtschaftlichen Interessen des Unterhaltsschuldners, und die Betreuung mehrerer minderjähriger kleinerer Kinder entspricht bereits nach der Lebenserfahrung einem Vollzeit-„Job", die Betreuung zweier oder mehrerer älterer, aber noch minderjähriger Kinder wird allenfalls erst ab dem 14./15. Lebensjahr des älteren Kindes eine Teilzeittätigkeit erlauben.[96] Auch wenn der Gesetzgeber im Rahmen des § 1570 bewusst mit einer Ausnahme („Betreuungsunterhalt I", 3 Jahre) auf die Angabe von Altersgrenzen verzichtet hat, wird die Stärkung des Grundsatzes der Eigenverantwortung dazu

---

[96] BGH FamRZ 2005, 967.

führen, dass in vielen Fällen eine Erwerbsobliegenheit bei Kinderbetreuung früher verlangt wird, insbesondere wenn Fremdbetreuung der Kinder gewährleistet ist.

Das **UÄndG 2008** hat bewusst darauf verzichtet, **strikte Altersgrenzen** festzulegen, da das Angebot an **Betreuungsmöglichkeiten** derzeit noch große regionale Unterschiede aufweist und vereinzelte Angebotslücken bestehen. Daher darf sich ein **Altersphasenmodell** künftig nicht mehr – wie bislang – fast ausschließlich an **schematischen Altersvorgaben** orientieren, sondern es ist – zumindest gleichgewichtig – dem Umstand Rechnung zu tragen, dass eine **Fremdbetreuung** heute nicht nur vielfach Realität ist, sondern grundsätzlich auch früher einsetzt. An Stelle der bislang häufig eher schematischen Beurteilung nach dem Kindesalter wird es künftig weitaus mehr auf die individuellen Lebensumstände, also auf den konkreten Betreuungsbedarf des Kindes, auf die Vorstellungen und Pläne der Eltern hinsichtlich der Kinderbetreuung und auf die jeweiligen örtlichen Verhältnisse bzw. Möglichkeiten einer Fremdbetreuung ankommen. Es genügt daher künftig nicht mehr, vorzutragen, dass aus der Ehe ein Kind bzw. mehrere Kinder eines bestimmten Alters hervorgegangen ist/sind, das/die von dem Unterhalt begehrenden Elternteil betreut wird/werden; vielmehr ist – abhängig von dem Kindesalter – Tatsachenvortrag notwendig, anhand dessen sich das Gericht ein Bild von der Lebenssituation des betreuenden Elternteils und des Kindes bzw. der Kinder machen kann, verbunden mit konkreter Darlegung derjenigen Umstände, die der Aufnahme einer (Teil-)Erwerbstätigkeit durch den betreuenden Elternteil entgegen stehen. Letztlich ist immer die gesamte Situation im konkreten Einzelfall unter Beachtung des gewandelten Ehebildes entscheidend, da Kinderbetreuung heute regelmäßig nicht mehr eine sog. Haushaltsführungsehe nach sich zieht, sondern nurmehr eine zeitweise Unterbrechung der Berufstätigkeit.[97] Dennoch wird ein – wenn auch **verändertes** – **Altersphasenmodell** als **grobe Orientierungshilfe** für mehr Gerechtigkeit in jedem Einzelfall und damit zu mehr Rechtssicherheit führen.

dd) Möglichkeiten der Fremdbetreuung

Das in § 1570 Abs. 1 S. 3 nunmehr hinzugefügte Kriterium der „bestehenden **Möglichkeiten** der **Kinderbetreuung**" lässt sich unterschiedlich verstehen, entweder als Verteidigungseinwand („nur wenn ausreichende Fremdbetreuung des Kindes möglich ist") oder als Forderung („immer, wenn Kinderbetreuung gewährleistet

---

[97] So auch die Begründung des Bundesverfassungsgerichts und des Bundesgerichtshofes zur sog. Surrogation bei Aufnahme oder Ausweitung einer Erwerbstätigkeit einer Hausfrau nach Trennung/Scheidung, s. BVerfG FamRZ 2002, 527 und BGHZ 148, 105 = FamRZ 2001, 986 = FuR 2001, 306.

III. Änderungen des Bürgerlichen Gesetzbuchs im Einzelnen

ist"). Die neue Norm fordert nunmehr (zusätzlich) von dem jeweils betroffenen Unterhaltsgläubiger, in aller Regel die Möglichkeiten der Fremdbetreuung des Kindes oder der Kinder – natürlich auch die Betreuung durch den anderen Elternteil – in Anspruch zu nehmen. Gezielt hat der Gesetzgeber zum Ausdruck gebracht, er strebe einen Wegfall oder zumindest eine Aufweichung des von der Rechtsprechung bisher praktizierten Altersphasenmodells an, wonach sich der Beginn der Erwerbsobliegenheit grundsätzlich nach dem Alter und der Zahl der zu betreuenden Kinder richtete. Künftig soll sich der ein Kind oder mehrere Kinder betreuende Ehegatte bei der Begründung seines Unterhaltsanspruchs aus § 1570 nicht mehr darauf beschränken können, die Zahl und das Alter der Kinder vorzutragen; er muss sich vielmehr – wenn es sich nicht um Kleinkinder im Alter von weniger als drei Jahren handelt – auch dazu erklären, ob eine Fremdbetreuung möglich, oder warum sie unmöglich oder für das jeweilige Kind (etwa entwicklungs- oder krankheitsbedingt) unzumutbar ist. Eine Verweisung des betreuenden Elternteils auf eine nur abstrakt bestehende Kinderbetreuungsmöglichkeit ist damit von vornherein ausgeschlossen; vielmehr ist stets auf den konkreten Einzelfall und die persönlichen bzw. die örtlichen Gegebenheiten abzustellen. Warum der Gesetzgeber allerdings (nur) auf Fremdbetreuung verweist, nicht aber auf die Möglichkeit der Betreuung von Kindern durch den anderen Elternteil, ist nicht einsichtig: In den meisten Fällen steht der Elternteil dem Kinde doch näher als der Fremde.

Die Inanspruchnahme **anderweitiger Betreuungsmöglichkeiten** dient in aller Regel auch dem Kindeswohle, insbesondere der Ausbildung des sozialen Verhaltens des Kindes. Dem betreuenden Elternteil ist daher, sobald das (jüngste) Kind das 3. Lebensjahr vollendet hat, grundsätzlich zumindest eine stundenweise Tätigkeit zumutbar, insbesondere wegen der steuer- und sozialrechtlichen Gestaltung ein sog. „**Geringverdienerjob**".[98] Eine Vormittagsbeschäftigung ist zumindest dann zumutbar, wenn das Kind einen Kindergarten/eine Kindertagesstätte/einen Kinderhort oder eine Schule mit „bis-Mittag-Betreuung" besucht,[99] und zwar auch dann, wenn die wirtschaftlichen Verhältnisse der Parteien nicht besonders gut sind, also Mangelfälle oder Existenzen knapp an Mangellagen. Zutreffend wurde auch bereits vor Inkrafttreten des **UÄndG 2008** bei wirtschaftlich unterdurchschnittlichen Verhältnissen eher eine frühzeitige Verpflichtung zu einer Erwerbstätigkeit angenommen. Für eine abweichende Beurteilung müssen besondere Gründe vorliegen. Die Kosten der Kinderbetreuung sind bei der Bemessung des Ehegattenunterhalts

---

98 S. etwa OLG München FamRZ 2002, 694 – im Rahmen gebotener Nebentätigkeit sei die Steuer- und Sozialleistungspflicht zu beachten.
99 S. vormals OLG Hamm OLGR 2001, 65.

bzw. des Unterhalts des nichtehelichen Elternteils nur dann angemessen zu berücksichtigen, wenn sie nicht bereits – bei einem dem Alter des Kindes angemessenen halbtägigen Besuch eines Kindergartens als Kindergartenbeiträge – in dem geschuldeten Tabellenunterhalt für den Kindesunterhalt enthalten sind.[100]

ee) Problemkinderfälle

Bei der insgesamt vorzunehmenden Abwägung sind nicht nur neben dem Alter des/r Kindes/r die Möglichkeiten der Kindesbetreuung zu berücksichtigen, sondern vorrangig – und nicht nur mit gleichem Gewicht – die Belange des betroffenen Kindes (§ 1570 Abs. 1 S. 3). Trotz der Altersvorgabe des § 1570 ist die **Zumutbarkeitsgrenze** entsprechend den Anforderungen der **konkreten Betreuung** in Einzelfällen **herabzusenken**. Im Gesetzgebungsverfahren wurde beispielhaft die Belastung des Kindes durch die Trennung der Eltern genannt, soweit diese einen besonderen Betreuungsbedarf verursacht; gleiches gilt für krankheits- oder entwicklungsbedingte Besonderheiten des Kindes, wenn es wegen (geistiger oder körperlicher) Behinderung und/oder wegen psychischer Schwierigkeiten in höherem Maße betreuungsbedürftig war wie ein gesundes Kind gleichen Alters (sog. „Problemkind"). So kann etwa einer geschiedenen Mutter, die ein 21-jähriges Kind pflegt, das seit seiner Geburt an einer tuberösen Hirnsklerose mit Anfallsleiden leidet, sich auf der Entwicklungsstufe eines vier- bis fünfjährigen Kindes befindet und pro Tag vier bis fünf Stunden Pflege bedarf, eine halbschichtige Erwerbstätigkeit jedenfalls dann zuzumuten sein, wenn in dem durch das Gericht eingeholten Sachverständigengutachten über die Behinderung des Kindes der Besuch einer Behindertenwerkstatt ausdrücklich befürwortet wird.[101] Sodann ist die wirtschaftliche Lage der Ehegatten zu prüfen: Ist etwa der unterhaltspflichtige geschiedene Ehegatte nur nach Maßgabe des § 1581 zu Unterhaltsleistungen imstande („**Mangelfall**"), so kann das zu einer **Verschärfung** der **Anforderungen** führen, die in § 1570 im Rahmen der Zumutbarkeitsprüfung an die Erwerbsobliegenheit des Unterhaltsgläubigers zu stellen sind.[102]

---

100 Vgl. etwa BGH FamRZ 2007, 882 – Kindergartenbesuch aus „pädagogischen" Gründen; s. auch Scholz FamRZ 2006, 737 zur Neuregelung der steuerlichen Förderung von Kinderbetreuungskosten.
101 OLG Saarbrücken DAVorm 1998, 918.
102 Zu allem ausführlich BGH FamRZ 1983, 569; 1984, 769; 1989, 487; 1989, 1160; 1990, 989.

e) Obliegenheit zum Beginn der Arbeitsplatzsuche

Entsprechend der Verminderung des Betreuungsbedarfs entsteht regelmäßig bereits deutlich vor Beendigung der Betreuungsphase, wenn deren Ende zeitlich klar absehbar ist, (auch) die **Obliegenheit** des Unterhaltsgläubigers, sich um **angemessene Einkünfte** zu kümmern, auch und insbesondere, was die **Suche** nach einem **Arbeitsplatz** anlangt,[103] vor allem weil die Verringerung oder das Ende der Kinderbetreuung in aller Regel absehbar ist. Ausnahmsweise besteht der Unterhaltsanspruch nach Treu und Glauben trotz dieser Obliegenheit fort, wenn der Unterhaltsschuldner den Unterhaltsgläubiger bewusst von Bemühungen um Erwerbstätigkeit abgehalten[104] oder durch freiwillige Unterhaltszahlungen einen Vertrauenstatbestand geschaffen hat, der den Zeitpunkt für den Beginn der Bemühungen hinausschiebt.[105]

Maßgebende Kriterien für die Beantwortung der Frage, ob und inwieweit es dem ein Kind/mehrere Kinder des Unterhaltsschuldners betreuenden geschiedenen Ehegatten obliegt, entsprechend dem Programmsatz des § 1569 selbst für seinen Unterhalt zu sorgen, sind zunächst **Elternvereinbarungen**, zum zweiten das **Alter** des/der betreuten Kindes/r, zum dritten die Belange des Kindes und zum vierten die **Möglichkeiten** der **Fremdbetreuung**.

Ist der geschiedene, ein Kind oder mehrere Kinder betreuende Ehegatte aus **freien Stücken**[106] heraus – also nicht wegen unzureichender Versorgung durch den Unterhaltsschuldner aus Not heraus – erwerbstätig, obwohl er wegen des Alters des/der von ihm betreuten Kindes/r nicht erwerbstätig sein müsste, dann ist im allgemeinen zu überprüfen, ob nicht die Grenzen des Zumutbaren zunächst zu eng gezogen worden sind; vielmehr kann die weitere **Ausübung** einer **Erwerbstätigkeit** trotz Kinderbetreuung ein **bedeutsames Indiz** für die vorhandene **tatsächliche Arbeitsfähigkeit** trotz Kinderbetreuung sein (dann **obligatorische** Tätigkeit). Ist allerdings der geschiedene Ehegatte in einem Umfange erwerbstätig, der ihm nicht zugemutet werden kann (sog. **überobligatorische** Tätigkeit), dann ist nur der **unterhaltsrelevante Teil** des **überobligatorisch** erzielten **Einkommens** in die Additions-/Differenzmethode einzubeziehen; der **nicht unterhaltsrelevante**

---

103 BGH FamRZ 1995, 871.
104 S. hierzu BGH FamRZ 1990, 496.
105 S. hierzu OLG Hamm FamRZ 1995, 1580.
106 BGH FamRZ 1981, 1159; 1983, 569 zur Fortsetzung einer bereits ausgeübten Erwerbstätigkeit; 1998, 1501 zu einer bei beengten finanziellen Verhältnissen aus Gründen wirtschaftlicher Notwendigkeit aufgenommenen Erwerbstätigkeit; s. auch OLG Schleswig OLGR 2003, 184.

III. Änderungen des Bürgerlichen Gesetzbuchs im Einzelnen

Teil bleibt bei der Unterhaltsermittlung vollständig unberücksichtigt.[107] Im Rahmen des § 1570 stellt der nicht unterhaltsrelevante Teil zumeist den sog. **Betreuungsbonus** dar,[108] der nicht als Entgelt für die Betreuung gewährt wird, sondern als **Ausgleich** für die **Doppelbelastung** durch Betreuung kleinerer Kinder und überobligationsmäßige Berufstätigkeit.[109]

Da die gemeinsame frühere Lebensplanung der geschiedenen Ehepartner aufgrund der Trennung/Scheidung hinfällig ist, ist nach dem Zerfall der Familie bezüglich der Kinderbetreuung nunmehr im jeweiligen Einzelfall auf die **konkrete Lage** des **betreuenden Ehegatten nach Trennung/Scheidung** abzustellen. Oftmals haben Eltern bereits vor ihrer Trennung – vielfach konkludent – bezüglich der Kinderbetreuung Vereinbarungen getroffen, auch dazu, ob und gegebenenfalls wann eine Fremdbetreuung des gemeinsamen Kindes in Anspruch genommen werden solle. Allerdings ist daran zu denken, dass eine solche gemeinsame Entscheidung in der Regel auch auf der wirtschaftlichen Situation – Finanzierung nur eines Haushalts – beruhte, und dass deshalb eine Anpassung an die nunmehr engeren finanziellen Verhältnisse geboten sein kann. Eine Entscheidung, die die Eltern für ihr gemeinsames Kind während intakter Ehe für richtig gehalten hatten, kann nicht mit dem Scheitern der Ehe per se unrichtig und daher gegenstandslos werden.

Ist der geschiedene Ehegatte infolge der Kinderbetreuung daran gehindert, seine **bisherige Berufstätigkeit fortzusetzen**,[110] weil er jetzt nicht mehr – wie in intakter Ehe – auf die Mitbetreuung durch den anderen Elternteil zurückgreifen kann, dann vermag dieser Umstand einen Anspruch nach § 1570 zu begründen. Das Wohl des Kindes im Einzelfall entscheidet auch darüber, ob der ein **Kleinkind betreuende Elternteil** nach Trennung/Scheidung berechtigt ist, seine bisherige Berufstätigkeit während der ersten drei Lebensjahre des Kindes aufzugeben und sich

---

107 BGHZ 162, 384 = FamRZ 2005, 1154 = FuR 2005, 364 in Fortführung von BGHZ 148, 368 = FamRZ 2001, 1687 = FuR 2001, 494; BGH FamRZ 2003, 518 = FuR 2003, 248.
108 BGH FamRZ 2001, 350 = FuR 2001, 262; s. auch BGH FamRZ 2006, 1597 = FuR 2006, 510 [Berufungsgericht: OLG Hamm FamRZ 2005, 539] – kein Ansatz eines Betreuungsbonus im Rahmen der Bemessung des Kindesunterhalts; vgl. im Übrigen auch OLG Hamm FamRZ 2002, 1708; OLG Koblenz OLGR 2003, 245 – pauschaler Betreuungsbonus von 1/5; OLG Braunschweig FamRZ 2006, 1759 (Betreuungsbonus 150 EUR); OLG Köln OLGR 2006, 392 – „ein den konkreten Verhältnissen angemessener Betreuungsbonus von 500 EUR"; 2006, 688 – Betreuungsbonus insgesamt 100 EUR: zwei Kinder mit 13½ und fast 16 Jahren; OLG Stuttgart FamRZ 2006, 1680 – Betreuungsbonus insgesamt 200 EUR: zwei Kinder der Altersstufe 3; OLG Düsseldorf FamRZ 2007, 217 – kein Betreuungsbonus aufgrund des Alters der Kinder; OLG Frankfurt FuR 2007, 41 – Betreuungsbonus 100 EUR; FamRZ 2007, 213 – Betreuungsbonus insgesamt 200 EUR: drei Kinder im Alter von 16, 13 und 12 Jahren.
109 OLG Schleswig OLGR 2003, 157; s. auch OLG Celle FamRZ 2005, 1746.
110 BGH FamRZ 1981, 1159; 1982, 148 [Nr. 69]; 1983, 569.

III. Änderungen des Bürgerlichen Gesetzbuchs im Einzelnen

ganz dessen Pflege und Erziehung zu widmen,[111] weil ihm nunmehr kein Lebenspartner mehr entlastend zur Verfügung steht.

Ist allerdings ausnahmsweise – insbesondere aufgrund anderweitiger möglicher, zumutbarer und dem Kindeswohl nicht widersprechender Betreuungsmöglichkeiten – Erwerbstätigkeit mit der Betreuung von Kindern unter drei Jahren vereinbar (insbesondere, weil Trennung/Scheidung an der Kinderbetreuung nichts geändert haben), dann obliegt es dem Unterhalt begehrenden Ehegatten – erst recht nach dem durch das **UÄndG 2008** in § 1569 verschärften Eigenverantwortungsprinzip –, seine bisherige Berufstätigkeit **fortzusetzen**, soweit dies mit den Betreuungsinteressen des Kindes vereinbar ist:[112] Eine Entscheidung, die die Eltern für ihr gemeinsames Kind während intakter Ehe für richtig gehalten hatten, kann nicht mit dem Scheitern der Ehe per se unrichtig und daher gegenstandslos werden.

f) Begrenzungen des Anspruchs

Der Unterhaltsanspruch nach § 1570 wegen Kinderbetreuung besteht nur, „**solange und soweit**" Pflege oder Erziehung des Kindes/der Kinder einer Erwerbstätigkeit teilweise oder insgesamt entgegen stehen. Darüber hinaus kann der Anspruch trotz Kinderbetreuung zu **begrenzen** sein: Einmal aufgrund **vertraglicher Absprachen**,[113] zum anderen aufgrund **gesetzlicher Begrenzungsvorschriften** (§§ 1578b, 1579), wobei letztlich der Unterhaltsanspruch nach § 1570 aufgrund der Notwendigkeit der Kinderbetreuung sowieso immanent begrenzt ist.

Die – betrags- wie zeitmäßige – Begrenzung eines Anspruchs auf nachehelichen Unterhalt aus Billigkeitsgründen hat durch die Änderung der Rechtsprechung des Bundesgerichtshofes zur eheprägenden Haushaltsführung ein stärkeres Gewicht gewonnen, denn Haushaltsführung und Kinderbetreuung prägen – über den Wert des später an ihre Stelle tretenden Surrogats – die ehelichen Lebensverhältnisse, was zu einem erhöhten Unterhaltsbedarf des Unterhaltsgläubigers und – im Falle hinreichender Leistungsfähigkeit – auch zu einem höheren Unterhaltsanspruch führt.[114] Daher ist bereits bei der *erstmaligen* Geltendmachung des Unterhalts

---

111 S. etwa BGH FamRZ 2005, 442 = FuR 2005, 174 [Berufungsurteil OLG München OLGR 2003, 340] – zu § 1615l; OLG Hamburg FamRZ 2005, 927.
112 So BGH FamRZ 1981, 1159 [„Lehrerin"-Fall]; s. auch BGH FamRZ 1988, 145.
113 S. auch OLG Düsseldorf RNotZ 2001, 394 zur Notarhaftung aufgrund Verletzung von Belehrungspflichten des Notars bei Beurkundung eines Ehevertrages mit gegenseitigem Verzicht auf nachehelichen Unterhalt.
114 BGHZ 148, 105 ff. = FamRZ 2001, 986 = FuR 2001, 306; BGH FamRZ 2004, 1173 = FuR 2004, 500.

III. Änderungen des Bürgerlichen Gesetzbuchs im Einzelnen

die Frage nach einer zeitlichen Begrenzung oder Herabsetzung des Unterhaltsanspruchs (nunmehr) in verstärktem Maße zu prüfen,[115] auch im Hinblick auf die **Neugestaltung** der Begrenzungsvorschrift des § 1578b im **UÄndG 2008**.

- § 1578b: Liegen die Voraussetzungen des § 1578b vor, kann künftig auch Betreuungsunterhalt nach § 1570 zu begrenzen sein.
- § 1579: Bei einer **Ehe** von **kurzer Dauer** (**§ 1579 Nr. 1**) kann auch der nacheheliche Unterhalt nach § 1570 begrenzt werden, wobei allerdings bei der Prüfung des Verwirkungstatbestands zur Vermeidung verfassungswidriger Ergebnisse zunächst von der tatsächlichen Ehezeit auszugehen und erst anschließend die zur Wahrung der Belange des Kindes gesetzlich vorgesehene Abwägung vorzunehmen ist.[116]
- Trotz Betreuung gemeinsamer Kinder durch den geschiedenen Ehegatten kann nachehelicher Unterhalt wegen grober Unbilligkeit (**§ 1579 Nr. 8**) zu begrenzen sein, wenn der betreuende Elternteil in **gefestigter nichtehelicher Lebensgemeinschaft** lebt und in **häuslicher Gemeinschaft** Versorgungsleistungen für seinen neuen Partner erbringt, und dieser objektiv in der Lage ist, dem Unterhaltsgläubiger durch Unterstützung bei der Kindesbetreuung die Aufnahme einer seinen Mindestbedarf deckenden Erwerbstätigkeit zu ermöglichen.

g) Erlöschen des Anspruchs nach § 1570

Der Anspruch gem. § 1570 erlischt aufgrund folgender **Fallgruppen:**

aa) Veränderungen bei der Kinderbetreuung

Wenn und soweit die Kinderbetreuung wegfällt, erlischt der Unterhaltsanspruch nach § 1570; es kann sich allerdings ein anderer (nachehelicher) Unterhaltsanspruch anschließen („**Anschlussunterhalt**" bzw. „**Teilanschlussunterhalt**"). Für das **Ende** der **Kinderbetreuung** im Sinne aller Anschlusstatbestände ist nicht die Volljährigkeit des Kindes maßgebend, sondern es ist auf denjenigen Zeitpunkt abzustellen, in dem die Voraussetzungen für einen auf § 1570 gestützten Unterhaltsanspruch wegfallen.

bb) Vertragliche Begrenzungen des Anspruchs

Ein bereits vor oder bei der Eheschließung vereinbarter **Unterhaltsverzicht** für die Zeit nach der Scheidung ist grundsätzlich auch insoweit wirksam, als er den An-

---

115 BGH FamRZ 2004, 1357 = FuR 2004, 548.
116 BVerfG FamRZ 1989, 941, 943 f.; BGH FamRZ 1990, 492, 494 ff.; 2005, 1979 = FuR 2006, 32.

spruch auf Betreuungsunterhalt gem. § 1570 betrifft, soweit nicht die in der Rechtsprechung des Bundesverfassungsgerichts[117] definierten Schranken der **strukturellen Unterlegenheit** (§ 138) eingreifen. Allerdings darf sich der Unterhaltsschuldner bei einem rechtswirksamen Vertrag nach Treu und Glauben (§ 242) auf den Verzicht des anderen Ehegatten nicht berufen, *wenn* und *soweit* das Wohl eines gemeinschaftlichen, vom Unterhaltsgläubiger betreuten Kindes den Bestand der Unterhaltspflicht fordert („Anpassungskontrolle"). Verlangt das Kindeswohl daher eine Unterhaltsleistung, um den eigenen Unterhalt des betreuenden Ehegatten so zu sichern, dass er sich der Pflege und Erziehung des Kindes widmen kann, so ist dem Unterhaltsschuldner die Berufung auf den Unterhaltsverzicht grundsätzlich nur insoweit verwehrt, als der betreuende Ehegatte lediglich den notwendigen Unterhalt verlangt, und nur so lange, wie er neben der Betreuung des Kindes nicht mindestens seinen notwendigen Bedarf durch eigene Erwerbstätigkeit decken kann.[118]

Vereinbaren Eheleute in einem notariellen Vertrag gegenseitigen Verzicht auf Unterhalt mit Ausnahme des Betreuungsunterhalts nach § 1570 für die Ehefrau, so ist diese nicht gehindert, für diejenige Zeit, für die ihr Betreuungsunterhalt zusteht, auch den entsprechenden **Altersvorsorgeunterhalt** geltend zu machen, denn dieser stellt keinen selbständigen Anspruch dar (der gegebenenfalls unter den Unterhaltsverzicht fiele), sondern ist unselbständiger Teil des einheitlichen, den gesamten Lebensbedarf umfassenden Unterhaltsanspruchs.[119]

h) Umfang des Anspruchs

Ist der geschiedene Ehegatte wegen Kinderbetreuung **vollständig** an einer **Erwerbstätigkeit gehindert**, dann beruht sein Unterhaltsanspruch allein auf § 1570: Er kann den vollen, den ehelichen Lebensverhältnissen entsprechenden Unterhalt verlangen, soweit er nicht durch sonstige eigene anrechenbare Einkünfte gedeckt ist. Bei nur **teilweise** durch Betreuung eingeschränkter Erwerbstätigkeit kann er Unterhalt nach § 1570 nur bis zur Höhe des Mehreinkommens verlangen, das er durch eine angemessene Vollerwerbstätigkeit erzielen könnte. Reicht der ihm zustehende Unterhalt zusammen mit seinem Einkommen aus einer Teilerwerbstätigkeit zu seinem vollen Unterhalt (§ 1578) nicht aus, kommt zusätzlich ein Unterhaltsanspruch nach § 1573 Abs. 2 in Betracht (sog. „**zusammengesetzte Anspruchsgrundlage**"), wobei zugunsten des Unterhaltsgläubigers berücksichtigt

---

117 BVerfGE 103, 89 = FamRZ 2001, 343 = FuR 2002, 163; FamRZ 2001, 985 = FuR 2001, 300.
118 BGH FamRZ 1985, 787; 1985, 788; 1987, 46; 1991, 306; 1992, 1403.
119 OLG Koblenz FF 2003, 138.

werden kann, dass er seine (Teil-)Erwerbstätigkeit trotz der Übernahme der mit der Kinderbetreuung verbundenen zusätzlichen Belastungen aufrecht erhält.[120]

i) Angleichung der Vorschriften zum Betreuungsunterhalt

Das Bundesverfassungsgericht hatte dem Gesetzgeber in der Entscheidung vom 28.2.2007[121] mehrere Möglichkeiten zur Beseitigung des verfassungswidrigen Zustands sowie zur Gleichbehandlung der Regelungssachverhalte aufgezeigt:
- Änderung von § 1570
- Änderung des § 1615l
- Neuregelung beider Sachverhalte.

Der Gesetzgeber des **UÄndG 2008** hat diese Angleichung des Betreuungsunterhalts nunmehr verwirklicht: Neuregelung beider Sachverhalte durch Änderung der §§ 1570, 1615l. Allerdings sind **deutliche Disparitäten** verblieben:

aa) § 1570

Recht bis zum 31.12.2007:

(1) Altersphasenmodell

Altersphasenmodell nach der Rechtsprechung des Bundesgerichtshofes[122]

Recht ab 1.1.2008:

Nach der Intention des **UÄndG 2008** soll der Betreuungsunterhalt im konkreten Einzelfall geprüft werden; das Eigenverantwortungsprinzip des § 1569 wird somit durch § 1570 eingeschränkt. Somit ist zu prüfen:
- Besteht für das Kind im konkreten Einzelfall ein Betreuungsbedarf?
- Muss dieser Betreuungsbedarf durch einen Elternteil abgedeckt werden, oder gibt es andere zumutbare Möglichkeiten der Betreuung?

(2) Die drei Anspruchsgrundlagen des § 1570

Betreuungsunterhalt I („Basisunterhalt"): Zumindest bis zum 3. Lebensjahr des betreuten Kindes,

---

120 BGH FamRZ 1990, 492.
121 FamRZ 2007, 965.
122 S. etwa BGH FamRZ 1999, 372.

III. Änderungen des Bürgerlichen Gesetzbuchs im Einzelnen

Betreuungsunterhalt II ("Billigkeitsunterhalt I"): Ergänzung des Betreuungsunterhalts I aus „kindbezogenen" Gründen („Belange des Kindes", bezogen auf die Möglichkeiten seiner Betreuung),

Betreuungsunterhalt III ("Billigkeitsunterhalt II"): Ergänzung des Billigkeitsunterhalts I aus „ehebezogenen" Gründen (Gestaltung der Betreuung, Rollenverteilung während der Ehe sowie Dauer der Ehe).

bb) § 1615l

Nach der Rechtsprechung des Bundesverfassungsgerichts[123] dienen die Unterhaltsansprüche gem. § 1570 sowie gem. § 1615l Abs. 2 *ausschließlich* dem Kindeswohl. Da beide Tatbestände das identische Regelungsziel verfolgen, dürfen sie nicht unterschiedlich ausgestaltet sein,[124] sondern sind im **Grundsatz strukturell identisch**:

(1) Die Dauer des Unterhaltsanspruchs richtet sich nach den gleichen Grundsätzen:
- keine Berufstätigkeit wegen der Kinderbetreuung, und
- Notwendigkeit der Kinderbetreuung bis (mindestens) zum 3. Lebensjahr

(2) Die zeitliche Verlängerung ist gerechtfertigt, wenn dies der Billigkeit entspricht, und

(3) ausschließlich die Belange des Kindes sollen geschützt werden.

Die **zwei Anspruchsgrundlagen** des § 1615l:

Betreuungsunterhalt I ("Basisunterhalt"): Zumindest bis zum 3. Lebensjahr des betreuten Kindes

Betreuungsunterhalt II ("Billigkeitsunterhalt I"): Verlängerung des Betreuungsunterhalts I aus Billigkeitsgründen, „insbesondere" aus „kindbezogenen" Gründen („Belange des Kindes" und die „ die bestehenden Möglichkeiten der Kinderbetreuung"), aber auch aus partnerschaftsbezogenen Gründen (etwa Bestehen einer Lebensgemeinschaft und/oder sonstige Vertrauenstatbestände).

cc) Verbliebene Unterschiede

Dennoch sind im Rahmen des Betreuungsunterhalts nach beiden Normen **Unterschiede** verblieben:

---

123 Beschlüsse vom 28.2.2007 (FamRZ 2007, 965) und vom 22.6.2007 (FamRZ 2007, 1531).
124 Vgl. Schwab FamRZ 2007, 1057 ff.

III. Änderungen des Bürgerlichen Gesetzbuchs im Einzelnen

- Verwirkung von Ansprüchen nach § 1615l gem. § 1611 (Verweisungsnorm des § 1615l Abs. 3 S. 1)
- Zulässigkeit von Unterhaltsvereinbarungen (§ 1614 im Gegensatz zu § 1585c)
- Erlöschen des Anspruchs beim Tode des Unterhaltsschuldners
- Unterschiedlicher Unterhaltsmaßstab
- Keine Möglichkeit des Sonderausgabenabzugs gem. § 10 Abs. 1 EStG.

4. § 1573 Unterhalt wegen Erwerbslosigkeit und Aufstockungsunterhalt

Fassung bis 31.12.2007	Fassung ab 1.1.2008
§ 1573 – Unterhalt wegen Erwerbslosigkeit und Aufstockungsunterhalt (1) Soweit ein geschiedener Ehegatte keinen Unterhaltsanspruch nach den §§ 1570 bis 1572 hat, kann er gleichwohl Unterhalt verlangen, solange und soweit er nach der Scheidung keine angemessene Erwerbstätigkeit zu finden vermag. (2) Reichen die Einkünfte aus einer angemessenen Erwerbstätigkeit zum vollen Unterhalt (§ 1578) nicht aus, kann er, soweit er nicht bereits einen Unterhaltsanspruch nach den §§ 1570 bis 1572 hat, den Unterschiedsbetrag zwischen den Einkünften und dem vollen Unterhalt verlangen. (3) Absätze 1 und 2 gelten entsprechend, wenn Unterhalt nach den §§ 1570 bis 1572, 1575 zu gewähren war, die Voraussetzungen dieser Vorschriften aber entfallen sind. (4) Der geschiedene Ehegatte kann auch dann Unterhalt verlangen, wenn die Einkünfte aus einer angemessenen Erwerbstätigkeit wegfallen, weil es ihm trotz seiner Bemühungen nicht gelungen war, den Unterhalt durch die Erwerbs-	**§ 1573 – Unterhalt wegen Erwerbslosigkeit und Aufstockungsunterhalt** (1) Soweit ein geschiedener Ehegatte keinen Unterhaltsanspruch nach den §§ 1570 bis 1572 hat, kann er gleichwohl Unterhalt verlangen, solange und soweit er nach der Scheidung keine angemessene Erwerbstätigkeit zu finden vermag. (2) Reichen die Einkünfte aus einer angemessenen Erwerbstätigkeit zum vollen Unterhalt (§ 1578) nicht aus, kann er, soweit er nicht bereits einen Unterhaltsanspruch nach den §§ 1570 bis 1572 hat, den Unterschiedsbetrag zwischen den Einkünften und dem vollen Unterhalt verlangen. (3) Absätze 1 und 2 gelten entsprechend, wenn Unterhalt nach den §§ 1570 bis 1572, 1575 zu gewähren war, die Voraussetzungen dieser Vorschriften aber entfallen sind. (4) Der geschiedene Ehegatte kann auch dann Unterhalt verlangen, wenn die Einkünfte aus einer angemessenen Erwerbstätigkeit wegfallen, weil es ihm trotz seiner Bemühungen nicht gelungen war, den Unterhalt durch die Erwerbstätigkeit

III. Änderungen des Bürgerlichen Gesetzbuchs im Einzelnen

Fassung bis 31.12.2007	Fassung ab 1.1.2008
tätigkeit nach der Scheidung nachhaltig zu sichern. War es ihm gelungen, den Unterhalt teilweise nachhaltig zu sichern, so kann er den Unterschiedsbetrag zwischen dem nachhaltig gesicherten und dem vollen Unterhalt verlangen.	nach der Scheidung nachhaltig zu sichern. War es ihm gelungen, den Unterhalt teilweise nachhaltig zu sichern, so kann er den Unterschiedsbetrag zwischen dem nachhaltig gesicherten und dem vollen Unterhalt verlangen.
(5) Die Unterhaltsansprüche nach Absatz 1 bis 4 können zeitlich begrenzt werden, soweit insbesondere unter Berücksichtigung der Dauer der Ehe sowie der Gestaltung der Haushaltsführung und Erwerbstätigkeit ein zeitlich unbegrenzter Unterhaltsanspruch unbillig wäre; dies gilt in der Regel nicht, wenn der Unterhaltsberechtigte nicht nur vorübergehend ein gemeinschaftliches Kind allein oder überwiegend betreut hat oder betreut. Die Zeit der Kindesbetreuung steht der Ehedauer gleich.	[Absatz 5 aufgehoben]

§ 1573 Absatz 5 wurde aufgehoben, weil mit § 1578b eine allgemeine Regelung zur Herabsetzung und zeitlichen Begrenzung des nachehelichen Unterhaltsanspruchs geschaffen worden ist, die auch die zeitliche Begrenzung des Unterhalts wegen Erwerbslosigkeit und des Aufstockungsunterhalts ermöglicht.

5. § 1574 Angemessene Erwerbstätigkeit

Fassung bis 31.12.2007	Fassung ab 1.1.2008
§ 1574 – Angemessene Erwerbstätigkeit	**§ 1574 – Angemessene Erwerbstätigkeit**
(1) Der geschiedene Ehegatte braucht nur eine ihm angemessene Erwerbstätigkeit auszuüben.	*(1) Dem geschiedenen Ehegatten obliegt es, eine angemessene Erwerbstätigkeit auszuüben.*
(2) Angemessen ist eine Erwerbstätigkeit, die der Ausbildung, den Fähigkeiten, dem Lebensalter und dem Gesundheitszustand des geschiedenen Ehegat-	*(2) Angemessen ist eine Erwerbstätigkeit, die der Ausbildung, den Fähigkeiten, einer früheren Erwerbstätigkeit, dem Lebensalter und dem Gesundheits-*

Fassung bis 31.12.2007	Fassung ab 1.1.2008
ten sowie den ehelichen Lebensverhältnissen entspricht; bei den ehelichen Lebensverhältnissen sind die Dauer der Ehe und die Dauer der Pflege oder Erziehung eines gemeinschaftlichen Kindes zu berücksichtigen.	*zustand des geschiedenen Ehegatten entspricht, soweit eine solche Tätigkeit nicht nach den ehelichen Lebensverhältnissen unbillig wäre. Bei den ehelichen Lebensverhältnissen sind insbesondere die Dauer der Ehe sowie die Dauer der Pflege oder Erziehung eines gemeinschaftlichen Kindes zu berücksichtigen.*
(3) Soweit es zur Aufnahme einer angemessenen Erwerbstätigkeit erforderlich ist, obliegt es dem geschiedenen Ehegatten, sich ausbilden, fortbilden oder umschulen zu lassen, wenn ein erfolgreicher Abschluss der Ausbildung zu erwarten ist.	(3) Soweit es zur Aufnahme einer angemessenen Erwerbstätigkeit erforderlich ist, obliegt es dem geschiedenen Ehegatten, sich ausbilden, fortbilden oder umschulen zu lassen, wenn ein erfolgreicher Abschluss der Ausbildung zu erwarten ist.

a) Strukturen der Norm

§ 1574 schützt den geschiedenen Ehegatten vor dem **sozialen Abstieg**: Der Bezug auf die **ehelichen Lebensverhältnisse** verdeutlicht, dass der Unterhaltsgläubiger keinen unangemessenen sozialen Abstieg hinnehmen muss, soweit er sich auf den aus der gemeinsamen Gestaltung der Ehe ergebenden **Vertrauensschutz** berufen kann.[125] Der unterhaltsbedürftige geschiedene Ehegatte hat gem. § 1574 Abs. 1 nach der Scheidung nur einer **angemessenen** und nicht jeder **Tätigkeit** nachzugehen.[126]

b) Veränderungen durch das UÄndG 2008

Das **UÄndG 2008** hat § 1574 Abs. 1 und 2 infolge der stärkeren Betonung des Grundsatzes der Eigenverantwortung (§ 1569) neu gefasst und damit die **Anforderungen** an die **(Wieder-)Aufnahme** einer **Erwerbstätigkeit nach** der **Scheidung erhöht**: Brauchte der geschiedene Ehegatte nach dem bisherigen Absatz 1 „nur eine ihm angemessene" Tätigkeit auszuüben, was eher als Schutz des geschiedenen Ehegatten verstanden wurde, wird von ihm jetzt – wie in § 1569 – positiv erwartet,

---

[125] BGH FamRZ 1980, 126 – „Studentenehe"; 1988, 1145; NJW-RR 1992, 1282.
[126] S. etwa OLG München FamRZ 2004, 1208 = FuR 2004, 179 – es könne daher nicht verlangt werden, in eine unter Umständen höher bezahlte Hilfsarbeitertätigkeit zu wechseln, statt weiterhin in dem erlernten Beruf (hier: Hotel- und Gaststättengehilfin) zu arbeiten.

dass er tatsächlich eine objektiv „angemessene" Tätigkeit ausübt. Die Anpassung der Norm war durch die Gesetzesänderungen im SGB II sowie SGB III und die vom Bundesverfassungsgericht geforderte Anpassung von Unterhaltsrecht, Sozialrecht und Steuerrecht notwendig.

Der Gesetzgeber hat in **Absatz 1** in Anlehnung an die Neuformulierung von § 1569 klargestellt, dass den geschiedenen Ehegatten eine **Erwerbsobliegenheit** trifft. Absatz 1 gibt dabei unverändert den **Maßstab** für die **Art** der **Erwerbstätigkeit** vor: „**angemessene**" Erwerbstätigkeit.

Absatz 2 führt diejenigen **Merkmale** auf, anhand derer die **Angemessenheit** der **Erwerbstätigkeit** zu beurteilen ist, und die in ihrer Gesamtheit zu würdigen sind. Unverändert stellt das Gesetz auf die Ausbildung, die Fähigkeiten, das Lebensalter und den Gesundheitszustand des geschiedenen Ehegatten ab, hat jedoch die Norm entsprechend der Rechtsprechung des Bundesgerichtshofes[127] um das **Merkmal** der „**früheren**" **Erwerbstätigkeit** ergänzt, weil die Erwerbstätigkeit in einem früher ausgeübten Beruf grundsätzlich immer als angemessen anzusehen ist. Ob eine Erwerbstätigkeit als **angemessen** anzusehen ist und dem Ehegatten insbesondere eine ausreichende berufliche Entfaltung ermöglicht, ist unter **Zumutbarkeitskriterien** zu beantworten, insbesondere auch nach dem neu hinzugefügten Kriterium, welche Erwerbstätigkeit früher ausgeübt worden ist. Dem Unterhaltsgläubiger ist es daher verwehrt, sich bei der Frage der Angemessenheit der von ihm auszuübenden Tätigkeit auf eine höhere berufliche Qualifikation zu stützen, wenn er im Verlaufe der Ehe mehrere Jahre eine geringer qualifizierte Tätigkeit ausgeübt hat. Eine optimale berufliche Erfüllung kann nicht verlangt werden.[128]

c) Kriterien angemessener Erwerbstätigkeit i.S.d. § 1574

Angemessene Erwerbstätigkeit i.S.d. § 1574 setzt **bestimmte subjektive** und **objektive Kriterien** voraus:

(1) zum einen die in der **Legaldefinition** des **§ 1574 Abs. 2** beispielhaft angeführten **sechs subjektiven Kriterien** (bei Scheidung/im Einsatzzeitpunkt vorhandene Fähigkeiten, frühere Erwerbstätigkeit, Gesundheitszustand, Alter und eheliche Lebensverhältnisse unter Berücksichtigung der Dauer der Ehe und der Kindesbetreuung), aber auch möglicher weiterer Kriterien,

---

127 BGH FamRZ 2005, 23 = FuR 2004, 543.
128 BGH FamRZ 1984, 988, 989; 1985, 782.

(2) zum anderen als **objektives Kriterium**, ob für eine nach den subjektiven Maßstäben zumutbare Erwerbstätigkeit eine reale Beschäftigungschance besteht; der Unterhaltsgläubiger ist **darlegungs- und beweispflichtig** dafür, dass eine solche Chance nicht besteht.[129] Im Hinblick auf den **Grundsatz** der **Eigenverantwortung** sind allerdings an die **Nachweispflicht hohe Anforderungen** zu stellen.[130]

aa) Subjektive Kriterien, insbesondere Legaldefinition des § 1574 Abs. 2

Die für einen Ehegatten erreichbare Erwerbstätigkeit ist nicht erst dann angemessen, wenn das mit ihr erzielbare Einkommen den vollen Unterhalt deckt,[131] sondern es sind **alle Umstände**, die für die Bewertung einer Erwerbstätigkeit als angemessen zu berücksichtigen sind, **umfassend gegeneinander abwägen**;[132] gesundheitsbedingte Beeinträchtigungen schließen, wenn die Arbeitsbedingungen auf die Erkrankung entsprechend Rücksicht nehmen, die Angemessenheit nicht von vornherein aus.[133] Maßgebend sind zunächst die in der Legaldefinition des § 1574 Abs. 2 besonders hervorgehobenen (nicht abschließend normierten) **sechs subjektiven** Kriterien:

(1) Ausbildung

Für die Bewertung des „Ausbildungsniveaus" müssen zunächst Feststellungen über Inhalt und Abschluss der **damaligen Ausbildung** getroffen werden; Entwicklungen in den Ausbildungsgängen eines Berufs und dadurch bedingte Wandlungen des Berufsbilds sind angemessen zu berücksichtigen.[134] Nicht nur eine ausbildungsentsprechende Tätigkeit kann angemessen sein,[135] sondern angemessen ist in Übergangszeiten auch nicht ausbildungsverwandte Tätigkeit zur Fortbildung und

---

129 BGH FamRZ 1987, 144; 1987, 912; 1993, 789.
130 BGH FamRZ 1991, 416.
131 BGH FamRZ 1985, 782.
132 BGH FamRZ 1984, 561; 1991, 416.
133 OLG Hamm FamRZ 1992, 1184 – angemessene vollschichtige Erwerbstätigkeit trotz rheumatischer Erkrankung.
134 BGH FamRZ 1991, 416.
135 BGH FamRZ 1991, 416 zur Zumutbarkeit einer Erwerbstätigkeit einer 50-jährigen Ehefrau, die rund 30 Jahre zuvor eine Ausbildung als Erzieherin erlangt hat, danach mehrere Jahre in diesem Beruf tätig gewesen ist und sich anschließend mehr als 20 Jahre lang in einer wirtschaftlich gut gestellten Ehe dem Haushalt und der Erziehung eines Kindes gewidmet hat, als Verkäuferin in einem gehobenen Einrichtungshaus.

III. Änderungen des Bürgerlichen Gesetzbuchs im Einzelnen

anschließende Tätigkeit in verwandten Berufen,[136] wenn sie außerhalb des erlernten Berufsbilds dem Status des erlernten Berufes in etwa entspricht;[137]

(2) Persönliche Fähigkeiten

Beachtlich sind bei der Scheidung vorhandene verwertbare **persönliche Fähigkeiten**, insbesondere eine berufliche Qualifikation,[138] soweit nicht zum Ausgleich ehebedingter Nachteile eine Ausbildung beansprucht werden kann;

(3) Frühere Erwerbstätigkeit

Das UÄndG 2008 hat als weiteres Kriterium „**frühere Erwerbstätigkeit**" normiert, da der Gesetzgeber die Erwerbstätigkeit in einem früher ausgeübten Beruf grundsätzlich immer als angemessen ansieht, und zwar auch dann, wenn der jetzt Unterhalt beanspruchende Ehegatte während der Ehe eine Tätigkeit ausgeübt hat, die unter seiner beruflichen Qualifikation lag: Dem Unterhaltsgläubiger ist es danach verwehrt, Unterhalt auf der Basis seiner höheren Berufsqualifikation zu fordern, wenn er im Verlauf der Ehe über einen mehrjährigen Zeitraum hinweg eine geringer qualifizierte Tätigkeit ausgeübt hat;[139]

(4) Gesundheitszustand

Auf Grund seines **Gesundheitszustands** bei Scheidung bzw. im Einsatzzeitpunkt muss der Betroffene seinen Beruf noch ausüben können;[140]

(5) Lebensalter

Die jeweils in Betracht kommende Erwerbstätigkeit muss (auch) dem **Lebensalter** entsprechen;[141]

---

136 OLG Hamm FamRZ 1983, 243; 1998, 243 zur Erwerbsobliegenheit einer Ärztin, die ihren Beruf nie ausgeübt hat: Sie dürfe sich bei ihren Bemühungen um eine Berufstätigkeit nicht nur auf die klassischen ärztlichen Heilberufe beschränken, sondern zumutbar sei auch eine Tätigkeit im Bereich der Aus- und Weiterbildung oder im universitären Bereich.
137 OLG Hamm FamRZ 1992, 1184.
138 Vgl. KG FamRZ 1978, 692.
139 BGH FamRZ 2005, 23, 25 = FuR 2004, 543 – der Gesetzentwurf hat auf diese Entscheidung verwiesen.
140 BGH FamRZ 1986, 1085.
141 OLG Zweibrücken FamRZ 1983, 1138 – Umstellungsschwierigkeiten.

III. Änderungen des Bürgerlichen Gesetzbuchs im Einzelnen

(6) Eheliche Lebensverhältnisse

Die Angemessenheit einer Erwerbstätigkeit des geschiedenen Ehegatten hängt auch von den **ehelichen Lebensverhältnissen** – „in der ganzen Breite dieses Kriteriums"[142] – ab: Mit zunehmender **Dauer der Ehe**[143] gewinnen die ehelichen Lebensverhältnisse, insbesondere der in **langjähriger Ehe** erreichte **soziale Status**, an Gewicht. Wie bei § 1578 Abs. 1 sind die ehelichen Lebensverhältnisse regelmäßig unter Einbeziehung der Entwicklung bis zur Scheidung zu beurteilen. Dennoch steht auch die Berücksichtigung der ehelichen Lebensverhältnisse unter dem vorrangig zu beachtenden Gebot der wirtschaftlichen Eigenverantwortung (§ 1569).[144] Bei **langer Ehedauer** kann sich daher in gehobenen wirtschaftlichen Verhältnissen der Kreis der als angemessen in Betracht kommenden Erwerbstätigkeiten verengen; anderseits kann trotz gehobener wirtschaftlicher Verhältnisse die (Wieder-)Aufnahme einer Erwerbstätigkeit in dem bereits vor oder während bestehender Ehe erlernten und/oder ausgeübten Beruf angemessen sein. Außergewöhnliche, nicht vorhersehbare Veränderungen sind auch hier grundsätzlich nicht zu berücksichtigen.[145] Nach den konkreten Umständen kann auch die nach der Scheidung fortlaufende **Kinderbetreuung** (unabhängig von den Voraussetzungen des § 1570) zu berücksichtigen sein.

Da § 1574 Abs. 2 die **subjektiven** Kriterien nicht abschließend katalogisiert, können im Einzelfall auch **weitere subjektive Kriterien** in Betracht kommen, etwa die Erreichbarkeit des Arbeitsplatzes.[146]

bb) Objektives Kriterium: Reale Beschäftigungschance

Objektiv muss für eine nach subjektiven Kriterien zumutbare Erwerbstätigkeit eine **reale Beschäftigungschance** bestehen: Es muss feststehen oder zumindest nicht auszuschließen sein, dass bei genügenden Bemühungen eine reale Beschäftigungschance bestanden hätte, was in erster Linie von den Verhältnissen auf dem Arbeitsmarkt und den persönlichen Eigenschaften des Bewerbers (Alter, Ausbildung, Berufserfahrung, Gesundheitszustand u.a.) abhängt.[147]

---

142 BGH FamRZ 1991, 416.
143 S. etwa KG FamRZ 1984, 898; OLG Koblenz FamRZ 1990, 751; OLG Hamm FamRZ 1993, 970.
144 BGH FamRZ 1991, 416.
145 BGH FamRZ 1983, 144; 1984, 561.
146 BGH FamRZ 1986, 553 [Nr. 325].
147 BGH FamRZ 1986, 244; 1987, 144; 1987, 912; s. auch OLG München FamRZ 2002, 462 – „echte Arbeitsplatzchance" im Bezirk des Familiengerichts.

Verstoßen Unterhaltsgläubiger/-schuldner gegen eine jeweilige **Erwerbs- bzw. Ausbildungsobliegenheit**, dann ist – wenn eine objektive Beschäftigungschance vorausgesetzt werden kann[148] – **fiktives Einkommen** anzusetzen; daneben kann noch ein (ergänzender) Anspruch auf Aufstockungsunterhalt in Betracht kommen.[149] Es sind diejenigen (**fiktiven**) **Einkünfte** anzusetzen, die erzielt worden wären, wenn keine Obliegenheit verletzt worden wäre. Daher ist sehr genau zu prüfen, welches Einkommen der jeweils Betroffene nach seinen persönlichen Eigenschaften auf dem Arbeitsmarkt erzielen könnte.[150] Allerdings ist insoweit zu berücksichtigen, dass man sich – bei einem Wiedereinstieg in das Erwerbsleben nach langer Unterbrechung – unter Umständen zunächst mit einem vergleichsweise niedrigen Gehalt abfinden muss.[151] Soweit eine **selbständige Beschäftigung** ausgeübt wird, die keinen Gewinn abwirft, ist eine abhängige Stellung anzunehmen.[152]

Nach der Rechtsprechung des Bundesgerichtshofes[153] müssen, wenn der Unterhaltsanspruch wegen einer Obliegenheitsverletzung gem. § 1574 teilweise oder insgesamt ausgeschlossen ist, **zudem** die Voraussetzungen des § 1579 Nr. 4 vorliegen. Dies trifft nicht zu, nicht nur, weil unzulässig Anspruchsgrund (Bedürftigkeit!) und Begrenzung eines bestehenden Anspruchs (§ 1579) vermischt werden,[154] sondern auch weil Obliegenheitsverletzungen regelmäßig keine grobe Unbilligkeit voraussetzen.

d) Eheliche Lebensverhältnisse

Bislang waren die ehelichen Lebensverhältnisse ein weiteres, *gleichberechtigtes* Merkmal zur Prüfung der Angemessenheit einer Erwerbstätigkeit, wenn auch die familienrechtliche Praxis diesem Kriterium vor allem bei einer länger dauernden Ehe das Hauptgewicht eingeräumt hatte („Teilhabe am beruflichen Aufstieg des Partners"). Daraus wurde eine Sicherung des in der Ehe erreichten sozialen Status gefolgert: Dem Unterhaltsgläubiger wurde aufgrund eines während der Ehe bestehenden höheren Lebensstandards nicht zugemutet, in einen früher ausgeübten Beruf zurückzukehren.

---

148 BGH FamRZ 1986, 885; OLG Dresden FamRZ 1996, 1236.
149 BGH FamRZ 1988, 927.
150 BGH FamRZ 1996, 345.
151 OLG Köln FamRZ 1993, 711.
152 BGH FamRZ 2005, 23 = FuR 2004, 543; OLG Stuttgart FamRZ 1991, 1059.
153 BGH FamRZ 1986, 553 [Nr. 325]; 1988, 145 mit krit. Anm. Hoppenz.
154 So zutr. Johannsen/Henrich/Büttner Rn 17.

III. Änderungen des Bürgerlichen Gesetzbuchs im Einzelnen

Auf Grund der Änderung der Norm durch das **UÄndG 2008** ist nunmehr die Frage, ob die **ehelichen Lebensverhältnisse** den Kreis der in Betracht kommenden **Erwerbstätigkeiten** einengen können, erst in einer zweiten Stufe, und zwar nur noch als **Korrektiv** im Rahmen einer **Billigkeitsabwägung**, zu prüfen; § 1574 Abs. 2 S. 1 Hs. 2 ist daher als Einwendung ausgestaltet („... soweit ..."). Der Unterhaltsgläubiger muss nunmehr darlegen und beweisen, dass ihm im konkreten Einzelfall eine an sich als angemessen anzusehende Tätigkeit nach den ehelichen Lebensverhältnissen nicht zumutbar ist. § 1574 Abs. 2 S. 2 enthält daher keine Definition der ehelichen Lebensverhältnisse, sondern übernimmt die bereits in der früheren Fassung (§ 1574 Abs. 2 Hs. 2) genannten Umstände, die bei der Bewertung besonders zu berücksichtigen sind.

Der berufliche Aufstieg des getrennt lebenden bzw. geschiedenen Ehegatten kann jetzt nicht mehr generell dazu führen, dass der Unterhaltsgläubiger keine oder fast keine den ehelichen Lebensverhältnissen entsprechende angemessene Tätigkeit zu finden vermag, sondern er ist nur noch in Härtefällen bei einer nachhaltigen gemeinsamen Ehegestaltung zur **Vermeidung** eines **unangemessenen sozialen Abstiegs** des Unterhaltsgläubigers zu berücksichtigen. Insgesamt werden durch die Neufassung des § 1574 Abs. 1 und 2 die Anforderungen an die Prüfung der Frage, welche Tätigkeit für den nicht oder nicht voll berufstätigen Unterhaltsgläubiger nach Trennung/Scheidung angemessen ist, im Sinne des Grundsatzes der Eigenverantwortung einfacher, klarer und verständlicher.[155] **Korrektiv** der **Unbilligkeit** nach den ehelichen Lebensverhältnissen: Die Ausübung einer früheren Tätigkeit während der Ehe stellt ein Indiz für die „Angemessenheit" dar.[156]

Beispiel

Frau F hat keine Berufsausbildung; sie war vor der Ehe als Stationshilfe tätig. Sie heiratete einen Arzt und betreute während der Ehe drei gemeinsame Kinder. Die Ehe wurde nach 20 Jahren geschieden.

Die Neuregelung des § 1574 sieht als „angemessen" grundsätzlich frühere Tätigkeiten an, die „ehelichen Lebensverhältnisse" nur mehr als Korrektiv. Zu prüfen ist demnach, ob F auf ihre frühere Tätigkeit verwiesen werden kann, und ob das Korrektiv der ehelichen Lebensverhältnisse greift.

---

155 S. Schwab FamRZ 2005, 1417.
156 S. bereits BGH FamRZ 2005, 23 ff. = FuR 2004, 543.

III. Änderungen des Bürgerlichen Gesetzbuchs im Einzelnen

e) Darlegungs- und Beweislast

Während bisher bei der Angemessenheitsprüfung **positiv** festgestellt werden musste, dass eine Erwerbstätigkeit den ehelichen Lebensverhältnissen entsprach, ist es jetzt Sache des Unterhaltsgläubigers, sich darauf zu berufen, dass eine für ihn mögliche Tätigkeit wegen der ehelichen Lebensverhältnisse unbillig wäre. Die Tatsachen, aus denen sich ein unzumutbares Abweichen der Erwerbstätigkeit von nachhaltig gestalteten ehelichen Lebensverhältnissen ergibt, sind vom Gläubiger als Einwand vorzubringen und gegebenenfalls zu beweisen. Eine Lebensstandardgarantie, wie sie nach bisherigem Recht häufig angenommen wurde, soll es also grundsätzlich nicht mehr geben; der Unterhaltsgläubiger wird sich in vielen Fällen mit einer Verschlechterung seiner wirtschaftlichen Verhältnisse (jedenfalls nach einiger Zeit, § 1578b) abfinden müssen.

Daher hat der **Unterhaltsgläubiger** nunmehr darzulegen und im Falle des Bestreitens auch zu beweisen, dass eine **an sich erreichbare Erwerbstätigkeit** für ihn aufgrund der **ehelichen Lebensverhältnisse unzumutbar** ist. Damit trägt das Gesetz dem Vertrauen, das beim Unterhaltsgläubiger aufgrund einer **nachhaltigen** gemeinsamen Gestaltung der ehelichen Lebensverhältnisse entstanden ist, ausreichend Rechnung und verhindert einen unangemessenen sozialen Abstieg. Ohne Bedeutung ist, ob der **Lebensstandard vorübergehend ansteigt** (etwa durch Mehreinkommen aus unzumutbarer Tätigkeit) <u>oder</u> **absinkt** (etwa infolge vorübergehender Arbeitslosigkeit).[157] Der Tatrichter hat nunmehr im konkreten Einzelfall sorgfältig abzuwägen. Nach der Gesetzesbegründung muss ein aufgrund des Eingreifens dieser Bestimmung eventuell geminderter Lebensstandard des geschiedenen Ehegatten nicht Anlass dafür geben, dass ein Aufstockungsunterhaltsanspruch (§ 1573 Abs. 2) begründet wird; vielmehr ist dem durch eine Begrenzung des Unterhaltsanspruchs nach § 1578b angemessen zu begegnen.

Der Grundsatz der Eigenverantwortung (§ 1569) begründet hohe Anforderungen an die Nachweispflicht, sich um eine (auch) **angemessene** Erwerbstätigkeit zu bemühen.[158] Wer sich auf die (Un-)**Angemessenheit** einer **Erwerbstätigkeit** beruft, muss die tatsächlichen Voraussetzungen darlegen und beweisen. Eine langjährig ausgeübte Berufstätigkeit begründet eine tatsächliche Vermutung für ihre Ange-

---

157 BGH FamRZ 1988, 256 zu den Auswirkungen auf die für den Trennungsunterhalt maßgebenden ehelichen Lebensverhältnisse, wenn der unterhaltspflichtige Ehegatte sich nach der Trennung selbstständig macht (im entschiedenen Fall: Eröffnung einer Arztpraxis) und vorübergehend keine Einkünfte erzielt.
158 BGH FamRZ 1991, 416.

messenheit. Wer behauptet, ihm sei der Arbeitsmarkt verschlossen, ist darlegungs- und beweispflichtig dafür, dass eine Arbeitsplatzchance nicht besteht.[159]

6. § 1577 Bedürftigkeit

Fassung bis 31.12.2007	Fassung ab 1.1.2008
§ 1577 – Bedürftigkeit (1) Der geschiedene Ehegatte kann den Unterhalt nach den §§ 1570 bis 1573, 1575 und 1576 nicht verlangen, solange und soweit er sich aus seinen Einkünften und seinem Vermögen selbst unterhalten kann. (2) Einkünfte sind nicht anzurechnen, soweit der Verpflichtete nicht den vollen Unterhalt (§ 1578) leistet. Einkünfte, die den vollen Unterhalt übersteigen, sind insoweit anzurechnen, als dies unter Berücksichtigung der beiderseitigen wirtschaftlichen Verhältnisse der Billigkeit entspricht. (3) Den Stamm des Vermögens braucht der Berechtigte nicht zu verwerten, soweit die Verwertung unwirtschaftlich oder unter Berücksichtigung der beiderseitigen wirtschaftlichen Verhältnisse unbillig wäre. (4) War zum Zeitpunkt der Ehescheidung zu erwarten, dass der Unterhalt des Berechtigten aus seinem Vermögen nachhaltig gesichert sein würde, fällt das Vermögen aber später weg, so besteht kein Anspruch auf Unterhalt. Dies gilt nicht, wenn im Zeitpunkt des Vermögenswegfalls von dem Ehegatten wegen der Pflege oder Erziehung eines ge-	**§ 1577 – Bedürftigkeit** (1) Der geschiedene Ehegatte kann den Unterhalt nach den §§ 1570 bis 1573, 1575 und 1576 nicht verlangen, solange und soweit er sich aus seinen Einkünften und seinem Vermögen selbst unterhalten kann. (2) Einkünfte sind nicht anzurechnen, soweit der Verpflichtete nicht den vollen Unterhalt (*§§ 1578 und 1578b*) leistet. Einkünfte, die den vollen Unterhalt übersteigen, sind insoweit anzurechnen, als dies unter Berücksichtigung der beiderseitigen wirtschaftlichen Verhältnisse der Billigkeit entspricht. (3) Den Stamm des Vermögens braucht der Berechtigte nicht zu verwerten, soweit die Verwertung unwirtschaftlich oder unter Berücksichtigung der beiderseitigen wirtschaftlichen Verhältnisse unbillig wäre. (4) War zum Zeitpunkt der Ehescheidung zu erwarten, dass der Unterhalt des Berechtigten aus seinem Vermögen nachhaltig gesichert sein würde, fällt das Vermögen aber später weg, so besteht kein Anspruch auf Unterhalt. Dies gilt nicht, wenn im Zeitpunkt des Vermögenswegfalls von dem Ehegatten wegen der Pflege oder Erziehung eines ge-

---

[159] BGH FamRZ 1987, 144; 1993, 789.

III. Änderungen des Bürgerlichen Gesetzbuchs im Einzelnen

Fassung bis 31.12.2007	Fassung ab 1.1.2008
meinschaftlichen Kindes eine Erwerbstätigkeit nicht erwartet werden kann.	meinschaftlichen Kindes eine Erwerbstätigkeit nicht erwartet werden kann.

Das **UÄndG 2008** hat in § 1577 in Absatz 2 Satz 1 den Klammerzusatz ergänzt: Mit dem Hinweis (nunmehr auch) auf § 1578b stellt das Gesetz klar, dass der „volle Unterhalt" im Sinne der Bestimmung nicht nur der Unterhalt nach Maßgabe der ehelichen Lebensverhältnisse (§ 1578 Abs. 1), sondern gegebenenfalls auch der aus Billigkeitsgründen herabgesetzte Unterhalt nach § 1578b sein kann. Allerdings hat der **Bundesgerichtshof** den Gehalt dieser Norm grundlegend verändert: Er geht nunmehr – entgegen seiner früheren langjährigen Rechtsprechung – davon aus, dass auch **überobligatorische Tätigkeit** als **eheprägend** in die Bemessung des Ehegattenunterhalts – im Wege der Differenz-/Additionsmethode – eingestellt werden kann.

a) Strukturen der Norm

§ 1577 befasst sich mit der Bedürftigkeit des geschiedenen Ehegatten. Die Norm regelt in Absatz 1 und Absatz 2 die Anrechnung eigenen **Einkommens** des Unterhalt begehrenden geschiedenen Ehegatten sowie in Absatz 1 die Verwertung des Vermögensstammes, begrenzt in Absatz 3 die Obliegenheit zur Verwertung eigenen **Vermögens** und normiert in Absatz 4 wieder eintretende Bedürftigkeit nach **Vermögensverfall**.

Absatz 1 definiert die Bedürftigkeit: Dem geschiedenen Ehegatten steht kein (nachehelicher) Unterhalt zu, solange und soweit er sich aus seinen Einkünften und aus seinem Vermögen selbst unterhalten kann.

Absatz 2 regelt die Anrechnung von unzumutbar erzielten Einkünften, die nach der **neueren Rechtsprechung** des **Bundesgerichtshofes** grundsätzlich in einen **unterhaltsrelevanten Teil** (der in die Unterhaltsbemessung nach der Differenz-/Additionsmethode einzustellen ist) und in einen **nicht unterhaltsrelevanten Teil** (der bei der Unterhaltsbemessung in vollem Umfange unberücksichtigt bleibt). Einkünfte aus unzumutbaren Erwerbsquellen dürfen nur **ausnahmsweise völlig unangetastet** bleiben; regelmäßig müssen sie nach dem Sinn des § 1577 Abs. 2 – bei Sicherung des vollen eigenen Unterhalts – in begrenztem Umfange auch zur Entlastung des Unterhaltsschuldners herangezogen werden.[160]

---

160 BGH FamRZ 1995, 343.

Der Bundesgerichtshof hatte in ständiger Rechtsprechung[161] den Grundsatz geprägt, dass Einkünfte aus **unzumutbarer Tätigkeit** die ehelichen Lebensverhältnisse grundsätzlich nicht nachhaltig prägen können, weil der Unterhaltsgläubiger diese Tätigkeit jederzeit wieder sanktionslos aufgeben kann und darf;[162] sie seien daher nicht bedarfs-, sondern nur bedürftigkeitsbestimmend heranzuziehen. In Konsequenz seiner sog. Surrogats-Rechtsprechung[163] hat der Bundesgerichtshof[164] seine **Rechtsprechung zur Berücksichtigung überobligatorischer Einkünfte** im Rahmen der Unterhaltsbemessung nunmehr **grundlegend geändert**.

§ 1577 Abs. 2 normiert – als **Schutzvorschrift** zugunsten des **Unterhaltsgläubigers** – die bedürftigkeitsmindernde Anrechnung überobligatorischen Einkommens des Unterhaltsgläubigers im Rahmen des nachehelichen (Ehegatten-)Unterhalts.[165] § 1577 Abs. 2 erfasst **sämtliche überobligationsmäßigen Einkünfte** („**alle Einkünfte aus unzumutbarer Quelle**"),[166] insbesondere aus unzumutbarer Erwerbstätigkeit[167] wie auch aus nicht zumutbaren Versorgungsleistungen.[168]

b) Bereinigung des überobligatorischen Einkommens

Zunächst ist das überobligatorische Einkommen des Unterhaltsgläubigers um die **üblichen Vorabzugsposten** zu bereinigen (etwa Steuern, Vorsorgeaufwendungen, Erwerbsaufwand, Kindesunterhalt, Schulden u.a.). Entsteht dem Unterhaltsgläubiger aufgrund seiner unzumutbaren Tätigkeit **konkreter Aufwand**, weil er neben seiner Erwerbstätigkeit die **Betreuung** von **Kindern** sicherstellen muss, dann darf er diesen für die infolge dieser Berufstätigkeit notwendige anderweitige Betreuung des Kindes entstehenden (konkreten) **Betreuungsaufwand**[169] – neben seinen allgemeinen berufsbedingten Aufwendungen (Erwerbsaufwand) – vorab von seinen

---

161 BGH FamRZ 1998, 1501 m.w.N.
162 BGHZ 162, 384 = FamRZ 2005, 1154 = FuR 2005, 364 mit Anm. Gerhardt FamRZ 2005, 1158, 1159 [Berufungsurteil: OLG Koblenz FamRZ 2003, 611].
163 BGHZ 148, 105 = FamRZ 2001, 986 = FuR 2001, 306.
164 BGHZ 148, 368 = FamRZ 2001, 1687 = FuR 2001, 494; BGH FamRZ 2003, 518 = FuR 2003, 248; BGHZ 162, 384 = FamRZ 2005, 1154 = FuR 2005, 364.
165 S. etwa BGH FamRZ 1983, 146.
166 Palandt/Brudermüller BGB 66. Aufl. § 1577 Rn 24.
167 BGH FamRZ 1983, 569.
168 BGH FamRZ 1982, 146, 149; 1987, 1011 [Nr. 472]; 1995, 343.
169 BGHZ 162, 384 = FamRZ 2005, 1154 = FuR 2005, 364; zum Unterhaltsschuldner vgl. BGH FamRZ 1982, 779, 780; 1983, 569, 570; 2001, 350, 352 = FuR 2001, 262; OLG Braunschweig FamRZ 1997, 355; s. auch OLG Hamm NJW-RR 1997, 963 – Anrechnung überobligationsmäßiger Einkünfte bei Betreuung eines Kindes durch eine Tagesmutter; OLG Saarbrücken NJW-RR 2006, 869 – konkreter Betreuungsaufwand für die Betreuung durch eine Tagesmutter; KG FamRZ 2006, 341 – Kita- bzw. Hortkosten.

III. Änderungen des Bürgerlichen Gesetzbuchs im Einzelnen

Einkünften abziehen, weil im Regelfall erst solcher Aufwand überobligatorische Erwerbstätigkeit trotz Kinderbetreuung ermöglicht. Dies gilt jedoch dann nicht, wenn Kindergartenbeiträge bereits – bei einem dem Alter des Kindes angemessenen halbtägigen Besuch eines Kindergartens – in dem geschuldeten Tabellenunterhalt für den Kindesunterhalt enthalten sind.[170] Sodann darf er sein (auch überobligatorisches) Einkommen um den **Erwerbstätigenbonus** bereinigen.[171]

c) Aufspaltung der überobligatorischen Einkünfte

Ist die Erwerbstätigkeit des Unterhaltsgläubigers als überobligatorisch anzusehen, dann ist zu prüfen, ob, in welchem Umfange und auf welche Weise das Einkommen aus solcher (überobligatorischer) Tätigkeit in die Unterhaltsbemessung einzubeziehen ist. Als **Grundregel** gilt: Überobligatorisch erzieltes Einkommen ist bei der Bemessung des (nachehelichen) Unterhalts *stets*, jedoch *nicht pauschal*[172] zu berücksichtigen.[173]

Überobligatorische Einkünfte des Unterhaltsgläubigers sind nach der neueren Rechtsprechung des Bundesgerichtshofes in einen **unterhaltsrelevanten** und in einen **nicht unterhaltsrelevanten Teil** aufzuspalten. Nur der **unterhaltsrelevante** Teil dieses überobligatorischen Einkommens ist in die Additions-/Differenzmethode einzubeziehen;[174] der **nicht unterhaltsrelevante** Teil bleibt bei der Unterhaltsermittlung vollständig unberücksichtigt.[175] Der anrechnungsfrei zu belassende Teil des Einkommens darf allerdings **nicht schematisch** oder **pauschal** beurteilt werden; vielmehr darf der Tatrichter überobligatorisches Einkommen stets und nur nach Treu und Glauben unter Berücksichtigung der besonderen Umstände des konkreten Einzelfalles in die Bemessung des Unterhalts einbeziehen.[176]

Diese Aufspaltung überobligatorischer Einkünfte **verletzt** bewusst, aber auch zutreffend das **Halbteilungsprinzip**: Verfügt der Unterhaltsgläubiger, bedingt durch diese Aufspaltung bezüglich seiner Einkünfte aus unzumutbarer Tätigkeit, im Er-

---

170 Vgl. etwa BGH FamRZ 2007, 882 – Kindergartenbesuch aus pädagogischen Gründen; s. auch Scholz FamRZ 2006, 737 zur Neuregelung der steuerlichen Förderung von Kinderbetreuungskosten.
171 BGH FamRZ 1983, 146.
172 OLG Frankfurt OLGR 2004, 294 – neben einer „Betreuungspauschale" kein weiterer prozentualer Bonus nach § 1577 Abs. 2; OLG Karlsruhe OLGR 2005, 195 mit Beispielsrechnungen.
173 BGH FamRZ 2005, 442 = FuR 2005, 174; BGHZ 162, 384 = FamRZ 2005, 1154 = FuR 2005, 364.
174 A. A. (unzutr.) OLG Stuttgart OLGR 2005, 127.
175 BGHZ 148, 368 = FamRZ 2001, 1687 = FuR 2001, 494; BGH FamRZ 2003, 518 = FuR 2003, 248; BGHZ 162, 384 = FamRZ 2005, 1154 = FuR 2005, 364.
176 BGH FamRZ 2005, 442 = FuR 2005, 174; BGHZ 162, 384 = FamRZ 2005, 1154 = FuR 2005, 364.

gebnis über mehr Einkommen als der Unterhaltsschuldner, dann honoriert dieses Ergebnis nur die besonderen Leistungen des Unterhaltsgläubigers aufgrund Kinderbetreuung **neben** nicht gebotener Berufstätigkeit und die damit verbundene **Doppelbelastung**;[177] diese Verletzung des Halbteilungsprinzips erfordert daher alleine **keine Billigkeitskorrektur**.

aa) Unterhaltsrelevanter Teil

Der Bundesgerichtshof hat im Jahre 2001 – unter Aufgabe seiner früheren Rechtsprechung – entschieden, dass die ehelichen Lebensverhältnisse nach § 1578 nicht nur durch die Bareinkünfte des erwerbstätigen Ehegatten, sondern auch durch die Leistungen des anderen Ehegatten im Haushalt mitbestimmt werden und hierdurch eine Verbesserung erfahren, da die ehelichen Lebensverhältnisse alles umfassen, was während der Ehe für den Lebenszuschnitt der Ehegatten **nicht nur vorübergehend** tatsächlich von Bedeutung ist, mithin auch den durch die häusliche Mitarbeit des nicht erwerbstätigen Ehegatten erreichten sozialen Standard.[178] Entsprechend orientiert sich auch die Teilhabequote an der **Gleichwertigkeit** der **beiderseits erbrachten Leistungen**, so dass beide Ehegatten hälftig an dem durch Erwerbseinkommen einerseits und Haushaltsführung andererseits geprägten ehelichen Lebensstandard teilhaben.

Nimmt der haushaltsführende Ehegatte nach der Scheidung eine Erwerbstätigkeit auf, oder erweitert er sie über den bisherigen Umfang hinaus, so kann sie als **Surrogat** für seine **bisherige Familienarbeit** angesehen werden, weil sich der Wert seiner Haushaltstätigkeit dann – von Ausnahmen einer ungewöhnlichen, vom Normalverlauf erheblich abweichenden Karriereentwicklung abgesehen – in dem daraus erzielten oder erzielbaren Einkommen widerspiegelt. Wenn der unterhaltsberechtigte Ehegatte nach der Scheidung solche Einkünfte erzielt oder erzielen kann, die gleichsam als Surrogat des wirtschaftlichen Wertes seiner bisherigen Tätigkeit angesehen werden können, ist dieses Einkommen nach der Differenz-/Additionsmethode in die Unterhaltsmessung einzubeziehen.[179] Nach dieser vom Bundesverfassungsgericht[180] ausdrücklich gebilligten Rechtsprechung entspricht es dem gleichen Recht und der gleichen Verantwortung bei der Ausgestaltung des Ehe- und Familienlebens, auch diejenigen **Leistungen**, die jeweils im Rahmen der **gemeinsamen Arbeits-** und **Aufgabenzuweisung** erbracht werden, als **gleichwer-**

---

177 OLG Düsseldorf FamRZ 1986, 170.
178 BGHZ 148, 105, 115 f. = FamRZ 2001, 986, 989 = FuR 2001, 306.
179 BGHZ 148, 105, 120 f. = FamRZ 2001, 986, 989 = FuR 2001, 306.
180 BVerfGE 105, 1, 11 f. = FamRZ 2002, 527, 529.

tig anzusehen. Deshalb sind die von den Ehegatten für die eheliche Gemeinschaft jeweils erbrachten Leistungen unabhängig von ihrer ökonomischen Bewertung gleichgewichtig. Auch der zeitweilige Verzicht eines Ehegatten auf Erwerbstätigkeit, um die Haushaltsführung oder die Kindererziehung zu übernehmen, prägt also die ehelichen Verhältnisse wie die vorher ausgeübte Berufstätigkeit und die danach wieder aufgenommene oder angestrebte Erwerbstätigkeit.[181]

Bei der Bemessung des eheangemessenen Unterhaltsbedarfs gem. § 1578 ist der sich im Surrogat fortsetzende Wert der Haushaltstätigkeit/Kinderbetreuung auch in denjenigen Fällen im Wege der Differenz-/Additionsmethode in die Unterhaltsberechnung einzubeziehen, „in denen ein Erwerbseinkommen des unterhaltsberechtigten Ehegatten bisher nicht als eheprägend in die Bedarfsbemessung einbezogen wurde, weil es durch eine unzumutbare und die ehelichen Lebensverhältnisse deshalb nicht nachhaltig prägende Erwerbstätigkeit erzielt wurde".[182] Daher prägt (nur) der **unterhaltsrelevante Anteil** eines **überobligatorisch** erzielten **Einkommens** als Surrogat der eheprägenden früheren Haushaltstätigkeit/Kindererziehung die ehelichen Lebensverhältnisse und ist deswegen (bereits) bei der Bedarfsbemessung nach den ehelichen Lebensverhältnissen zu berücksichtigen.

bb) Nicht unterhaltsrelevanter Teil

Umgekehrt prägt der in Anwendung der §§ 1577 Abs. 2, 242 **nicht unterhaltsrelevante Anteil** der überobligationsmäßig erzielten Einkünfte die ehelichen Lebensverhältnisse nicht. Das gilt allerdings in gleicher Weise auch für die Stufe der Bedarfsdeckung. Der nicht unterhaltsrelevante Anteil der überobligationsmäßig erzielten Einkünfte bleibt bei der Unterhaltsermittlung demnach vollständig unberücksichtigt,[183] denn eine Einbeziehung dieses Anteils der überobligationsmäßig erzielten Einkünfte würde stets zu Ergebnissen führen, die mit dieser Rechtsprechung des Bundesgerichtshofes nicht vereinbar sind. Würde dieser Einkommensanteil im Wege der Anrechnungsmethode berücksichtigt, widerspräche das schon allgemein der Surrogat-Rechtsprechung des Bundesgerichtshofes zur Bemessung des Umfangs der eheprägenden Haushaltstätigkeit bzw. Kindererziehung; zudem würde eine Berücksichtigung dieses Anteils stets zu untragbaren Ergebnissen führen, denn würde auch dieser Einkommensanteil im Wege der Differenz-/Additions-

---

181 BGH FamRZ 2004, 1170 = FuR 2004, 497; 2004, 1173 = FuR 2004, 500; BGHZ 162, 384 = FamRZ 2005, 1154 = FuR 2005, 364.
182 BGHZ 148, 368, 381 = FamRZ 2001, 1687, 1691 = FuR 2001, 494; 162, 384 = FamRZ 2005, 1154 = FuR 2005, 364; so bereits OLG Hamm FamRZ 2002, 1708.
183 BGH FamRZ 2003, 518, 520 = FuR 2003, 248 mit Anm. Büttner FamRZ 2003, 520 f.; BGHZ 162, 384 = FamRZ 2005, 1154 = FuR 2005, 364.

methode berücksichtigt, stünde der Unterhaltsberechtigte so wie ein Unterhaltsgläubiger, dem ein in gleicher Höhe erzieltes Einkommen in vollem Umfange zurechenbar ist, und das deswegen insgesamt im Wege der Differenz-/Additionsmethode berücksichtigt wird. Würde man den nicht unterhaltsrelevanten Anteil der überobligationsmäßig erzielten Einkünfte hingegen im Wege der Anrechnungsmethode berücksichtigen, stünde der Unterhaltsgläubiger mit überobligationsmäßig erzielten Einkünften sogar schlechter als ein Unterhaltsgläubiger, dem ein in gleicher Höhe erzieltes Einkommen in vollem Umfang zurechenbar ist.[184]

Entzieht sich der Unterhaltsschuldner seiner Zahlungspflicht, wäre es unbillig, wenn er von unzumutbarer Arbeit des Unterhaltsgläubigers profitieren würde. In einem solchen Falle wird überobligatorisches Einkommens überhaupt nur insoweit berücksichtigt, als die **Summe** aus **geleistetem Unterhalt** und aus **überobligatorischem Einkommen** den vollen Unterhalt übersteigt.

d) Kriterien zur Aufspaltung der überobligatorischen Einkünfte

Der **Tatrichter** hat in jedem **Einzelfall** an Hand bestimmter Kriterien zu prüfen, welcher Teil des überobligatorisch erzielten Einkommens in die Unterhaltsbemessung einzubeziehen ist (sog. unterhaltsrelevanter Teil), und welchen Teil dieses Einkommens er völlig unberücksichtigt lässt (sog. nicht unterhaltsrelevanter Teil).

aa) Kriterien der Abgrenzung obligatorischer von überobligatorischen Einkünften

Für die Beurteilung, ob überobligatorisches Einkommen des Unterhaltsgläubigers nach § 1577 Abs. 2 bei der Unterhaltsberechnung zu berücksichtigen ist,[185] gelten zunächst die Kriterien zur **Abgrenzung** der **obligatorischen** von der **überobligatorischen Erwerbstätigkeit**, ob also etwa der kinderbetreuende Elternteil aus freien Stücken erwerbstätig ist, oder ob die Arbeitsaufnahme durch eine wirtschaftliche Notlage veranlasst ist,[186] denn die freiwillige Ausübung einer Berufstätigkeit kann ein **maßgebendes Indiz** für eine vorhandene tatsächliche Arbeitsfähigkeit im konkreten Einzelfall sein.[187]

---

184 BGHZ 162, 384 = FamRZ 2005, 1154 = FuR 2005, 364.
185 OLG Saarbrücken NJW-RR 2006, 869.
186 BGH FamRZ 1998, 1501, 1502.
187 BGH FamRZ 1981, 1159, 1161; 2005, 442 = FuR 2005, 174.

bb) Gesetzliches Kriterium „beiderseitige wirtschaftliche Verhältnisse"

Wichtiges Abwägungskriterium sind zunächst die im Gesetz erwähnten „beiderseitigen wirtschaftlichen Verhältnisse" der Parteien,[188] insbesondere auch weitere Unterhaltspflichten,[189] aber auch anrechnungsfreies Einkommen des Unterhaltsschuldners.[190] Je ärger die Not, unzumutbare Erwerbstätigkeit auszuüben, desto eher wird nur einen geringerer Teil der Einkünfte anzurechnen sein. Verbleiben dem Unterhaltsgläubiger etwa trotz seines Erwerbseinkommens und trotz des Unterhaltsanspruchs erhebliche unterhaltsrechtlich bedeutsame Nachteile, etwa weil er aufgrund der Betreuung eines Kleinkindes bis zur Vollendung des 3. Lebensjahres des Kindes keine seiner früheren Lebensstellung entsprechende Altersvorsorge aufbauen kann und grundsätzlich ab Vollendung des dritten Lebensjahres des Kindes allein für seinen Lebensunterhalt aufkommen muss, ist die **Bildung** von **Rücklagen** angezeigt, um für die Wechselfälle des Lebens gerüstet zu sein.[191] Ist der Unterhaltsschuldner außerstande, den nachehelichen Unterhaltsbedarf des Unterhaltsgläubigers ohne Gefährdung seines eigenen angemessenen Unterhalts zu decken, dann ist im Rahmen der Bemessung des gem. § 1581 in einen **Billigkeitsanspruch** umgeschlagenen Unterhaltsanspruchs und der insoweit veranlassten **Billigkeitsprüfung** auch die Frage einzubeziehen, ob es die Billigkeit erfordert, die Einkünfte aus unzumutbarer Tätigkeit in einem größeren Maße anrechnungsfrei zu belassen.

Hat der Unterhaltsschuldner pflichtwidrig Unterhalt nicht geleistet und dadurch eine entsprechende Notlage herbeigeführt, wird von einer Anrechnung überobligatorischen Einkommens im Zweifel eher abzusehen sein. In **Mangellagen**,[192] die der Unterhaltsschuldner nicht verursacht hat, kann es angemessen sein, überobligatorisches Einkommen (fast) vollständig anzurechnen.[193] Andererseits kann es unbillig sein, Einkünfte anzurechnen, wenn dem Unterhaltsgläubiger auch ohne An-

---

188 OLG Hamm FamRZ 2002, 1708; KG FamRZ 1995, 355.
189 OLG Braunschweig FamRZ 2002, 1711; OLG Saarbrücken NJW-RR 2006, 869.
190 OLG Hamburg FamRZ 2005, 927 – überobligatorisch beurteilte Tätigkeit als Disc-Jockey.
191 OLG Hamburg FamRZ 2005, 927 – keine Anrechnung von Einkommen in Form von Wohnvorteilen.
192 S. auch OLG Frankfurt FamRZ 1984, 799.
193 BGH FamRZ 1981, 146; 1983, 569; 1999, 843 = FuR 1999, 282; s. auch OLG Düsseldorf FamRZ 1978, 8056; OLG Hamm FamRZ 1992, 1427; 1994, 1592; OLG Stuttgart FamRZ 1990, 753 – Anrechnung mit $1/3$.

rechnung kaum etwas für seine Lebenshaltung zur Verfügung steht, und andererseits der Unterhaltsschuldner nicht schwer belastet wird.[194]

e) Kinderbetreuung neben Berufstätigkeit durch einen Elternteil

Im Rahmen der Beurteilung der **persönlichen Verhältnisse** der Parteien steht der Hauptanwendungsbereich dieser Vorschrift im Vordergrund: **Unzumutbare Erwerbstätigkeit** wegen **Kinderbetreuung**. Auch hier darf der dem Unterhaltsgläubiger anrechnungsfrei zu belassende Teil seines Einkommens nicht schematisch beurteilt werden, sondern der Tatrichter hat in jedem Einzelfall alle jeweiligen Umstände sorgfältig abzuwägen. Maßgebend sind insbesondere der Umfang des **doppelten Aufwands** (Erwerbstätigkeit und Kinderbetreuung) sowie die mit der Berufstätigkeit verbundenen **Belastungen**.[195] Führt die Unterhaltsbemessung nach dem Halbteilungsgrundsatz ohne Berücksichtigung eines Betreuungsbonus dazu, dass den Parteien genau die gleichen Beträge zur Verfügung stehen, obwohl der betreuende Ehegatte wegen der Versorgung der Kinder in seinem Haushalt in seiner Lebensführung erheblich eingeschränkt ist, muss dies im Rahmen der **Billigkeitsprüfung** zu einer **Anpassung** des **Unterhalts** zu seinen Gunsten führen.[196] Bei kaum erhöhtem Betreuungsaufwand und nur sehr geringen tatsächlichen Betreuungskosten wird hingegen der nicht unterhaltsrelevante Teil des als überobligatorisch anzusehenden Einkommens regelmäßig nur in geringer Höhe anzusetzen sein.[197]

aa) Betreuungsbonus

Ist der Unterhaltsgläubiger berufstätig, ohne hierzu oder in dem geübten Ausmaß wegen Betreuung eines/mehrerer gemeinsamer Kindes/r verpflichtet zu sein, dann wird dieser überobligatorischen Mehrbelastung über das gebotene Maß hinaus durch Ansatz eines **nicht unterhaltsrelevanten (anrechnungsfreien) Betrages** („**Betreuungsbonus**")[198] aus dem überobligatorisch erzielten Einkommen Rechnung getragen. Dieser Betreuungsbonus stellt kein Entgelt für die Kinderbetreuung dar, sondern dient dem **Ausgleich** für die **Doppelbelastung** durch Betreuung klei-

---

194 BGH FamRZ 1988, 145.
195 OLG Hamm NJW-RR 1997, 963 – in etwa Anrechnung zu 2/3, weil die unterhaltsberechtigte Mutter in der Kinderbetreuung durch die Hilfe einer Tagesmutter erheblich entlastet war; OLG Karlsruhe FamRZ 2004, 1209 – wegen des Alters der gemeinsamen Kinder Anrechnung des erzielten Einkommens nur mit 1/3.
196 OLG Schleswig OLGR 2003, 157.
197 S. etwa KG FamRZ 2006, 341 – überwiegend selbständige Steuerberaterin.
198 BGH FamRZ 2001, 350 = FuR 2001, 262; OLG München FuR 2002, 329.

nerer Kinder und durch überobligationsmäßige Berufstätigkeit.[199] Der Bundesgerichtshof hat zutreffend den Ansatz eines anrechnungsfreien Betrages des auf einer überobligationsmäßigen Tätigkeit beruhenden Mehreinkommens auch dann für gerechtfertigt gehalten, wenn keine konkreten Betreuungskosten anfallen, etwa weil die zweite Ehefrau des Unterhaltsschuldners das Kind aus dessen Ehe mitbetreut.[200] Er hat einen Abzug von monatlich 300 DM in einem Fall, in dem die zweite Ehefrau des Unterhaltsverpflichteten dessen 13 und 14 Jahre alte Kinder aus erster Ehe mitbetreute, nicht beanstandet.[201]

bb) Kriterien für die Zumessung des Betreuungsbonus

Je größer die doppelte Last (Berufstätigkeit neben Kinderbetreuung) ist, umso höher wird der Betreuungsbonus anzusetzen sein. **Beispielhaft** sei – neben den zu berücksichtigen wirtschaftlichen Verhältnissen[202] – auf folgende **Kriterien** für die **Bemessung** des **Betreuungsbonus** hingewiesen:[203]

- Alter des betreuten Kindes bzw. der betreuten Kinder, wenn und weil der betreuende Elternteil einen Teil seiner Berufstätigkeit während einer Zeit ausüben kann, in der das Kind/die Kinder anderweitig betreut ist/sind (etwa Kindergarten, Kindertagesstätte, Kinderhort, Schule),[204]
- Vereinbarkeit der konkreten Arbeitszeiten unter Berücksichtigung erforderlicher berufsbedingter Fahrzeiten,[205]
- mit der Kinderbetreuung verbundener zeitlicher Aufwand (etwa Fahrtaufwand),[206] auch bei Betreuung des Kindes durch Verwandte oder Dritte,[207]
- mit der Kinderbetreuung verbundener Organisationsaufwand,[208] insbesondere zeitweise <u>anderweitige</u> Beaufsichtigung des Kindes bzw. der Kinder durch welche (?) verfügbaren Hilfen (etwa Kindergarten, Kindertagesstätte, Kinderhort, Schule oder Umgangsrechte mit dem anderen Elternteil bzw. sonstigen Verwandten),[209]

---

199 OLG Schleswig OLGR 2003, 157.
200 BGHF 3, 1175; BGHZ 162, 384 = FamRZ 2005, 1154 = FuR 2005, 364 m.w.N.
201 BGH FamRZ 1986, 790, 791.
202 OLG Hamm FamRZ 2002, 1708.
203 Zu allem s auch BGH FamRZ 2001, 350, 352 = FuR 2001, 262; 2005, 442 = FuR 2005, 174; BGHZ 162, 384 = FamRZ 2005, 1154 = FuR 2005, 364.
204 OLG Hamm FamRZ 2002, 1708; OLG Saarbrücken NJW-RR 2006, 869.
205 BGH FamRZ 2001, 350 = FuR 2001, 262; KG FamRZ 2006, 341.
206 BGH FamRZ 2001, 350 = FuR 2001, 262; OLG Saarbrücken NJW-RR 2006, 869.
207 OLG Hamburg FamRZ 2005, 927 zu § 1615l – Betreuung durch die Großeltern; KG FamRZ 2006, 341 – Betreuung durch Dritte.
208 OLG Saarbrücken NJW-RR 2006, 869.
209 KG FamRZ 2006, 341 unter Hinweis auf BGH FamRZ 2001, 350, 352 = FuR 2001, 262.

- mit der Erwerbstätigkeit neben der Kinderbetreuung verbundene sonstige besondere Erschwernisse.[210]

cc) Anforderungen an den Sachvortrag bezüglich des Betreuungsbonus

Die Zumessung des Betreuungsbonus im Einzelfall setzt schlüssigen und substantiierten **Sachvortrag** zu den vorgenannten **Bewertungskriterien** mit entsprechenden Beweisangeboten für den Bestreitensfall voraus, damit der **Tatrichter** die **Höhe** des **Betreuungsbonus** im Einzelfall sachgerecht bewerten kann.[211]

f) Kinderbetreuung neben Berufstätigkeit durch beide Elternteile

Betreut je ein Elternteil je ein gemeinsames Kind, gelten die vorgenannten Grundsätze entsprechend. Wird bei einem Elternteil wegen Kindesbetreuung aus überobligatorischer Tätigkeit erzieltes Einkommen nur teilweise angerechnet, während das vom Unterhaltsschuldner durch Vollzeittätigkeit erzielte Einkommen auch dann als eheprägend angesehen wird, wenn er außerdem ein minderjähriges Kind betreut, dann ist die Mehrbelastung des Unterhaltsschuldners ebenfalls durch Zubilligung eines Betreuungsbonus als Abzugsposten von seinem Einkommen zu berücksichtigen, das insoweit dann als überobligatorisch und nicht unterhaltsrelevant anzusehen ist. Bei Berücksichtigung aller insoweit maßgebenden Umstände auf beiden Seiten wird sich dann grundsätzlich keine Ungleichbehandlung von überobligationsmäßigen Erwerbseinkünften des Unterhaltsschuldners und des Unterhaltsgläubigers ergeben.[212]

7. § 1578 Maß des Unterhalts

Fassung bis 31.12.2007	Fassung ab 1.1.2008
§ 1578 – Maß des Unterhalts (1) Das Maß des Unterhalts bestimmt sich nach den ehelichen Lebensverhältnissen. Die Bemessung des Unterhaltsanspruchs nach den ehelichen Lebens-	§ 1578 – Maß des Unterhalts (1) Das Maß des Unterhalts bestimmt sich nach den ehelichen Lebensverhältnissen. Der Unterhalt umfasst den gesamten Lebensbedarf.

---

210 OLG Hamm FamRZ 2002, 1708.
211 S. im Einzelnen BGH FamRZ 2001, 350 = FuR 2001, 262; 2003, 860 = FuR 2003, 275; 2005, 442 = FuR 2005, 174.
212 S. etwa BGH FamRZ 2001, 350, 352 = FuR 2001, 262; OLG Karlsruhe OLGR 2005, 195 mit Beispielsrechnungen.

III. Änderungen des Bürgerlichen Gesetzbuchs im Einzelnen

Fassung bis 31.12.2007	Fassung ab 1.1.2008
verhältnissen kann zeitlich begrenzt und danach auf den angemessenen Lebensbedarf abgestellt werden, soweit insbesondere unter Berücksichtigung der Dauer der Ehe sowie der Gestaltung von Haushaltsführung und Erwerbstätigkeit eine zeitlich unbegrenzte Bemessung nach Satz 1 unbillig wäre; dies gilt in der Regel nicht, wenn der Unterhaltsberechtigte nicht nur vorübergehend ein gemeinschaftliches Kind allein oder überwiegend betreut hat oder betreut. Die Zeit der Kindesbetreuung steht der Ehedauer gleich. Der Unterhalt umfasst den gesamten Lebensbedarf.	
(2) Zum Lebensbedarf gehören auch die Kosten einer angemessenen Versicherung für den Fall der Krankheit und der Pflegebedürftigkeit sowie die Kosten einer Schul- oder Berufsausbildung, einer Fortbildung oder einer Umschulung nach den §§ 1574, 1575.	(2) Zum Lebensbedarf gehören auch die Kosten einer angemessenen Versicherung für den Fall der Krankheit und der Pflegebedürftigkeit sowie die Kosten einer Schul- oder Berufsausbildung, einer Fortbildung oder einer Umschulung nach den §§ 1574, 1575.
(3) Hat der geschiedene Ehegatte einen Unterhaltsanspruch nach den §§ 1570 bis 1573 oder § 1576, so gehören zum Lebensbedarf auch die Kosten einer angemessenen Versicherung für den Fall des Alters sowie der verminderten Erwerbsfähigkeit.	(3) Hat der geschiedene Ehegatte einen Unterhaltsanspruch nach den §§ 1570 bis 1573 oder § 1576, so gehören zum Lebensbedarf auch die Kosten einer angemessenen Versicherung für den Fall des Alters sowie der verminderten Erwerbsfähigkeit. [Abs. 1 S. 2 und 3 aufgehoben]

§ 1578 Abs. 1 S. 1 und 4 bestimmen unverändert, dass sich das Maß des Unterhalts nach den ehelichen Lebensverhältnissen bestimmt, und dass der Unterhalt den gesamten Lebensbedarf umfasst. § 1578 Abs. 1 S. 2 und 3 wurden aufgehoben, weil Herabsetzung und zeitliche Begrenzung von Unterhaltsansprüchen nunmehr in der neu geschaffenen Vorschrift des § 1578b geregelt sind.

III. Änderungen des Bürgerlichen Gesetzbuchs im Einzelnen

8. § 1578b Begrenzung des Unterhalts wegen Unbilligkeit

Fassung bis 31.12.2007	Fassung ab 1.1.2008
[Neue Norm]	*§ 1578b – Herabsetzung und zeitliche Begrenzung des Unterhalts wegen Unbilligkeit* *(1) Der Unterhaltsanspruch des geschiedenen Ehegatten ist auf den angemessenen Lebensbedarf herabzusetzen, wenn eine an den ehelichen Lebensverhältnissen orientierte Bemessung des Unterhaltsanspruchs auch unter Wahrung der Belange eines dem Berechtigten zur Pflege oder Erziehung anvertrauten gemeinschaftlichen Kindes unbillig wäre. Dabei ist insbesondere zu berücksichtigen, inwieweit durch die Ehe Nachteile im Hinblick auf die Möglichkeit eingetreten sind, für den eigenen Unterhalt zu sorgen. Solche Nachteile können sich vor allem aus der Dauer der Pflege oder Erziehung eines gemeinschaftlichen Kindes, aus der Gestaltung von Haushaltsführung und Erwerbstätigkeit während der Ehe sowie aus der Dauer der Ehe ergeben.* *(2) Der Unterhaltsanspruch des geschiedenen Ehegatten ist zeitlich zu begrenzen, wenn ein zeitlich unbegrenzter Unterhaltsanspruch auch unter Wahrung der Belange eines dem Berechtigten zur Pflege oder Erziehung anvertrauten gemeinschaftlichen Kindes unbillig wäre. Absatz 1 Satz 2 und 3 gilt entsprechend.* *(3) Herabsetzung und zeitliche Begrenzung des Unterhaltsanspruchs können miteinander verbunden werden.*

III. Änderungen des Bürgerlichen Gesetzbuchs im Einzelnen

a) Grundlagen der Einführung einer neuen Norm

§ 1578b stellt eine **neue** Kernbestimmung des neuen Unterhaltsrechts dar, die – beruhend auf dem Grundsatz der Eigenverantwortung – eine Reduzierung des Unterhalts ermöglichen will.[213] Diese – die bisherigen Begrenzungsregelungen (§ 1573 Abs. 5 und § 1578 Abs. 1 S. 2 und 3) erweiternde – Norm war notwendig, da

- der Bundesgerichtshof sich für den Regelfall von der Anrechnungsmethode gelöst hat und nun über seine Surrogat-Rechtsprechung die Differenz-/Additionsmethode in teilweise sehr weitem Umfange anwendet, etwa wenn die Haushaltsführung für einen neuen Partner als Surrogat für die frühere Haushaltsführung in der Ehe angesehen wird, und deshalb das hierfür anzusetzende fiktive Einkommen den Unterhalt nur um 3/7 oder 45% kürzt (und nicht mehr voll auf den Unterhalt angerechnet wird), und

- die Hinweise des Bundesgerichtshofes und zahlreicher Autoren, in der familiengerichtlichen Praxis müsse stärker von der Möglichkeit zur Begrenzung des Unterhalts nach Dauer oder/und Höhe Gebrauch gemacht werden, in der Rechtsprechung der Instanzgerichte – und auch in der anwaltlichen Praxis – fast nichts geändert haben,

so dass die Tendenz zum lebenslangen Unterhalt zugenommen hatte.

Die Neufassung des § 1578b fasst die Beschränkung des Unterhalts auf den angemessenen Bedarf und die zeitliche Begrenzung (nunmehr) in einer Bestimmung zusammen, vereinheitlicht die Voraussetzungen für die Einwendung der neuen Norm und vereinfacht zugleich die Anwendung in der Praxis. Die Neuregelung will die **Begrenzung** von Unterhaltsansprüchen anhand **objektiver Billigkeitsmaßstäbe**, insbesondere fehlender ehebedingter Nachteile, erleichtern. Werden die Voraussetzungen des § 1578b bejaht, **muss der Unterhaltsanspruch** hinsichtlich Höhe und/oder Dauer begrenzt werden. Die neue Norm ermöglicht auch eine sofortige Begrenzung ab der Scheidung bei langer Trennungsdauer.[214]

Die Neuregelung des § 1578b wird – auch entsprechend den Empfehlungen des Familiengerichtstages[215] – in der Praxis dazu führen, dass künftig deutlich mehr Unterhaltsansprüche auf den angemessenen Bedarf bzw. letztendlich zeitlich begrenzt

---

213 Ausführlich zur Änderung der Zumutbarkeitsanforderungen an die Aufnahme einer Erwerbstätigkeit im UÄndG 2008 Reinken FPR 2005, 502, und Dose FamRZ 2007, 1289 ff. – dieser auch zu den Beschränkungsmöglichkeiten des nachehelichen Unterhalts nach neuem Recht; s. auch Born FamRZ 2006, 1008 zur Begrenzung des Aufstockungsunterhalts nach § 1573 Abs. 2; Schilling FamRZ 2006, 1368 zur grundsätzlichen Befristung des Unterhaltsanspruchs.
214 Schwab FamRZ 2005, 1417.
215 Arbeitskreis 13 des 15. Deutschen Familiengerichtstages 2003.

werden. Der Tatbestand des § 1570 wird nur für die Zeit nach Beendigung der Kinderbetreuung, regelmäßig erst ab dem 15. Lebensjahr des Kindes, begrenzt werden können. Bei jüngeren erwerbsfähigen Unterhaltsgläubigern wird der nacheheliche Unterhalt in der Regel früher zeitlich begrenzt werden können, auch bei Kinderbetreuung ab dem Ende der Betreuungszeit,[216] während bei älteren und nicht erwerbsfähigen Unterhaltsgläubigern regelmäßig eine Begrenzung des nachehelichen Unterhalts auf den angemessenen Bedarf näher liegen dürfte, zumindest bis zum Eintritt in die Altersrente.

§ 1578b beinhaltet vor allem folgende wesentliche Änderungen:
- Bis zum 31.12.2007 *konnte* der Unterhalt der Höhe nach und/oder zeitlich begrenzt werden. Nunmehr *ist* er ab 1.1.2008 herabzusetzen und/oder zeitlich zu begrenzen: wenn die Voraussetzungen dieses Begrenzungstatbestands vorliegen, gibt es also kein Ermessen mehr.
- Bis zum 31.12.2007 konnte gem. § 1573 Abs. 5 nur der Aufstockungsunterhalt zeitlich begrenzt werden, für alle anderen Unterhaltstatbestände war das nicht möglich, sondern allenfalls eine Begrenzung der Höhe nach gem. § 1578 Abs. 1 S. 2. Die ab 1.1.2008 geltende Regelung lässt für **jeden Unterhaltsanspruch** sowohl eine Begrenzung der Höhe nach als auch eine **Befristung** des Anspruchs insgesamt zu.
- Bis zum 31.12.2007 wurde – jedenfalls in der Praxis – nur der unterstellte Anspruch auf Beibehaltung des ehelichen Lebensstandards eingeschränkt. Die ab 1.1.2008 geltende Regelung reduziert den Anspruch grundsätzlich auf einen Ausgleich der als Folge der Ehe verschlechterten Möglichkeit, sich selbst zu unterhalten; der Umfang dieser Nachteile bestimmt den Umfang der möglichen Unterhaltsbegrenzung. Es muss also geklärt werden, ob die Einkommensdifferenz die Folge ehebedingter Nachteile ist. Je mehr sich ehebedingte Nachteile auswirken, umso eher scheidet eine Unterhaltsbegrenzung aus; ist die Einkommensdifferenz jedoch nicht die Folge ehebedingter Nachteile, kann der Unterhalt auch bei langer Ehedauer nur dann nicht begrenzt werden, wenn es für den Unterhaltsgläubiger – insbesondere bei Berücksichtigung seines Alters bei Ehescheidung – unzumutbar ist, sich dauerhaft auf einen seinen eigenen beruflichen Möglichkeiten entsprechenden Lebensstandard einzurichten. Der Unterhaltsanspruch des geschiedenen Ehegatten wird – wie bisher schon der Anspruch der „nichtehelichen Mutter" aus § 1615l – zu einer Art Schadensersatzanspruch: Schaden ist die als Folge der Ehe verschlechterte Einkommensmöglichkeit auf Seiten des Unterhaltsgläubigers.

---

216 FA-FamR/Gerhardt 5. Aufl. 6. Kap. Rn 387.

III. Änderungen des Bürgerlichen Gesetzbuchs im Einzelnen

- Bis zum 31.12.2007 konnte der Unterhalt in der Regel nicht begrenzt werden, wenn der Unterhaltsgläubiger ein gemeinsames Kind jedenfalls überwiegend betreut hatte. Ab 1.1.2008 gibt es diese Regel nicht mehr; vielmehr ist die Betreuung eines Kindes nur noch – neben der Gestaltung von Haushaltsführung und Erwerbstätigkeit – bei der Prüfung der Frage zu berücksichtigen, inwieweit Nachteile für das berufliche Fortkommen und die Möglichkeit, sich selbst zu unterhalten, eingetreten sind.
- Bis zum 31.12.2007 wurde die Dauer der Kindesbetreuung pauschal der Ehedauer gleichgestellt. Nach der Regelung ab 1.1.2008 ist die Dauer der Kindesbetreuung nur noch eines unter mehreren Kriterien bei der Klärung der Frage, inwieweit dem Unterhaltsgläubiger durch die Ehe Nachteile für das berufliche Fortkommen und die Möglichkeit, sich selbst zu unterhalten, entstanden sind.

§ 1578b knüpft keine Konsequenzen an schuldhaftes Fehlverhalten des Unterhaltsgläubigers; hierfür gilt vielmehr auch weiterhin nur § 1579: In § 1578b geht es nur um die **Folgen objektiver Umstände**. Auch nach der Neuregelung sind bei der Prüfung, ob eine Unterhaltsbegrenzung in Betracht kommt, selbstverständlich die Interessen gemeinsamer Kinder zu berücksichtigen.

Das **UÄndG 2008** hat den Begriff „angemessener Bedarf" im Gegensatz zu dem Begriff „ehengemessenen Bedarf" nach § 1578 nicht definiert. Die Rechtsprechung versteht hierunter die Lebensstellung vor der Ehe und während der Ehe,[217] wobei fraglich ist, welcher Bedarf anzunehmen ist, wenn der Unterhaltsgläubiger vor der Ehe keine Lebensstellung hatte, weil er noch keiner Berufstätigkeit nachgegangen war: Der sog. notwendige Selbstbehalt[218] oder der angemessene Selbstbehalt gegenüber Volljährigen,[219] jeweils als Mindestbedarf.[220] Jedenfalls rechnen zum angemessenen Bedarf auch die Kosten der Vorsorge für den Fall der Krankheit bzw. Pflege (§ 1578 Abs. 2) sowie die Kosten der Altersvorsorge (§ 1578 Abs. 3).[221]

---

217 BGH FamRZ 1986, 868.
218 OLG Saarbrücken FamRZ 2004, 1293.
219 OLG München FamRZ 2003, 1110.
220 Hierzu etwa FA-FamR/Gerhardt 5. Aufl. 6. Kap. Rn 421; Palandt/Brudermüller BGB 66. Aufl. § 1578 Rn 80; Wendl/Pauling Das Unterhaltsrecht in der familienrichterlichen Praxis 6. Aufl. § 4 Rn 587.
221 OLG München FamRZ 2003, 1110.

III. Änderungen des Bürgerlichen Gesetzbuchs im Einzelnen

b) Grundlegende Strukturen

Das 1. EheRG vom 14.6.1976 kannte – mit Ausnahme des § 1579 – keinerlei Möglichkeit einer Herabsetzung/Befristung des nachehelichen Unterhalts; erstmals konnte nach Inkrafttreten des UÄndG 1986 nachehelicher Unterhalt begrenzt werden, wenn auch nur in (zu) engen Grenzen.

aa) Rechtslage vom 1.4.1986 bis zum 31.12.2007

Da die einschneidenden wirtschaftlichen Folgen einer Trennung/Scheidung, erzwungen vor allem durch eine grundsätzlich lebenslange Unterhaltslast, nicht völlig losgelöst von Billigkeitsgesichtspunkten geregelt werden können,[222] hatte der Gesetzgeber erstmals mit dem UÄndG 1986 (mit Wirkung zum 1.4.1986) in § 1573 Abs. 5 und in § 1578 Abs. 1 S. 2 – jedoch äusserst beschränkte – **Begrenzungs-** und **Befristungsmöglichkeiten** für den nachehelichen Unterhalt geschaffen. Das UÄndG 1986 verfolgte damit ausdrücklich das Ziel, die Eigenverantwortung zu fördern und der Einzelfallgerechtigkeit mehr Raum zu geben.[223] Der Gesetzgeber hat die damit verbundene Begrenzung des Arbeitsmarktrisikos für den Unterhaltsgläubiger damit begründet, man sei zum Zeitpunkt des 1. EheRG noch davon ausgegangen, ein geschiedener Ehegatte müsse grundsätzlich in absehbarer Zeit in der Lage sein, einen Arbeitsplatz zu finden. Da diese gesetzgeberische Vorstellung durch die aktuelleren arbeitsmarktpolitischen Entwicklungen überholt sei, habe die Begrenzungsmöglichkeit beim nachehelichen Unterhalt ausdrücklich klargestellt werden müssen.[224]

Der grundsätzlich **lebenslang angelegte nacheheliche Unterhalt** konnte bis zum 31.12.2007 nur **ausnahmsweise** und nur aufgrund dreier Vorschriften (§§ 1573 Abs. 5, 1578 Abs. 1 S. 2 und § 1579) **beschränkt** werden; diese Vorschriften waren **alternativ** und/oder **kumulativ** anzuwenden:[225] So konnte etwa der Unterhalt nach § 1578 Abs. 1 S. 2 zunächst für eine Übergangsphase verringert und – nur, sofern es sich um Unterhaltsansprüche nach § 1573 handelte – nach einer weiteren Zeit gem. § 1573 Abs. 5 völlig gestrichen werden. Bei beiden Vorschriften handelte es sich um anspruchsbegrenzende Regelungen, die **kein Ermessen** eröffneten, son-

---

222 So bereits Willutzki, Brühler Schriften zum Familienrecht Bd. 3 [1984] S. 15 ff. m.w.N.
223 Vgl. BT-Dr. 10/2888 S. 11 f.; s. auch Brudermüller FamRZ 1998, 649, 650.
224 Hierzu ausführlich Brudermüller FamRZ 1998, 649, 656; Gerhardt FuR 1997, 249 f.; Gerhardt/Gutdeutsch FuR 1999, 241; ausführlich zu unterhaltsbeschränkenden Vereinbarungen s. Langenfeld FPR 2003, 155.
225 BGH FamRZ 2000, 1499 = FuR 2000, 475 mit Anm. Gottwald FamRZ 2000, 1502; FamRZ 2001, 905 = FuR 2000, 1502.

III. Änderungen des Bürgerlichen Gesetzbuchs im Einzelnen

dern bei Vorliegen ihrer tatbestandlichen Voraussetzungen zwingend berücksichtigt werden mussten.[226]

(1)   § 1573 Abs. 5

Nach § 1573 Abs. 5 konnten (nur) Unterhaltsansprüche nach § 1573 Abs. 1 bis 4 (Erwerbslosigkeit und/oder Aufstockung) zeitlich begrenzt, also sowohl zunächst teilweise herabgesetzt, sodann zeitlich begrenzt („zeitlich gestufte Befristung"),[227] als auch sofort insgesamt auf Null herabgesetzt werden.

(2)   § 1578 Abs. 1 S. 2

Nach § 1578 Abs. 1 S. 2 konnte die Bemessung des Unterhalts nach den ehelichen Lebensverhältnissen **zeitlich begrenzt** und danach auf den **angemessenen Lebensbedarf** herabgesetzt werden. Die Vorschrift betraf das **Maß** des **geschuldeten Unterhalts**. Sie erlaubte eine zeitlich abgestufte Unterhaltsbemessung dergestalt, dass der zunächst nach den ehelichen Lebensverhältnissen bestimmte Unterhalt nach einer gewissen zeitlichen Grenze auf den „**angemessenen Lebensbedarf**" ermäßigt werden konnte, gestattete hingegen nicht den vollen Wegfall des Unterhalts, auch nicht des herabgesetzten.[228] § 1578 Abs. 1 S. 2 konnte auf sämtliche nachehelichen Unterhaltsansprüche angewendet werden;[229] somit war grundsätzlich auch Krankheits- und Altersvorsorgeunterhalt nach § 1578 Abs. 1 S. 2 begrenzbar (insoweit war unter anderem maßgeblich, ob der Unterhaltsgläubiger aus finanziellen Gründen vor der Eheschließung Altersvorsorge betreiben konnte, und gegebenenfalls in welcher Höhe er Versicherungsbeiträge erbracht hatte).[230]

bb)   Neuordnung der Unterhaltsbegrenzungen ab 1.1.2008

Auf Grund gesellschaftlicher Veränderungen und gewandelter Wertvorstellungen in den vergangenen Jahren (insbesondere hohe Scheidungsrate, geänderte Rollenverteilung, neue Familienstrukturen, aber auch Zunahme von „Zweitfamilien", steigende Zahl von Mangelfällen aufgrund wirtschaftlich teilweise desolater Lage sowie höhere Akzeptanz der Eigenverantwortung nach der Ehe) hat der Gesetzgeber das Unterhaltsrecht bezüglich der Begrenzung des nachehelichen Unterhalts mit dem **UÄndG 2008** erneut reformiert. Da die Garantie des ehelichen Lebens-

---

226   BGH FamRZ 1990, 857; s. auch Langenfeld FPR 2003, 155.
227   S. etwa OLG Düsseldorf FamRZ 1987, 945.
228   BGH FamRZ 1999, 710.
229   BGH FamRZ 1986, 886; OLG Hamm FamRZ 1998, 295 zu § 1572.
230   BGH FamRZ 1989, 483; 1989, 842, 843; OLG Hamburg FamRZ 1998, 294.

standards nicht mehr in allen Fällen als zeitgemäß angesehen werden kann, ist nunmehr der nacheheliche Unterhalt stärker, und zwar neben dem **Vertrauensgrundsatz** bei **Ehen** von **langer Dauer** auf die **Korrektur ehebedingter Bedürfnislagen** zu beschränken.[231] Auf Grund des gesetzgeberischen Willens, die nacheheliche Eigenverantwortung noch mehr zu stärken, haben die Gerichte künftig noch mehr Möglichkeiten, den **nachehelichen Unterhalt** der Höhe nach zu **begrenzen** und/oder zu **befristen**, wobei der in der Ehe erreichte Lebensstandard nicht mehr der entscheidende, sondern nur noch **einer** von **mehreren Maßstäben** dafür sein soll, ob eine Erwerbstätigkeit – und wenn ja, welche – nach der Scheidung wieder aufgenommen werden muss. Die Möglichkeit der Kumulierung von Begrenzungsmechanismen bestand bislang nur bei den Tatbeständen des § 1573. Durch die Möglichkeit, in allen Fällen den Anspruch zeitlich zu begrenzen oder nur auf einen angemessenen Bedarf herabzusetzen, besteht nunmehr ausreichender Spielraum, um zu einer adäquaten Lösung nach den Umständen jedes Einzelfalles zu gelangen.

Zudem hat die – betrags- wie zeitmäßige – Begrenzung eines Anspruchs auf nachehelichen Unterhalt aus Billigkeitsgründen durch die Änderung der Rechtsprechung des Bundesgerichtshofes zur eheprägenden Haushaltsführung ein stärkeres Gewicht gewonnen, denn Haushaltsführung und Kinderbetreuung prägen – über den Wert des später an ihre Stelle tretenden Surrogats – die ehelichen Lebensverhältnisse, was zu einem erhöhten Unterhaltsbedarf des Unterhaltsgläubigers und – im Falle hinreichender Leistungsfähigkeit – auch zu einem höheren Unterhaltsanspruch führt.[232]

Der bis zum 31.12.2007 geltende Gesetzeswortlaut, wonach bei Kinderbetreuung in der Regel weder eine zeitliche Begrenzung noch eine Begrenzung auf den angemessenen Bedarf in Betracht kam, führte in der familienrechtlichen Praxis vielfach dazu, dass die Voraussetzungen der Begrenzungsbestimmung überhaupt nicht geprüft wurden. Nach dem Grundsatz der Eigenverantwortung war es aber immer schon problematisch, bei kurzer Ehedauer, jedoch mit Kinderbetreuung einen unbegrenzten Unterhaltsanspruch zuzubilligen, wenn der betreuende Elternteil, in der Regel die Frau, noch relativ jung war und durch die Kinderbetreuung im Ergebnis keine deutlichen beruflichen Nachteile erlitten hatte.[233] Die Kinderbetreuung ist zwar auch künftig noch vorrangig zu prüfen, im Ergebnis aber nur noch eines von

---

231 So auch – ausführlich – Scholz FamRZ 2003, 265, 271.
232 BGHZ 148, 105 ff. = FamRZ 2001, 986 = FuR 2001, 306; BGH FamRZ 2004, 1173 = FuR 2004, 500.
233 Hierzu FA-FamR/Gerhardt 5. Aufl. Kap 6 Rn 386c.

III. Änderungen des Bürgerlichen Gesetzbuchs im Einzelnen

mehreren Kriterien, ob der Unterhaltsanspruch nach einer gewissen Zeit vom Bedarf nach den ehelichen Lebensverhältnissen auf einen angemessenen Bedarf herabgesetzt bzw. zeitlich begrenzt wird.[234]

Neben den Kriterien Kinderbetreuung und Ehedauer stellt die Neuregelung als wesentlichen Prüfungspunkt heraus, inwieweit durch die Gestaltung der Ehe, insbesondere Haushaltsführung, berufliche Nachteile eingetreten sind. Dies entspricht auch der Rechtsprechung des Bundesgerichtshofes bei der Inhaltskontrolle von Eheverträgen.[235]

(1) Struktur der (neuen) Norm § 1578b

Die gesetzlichen Unterhaltstatbestände der §§ 1570 ff. unterscheiden im Einzelnen nicht danach, aus welchem Grunde es gerechtfertigt ist, einem Ehegatten zugunsten des anderen eine Unterhaltslast aufzuerlegen; sie sind zwar im Lichte des Grundsatzes der Eigenverantwortung nach der Ehe auszulegen, bieten aber keinen hinreichend konkreten Anknüpfungspunkt für Billigkeitserwägungen der dargestellten Art. Es bedarf deshalb einer grundsätzlich für alle **Unterhaltstatbestände** geltenden **Billigkeitsregelung**, wie sie in § 1578b nunmehr normiert.

Das **UÄndG 2008** hat die beiden bislang im Gesetz verstreuten Begrenzungsregelungen betreffend den nachehelichen (Ehegatten-)Unterhalt (§ 1573 Abs. 5 und § 1578 Abs. 1 S. 2)[236] auf eine Norm (§ 1578b) konzentriert und mit dieser neu eingefügten Norm eine grundsätzlich für **alle Unterhaltstatbestände** geltende **Billigkeitsregelung** eingefügt, die nach Maßgabe der in dieser Regelung aufgeführten Billigkeitskriterien eine **Herabsetzung** und/oder **zeitliche Begrenzung** von Unterhaltsansprüchen ermöglicht. Damit setzt das **UÄndG 2008** den im UÄndG 1986 eingeschlagenen Weg fort. § 1578b ist im Wesentlichen der (aufgehobenen) Norm des § 1573 Abs. 5 nachgebildet und strukturiert die verschiedenen Begrenzungsmöglichkeiten in drei Absätzen:

- Nach **Absatz 1** ist der Unterhaltsanspruch des geschiedenen Ehegatten auf den angemessenen Lebensbedarf **herabzusetzen**, wenn eine an den ehelichen Lebensverhältnissen orientierte Bemessung des Unterhaltsanspruchs auch unter Wahrung der Belange eines dem Berechtigten zur Pflege oder Erziehung anvertrauten gemeinschaftlichen Kindes unbillig wäre; dabei ist insbesondere zu be-

---

234 Gerhardt FuR 2005, 529, 531.
235 Vgl. BGHZ 158, 81 = FamRZ 2004, 601 = FuR 2004, 119 zur sog. Ausübungskontrolle nach § 242.
236 Hierzu auch Brudermüller FF 2004, 101; Schwarz NJW-Spezial 2004, 295; Grandel FPR 2005, 320; Schürmann FPR 2005, 492; Reinecke ZFE 2006, 289 mit Berechnungsbeispielen.

rücksichtigen, inwieweit durch die Ehe Nachteile im Hinblick auf die Möglichkeit eingetreten sind, für den eigenen Unterhalt zu sorgen. Solche Nachteile können sich vor allem aus der Dauer der Pflege oder Erziehung eines gemeinschaftlichen Kindes, aus der Gestaltung von Haushaltsführung und Erwerbstätigkeit während der Ehe sowie aus der Dauer der Ehe ergeben;

- nach **Absatz 2** ist der Unterhaltsanspruch des geschiedenen Ehegatten **zeitlich zu begrenzen**, wenn ein zeitlich unbegrenzter Unterhaltsanspruch auch unter Wahrung der Belange eines dem Berechtigten zur Pflege oder Erziehung anvertrauten gemeinschaftlichen Kindes unbillig wäre, wobei Absatz 1 Sätze 2 und 3 entsprechend gilt, <u>und</u>
- nach **Absatz 3** können **Herabsetzung** und **zeitliche Begrenzung** des Unterhaltsanspruchs **miteinander verbunden** werden.

§ 1578b regelt sowohl die Herabsetzung (Absatz 1) als auch die zeitliche Begrenzung (Absatz 2) und stellt zugleich klar, dass auch eine Kombination von Herabsetzung und zeitlicher Begrenzung möglich ist (Absatz 3). § 1578b ist bewusst nicht als allgemeine Generalklausel ausgestaltet, sondern gibt den Gerichten in Absatz 1 und in Absatz 2, der wiederum auf Absatz 1 verweist, klare gesetzliche Vorgaben für die vorzunehmenden **Billigkeitserwägungen**.

(2) Gebot verschärfter Anwendung der neuen Norm § 1578b

Die familiengerichtliche Rechtsprechung hat in den vergangenen Jahren von den Möglichkeiten der Begrenzung nachehelichen Unterhalts kaum Gebrauch gemacht, beide Vorschriften also bislang kaum angewendet.[237] Erst mit der Abkehr des Bundesgerichtshofes von der sog. Anrechnungsmethode und Hinwendung zur sog. Differenz-/Additionsmethode mit der Entscheidung vom 13.6.2001[238] war eine Tendenz zu einer vermehrten Beschränkung von Unterhaltsansprüchen festzustellen.[239] § 1578b verfolgt das Ziel, die Begrenzung von Unterhaltsansprüchen anhand objektiver Billigkeitsmaßstäbe und hier insbesondere anhand des Maßstabs der „ehebedingten Nachteile" zu erleichtern. Die **Befristungs-** und **Begrenzungsmöglichkeiten** sind **künftig wesentlich häufiger anzuwenden**; sie gelten grundsätzlich auch für „Altfälle", wenn und soweit dies den Betroffenen unter Berücksichtigung ihres **Vertrauens** in die einmal getroffene Regelung zumutbar ist (**Ver-**

---

237 S. etwa Schwab FamRZ 1997, 521, 524; Brudermüller FamRZ 1998, 649, 650; Gerhardt/Gutdeutsch FuR 1999, 241, 244; Gerhardt FamRZ 2000, 134, 136.
238 BGHZ 148, 105 ff. = FamRZ 2001, 986 = FuR 2001, 306.
239 S. etwa OLG Hamm NJW-RR 2003, 1084; OLG München FuR 2003, 326; Scholz FamRZ 2003, 265, 271; Brudermüller FF 2004, 101 ff.; Grandel FF 2004, 237 ff.; Schwarz NJW-Spezial 2004, 295 ff.; 2005, 7 ff.

trauensschutzprinzip). Daher ist künftig bereits bei der *erstmaligen* **Geltendmachung** des Unterhalts die Frage nach einer zeitlichen Begrenzung oder Herabsetzung des Unterhaltsanspruchs (nunmehr) in verstärktem Maße zu prüfen,[240] auch im Hinblick auf die **Neugestaltung** der Begrenzungsvorschrift des **§ 1578b** durch das **UÄndG 2008**.

„Zwar gewinnt die Begrenzung oder Befristung des Anspruchs auf nachehelichen Ehegattenunterhalt aus Billigkeitsgründen durch die Änderung der Rechtsprechung des Senats zur eheprägenden Haushaltsführung ein stärkeres Gewicht, denn die Haushaltsführung und die Kindererziehung prägen – über den Wert des später an ihre Stelle tretenden Surrogats – die ehelichen Lebensverhältnisse, was zu einem erhöhten Unterhaltsbedarf des Unterhaltsberechtigten und, im Falle hinreichender Leistungsfähigkeit, auch zu einem höheren Unterhaltsanspruch führt.[241] Schon bei der erstmaligen Geltendmachung des Unterhalts stellt sich die Frage nach einer zeitlichen Begrenzung oder Herabsetzung des Unterhaltsanspruches deswegen nunmehr in verstärktem Maße."[242]

c) Grundsätzliche Erwägungen zur Neuregelung der Unterhaltsbeschränkung

Der **Neuregelung** des **UÄndG 2008** liegen folgende **grundsätzliche Erwägungen** zugrunde:

aa) „Gleiche Teilhabe am gemeinsam Erwirtschafteten"

Die Leistungen der Ehegatten, die sie aufgrund ihrer vereinbarten Arbeitsteilung in der Ehe (Berufstätigkeit, Haushaltsarbeit, Kindererziehung) erbringen, sind gleichwertig, so dass sie grundsätzlich Anspruch auf „gleiche Teilhabe am gemeinsam Erwirtschafteten" haben. Dieser Teilhabeanspruch bestimmt in besonderer Weise auch die unterhaltsrechtliche Beziehung der Ehegatten,[243] bedeutet aber nicht von vornherein eine „Lebensstandardgarantie" im Sinne einer zeitlich unbegrenzten und in der Höhe nicht abänderbaren Teilhabe nach der Scheidung. Grund für die nachehelichen Unterhaltsansprüche ist die sich aus Art. 6 GG ergebende fortwirkende Solidarität.

---

240 BGH FamRZ 2004, 1357 = FuR 2004, 548.
241 BGHZ 148, 105 ff. = FamRZ 2001, 986 = FuR 2001, 306; BGH FamRZ 2004, 1173 = FuR 2004, 500.
242 BGH FamRZ 2004, 1357 = FuR 2004, 548.
243 Vgl. BVerfGE 105, 1.

bb) Nachteilsausgleich aufgrund fortwirkender Verantwortung

Diese fortwirkende Verantwortung für den bedürftigen Partner erfordert vor allem einen Ausgleich der Nachteile, die dadurch entstehen, dass der Unterhaltsberechtigte wegen der **Aufgabenverteilung** in der **Ehe**, insbesondere der Kinderbetreuung, nach der Scheidung nicht oder nicht ausreichend für seinen eigenen Unterhalt sorgen kann. „**Ehebedingte Nachteile**", die auf der Aufgabenverteilung in der Ehe beruhen, steigen wegen der zunehmenden persönlichen und sozialen Verflechtung typischerweise mit der Dauer der Ehe, so dass im Einzelfall eine lebenslange Unterhaltspflicht gerechtfertigt sein kann. Je geringer aber diese Nachteile sind, desto eher ist im Lichte des Grundsatzes der Eigenverantwortung unter Billigkeitsgesichtspunkten eine Beschränkung des Unterhaltsanspruchs geboten, wobei in besonderer Weise auf die Wahrung der Belange eines vom Berechtigten betreuten gemeinschaftlichen Kindes zu achten ist.

Das **Tatbestandselement** „**Gestaltung** von **Haushaltsführung** und **Erwerbstätigkeit**" ist insbesondere dann bedeutsam, wenn der unterhaltsberechtigte Ehegatte sich während der Ehe auf die **Haushaltsführung** konzentriert und dadurch nunmehr eine **schlechtere Position** im **Erwerbsleben** hat. Dabei ist in jedem Einzelfall konkret zu fragen, ob er durch die Übernahme der Haushaltsführung berufliche Nachteile erlitten hat; eine tatsächliche Vermutung hierfür streitet – anders als bei der Kinderbetreuung – nicht. Daher ist der Unterhalt regelmäßig zeitlich nicht begrenzbar, wenn der Unterhalt begehrende Ehegatte, um dem anderen die volle berufliche Entfaltung zu ermöglichen, eigene Erwerbsaussichten zurückgestellt und dadurch bleibende berufliche Nachteile erlitten hat[244] oder aber langjährig Einschränkungen in der Lebensführung wegen der Ausbildung des Unterhaltsschuldners hingenommen hat („**Aufopferungsgedanke**").[245]

Eine Begrenzung des Unterhalts ist jedenfalls in all denjenigen Fällen kritisch zu prüfen, in denen ein Ehegatte seinen Arbeitsplatz aufgegeben hat, um sich der Familie zu widmen, und er nach der Ehe keine angemessene Erwerbstätigkeit mehr zu finden vermag oder trotz Ausübung einer angemessenen Erwerbstätigkeit seinen eigenen vollen Lebensbedarf nicht decken kann. Für die hierdurch eingetretene Arbeitslosigkeit bzw. eingeschränkte Erwerbsmöglichkeit spricht eine **tatsächliche Vermutung**, dass sie **ehebedingt** ist. Dies ist immer dann anzunehmen, wenn die

---

244 BGH FamRZ 1986, 886; s. auch OLG Frankfurt FamRZ 1999, 97 – trotz 15-jähriger Ehedauer und Kindesbetreuung wurde der nacheheliche Unterhalt aufgrund der Finanzierung einer akademischen Ausbildung durch den Unterhaltsschuldner herabgesetzt.
245 OLG Hamm FamRZ 1991, 1474.

Ehegatten einvernehmlich ihre persönlichen und wirtschaftlichen Verhältnisse bestimmen, und sich ein Ehegatte gem. §§ 1353, 1356 zur Führung des Haushalts bereit erklärt hat.[246]

cc) Fortwirkung der nachehelichen Solidarität unter Billigkeitsgesichtspunkten

Die nach der Ehe fortwirkende Verantwortung erschöpft sich allerdings nicht im Ausgleich ehebedingter Nachteile; beispielsweise bestehen die Unterhaltsansprüche wegen Alters, Krankheit oder Arbeitslosigkeit (§§ 1571, 1572, 1573 Abs. 1) auch dann, wenn Krankheit oder Arbeitslosigkeit ganz unabhängig von der Ehe und ihrer Ausgestaltung durch die Ehegatten eintreten. So wurde etwa bei einem (unstreitigen) Anspruch einer geschiedenen Ehefrau auf Unterhalt wegen Krankheit gem. § 1572 eine Begrenzung des Unterhaltsanspruchs auf den angemessenen Bedarf gem. § 1578 Abs. 1 S. 2 (auch) dann als möglich angesehen, wenn die Ehe 9$^{1}/_{2}$ Jahre (und damit nicht lange) gedauert, und die Ehefrau das gemeinsame Kind (das seit der Trennung bei dem Unterhaltsschuldner lebt) wegen ihrer Erkrankung nicht überwiegend betreut hat.[247] Gleiches gilt für den Aufstockungsunterhalt (§ 1573 Abs. 2). Auch in diesen Fällen kann eine uneingeschränkte Fortwirkung der nachehelichen Solidarität unter Billigkeitsgesichtspunkten unangemessen sein. Im **Spannungsverhältnis** zwischen der **fortwirkenden Verantwortung** und dem **Grundsatz** der **Eigenverantwortung** muss auch hier in jedem **Einzelfall** eine angemessene und für beide Seiten gerechte Lösung gefunden werden, bei der die Dauer der Ehe wie auch die – aufgrund der Aufgabenverteilung in der Ehe – ehebedingten Nachteile von besonderer Bedeutung sind.

§ 1578b erfasst daher auch die Fälle, in denen es nicht um die Kompensation „ehebedingter Nachteile", sondern allein um das **Ausmaß** der darüber hinausgehenden **nachehelichen Solidarität** geht (etwa Erkrankung eines Ehegatten, die ganz unabhängig von der Ehe eingetreten ist). **Billigkeitsmaßstab** für die Herabsetzung oder zeitliche Begrenzung des Unterhalts ist hier allein die **fortwirkende Solidarität** im Lichte des Grundsatzes der Eigenverantwortung, wobei die in § 1578b Abs. 1 S. 3 genannten Umstände auch Bedeutung für das Ausmaß einer fortwirkenden Verantwortung haben. Dies gilt insbesondere für die Dauer der Ehe. Die gleichen Grundsätze gelten auch für den Fall, in dem etwa eine Erwerbstätigkeit allein an

---

246 Ähnlich Borth in Schwab/Borth IV Rn 304 – jedoch ist die Folge des Ausschusses einer zeitlichen Begrenzung zumindest ab Geltung des UÄndG 2008 nicht mehr vertretbar.
247 OLG München FuR 2003, 326.

III. Änderungen des Bürgerlichen Gesetzbuchs im Einzelnen

der bestehenden Arbeitsmarktlage scheitert und damit nicht auf einen „ehebedingten Nachteil" zurückzuführen ist.

d) Voraussetzungen des § 1578b

Der Unterhaltsanspruch ist zeitlich zu begrenzen oder herabzusetzen, wenn ein zeitlich unbeschränkter oder nach den ehelichen Lebensverhältnissen bemessener Unterhaltsanspruch unbillig wäre. Ein Anspruch auf nachehelichen Unterhalt darf nach § 1578b nur dann begrenzt werden, wenn bestimmte Kriterien im Rahmen einer **Gesamtabwägung aller Umstände** des Einzelfalles, insbesondere jedoch unter Beachtung der gesetzlichen Kriterien, eine Begrenzung des nachehelichen Unterhalts nachgerade gebieten, wobei sich der Unterhaltsschuldner auf diese Begrenzung **regelmäßig (Ausnahme:** kurze Ehedauer) dann nicht berufen kann, wenn der Unterhaltsgläubiger ein **gemeinschaftliches Kind** nicht nur vorübergehend allein oder überwiegend betreut oder betreut hat.[248]

aa) Herabsetzung: § 1578b Abs. 1

Der Unterhaltsanspruch eines geschiedenen Ehegatten ist auf den **angemessenen Lebensbedarf herabzusetzen**, wenn eine an den ehelichen Lebensverhältnissen orientierte Bemessung des Unterhaltsanspruchs auch unter **Wahrung** der **Belange** eines dem Berechtigten zur Pflege oder Erziehung anvertrauten **gemeinschaftlichen Kindes** unbillig wäre. Dabei ist insbesondere zu berücksichtigen, inwieweit durch die Ehe Nachteile im Hinblick auf die Möglichkeit eingetreten sind, für den eigenen Unterhalt zu sorgen. Solche **Nachteile** können sich vor allem aus der Dauer der Pflege oder Erziehung eines gemeinschaftlichen Kindes, aus der Gestaltung von Haushaltsführung und Erwerbstätigkeit während der Ehe sowie aus der Dauer der Ehe ergeben. Die beispielhafte Aufzählung dreier Kriterien („**Kinderbetreuung**", „**Ehedauer**" und „Gestaltung von **Haushaltsführung** und **Erwerbstätigkeit**" schließt es im Rahmen der **Gesamtwürdigung aller Umstände** des **Einzelfalles** nicht aus, auch **andere Bewertungsmerkmale** wertend heranzuziehen. Auf Grund einer solchen umfassenden Wertung muss der Tatrichter zum Ergebnis gelangen, dass es als **unbillig** abgesehen werden muss, einen zeitlich unbegrenzten Unterhaltsanspruch zuzubilligen.[249]

---

248 BGH FamRZ 1986, 886 – noch zu § 1578 Abs. 1 S. 2.
249 S. etwa OLG Hamm OLGR 2000, 274; OLG Naumburg OLGR 2002, 250; OLG Frankfurt OLGR 2003, 364, jeweils noch zu § 1573 Abs. 5.

III. Änderungen des Bürgerlichen Gesetzbuchs im Einzelnen

bb) Zeitliche Begrenzung: § 1578b Abs. 2

Nach § 1578b Abs. 2 ist der Unterhaltsanspruch des geschiedenen Ehegatten **zeitlich zu begrenzen**, wenn ein zeitlich unbegrenzter Unterhaltsanspruch auch unter **Wahrung** der **Belange** eines dem Berechtigten zur Pflege oder Erziehung anvertrauten gemeinschaftlichen **Kindes unbillig** wäre; Absatz 1 Sätze 2 und 3 gelten entsprechend.

cc) Kumulation Herabsetzung/zeitliche Begrenzung: § 1578b Abs. 3

Nach § 1578b Abs. 3 können Ansprüche auf nachehelichen Unterhalt sowohl **alternativ** bzw. **kumulativ**[250] herabgesetzt als auch zeitlich begrenzt werden („zeitlich gestufte Befristung"),[251] soweit ein **unbegrenzter Unterhaltsanspruch** unter **Berücksichtigung** der **Ehedauer** sowie der **Gestaltung** von **Haushaltsführung** und **Erwerbstätigkeit unbillig** wäre, regelmäßig jedoch nicht, wenn der Unterhaltsgläubiger ein gemeinschaftliches Kind überwiegend betreut hat oder betreut (§ 1578b Abs. 1).[252]

e) Maßstäbe zur Begrenzung des Unterhalts nach § 1578b[253]

Vielfache Maßstäbe sind im Rahmen der Frage nach der Begrenzung nachehelichen Unterhalts heranzuziehen.

aa) Grundlegender Maßstab: Gemeinsame Lebensführung

Das Maß der **Herabsetzung** (§ 1578b Abs. 1) des nachehelichen Unterhalts bestimmt sich grundsätzlich nach der **Lebenssituation** der **beiden Partner** in der **Ehe**, entscheidend geprägt durch ihren auf ein **gemeinsames Lebensziel** ausgerichteten **gemeinsamen Lebensplan**, also nach dem **Ausmaß** der **Verflechtung** der **beiderseitigen Lebenskreise** und nach dem **Grad** der **wechselseitigen wirtschaftlichen Abhängigkeit** des unterhaltsbedürftigen von dem anderen geschiede-

---

250 BGH FamRZ 2000, 1499 = FuR 2000, 475 mit Anm. Gottwald; 2000, 1502 = FuR 2001, 139; 2001, 905.
251 S. etwa OLG Düsseldorf FamRZ 1987, 945 – Begrenzung bei einer Ehedauer von ca. 13 Jahren: die 37-jährige Ehefrau hatte keine ehebedingten Nachteile erlitten und war wieder vollschichtig in ihrem erlernten Beruf tätig ist, wo sie die übliche Vergütung verdiente.
252 Vgl. hierzu näher Gerhardt FuR 1997, 249; Schwab FamRZ 1997, 521; Brudermüller FamRZ 1998, 649; Büttner FF 2002, 68 zur Beschränkung des nachehelichen Aufstockungsunterhalts bei langer Ehedauer und Kinderbetreuung.
253 Alle Zitate im Folgenden betreffen jeweils noch Rechtsprechung und Literatur zu den nicht mehr geltenden Begrenzungsnormen § 1573 Abs. 5 bzw. § 1578 Abs. 1 S. 2.

nen Ehegatten. Mit **zunehmender Dauer** der **Ehe verflechten** die **beiderseitigen Lebenspositionen** immer stärker miteinander, im allgemeinen zumeist verbunden mit **wachsender wirtschaftlicher Abhängigkeit** eines Ehegatten von dem anderen, gegenüber der er sich durch die unterhaltsrechtliche Solidarität abgesichert zu fühlen pflegt.[254]

Kommt nach diesem Maßstab überhaupt eine **Befristung** (§ 1578 Abs. 1) des nachehelichen Unterhalts in Betracht, dann ist grundsätzlich derjenige Zeitraum zu wählen, der erforderlich ist, damit sich der Unterhaltsgläubiger rechtzeitig wirtschaftlich und psychisch auf die neue Lebenssituation einstellen kann („**Schonfrist**").[255] **Maßstab** ist danach, welche Zeit er voraussichtlich benötigt, um sich wirtschaftlich und psychisch auf den Wegfall des Unterhalts einzustellen; notwendig ist daher eine Prognose, innerhalb welcher Zeit es dem Unterhaltsgläubiger voraussichtlich gelingen wird, einen angemessenen Arbeitsplatz zu finden. Für diese **Prognose** der **Umstellungsdauer** ist zunächst von Bedeutung, inwieweit und wie lange die Ehegatten ihren Lebenszuschnitt aufeinander und auf ein gemeinsames Lebensziel ausgerichtet hatten; **maßgebliche Kriterien** sind aber auch die Vermittelbarkeit auf dem Arbeitsmarkt, die Art der früher ausgeübten Tätigkeit, das Alter sowie die Dauer einer Ausbildung, die Dauer der Erwerbslosigkeit und auch die Lage auf dem Arbeitsmarkt. Die **Übergangsfrist** hängt **nicht schematisch** von der **Ehedauer** ab;[256] diese ist aber ein gesetzlich normierter Anhaltspunkt für den zeitlichen Rahmen der nachehelichen Solidarität. Die Praxis setzte bislang die verbleibende Rest-Unterhaltsdauer überwiegend mit einem **Zeitraum** an, der **deutlich unterhalb** der **Ehedauer** liegt.[257]

Blieb die Ehe **kinderlos**, dann wird regelmäßig eine **Befristung** des Unterhaltsanspruchs und **nicht** nur eine **Herabsetzung** des Unterhalts in Betracht kommen. Etwas **anderes** gilt lediglich dann, wenn eine **Ehe** von **langer Dauer** vorliegt, und wenn **erhebliche ehebedingte Nachteile** eingetreten sind. Als **Abwägungskriterium** können insbesondere die Gestaltung von Haushaltsführung und Erwerbstätigkeit und damit die Übernahme der sog. Hausfrau-/Hausmannrolle von Bedeutung

---

254 BGH FamRZ 1981, 140 [Nr. 98]; 1999, 710 = FuR 1999, 278; s. auch BVerfGE 80, 286, 293 mit Hinweis auf BGH FamRZ 1986, 886.
255 BGH FamRZ 1986, 886; OLG Düsseldorf FamRZ 1988, 838.
256 BGH FamRZ 1986, 889; 1996, 1272; OLG Hamm FamRZ 1998, 292.
257 Vgl. hierzu die Übersichten bei Eschenbruch Der Unterhaltsprozess 3. Aufl. Schaubild nach Rn 1435; im Übrigen Brudermüller FamRZ 1998, 649, 650; Gerhardt FamRZ 2000, 134, 136; s. auch OLG Hamm FamRZ 1998, 292 – maßgebend sei die tatsächliche Umstellungszeit (entschieden: drei Jahre bei einer 9-jährigen Ehe).

sein, wenn hierdurch eine ansonsten zu erwartende berufliche Entfaltung nicht möglich war.[258]

Beruht eine **Entscheidung**, die den **Unterhalt begrenzt**, auf einer nur **vorläufigen Prognose**, dann ist sie bei einer späteren Änderung der Tatsachen, auf denen die Prognose beruht, im Wege einer Klage korrigierbar. Es bleibt dem Unterhaltsgläubiger dann unbenommen, in einem späteren Verfahren nachzuweisen, dass sich die im vormaligen Verfahren getroffene Prognose als fehlerhaft erwiesen hat, etwa weil die Aufnahme einer bedarfsdeckenden Erwerbstätigkeit – trotz hinreichender Bemühungen – im Nachhinein doch nicht möglich gewesen ist.[259]

bb) Ersatzmaßstab: Höhe des angemessenen Lebensbedarfs

Bei der in **Absatz 1 Satz 1** geregelten **Herabsetzung** sieht das Gesetz ausdrücklich – wie bisher in § 1578 Abs. 1 S. 2 – einen **Ersatzmaßstab** in Höhe des **angemessenen Lebensbedarfs** vor.[260] Sowohl bei der Herabsetzung als auch bei der Befristung ist außerdem zu berücksichtigen, dass die Belange eines vom Unterhaltsgläubiger betreuten gemeinschaftlichen Kindes gewahrt bleiben (sog. **Kinderschutzklausel**). Schon aus diesem Grunde kommt eine über die immanente Begrenzung des § 1570 hinausgehende Beschränkung des Anspruchs auf Betreuungsunterhalt nur in seltenen Ausnahmefällen in Betracht. In jedem Fall schützt die Kinderschutzklausel davor, dass der Betreuungsunterhalt so weit abgesenkt wird, dass zwischen dem Lebensstandard des kinderbetreuenden Ehegatten und demjenigen der Kinder, die ungeschmälert Kindesunterhalt erhalten, ein erheblicher Niveauunterschied besteht. Insoweit sind bei § 1578b andere Wertungen erforderlich als im Rahmen des sehr viel strengeren § 1579 (grobe Unbilligkeit!).

cc) Maßstab für die Feststellung der Unbilligkeit

§ 1578b ist wie § 1579 als **Billigkeitsvorschrift** konzipiert. Dennoch grenzen sich beide Vorschriften klar voneinander ab: § 1579 knüpft an bestimmte, eingegrenzte Fallkonstellationen an und erfasst dabei neben Fällen, in denen die Unterhaltsleistung aus objektiven Gründen unzumutbar ist (§ 1579 Nr. 1, 2 und 8), vor allem Fälle, in denen dem Unterhaltsberechtigten ein Fehlverhalten gegen die eheliche Solidarität vorgeworfen werden muss (§ 1579 Nr. 3 bis 8). Dagegen erfordert § 1578b eine Billigkeitsabwägung anhand bestimmter, vom Gesetzgeber vorgegebener Kri-

---

258 BGH FamRZ 1986, 886.
259 Vgl. BGH FamRZ 1987, 572, 575; ferner BGH FamRZ 1985, 791, 792 – objektive „nachträgliche Sicht".
260 Vgl. Palandt/Brudermüller BGB 66. Aufl. § 1578 Rn 80.

terien. Bei diesen **Kriterien** handelt es sich allein um **objektive Umstände**, denen kein Unwerturteil oder eine subjektive Vorwerfbarkeit anhaftet. Im Rahmen der Abwägung des § 1578b findet also nicht etwa eine Aufarbeitung ehelichen Fehlverhaltens statt; Verstöße gegen die eheliche Solidarität wirken weiterhin allein nach § 1579 auf den nachehelichen Unterhalt ein.

dd) Wirtschaftliche Verflechtung

Ein wichtiges Kriterium im Rahmen der Gesamtabwägung aller Umstände des Einzelfalles sind die kinderbetreuungs- und/oder ehebedingten Nachteile, insbesondere infolge der Ehedauer sowie der eingetretenen **wirtschaftlichen Abhängigkeit** des Unterhaltsgläubigers vom Unterhaltsschuldner („**Verflechtung** der gemeinsamen Lebensführung"). Nach der Lebenserfahrung haben die Ehegatten mit fortschreitender Ehedauer wechselseitig ihre **Lebensführung** aufeinander eingestellt und sich in gegenseitiger Abhängigkeit entwickelt. Allerdings können die kinderbetreungs- bzw. ehebedingten Nachteile auch entfallen, etwa wenn der Unterhaltsgläubiger nach vorübergehender Beurlaubung wieder in sein früheres Beschäftigungsverhältnis ohne Einkommenseinbussen zurückkehren konnte. Nachteile, die infolge des eigenen Verhaltens des Unterhaltsgläubigers oder aus konjunkturbedingten Gründen während der Ehe eintreten, sind nicht ehebedingt.

ee) Ehedauer i.S.d. § 1578b

Streitig war schon immer, welcher **Zeitraum** als **angemessene Ehedauer** im Sinne von Begrenzungsnormen anzusehen war und ist. Grundsätzlich ist für eine zeitliche Begrenzung des Unterhaltsanspruchs nicht der formale Gesichtspunkt der Zeitdauer der Ehe ausschlaggebend, sondern es ist in jedem Einzelfall zu prüfen, ob und inwieweit die wirtschaftlichen und insbesondere die beruflichen Dispositionen der Eheleute miteinander verflochten und mithin ehebedingt sind, und ob im Hinblick auf die Dauer der Verpflichtung eine Unterhaltsgrenze geschaffen werden muss. Je weniger eine wirtschaftliche Verflechtung beider Ehepartner und das schützenswerte Bedürfnis eines Ehepartners nach Absicherung durch den Unterhalt festzustellen ist, desto weniger kommt der Ehedauer Gewicht zu.[261]

---

261 OLG Düsseldorf FamRZ 2006, 1040 = FuR 2006, 89.

III. Änderungen des Bürgerlichen Gesetzbuchs im Einzelnen

(1) Zeitraum nach der Rechtsprechung des Bundesgerichtshofes zu §§ 1573 Abs. 5, 1578 Abs. 1 S. 2

Der Bundesgerichtshof stellte für die **Bemessung der Dauer der Ehe** gem. §§ 1573 Abs. 5, 1578 Abs. 1 S. 2, 1579 Nr. 1 (ebenso wie bei § 1582) auf den **Zeitraum** zwischen **Eheschließung** und **Rechtshängigkeit** des Scheidungsantrages ab,[262] auch bei einem verfrühten Scheidungsantrag, nicht jedoch bei einem Prozesskostenhilfeantrag.[263] Auf die Zeit des **tatsächlichen Zusammenlebens** kommt es nicht maßgeblich an[264] (etwa – auch lange – Zeiten vorehelichen Zusammenlebens).[265] Die Trennungszeit darf, auch wenn sie lang war, von der so festgestellten Ehedauer nicht abgezogen werden.[266] Heiraten die Ehegatten einander erneut, wird die **Dauer der zweiten Ehe** weder um die Zeit der ersten Ehe noch um die Kinderbetreuung vor der zweiten Eheschließung verlängert. Alle diese Umstände können jedoch im Rahmen der **Billigkeitsabwägung** im Hinblick darauf berücksichtigt werden, dass die Ehegatten ihre **Lebensführung** bereits aufeinander eingestellt und in **wechselseitiger Abhängigkeit** auf ein **gemeinschaftliches Lebensziel** ausgerichtet haben,[267] insbesondere wenn der Unterhalt begehrende Ehegatte in diesen Zeiten gemeinsame Kinder betreut hat.

Mit Urteil vom 9.6.2004[268] hat der Bundesgerichtshof noch die Auffassung des Berufungsgerichts gebilligt, im konkreten Fall nachehelichen Unterhalt wegen langer Ehedauer weder nach § 1573 Abs. 5 noch nach § 1578 Abs. 1 S. 2 zu begrenzen. Auf Grund der Gleichstellung der Zeiten der Kindererziehung mit der Ehedauer gem. §§ 1573 Abs. 5 S. 2, 1578 Abs. 1 S. 3 habe die Ehe der Parteien insgesamt ca. 17 Jahre gedauert. Zwar widerspräche es dem Sinn und Zweck der gesetzlichen Regelung in § 1573 Abs. 5, den Billigkeitsgesichtspunkt der „Dauer der Ehe" im Sinne einer festen Zeitgrenze zu bestimmen, von der ab der Unterhaltsanspruch grundsätzlich keiner zeitlichen Begrenzung mehr zugänglich sein sollte. Andererseits sei nicht zu verkennen, dass sich eine Ehedauer von mehr als zehn Jahren dem Grenzbereich nähern dürfte, in dem – vorbehaltlich stets zu berücksichtigender besonderer Umstände des Einzelfalles – der Dauer der Ehe als Billigkeitskriterium im Rahmen von § 1573 Abs. 5 ein durchschlagendes Gewicht für eine dauer-

---

262 BGH FamRZ 1981, 140; 1986, 886; 1991, 307.
263 OLG Köln FamRZ 1985, 1046.
264 BGH FamRZ 1979, 569.
265 OLG Düsseldorf FamRZ 1992, 951.
266 BGH FamRZ 1991, 307.
267 BGH FamRZ 1995, 1405; OLG Hamm FamRZ 1989, 1091; OLG Düsseldorf FamRZ 1996, 1416.
268 FamRZ 2004, 1357 = FuR 2004, 548.

hafte Unterhalts-„Garantie" und gegen die Möglichkeit zeitlicher Begrenzung des Unterhalts zukommen werde.[269] Eine weiter zunehmende Ehedauer gewinne nach und nach ein Gewicht, das nur bei außergewöhnlichen Umständen eine zeitlichen Begrenzung zulasse.[270]

Mit Urteil vom 12.4.2006[271] hatte der Bundesgerichtshof erneut über die Befristung des Aufstockungsunterhalts gem. § 1573 Abs. 2 zu entscheiden: Beruhe die Einkommensdifferenz zwischen Ehegatten auf **fortwirkenden ehebedingten Nachteilen** zu Lasten des Unterhaltsgläubigers, dann komme eine zeitliche Befristung des Aufstockungsunterhalts gem. § 1573 Abs. 5 in der Regel auch bei kurzer Ehedauer nicht in Betracht. In anderen Fällen stehe die lange Ehedauer einer Befristung regelmäßig nur dann entgegen, wenn und soweit es für den bedürftigen Ehegatten – namentlich unter Berücksichtigung seines **Alters** im **Scheidungszeitpunkt** – unzumutbar sei, sich dauerhaft auf den niedrigeren Lebensstandard, der seinen eigenen beruflichen Möglichkeiten entspricht, einzurichten.

Mit Urteil vom 25.10.2006[272] hatte sich der Bundesgerichtshof erneut mit der Herabsetzung sowie zeitlichen Begrenzung eines Anspruchs auf Aufstockungsunterhalt befasst: Im Rahmen der Billigkeitsprüfung komme dem Gesichtspunkt wesentliche Bedeutung zu, ob die Klägerin erhebliche fortwirkende ehebedingte Nachteile in ihrer beruflichen Entwicklung zu tragen habe. Solche Nachteile rechtfertigen – allerdings nur in ihrem jeweiligen Umfang und vorbehaltlich der entsprechenden Leistungsfähigkeit des Unterhaltsschuldners – einen dauerhaften unterhaltsrechtlichen Ausgleich zugunsten des unterhaltsbedürftigen Ehegatten, auch wenn im Übrigen die Voraussetzungen einer Herabsetzung bzw. zeitlichen Begrenzung des Unterhalts auf den angemessenen Lebensbedarf vorlägen.

Mit der Herabsetzung sowie der zeitlichen Begrenzung eines Anspruchs auf Aufstockungsunterhalt hat sich der Bundesgerichtshof sodann erneut mit Urteil vom 28.2.2007[273] beschäftigt. Ein Anspruch auf Aufstockungsunterhalt könne zeitlich begrenzt werden, soweit insbesondere unter Berücksichtigung der Dauer der Ehe sowie der Gestaltung von Haushaltsführung und Erwerbstätigkeit ein zeitlich unbegrenzter Unterhaltsanspruch unbillig wäre.

---

269 BGH FamRZ 1990, 857, 859; 2004, 1357 = FuR 2004, 548.
270 BGH FamRZ 1991, 307, 310; vgl. auch Hahne FamRZ 1996, 305, 307.
271 FamRZ 2006, 1006 = FuR 2006, 374 mit Anm. Born FamRZ 2006, 1008.
272 FamRZ 2007, 200 = FuR 2007, 25.
273 BGHZ 171, 206 = FamRZ 2007, 793 [Berufungsurteil: OLG Hamm FamRZ 2005, 1177 = FuR 2005, 332] – im Anschluss an BGH FamRZ 2006, 1006, 1007 = FuR 2006, 374; 2007, 200, 203 = FuR 2007, 25.

III. Änderungen des Bürgerlichen Gesetzbuchs im Einzelnen

Mit Urteil vom 23.5.2007[274] hat der Bundesgerichtshof sodann darauf verwiesen, es dürfe nicht bei einer bestimmten Ehedauer „grundsätzlich" von einer zeitlichen Begrenzung des Aufstockungsunterhalts abgesehen werden: Das Gesetz lege keine bestimmte Ehedauer fest, von der ab eine zeitliche Begrenzung des Unterhaltsanspruchs nicht mehr in Betracht komme. Es widerspräche auch dem Sinn und Zweck des Gesetzes, den Billigkeitsgesichtspunkt „Dauer der Ehe" im Sinne einer festen Zeitgrenze zu bestimmen, von der ab der Unterhaltsanspruch grundsätzlich keiner zeitlichen Begrenzung mehr zugänglich sein könne; vielmehr stelle das Gesetz die Ehedauer als Billigkeitsgesichtspunkt gleichrangig neben die „Gestaltung von Haushaltsführung und Erwerbstätigkeit". Bei der Billigkeitsabwägung seien zudem die Arbeitsteilung der Ehegatten und die Ehedauer lediglich zu „berücksichtigen"; jeder einzelne Umstand lasse sich also nicht zwingend für oder gegen eine Befristung ins Feld führen. Zudem beanspruchten beide Aspekte, wie das Wort „insbesondere" verdeutliche, für die Billigkeitsprüfung keine Ausschließlichkeit.

In zwei Urteilen vom 26.9.2007[275] hat sich der Bundesgerichtshof erneut mit der Frage befasst, unter welchen Voraussetzungen ein Anspruch auf nachehelichen Aufstockungsunterhalt zeitlich befristet werden darf.

(2) Ehedauer und Kindererziehungszeiten

Im Gegensatz zu den vormaligen Begrenzungsnormen der § 1573 Abs. 5 und § 1578 Abs. 1 S. 2 verlängert das Gesetz nunmehr nicht mehr die „eigentliche" Ehedauer (Heirat/Rechtshängigkeit der Ehesache) um **denjenigen Zeitraum**, in welchem der Unterhaltsgläubiger wegen **Betreuung** eines **gemeinschaftlichen Kindes** gem. § 1570 Unterhalt verlangen konnte, sondern es hat nunmehr die **Wahrung** der **Kindesbelange** als **gesetzliches Prüfungskriterium** gestaltet. Demnach dürfen **Kindererziehungszeiten** nicht (mehr) schematisch der Dauer der Ehe hinzugerechnet, sondern nunmehr im Rahmen der Billigkeitsprüfung berücksichtigt werden.[276]

Eine **nicht** nur **vorübergehende Kinderbetreuung** manifestiert **grundsätzlich ehebedingte Nachteile.** Allerdings darf die Bewertung der Dauer der Kinder-

---

274 FamRZ 2007, 1232 unter Hinweis auf die Urteile BGH FamRZ 2006, 1006, 1007; 2007, 200, 203; 2007, 793.
275 XII ZR 11/05 und XII ZR 15/05 – im Anschluss an BGH FamRZ 2007, 200; 2007, 793; 2007, 1232.
276 BVerfG FamRZ 1992, 1283 zu § 1573 Abs. 5 und § 1578 Abs. 1 S. 2; Schlüter/Vennemann FuR 1990, 47.

betreuung nicht automatisch mit der Bewertung der tatsächlichen Ehedauer gleichgesetzt werden. Der Unterhaltsschuldner kann sich jedoch auf die Begrenzungsnorm des § 1578b **regelmäßig** dann nicht berufen, wenn der Unterhaltsgläubiger ein **gemeinschaftliches Kind** nicht nur vorübergehend allein oder überwiegend betreut oder betreut hat.

Da eine absolute Zeitschranke fehlt, kann allein wegen der gesetzlichen Betreuungsnotwendigkeit von Kindern – die erfahrungsgemäß in aller Regel einen Zeitraum von der Geburt bis zum 14./15. Lebensjahr eines Kindes in Anspruch nimmt[277] – noch nicht von vornherein auf den Ausschluss einer Befristung oder Begrenzung des nachehelichen Unterhalts geschlossen werden. Bis zum 31.12.2007 war der Gesetzgeber für derartige Fälle davon ausgegangen, dass Kinderbetreuung im Regelfall zeitlich unbegrenzten Unterhalt auslöst, so dass bei Kinderbetreuung nur in **ganz engen Ausnahmefällen** eine **Begrenzung** des **Unterhalts** in Betracht komme, etwa wenn die Ehe von kurzer Dauer war, der Unterhaltsgläubiger durch die Kinderbetreuung keine beruflichen Nachteile oder nur kurzfristige Einkommenseinbussen erlitten hat,[278] bei Betreuung entgegen einer gerichtlichen Sorgerechtsregelung, bei Verwahrlosenlassen des Kindes oder bei nur ganz kurzfristiger Betreuung.[279]

Nunmehr sind aufgrund des **UÄndG 2008** auch **Begrenzungen** nach dem **Ende** der **Kinderbetreuung** gerechtfertigt: Die Dauer der Kinderbetreuung steht einer Herabsetzung des Bedarfs und einer Befristung des Unterhalts nicht grundsätzlich entgegen.[280] Insbesondere wird künftig – insbesondere nach der sog. Surrogats-Rechtsprechung des Bundesgerichtshofes[281] zur stark eingeschränkten Anwendbarkeit der sog. Anrechnungsmethode – der Aufstockungsunterhalt (§ 1573 Abs. 2) auch innerhalb eines angemessenen Zeitraums nach dem Ende der Kinderbetreuung unter – unter nunmehr erleichterten Voraussetzungen – zu begrenzen und/oder zu befristen sein.[282] Allerdings ist auch insoweit eine **formale Anknüpfung** an die **Ehedauer nicht zulässig**; auch kann nicht pauschal gesagt werden, dass der Unterhaltsgläubiger, der während der Trennungszeit keinen Aufstockungsunterhalt geltend gemacht hat, keiner Schonfrist mehr bedarf. Sofern das Einkommen der Parteien nicht ausreicht, um Aufstockungsunterhalt nach § 1573 Abs. 2 zu decken,

---

277 Hahne FamRZ 1996, 305, 307 – bis zum 16. Lebensjahr.
278 BGH FamRZ 1990, 492; 1993, 789; Gerhardt/Gutdeutsch FuR 1999, 241.
279 Vgl. dazu ausführlich Brudermüller FamRZ 1998, 649, 652.
280 OLG Düsseldorf FamRZ 1996, 1416; OLG Frankfurt FamRZ 1999, 97; zust. Gerhardt FamRZ 2000, 134, 136.
281 BGHZ 148, 105 = FamRZ 2001, 986 = FuR 2001, 306.
282 OLG Düsseldorf FamRZ 1988, 838.

und eine Kausalität zwischen Kindesbetreuung und Unterhaltsbedürftigkeit nicht ersichtlich ist, wird regelmäßig eine Unterhaltsbegrenzung bzw. -befristung nach § 1578b anzunehmen sein. Auch die „Schonfrist" wird bei einem Anspruch auf Aufstockungsunterhalt regelmäßig kürzer zu bemessen sein und eher in Betracht kommen als bei einem der sog. primären Unterhaltstatbestände (§§ 1570, 1571, 1572).

(3) Bemessung der Ehedauer

Das Gesetz hat **keine starre Zeitgrenze** normiert, von der ab der Unterhaltsanspruch nicht mehr zeitlich begrenzt werden dürfte; es kommt vielmehr auf eine **Gesamtabwägung aller Umstände** des Einzelfalles an.

Bei Ehen von kürzerer Dauer ist vor allem die **Gestaltung** der **Haushaltsführung** und **Erwerbstätigkeit** zu berücksichtigen und zu prüfen, ob der Unterhaltsgläubiger eigene Berufs- und Erwerbsaussichten zurückgestellt hat, um durch alleinige Haushaltsführung dem Ehepartner die volle berufliche Entfaltung zu ermöglichen.[283] Trotz einer Ehedauer von wenigen Jahren kann gegen eine Begrenzung des Unterhalts sprechen, wenn der berechtigte Ehegatte eigene Berufs- und Erwerbsaussichten zurückgestellt hat, um durch die Übernahme der Haushaltsführung dem anderen Ehegatten die berufliche Entfaltung zu ermöglichen („**Aufopferungsgedanke**").[284]

Der Bundesgerichtshof[285] hat für den Anwendungsbereich der vormaligen Begrenzungsnormen der §§ 1573 Abs. 5, 1578 Abs. 1 S. 2 sowohl eine absolute Zeitschranke also auch die formale Anknüpfung an die tatsächliche Ehedauer[286] ausdrücklich abgelehnt: Es komme jeweils auf den jeweiligen **Einzelfall** an. Er hat es zunächst auch bei einer Ehedauer von knapp drei Jahren für nicht ausgeschlossen gehalten, wegen sonstiger Umstände von einer zeitlichen Begrenzung abzusehen,[287] geht allerdings auch davon aus, dass sich eine Ehedauer von **mehr** als **10 Jahren** einem Grenzbereich nähern dürfte, in dem – vorbehaltlich stets zu berücksichtigender besonderer Umstände des Einzelfalles – der Dauer der Ehe als Billigkeitskriterium ein durchschlagendes Gewicht gemäß einer dauerhaften Unterhalts-

---

283 S. etwa BGH FamRZ 1986, 886.
284 BGH FamRZ 1986, 886.
285 BGH FamRZ 1989, 483; 1990, 857.
286 BGH FamRZ 1986, 886.
287 BGH FamRZ 1986, 886.

garantie und gegen die Möglichkeit zeitlicher Begrenzung des Unterhalts zukommen wird.[288]

Bei einer Ehedauer von **28 Jahren** könne eine zeitliche Begrenzung nur noch bei Vorliegen außergewöhnlicher Umstände in Betracht kommen, selbst wenn die Parteien mehr als 20 Jahre (!) getrennt gelebt haben, jedenfalls wenn sich unter Berücksichtigung der Kindererziehung eine Ehedauer (= Zeit des Zusammenlebens der Ehepartner + anschließende Alleinerziehungszeiten des Unterhaltsgläubigers) von mehr als 20 Jahren ergibt, unter Billigkeitsgesichtspunkten grundsätzlich eine dauerhafte „Garantie" des eheangemessenen Unterhalts für den berechtigten Ehegatten geboten erscheint, und eine zeitliche Begrenzung des Unterhalts, wenn überhaupt, „nur unter außergewöhnlichen Umständen" in Betracht gezogen werden kann.[289] Dies gelte erst recht bei einer Ehedauer von **mehr** als **30 Jahren**; eine Begrenzung wird hier nicht mehr in Betracht kommen:[290]

> „Jedoch liegt angesichts des Alters der Ehefrau 60 Jahre und der langen Ehedauer von 36 Jahren, in denen sie keiner Erwerbstätigkeit nachgegangen ist, sondern den Haushalt geführt und sieben Kinder erzogen hat, die Annahme einer zeitlichen Begrenzung von vornherein so fern, dass dem Oberlandesgericht kein Rechtsfehler vorzuwerfen ist, wenn es die zeitliche Begrenzungsmöglichkeit nicht ausdrücklich verneint hat."[291]

Nach ständiger Rechtsprechung des Bundesgerichtshofes[292] (noch zu §§ 1573 Abs. 5, 1578 Abs. 1 S. 2) widerspreche es dem Sinn und Zweck des Gesetzes, den Billigkeitsgesichtspunkt „Dauer der Ehe" im Sinne einer festen Zeitgrenze zu bestimmen, von der ab der Unterhaltsanspruch grundsätzlich keiner zeitlichen Begrenzung mehr zugänglich sein kann; vielmehr stelle das Gesetz die Ehedauer als Billigkeitsgesichtspunkt gleichrangig neben die „Gestaltung von Haushaltsführung und Erwerbstätigkeit". Bei der Billigkeitsabwägung seien zudem die Arbeitsteilung der Ehegatten und die Ehedauer lediglich zu „berücksichtigen"; jeder einzelne Umstand lasse sich also nicht zwingend für oder gegen eine Befristung ins Feld führen. Zudem beanspruchten beide Aspekte für die Billigkeitsprüfung keine Ausschließlichkeit. Das **UÄndG 2008** gibt nunmehr im Zusammenhang mit der Rangfolge in § 1609 (auch) Auslegungshilfen für den Begriff „Ehe von langer Dauer".

---

288 BGH FamRZ 1990, 857.
289 BGH FamRZ 1991, 307.
290 BGH FamRZ 1987, 691; 1991, 307; 1994, 228.
291 BGH FamRZ 1994, 228 trotz 13-jähriger Trennung, unter Hinweis auf BGH FamRZ 1991, 307.
292 BGH FamRZ 2006, 1006, 1007; 2007, 200, 203; 2007, 793, 799 f.; 2007, 1232, 1236, und Urteile vom 26.9.2007 – XII ZR 11/05 und XII ZR 15/05.

III. Änderungen des Bürgerlichen Gesetzbuchs im Einzelnen

f) Billigkeitsprüfung

Da das Gesetz in § 1578b neben der Prüfung der **gesetzlichen Kriterien** „**Ehedauer**" und „**Gestaltung der Haushaltsführung und Erwerbstätigkeit**" sowie „**Kinderbetreuung**" immer eine **Billigkeitsabwägung** unter Berücksichtigung aller **Umstände** des **jeweiligen Einzelfalles** verlangt, sind auch **weitere Abwägungskriterien** von Bedeutung, nicht jedoch die Rechtsfolgen eines **Fehlverhaltens** des Unterhaltsgläubigers, weil diese in § 1579 abschließend geregelt sind.[293]

Je mehr die **Bedürftigkeit** auf eine ehelich bedingte wachsende wirtschaftliche Abhängigkeit des Unterhaltsgläubigers vom Unterhaltsschuldner und (damit) auf **ehebedingte Umstände** zurückzuführen ist, desto weniger wird eine Begrenzung des Unterhalts in Betracht kommen.[294] Das **Arbeitsplatzrisiko** gehört nur dann zu den ehebedingten Risiken, wenn es sich gerade aus der Gestaltung der ehelichen Lebensverhältnisse ergibt.[295] Eine Herabstufung des Bedarfs kommt daher insbesondere dann in Betracht, wenn die Ehegatten im **vorgerückten Alter** eine sog. Versorgungsehe geschlossen haben.[296] Ein maßgeblicher Anhaltspunkt für die **Billigkeitsprüfung** ist insbesondere die Belastung des Unterhaltsschuldners im Verhältnis zwischen dem ihm verbleibenden Einkommen (ohne Rücksicht auf nachrangige Unterhaltspflichten) und dem Gesamteinkommen des Unterhaltsgläubigers, insbesondere die Höhe des nach den ehelichen Lebensverhältnissen bemessenen Unterhalts im Verhältnis zu den dem Unterhaltsschuldner verbleibenden Mitteln.[297] Nicht von Bedeutung, weil nicht ehebedingt, sind indessen **Einkommensunterschiede**, die auf **unterschiedlicher vorehelicher beruflicher Entwicklung** beruhen.[298] **Weitere Billigkeitskriterien** sind etwa: Erschwerte Eingliederung in das Arbeitsleben in vorgerücktem Alter, überobligatorischer Einsatz zugunsten des Unterhaltsschuldners während der Ehe, reduzierter Gesundheitszustand, Vermögensverwertung während der Ehe,[299] Betreuung eines Pflegekindes und Mitarbeit im Erwerbsgeschäft/Unternehmen des Unterhaltsschuldners.

Der **Verlust eines Unterhaltsanspruchs** aus einer **vorangegangenen Ehe** infolge der neuen Eheschließung ist ein gewichtiges Kriterium, wenn der Unterhaltsgläu-

---

293 BGH FamRZ 1986, 886; 1987, 572; 1989, 483; FamRZ 1990, 492 = FuR 1990, 168; Gerhardt FuR 1997, 249.
294 BGH FamRZ 1986, 886; 1990, 857; OLG Düsseldorf FamRZ 1992, 952.
295 OLG Köln NJW-RR 1995, 1157.
296 Vgl. auch OLG Düsseldorf FamRZ 1992, 1188; OLG Köln FamRZ 1993, 565.
297 BGH FamRZ 1988, 817.
298 KG FamRZ 1992, 948 – Begrenzung bei 5 1/2-jähriger Ehedauer.
299 Hierzu BGH FamRZ 1986, 886.

biger wegen der neuen Ehe auf einen sicheren Unterhaltsanspruch gegen den früheren Ehegatten verzichtet hat.[300] Nachteile aus einer früheren Ehe dürfen allerdings dann nicht berücksichtigt werden, wenn und soweit ein solcher Anspruch im Zeitpunkt der Scheidung mangels Leistungsfähigkeit des Verpflichteten keinen Wert mehr besitzt.[301]

g) Kombination beider Begrenzungsmöglichkeiten (§ 1578b Abs. 3)

Da ein abrupter Wechsel des Lebensstandards oft nicht angemessen sein dürfte, und **beide Begrenzungsmöglichkeiten** (Herabsetzung und Befristung) im Falle eines Unterhaltsanspruchs nach § 1578b auch **kombiniert** werden dürfen (§ 1578b Abs. 3), bietet sich zumeist – je nach Sachlage – eine **abgestufte Lösung** (zunächst Ermäßigung, dann Fortfall des Unterhalts) an. Regelmäßig ist der Unterhalt zunächst auf den angemessenen Bedarf herabzusetzen (§ 1578b Abs. 1), sodann nach Ablauf eines angemessenen Zeitraums zu begrenzen (§ 1578b Abs. 2).[302]

aa) Minderung des Unterhalts nach Ablauf einer Schonfrist

Zunächst ist während einer Übergangsphase der volle Unterhalt nach den ehelichen Lebensverhältnissen zu gewähren. Wenn sodann eine unbefristete Beteiligung des geschiedenen Ehegatten an den Einkommenssteigerungen aufseiten des Unterhaltsschuldners, auch wenn sie zum Zeitpunkt der Scheidung absehbar waren, nicht angemessen wäre,[303] soll nach einer **Schonfrist** der Unterhalt in Höhe einer sachlich nicht mehr gerechtfertigten fortgesetzten Teilhabe am ehelichen Lebensstandard entfallen, der Unterhaltsgläubiger aber auch nicht schlechter stehen, als er ohne die Ehe gestanden hätte. Zugunsten des Unterhaltsgläubigers kann – etwa für die **Bemessung** der **Übergangsfrist** – berücksichtigt werden, dass er seine (Teil-)Erwerbstätigkeit trotz Übernahme der mit der Kinderbetreuung verbundenen zusätzlichen Belastungen aufrecht erhalten hat. Die Bemessung der Schonfrist darf **nicht schematisch** an der **Ehedauer** orientiert werden, sondern es kommt entscheidend auf den Zeitraum an, der dem Unterhaltsgläubiger zur Umstellung seiner Lebensverhältnisse zuzubilligen ist.[304]

---

300 A.A. OLG Düsseldorf FamRZ 1987, 1254 – dies sei generell nicht zu berücksichtigen; s. auch OLG Hamm FamRZ 1986, 908.
301 BGH FamRZ 1989, 483; a.A. Brudermüller FamRZ 1998, 649.
302 Vgl. OLG Hamm FamRZ 1986, 908; OLG Celle FamRZ 1987, 69; OLG Düsseldorf FamRZ 1987, 945; OLG Karlsruhe FamRZ 1989, 511.
303 BGH FamRZ 1987, 459.
304 BGH FamRZ 1986, 886.

bb) Umfang der betragsmäßigen Reduzierung

Die **Absenkung** des Unterhalts auf den sog. **angemessenen Lebensbedarf** nach § **1578b** führt zu einer Reduzierung des Unterhalts auf einen **Betrag unterhalb** des **Quoten-** und **Billigkeitsunterhalts** nach §§ 1578 Abs. 1 S. 1, 1581. Der angemessene Bedarf i.S.d. § 1578 Abs. 1 S. 2 ist somit nicht mit dem **eheangemessenen Bedarf** gleichzusetzen, sondern er wird vielmehr deutlich unterhalb, aber auch oberhalb des Existenzminimums (des notwendigen Unterhalts)[305] angesiedelt, wobei als **Anknüpfungspunkt** die **Lebensstellung** des Unterhaltsgläubigers **vor** der **Ehe** (**vorehelicher Lebensstandard**) oder die **Lebensstellung**, die der Unterhaltsgläubiger **ohne** die **Ehe** gehabt hätte, dienen kann.[306] War der Unterhaltsgläubiger vor der Ehe nicht erwerbstätig, kann auf den angemessenen Lebensbedarf i.S.d. § 1603 Abs. 1 abzustellen sein. Eine Absenkung unter den angemessenen Selbstbehalt ist regelmäßig nicht vertretbar, auch wenn der voreheliche Lebensstandard niedriger war.[307] Da wenigstens der Mindestbedarf gewährleistet sein muss,[308] wirkt sich § 1578b in **Mangelfällen** nicht aus; daher wird eine Herabsetzung nach § 1578b bei sehr einfachen Verhältnissen zunächst ausscheiden, wenn das Existenzminimum im Sinne eines Betrages zwischen dem notwendigen und dem angemessenen Bedarf gefährdet wäre.[309]

Der Tatrichter hat regelmäßig eine **gerechte Zahl zwischen** dem **vollen** und dem **notwendigen Unterhalt** zu suchen.[310] Bereits in den Beratungen des Rechtsausschusses[311] zum UÄndG 1986 wurde darauf verwiesen, die Formulierung „und danach auf den angemessenen Lebensbedarf abgestellt werden" i.S.d. § 1578 Abs. 1 S. 2 solle eine Leitlinie für die Bestimmung eines Ersatzmaßstabs bieten, zugleich aber die Nachteile eines festen Ersatzmaßstabs vermeiden; dadurch solle es den Gerichten ermöglicht werden, die dem Einzelfall gerecht werdende Bemessungsgrundlage auszuwählen. Mit der Verwendung der Worte „angemessener Lebensbedarf" wird darauf hingewiesen, dass der Unterhaltsgläubiger auch nach der zeitlichen Begrenzung mehr als das Existenzminimum (den notwendigen Unterhalt)

---

305 OLG Düsseldorf FamRZ 1992, 951; OLG Stuttgart FamRZ 2003, 1111.
306 BGH FamRZ 1986, 886; 1989, 483; OLG Hamm FamRZ 1998, 295; OLG Hamburg FamRZ 1998, 294 – der angemessene Eigenbedarf gegenüber einem volljährigen Kind (1.800 DM) sollte gedeckt sein.
307 BGH FamRZ 1989, 483.
308 OLG Düsseldorf OLGR 1992, 942; OLG Hamm FamRZ 1998, 292; OLG Bamberg FamRZ 2000, 232.
309 OLG Hamm FamRZ 1998, 292 – 9 Jahre dauernde kinderlose Ehe, Erkrankung ohne Einfluss auf die berufliche Entwicklung.
310 S. hierzu näher Brudermüller FamRZ 1998, 649, 658.
311 BT-Dr. 10/4514 S. 22.

beanspruchen kann. In vielen Fällen wird sich die Lebensstellung des Unterhaltsgläubigers vor der Ehe oder die Lebensstellung, die er ohne die Ehe hätte, als Anknüpfungspunkt anbieten. Damit ist ein Ausgleich ehebedingter Nachteile des Berechtigten gewährt. Hatte der Unterhaltsgläubiger vor der Eheschließung keine geregelten Einkünfte, dann ist der angemessene Bedarf i.S.v. § 1578 Abs. 1 S. 2 mit dem angemessenen Selbstbehalt anzunehmen; er wird erhöht um konkrete geltend gemachte Kosten einer Kranken- und Altersvorsorge.[312]

h) Darlegungs- und Beweislast

Jede Partei ist nach allgemeinen zivilprozessualen Grundsätzen für die ihr günstig erscheinenden Tatsachen **darlegungs-** und **beweispflichtig**. Sie darf – ebenfalls nach allgemeinen zivilprozessualen Grundsätzen – die Behauptungen des darlegungspflichtigen Prozessgegners über Umstände, die allein in ihrem Wahrnehmungsbereich liegen, nicht nur bestreiten, sondern sie muss dem Vorbringen des Gegners **positive Angaben** entgegensetzen, wenn sie den Eintritt der Geständnisfiktion nach § 138 Abs. 3 ZPO zu ihren Lasten vermeiden will.[313]

Die **Darlegungs-** und **Beweislast** für diejenigen Tatsachen, die für die Anwendung des § 1578b, also eine **Begrenzung** des **nachehelichen Unterhalts**, sprechen, trägt allgemeinen Grundsätzen zufolge – da es sich bei diesen Normen um Ausnahmebestimmungen handelt – grundsätzlich der **Unterhaltsschuldner**;[314] er hat auch diejenigen Umstände darzulegen und zu beweisen, die für eine kurze Übergangsfrist sprechen. Seine Beweisführung wird aber dadurch erleichtert, dass der Unterhaltsgläubiger seinerseits Umstände vorbringen und gegebenenfalls beweisen muss, die für seine Bedürftigkeit ursächlich sind, so etwa, dass er trotz ausreichender Bemühungen keine angemessene Erwerbstätigkeit zu finden vermag.

Hat der **Unterhaltsschuldner hinreichend konkret** Tatsachen vorgetragen, die für eine Begrenzung des Unterhalts von Bedeutung sind, muss sich der **Unterhaltsgläubiger substantiiert** erklären: Es ist seine Sache, Umstände darzulegen und im Falle des Bestreitens zu beweisen, die im Rahmen der zu treffenden Billigkeitsentscheidung **gegen** eine **zeitliche Begrenzung** oder für eine längere „Schonfrist" sprechen,[315] oder aber für einen geringeren Eingriff (nur Begrenzung auf den an-

---

312 OLG München FuR 2003, 326 – 1.000 EUR.
313 BGHZ 98, 353 = FamRZ 1987, 259 – die Geständnisfiktion trete aber nicht schon dann ein, wenn der gegnerische Vortrag nicht glaubwürdig ist.
314 BGH FamRZ 1986, 886; vgl. auch Christl FamRZ 1986, 627, und 1987, 981 zum damaligen Prozessrisiko bei zeitlicher Begrenzung.
315 BGH FamRZ 1990, 857.

gemessenen Bedarf statt zeitliche Begrenzung); nacheheliche Solidarität wird im Regelfall nicht ohne Weiteres zeitlich unbegrenzt geschuldet (§ 1569).[316]

i) Präklusion (§ 323 Abs. 2 ZPO)

Aus Gründen der Rechtssicherheit darf die Rechtskraft von Urteilen nur in seltenen Ausnahmefällen durchbrochen werden.[317] § 323 Abs. 2 ZPO normiert – als prozessualen Anwendungsfall der clausula rebus sic stantibus[318] – eine dieser Ausnahmen für Dauerschuldverhältnisse: Nach einer *Verurteilung* zu künftig fällig werdenden wiederkehrenden Leistungen[319] kann wegen einer nachträglich eingetretenen Veränderung der Verhältnisse auf Abänderung des Titels geklagt werden[320] (§ 323 Abs. 2 ZPO gilt daher nicht für sonstige Titel).[321] Aus dieser Zielsetzung der Norm ergeben sich auch die Grenzen für den Einbruch in die Rechtskraft, den die Abänderungsklage zu bewirken vermag. Daher sind – insbesondere zur Absicherung der Rechtskraft unanfechtbar gewordener Entscheidungen – auch innerhalb des § 323 ZPO zeitliche Schranken für die Berücksichtigung von Abänderungsgründen errichtet: In § 323 Abs. 2 ZPO für die **Berücksichtigung klagebegründender Tatsachen (Präklusionswirkung)**, und in § 323 Abs. 3 ZPO ergänzend für die Rechtsfolgen an sich berücksichtigungsfähiger Umstände:[322] Es bedarf der Möglichkeit einer Abänderung nicht, wenn die veränderten Verhältnisse schon im Ausgangsprozess zur Geltung gebracht werden konnten (sog. **Zeitschranke**).[323]

j) Notwendigkeit der Abänderungswiderklage

Begehrt der Abänderungsbeklagte nicht nur Klageabweisung, sondern selbst Abänderung des Ausgangsurteils, dann darf er nicht zwischen Widerklage und einem weiteren Abänderungsverfahren wählen, sondern er **muss** Widerklage erheben,

---

316 OLG Naumburg FF 2002, 67 mit Anm. Büttner.
317 Grundlegend zu § 323 Abs. 2 ZPO s. BGHZ 80, 389, 397; 96, 205 mit Anm. Hoppenz FamRZ 1986, 226 ff.; Marl JA 1986, 334; Eckert MDR 1986, 542.
318 So schon BGHZ 34, 110, 115 ff.
319 Gleichlautend auch ein klageabweisendes Urteil im Rahmen einer gegen eine einstweilige Anordnung gerichteten negativen Feststellungsklage: s. OLG Hamm FamRZ 2000, 544.
320 Zur Darlegungs- und Beweislast des Unterhaltsgläubigers bei Wechsel der Anspruchsgrundlage im Abänderungsprozess s. OLG Köln NJW-RR 2001, 1371.
321 OLG Karlsruhe Kind-Prax 2000, 161; OLG Köln FamRZ 2000, 905 = FuR 2000, 365; OLG Schleswig FuR 2001, 570.
322 S. BGHZ 85, 64.
323 BGHZ 34, 110, 115 ff.; BGH FamRZ 2000, 1499 = FuR 2000, 475; 2001, 905.

wenn er nicht mit denjenigen Umständen, auf die er sich beruft, präkludiert sein will (ein „Vorbehalt" allein genügt nicht).

aa) Notwendigkeit eines einheitlichen Verfahrens

Hat es der Gegner des **früheren**, auf Unterhaltserhöhung gerichteten **Abänderungsprozesses** versäumt, die bereits bestehenden, für eine Herabsetzung nach § 1578b sprechenden Gründe geltend zu machen, kann er auf diese Gründe keine neue Abänderungsklage stützen: § 323 Abs. 2 ZPO stellt sicher, dass nicht gesonderte Abänderungsverfahren für Erhöhungs- und Herabsetzungsverlangen verfügbar sind, sondern dass der Einfluss veränderter Umstände auf den titulierten Unterhaltsanspruch in einem **einheitlichen Verfahren** nach beiden Seiten hin geklärt wird.[324] Bei aufeinanderfolgenden Abänderungsverfahren mit entgegen gesetzter Zielrichtung wird dadurch vermieden, dass in jedem Prozess eine andere Zeitschranke für die Berücksichtigung von Tatsachen gilt, und dass es zu einer Verdoppelung von Prozessen über den gleichen Lebenssachverhalt mit der damit verbundenen Gefahr einander widersprechender Entscheidungen kommt.[325]

bb) BGH FamRZ 2004, 1357 = FuR 2004, 548

Mit Urteil vom 9.6.2004[326] hat der Bundesgerichtshof im Anschluss an sein Urteil vom 5.9.2001[327] im Rahmen der Abänderung eines Prozessvergleichs über einen nach § 1581 herabgesetzten nachehelichen Unterhalt nach Änderung der höchstrichterlichen Rechtsprechung zur Anrechnungsmethode sowie – im Anschluss an sein Urteil vom 5.5.2004[328] – zur Bindungswirkung an eine – nicht vorgenommene – zeitliche Begrenzung oder Herabsetzung des Anspruchs auf Billigkeitsunterhalt entschieden.

Nach § 323 Abs. 2 ZPO sei eine Abänderungsklage nur insoweit zulässig, als behauptet wird, dass die Gründe, auf die sie gestützt wird, erst nach dem Schluss der mündlichen Verhandlung, in der eine Erweiterung des Klageantrages oder die Geltendmachung von Einwendungen spätestens hätte erfolgen müssen, entstanden seien. Konnte deswegen eine zeitliche Begrenzung des Ehegattenunterhalts bzw. seiner Bemessung nach den ehelichen Lebensverhältnissen bereits zum Zeitpunkt der

---

324 BGH FamRZ 2000, 1499 = FuR 2000, 475 im Anschluss an BGHZ 80, 389.
325 BGHZ 136, 374, 377 = FamRZ 1998, 99 mit Anm. Klein FuR 1998, 6; BGH FamRZ 2000, 1499 = FuR 2000, 475.
326 FamRZ 2004, 1357 = FuR 2004, 548.
327 BGHZ 148, 368 = FamRZ 2001, 1687 = FuR 2001, 494.
328 FamRZ 2004, 1173 = FuR 2004, 500.

letzten mündlichen Verhandlung des Ausgangsverfahrens vorgetragen und geltend gemacht werden, sei eine Abänderungsklage mit dem Ziel einer zeitlichen Unterhaltsbegrenzung bei gleichgebliebenen Verhältnissen wegen § 323 Abs. 2 ZPO unzulässig. Die Entscheidung, einen Unterhaltsanspruch von einem bestimmten Zeitpunkt an aus Billigkeitsgründen zu begrenzen, setze dabei nicht voraus, dass dieser Zustand bereits erreicht ist: Soweit die betreffenden Gründe schon im Ausgangsverfahren entstanden oder jedenfalls **zuverlässig vorauszusehen** waren, mussten sie auch im Ausgangsverfahren berücksichtigt werden. Die Entscheidung über eine Unterhaltsbegrenzung könne dann wegen § 323 Abs. 2 ZPO grundsätzlich nicht im Rahmen einer Abänderungsklage nachgeholt werden.[329]

In dieser Entscheidung[330] hat der Bundesgerichtshof noch ausgeführt, <u>allein</u> seine geänderte Surrogats-Rechtsprechung führe insoweit nicht zu einem Wegfall der Geschäftsgrundlage, wenn die zugrunde liegenden Tatsachen bereits im Zeitpunkt des abzuändernden Vergleichs bekannt waren. Diese Rechtsprechung hat der Bundesgerichtshof sodann mit Urteil vom 28.2.2007[331] aufgegeben:

„Die neuere Rechtsprechung des Senats zur Bewertung der Kindererziehung und Haushaltsführung während der Ehe wirkt sich deswegen unmittelbar auf die Höhe des geschuldeten Unterhalts und damit zugleich auf die Umstände aus, die der Gesamtwürdigung im Rahmen der Befristung des Aufstockungsunterhalts zugrunde zu legen sind. Auch insoweit kommt die neuere Rechtsprechung des Senats deswegen einer wesentlichen Änderung der den früheren Unterhaltstiteln zugrunde liegenden Verhältnisse gleich (vgl. insoweit BGHZ 153, 372, 383 f.), die einer Präklusion entgegen steht. Soweit der Senat dies nach der Änderung seiner Rechtsprechung zur Anrechnungs- und Differenzmethode zunächst abweichend beurteilt hat (Senatsurteil FamRZ 2004, 1357, 1359 f. = FuR 2004, 548), hält er daran nicht mehr fest."

Rechtsanwältinnen/Rechtsanwälte haben darauf zu achten, dass in der familienrechtlichen Praxis ab 1.1.2008 folgende **Fallkonstellationen** große Bedeutung erlangen werden:

- Der **Unterhaltsgläubiger** hat bislang keinen Gebrauch davon gemacht, seinen noch aufgrund der Geltung der **Anrechnungsmethode** ergangenen Unterhaltstitel der Änderung der Rechtsprechung des Bundesgerichtshofes nach den sog. **Surrogationsformen** anzupassen <u>und</u>
- der **Unterhaltsschuldner** konfrontiert ihn jetzt mit einem Begehren nach **Begrenzung** des **nachehelichen Unterhalts**.

---

329 FamRZ 2004, 1357 = FuR 2004, 548 im Anschluss an BGH FamRZ 2001, 905.
330 BGH FamRZ 2004, 1357 = FuR 2004, 548.
331 BGHZ 171, 206 = FamRZ 2007, 793 = FuR 2007, 276.

III. Änderungen des Bürgerlichen Gesetzbuchs im Einzelnen

Aus haftungsrechtlichen Gründen sind folgende Hinweise der beratenden Rechtsanwältinnen/Rechtsanwälte an die Mandantinnen/Mandanten veranlasst:

- Der mit einem Abänderungsbegehren des Unterhaltsschuldners nach § 1578b konfrontierte Unterhaltsgläubiger sollte zur Verbesserung seiner rechtlichen Position bereits im ersten Abänderungsprozess (sonst: § 323 Abs. 2 ZPO!) an eine Widerklage auf Anpassung des Unterhalts an die sog. Surrogats-Rechtsprechung des Bundesgerichtshofes[332] denken, sofern eine Abänderung nicht per se aus Gründen des Vertrauensschutzes ausscheidet,[333] da er ansonsten in einem späteren Abänderungsprozess mit seinem Abänderungsbegehren präkludiert ist und

- der Unterhaltsschuldner, der eine auf Begrenzung des nachehelichen Unterhalts (§ 1578b) gerichtete Abänderungsklage erheben möchte, muss darüber informiert werden, dass er mit einer Widerklage, gerichtet auf Anpassung des aufgrund der Anrechnungsmethode bemessenen nachehelichen Unterhalts an die sog. Surrogats-Rechtsprechung des Bundesgerichtshofes und damit mit einer Verschlechterung seiner derzeitigen Unterhaltslast rechnen muss, sofern eine solche Abänderung nicht per se aus Gründen des Vertrauensschutzes ausscheidet.

k) Vorausschau

Nach dem Wortlaut des Gesetzes ist der Abänderungskläger nur mit denjenigen Umständen präkludiert, die **nach** dem **Schluss** der **mündlichen Verhandlung entstanden** sind. Für die Ausschlusstatbestände des § 323 Abs. 2 ZPO (wie auch des § 767 Abs. 2 ZPO) kommt nicht darauf an, ob und wann das Entstehen eines solchen Umstands vorausgesehen werden konnte:[334] Es gibt regelmäßig kein hinreichend sicheres Kriterium dafür, wann ein Umstand eintreten wird, und wann nicht.[335] Wurden **voraussehbare künftige Umstände** im Erstprozess jedoch tatsächlich bereits berücksichtigt (etwa der sog. Alterssprung oder die durch Trennung gem. § 1567 Abs. 1 im Folgejahr zwingend eintretenden steuerlichen Ver-

---

332 BGHZ 148, 105 = FamRZ 2001, 986 = FuR 2001, 306.
333 BGHZ 148, 368 = FamRZ 2001, 1687 = FuR 2001, 494; 153, 372 = FamRZ 2003, 848 = FuR 2003, 358; BGH FamRZ 2003, 518 = FuR 2003, 248.
334 BGHZ 80, 389, 397; BGH FamRZ 1982, 792, 793 – in naher Zukunft anstehende, voraussichtliche Entlassung aus der Strafhaft; 1988, 493; 1992, 167; OLG Bamberg FamRZ 1990, 187 – Alterssprung; Klauser DAVorm 1982, 125, 126; Niklas DAVorm 1987, 1, 11; Graba NJW 1988, 2343, 2346 m.w.N.
335 Gottwald FamRZ 1992, 1374, 1375.

III. Änderungen des Bürgerlichen Gesetzbuchs im Einzelnen

änderungen[336]), dann ist der Abänderungskläger mit seinem Vortrag im Folgeverfahren präkludiert.

Dennoch wird – aus Gründen der Prozessökonomie – eine <u>Prognose</u> der <u>künftigen Entwicklung</u> im **Erstprozess** verlangt,[337] etwa wenn in der mündlichen Verhandlung im Erstverfahren feststand, dass diese Tatsachen in nächster Zukunft eintreten „und durch das Gegenspiel anderer möglicherweise eintretender Tatsachen in ihrer Wirkung auf die Unterhaltsbemessung nicht kompensiert" werden.[338]

Konnte eine **Begrenzung** des Ehegattenunterhalts nach §§ 1573 Abs. 5, 1578 Abs. 1 S. 2 aus Billigkeitsgründen von einem bestimmten Zeitpunkt an bereits zum Zeitpunkt der letzten mündlichen Verhandlung des Eheprozesses vorgetragen und geltend gemacht werden, ist eine **Abänderungsklage** bei **gleich gebliebenen Verhältnissen** im Hinblick auf § 323 Abs. 2 ZPO mit dem Ziel einer Unterhaltsbegrenzung **unzulässig**: Die Entscheidung, dass der Unterhaltsanspruch von einem bestimmten Zeitpunkt an aus Billigkeitsgründen zu begrenzen ist, setzt nicht voraus, dass dieser Zustand bereits erreicht ist. Soweit die betreffenden Gründe im Scheidungsverfahren schon eingetreten oder zuverlässig vorauszusehen sind, ist die Entscheidung über eine Unterhaltsbegrenzung grundsätzlich bereits im Ausgangsverfahren zu treffen.[339] Es ist ohne Bedeutung, ob die vor der letzten mündlichen Verhandlung bereits vorliegenden Gründe schon Gegenstand der richterlichen Beurteilung waren, weil der Abänderungskläger keine „Korrektur" des früheren Urteils herbeiführen darf.[340] Der Unterhaltsschuldner ist mit den für eine Befristung des Aufstockungsunterhalts relevanten Tatsachen nicht nach § 323 Abs. 2 ZPO präkludiert, wenn die abzuändernde Entscheidung aus einer Zeit vor der Änderung der Rechtsprechung des Bundesgerichtshofes zur eheprägenden Haushaltstätigkeit und Kindererziehung stammt, und die für die notwendige Gesamtwürdigung maßgebenden Umstände seinerzeit noch nicht sicher abgeschätzt werden konnten.[341]

Ist der Unterhaltsschuldner dagegen aus tatsächlichen oder – etwa wenn der Unterhaltstitel aus der Zeit vor dem 1.4.1986[342] stammt – aus rechtlichen Gründen da-

---

336 OLG Bremen MDR 2001, 1314.
337 BGH FamRZ 1995, 291, 292; 1997, 671; 1997, 873.
338 KG FamRZ 1990, 1122.
339 BGH FamRZ 2001, 905.
340 BGH FamRZ 1986, 886, 888; 2000, 1499 = FuR 2000, 475 unter Hinweis auf BGHZ 98, 353, 358 f. = FamRZ 1987, 259; 2001, 905.
341 BGHZ 171, 206 = FamRZ 2007, 793 [Berufungsurteil: OLG Hamm FamRZ 2005, 1177 = FuR 2005, 332] – Abweichung von BGH FamRZ 2004, 1357 = FuR 2004, 548.
342 Erst das UÄndG 1986 hat die Begrenzungsnormen der § 1573 Abs. 5 und § 1578 Abs. 1 S. 2 geschaffen.

rauf angewiesen, eine Begrenzung des Unterhalts im Wege der Abänderungsklage zu erreichen, dann ist ihm diese Möglichkeit erst eröffnet, wenn die in Frage stehenden Verhältnisse bereits eingetreten sind, denn für die Abänderung der Verurteilung zu künftig fällig werdenden wiederkehrenden Leistungen reicht es nicht aus, dass die **Prognose** der **künftigen Verhältnisse**, die der Verurteilung zugrunde liegt, aus nachträglicher Sicht anders zu treffen wäre.[343]

Die Möglichkeiten der Kinderbetreuung dürfen allerdings nicht vorausschauend für einen fernliegenden Zeitraum beurteilt werden, insbesondere im Hinblick auf die Unsicherheiten der gesundheitlichen und schulischen Entwicklung von Kindern in den kommenden Jahren. Die mit dem Alter des Kindes steigenden Anforderungen an die Erwerbsobliegenheit des betreuenden Elternteils können daher nur für einen eng begrenzten Zeitraum, regelmäßig ein Jahr (ab der letzten mündlichen Verhandlung) vorausschauend beurteilt werden.[344]

l) Hinweis auf die Gefahr verspäteten Sachvortrages

Obwohl ein **Antrag** auf **Klageabweisung** als **minus** auch die zeitliche Begrenzung und/oder Herabsetzung des Unterhalts umfasst,[345] eine entsprechende teilweise Klageabweisung im Hinblick auf Begrenzung oder Befristung deshalb nicht gesondert beantragt zu werden pflegt, empfiehlt es sich im Hinblick auf die strenge Rechtsprechung des Bundesgerichtshofes zur Anwaltshaftung, in allen insoweit in Betracht kommenden Fällen entsprechende **Anträge** im **Eventualverhältnis** zu stellen. Alle Tatsachen, die für eine Anwendung der Begrenzungstatbestände sprechen, ebenso die insoweit maßgebenden Kriterien – Ehedauer, erlittene ehebedingte Nachteile, Alter, Gesundheitszustand usw.[346] – sind daher vorsorglich bereits im Erstprozess vorzutragen, wenn der Unterhaltsschuldner nicht mit den betreffenden Umständen gem. § 323 Abs. 2 ZPO ausgeschlossen sein will.[347]

---

343 BGHZ 80, 389, 397; BGH FamRZ 2000, 1499 = FuR 2000, 475.
344 BGH FamRZ 1995, 291; 1997, 671; 1997, 873.
345 OLG München FamRZ 1997, 295.
346 Vgl. hierzu im Einzelnen Brudermüller FamRZ 1998, 649, 652 ff.; Hahne FamRZ 1986, 305, 306 ff.
347 BGH FamRZ 2000, 1499 = FuR 2000, 475; 2001, 905.

m) Neuere Rechtsprechung des Bundesgerichtshofes zu §§ 1573 Abs. 5, 1578 Abs. 1 S. 2

Die zu §§ 1573 Abs. 5, 1578 Abs. 2 ergangene Rechtsprechung kann teilweise strukturell auch für die Anwendung der neuen Norm § 1578b herangezogen werden.

aa) BGH FamRZ 2005, 101 = FuR 2005, 178

Amtlicher Leitsatz: Die Abweisung einer Klage auf künftigen Unterhalt wegen fehlender Bedürftigkeit für die Zeit ab der letzten mündlichen Verhandlung entfaltet auch dann keine materielle Rechtskraft für die Zukunft, wenn zugleich rückständiger Unterhalt zugesprochen wurde. Deswegen ist künftiger Unterhalt, der im Hinblick auf die geänderte Rechtsprechung des Senats zur Bemessung der ehelichen Lebensverhältnisse bei Hausfrauenehen begehrt wird, mit der Leistungsklage und nicht mit der Abänderungsklage nach § 323 Abs. 1 ZPO geltend zu machen (Fortführung der Senatsurteile FamRZ 1985, 376; 1990, 863; Abgrenzung zum Senatsurteil FamRZ 1984, 353).

bb) BGH FamRZ 2006, 1006 = FuR 2006, 374

Amtlicher Leitsatz: Beruht die Einkommensdifferenz zwischen Ehegatten auf fortwirkenden ehebedingten Nachteilen zu Lasten des Unterhaltsberechtigten, kommt eine zeitliche Befristung des Aufstockungsunterhalts gem. § 1573 Abs. 5 in der Regel auch bei kurzer Ehedauer nicht in Betracht. In anderen Fällen steht die lange Ehedauer einer Befristung regelmäßig nur dann entgegen, wenn und soweit es für den bedürftigen Ehegatten – namentlich unter Berücksichtigung seines Alters im Scheidungszeitpunkt – unzumutbar ist, sich dauerhaft auf den niedrigeren Lebensstandard, der seinen eigenen beruflichen Möglichkeiten entspricht, einzurichten.

cc) BGH FamRZ 2007, 200 = FuR 2007, 25

[Berufungsurteil: OLG Schleswig FuR 2004, 282 = NJW-RR 2004, 220]

Amtlicher Leitsatz: Zur zeitlichen Begrenzung sowie zur Herabsetzung eines Anspruchs auf Aufstockungsunterhalt.

Das Berufungsgericht hatte die Auffassung vertreten, die Klägerin könne selbst dann, wenn ihr nach § 1573 Abs. 2 an sich ein Anspruch auf Unterhalt zustehe, gem. § 1573 Abs. 5 keinen Unterhalt mehr verlangen. Dem ist der Bundesgerichtshof nicht gefolgt.

III. Änderungen des Bürgerlichen Gesetzbuchs im Einzelnen

„Zutreffend ist das Berufungsgericht allerdings davon ausgegangen, dass die Dauer der Ehe der Parteien einer Anwendung des § 1573 Abs. 5 nicht entgegen steht. Das Gesetz legt weder in § 1578 Abs. 1 S. 2 noch in § 1573 Abs. 5 eine bestimmte Ehedauer fest, von der ab eine zeitliche Begrenzung des Unterhaltsanspruchs nicht mehr in Betracht kommen könnte. Wie der Senat ausgeführt hat, widerspräche es auch dem Sinn und Zweck des § 1573 Abs. 5, den Billigkeitsgesichtspunkt 'Dauer der Ehe' im Sinne einer festen Zeitgrenze – etwa von zehn Jahren – zu bestimmen, von der ab der Unterhaltsanspruch grundsätzlich keiner Befristung mehr zugänglich sein sollte (Senatsurteile FamRZ 1990, 857, 858 f.; 1991, 307, 310; 2006, 1006, 1007).

Das Gesetz stellt vielmehr die Ehedauer als Billigkeitsgesichtspunkt gleichrangig neben die 'Gestaltung von Haushaltsführung und Erwerbstätigkeit'. Dabei ist auch die Arbeitsteilung der Ehegatten – ebenso wie die Ehedauer – bei der Billigkeitsabwägung lediglich zu 'berücksichtigen'; sie lässt sich also nicht zwingend für oder gegen eine Befristung ins Feld führen. Zudem beanspruchen beide Aspekte, wie das Wort 'insbesondere' verdeutlicht, für die Billigkeitsprüfung keine Ausschließlichkeit. Die Abwägung aller danach in Betracht kommenden Gesichtspunkte ist Aufgabe des Tatrichters. Sie kann vom Revisionsgericht nur daraufhin überprüft werden, ob der Tatrichter die im Rahmen der Billigkeitsprüfung maßgebenden Rechtsbegriffe nicht verkannt und alle für die Einordnung unter diese Begriffe wesentlichen Umstände berücksichtigt hat."

Letzteres sei hier nicht der Fall.

„Die – erst durch das Unterhaltsänderungsgesetz (vom 20.2.1986) eingefügte – Möglichkeit, den Aufstockungsunterhalt zu befristen, beruht auf dem Gedanken, dass eine lebenslange Beibehaltung des ehelichen Lebensstandards nur dann angemessen ist, wenn etwa die Ehe lange gedauert hat, wenn aus ihr gemeinsame Kinder hervorgegangen sind, die der Berechtigte betreut oder betreut hat, wenn er erhebliche berufliche Nachteile um der Ehe willen auf sich genommen hat oder wenn sonstige Gründe (z.B. Alter oder Gesundheitszustand des Berechtigten) für eine dauerhafte Lebensstandardgarantie sprechen. Liegen diese Voraussetzungen dagegen nicht vor, hat sich aber der Lebensstandard des Berechtigten durch die Ehe verbessert, wird es oft angemessen sein, ihm nach einer Übergangszeit einen Lebensstandard zuzumuten, der demjenigen entspricht, den er vor der Ehe gehabt hatte. Ein Aufstockungsunterhalt kommt dann nicht mehr bis zum vollen eheangemessenen Unterhalt (§ 1578 Abs. 1) in Betracht, sondern allenfalls in dem Umfang, den der Berechtigte aufgrund seiner eigenen beruflichen Qualifikation ohne den Eintritt ehebedingter Nachteile hätte erreichen können (Senatsurteil FamRZ 2006, 1006, 1007).

Bei einer diese Zweckrichtung berücksichtigenden Gesetzesanwendung hat der Tatrichter vorrangig zu prüfen, ob sich die Einkommensdivergenz der Ehegatten, die den Anspruch auf Aufstockungsunterhalt begründet, als ein ehebedingter Nachteil darstellt, der einen dauerhaften unterhaltsrechtlichen Ausgleich zugunsten des bedürftigen Ehegatten rechtfertigt.

Schließlich sind bei der Billigkeitsprüfung alle in Betracht kommenden Gesichtspunkte zu würdigen. Dazu gehört auch das Verhältnis des Unterhaltsbetrages zu den verbleibenden Mitteln des Unterhaltspflichtigen (vgl. Senatsurteil FamRZ 1988, 817, 820)."

III. Änderungen des Bürgerlichen Gesetzbuchs im Einzelnen

dd) BGHZ 171, 206 = FamRZ 2007, 793 = FuR 2007, 276

[Berufungsurteil: OLG Hamm FamRZ 2005, 1177 = FuR 2005, 332]

Amtliche Leitsätze: Der Unterhaltsschuldner ist mit den für eine Befristung des Aufstockungsunterhalts relevanten Tatsachen nicht nach § 323 Abs. 2 ZPO präkludiert, wenn die abzuändernde Entscheidung aus einer Zeit vor der Änderung der Senatsrechtsprechung zur eheprägenden Haushaltstätigkeit und Kindererziehung stammt und die für die notwendige Gesamtwürdigung maßgebenden Umstände seinerzeit noch nicht sicher abgeschätzt werden konnten (Abweichung vom Senatsurteil FamRZ 2004, 1357).

Zur Befristung des Anspruchs auf Aufstockungsunterhalt (im Anschluss an die Senatsurteile FamRZ 2006, 1006, 1007 = FuR 2006, 374; 2007, 200, 203 = FuR 2007, 25).

1. Der Bundesgerichtshof hat im entschiedenen Fall die **Abänderungstatsachen** nicht als präkludiert angesehen, und

2. er hat gebilligt, dass das Berufungsgericht den **Unterhaltsanspruch** der Klägerin **befristet** hat: Die Klägerin erleide keine ehebedingten Nachteile mehr; daher komme grundsätzlich eine Befristung ihres Unterhaltsanspruchs nach § 1573 Abs. 5 in Betracht.

zu 1. Der Beklagte schuldete neben Betreuungsunterhalt aus § 1570 seit Aufnahme einer Teilzeittätigkeit durch die Klägerin (auch) Aufstockungsunterhalt aus § 1573 Abs. 2 und 3 (sog. zusammengesetzte Anspruchsgrundlage). Obwohl sich der Unterhaltsanspruch der Klägerin seit Abschluss des Vergleichs im Jahre 1990 teilweise und seit Erlass des abzuändernden Urteils im September 1997 in vollem Umfange aus § 1573 Abs. 2 und 3 ergab und seinerzeit nicht befristet worden war, sei der Beklagte mit seinem Befristungsbegehren nicht gem. § 323 Abs. 2 ZPO präkludiert.

> „aa) Das ergibt sich hier schon daraus, dass die früheren Unterhaltstitel aus einer Zeit stammen, als die Frage der Befristung des Aufstockungsunterhalts noch nicht den Stellenwert hatte, den sie nunmehr nach der grundlegend geänderten Rechtsprechung des Senats zur Berücksichtigung der Haushaltstätigkeit und Kindererziehung bei der Bemessung der ehelichen Lebensverhältnisse nach § 1578 hat (Senatsurteil BGHZ 148, 105 = FamRZ 2001, 986 = FuR 2001, 306). Die den abzuändernden Titeln zugrunde liegende frühere Rechtslage ging nämlich davon aus, dass ein späteres Einkommen des Unterhaltsberechtigten voll auf einen Unterhaltsbedarf nach den ehelichen Lebensverhältnissen anzurechnen sei, der sich allein nach dem tatsächlich erzielten Einkommen während der Ehezeit ergab (Anrechnungsmethode). Wie die früheren Unterhaltsabänderungen zeigen,

III. Änderungen des Bürgerlichen Gesetzbuchs im Einzelnen

führte diese Methode mit zunehmendem Einkommen des Unterhaltsberechtigten zu einer entsprechend zunehmenden Deckung dieses Unterhaltsbedarfs. Sie führte schon dann zu einer vollständigen Bedarfsdeckung, wenn der Unterhaltsberechtigte ein Einkommen bezog, das den ursprünglichen Unterhaltsbedarf, regelmäßig also weniger als die Hälfte des eheprägenden Einkommens des Unterhaltspflichtigen, erreichte.

Das gilt nicht mehr in gleicher Weise, seit der Senat in seiner (zitierten) neueren Rechtsprechung bei der Bedarfsbemessung auch ein vom Unterhaltsberechtigten nachehelich erzieltes Einkommen als Surrogat der früheren Haushaltstätigkeit und Kindererziehung berücksichtigt, und dieses Einkommen deswegen im Wege der Differenzmethode in die Unterhaltsberechnung einbezieht. Dadurch erhöhen absehbare Steigerungen des Einkommens des Unterhaltsberechtigten regelmäßig auch dessen Unterhaltsbedarf, so dass es erst viel später zu einer vollständigen Bedarfsdeckung kommt, nämlich dann, wenn der Unterhaltsberechtigte mindestens das gleiche Einkommen erzielt wie der Unterhaltspflichtige. Auch deswegen hat der Senat dem Umstand der zeitlichen Befristung des Aufstockungsunterhalts in seiner neueren Rechtsprechung eine größere Bedeutung beigemessen (vgl. insoweit Senatsurteile FamRZ 2006, 1006, 1007 f. = FuR 2006, 374; 2007, 200, 203 f = FuR 2007, 25, und schon BGHZ 148 a.a.O. S. 121).

Die neuere Rechtsprechung des Senats zur Bewertung der Kindererziehung und Haushaltsführung während der Ehe wirkt sich deswegen unmittelbar auf die Höhe des geschuldeten Unterhalts und damit zugleich auf die Umstände aus, die der Gesamtwürdigung im Rahmen der Befristung des Aufstockungsunterhalts zugrunde zu legen sind. Auch insoweit kommt die neuere Rechtsprechung des Senats deswegen einer wesentlichen Änderung der den früheren Unterhaltstiteln zugrunde liegenden Verhältnisse gleich, die einer Präklusion entgegen steht. Soweit der Senat dies nach der Änderung seiner Rechtsprechung zur Anrechnungs- und Differenzmethode zunächst abweichend beurteilt hat (Senatsurteil FamRZ 2004, 1357, 1359 f. = FuR 2004, 548), hält er daran nicht mehr fest."

Hinzu komme, dass sich im vorliegenden Fall seit Verkündung des abzuändernden Urteils des Oberlandesgerichts vom 19.9.1997 auch tatsächliche Änderungen ergeben haben, die inzwischen sicher beurteilt werden können und eine Befristung rechtfertigen.

„Zwar setzt die Billigkeitsentscheidung nach § 1573 Abs. 5 über eine Befristung des Aufstockungsunterhalts ab einem bestimmten Zeitpunkt nicht voraus, dass dieser Zeitpunkt bereits erreicht ist. Wenn sämtliche relevanten Umstände eingetreten oder zuverlässig voraussehbar sind, ist die Befristung vielmehr schon im Ausgangsverfahren auszusprechen und nicht einem späteren Abänderungsverfahren zu überlassen (Senatsurteile FamRZ 2000, 1499, 1501 = FuR 2000, 475; 2001, 905, 906). Zuverlässig voraussehbar sind solche relevanten Umstände aber nur, wenn sie – etwa wie das Alter der Kinder – vom bloßen Zeitablauf abhängen. Konnte im Zeitpunkt der abzuändernden Entscheidung hingegen noch nicht abschließend beurteilt werden, ob das Einkommen aus einer neu aufgenommenen Vollzeittätigkeit die ehebedingten Nachteile vollständig und nachhaltig ausgleicht, waren die Voraussetzungen einer Befristung nach § 1573 Abs. 5 noch nicht erfüllt, was eine Präklusion mit solchen Umständen ausschließt."

III. Änderungen des Bürgerlichen Gesetzbuchs im Einzelnen

So liege der Fall hier:

„Mit hinreichender Sicherheit waren die wirtschaftlichen Verhältnisse der Parteien deswegen erst nach Verkündung des abzuändernden Urteils des Oberlandesgerichts entflochten, was eine Präklusion der insoweit relevanten Tatsachen ausschließt."

zu 2. Die Voraussetzungen einer Befristung des Anspruchs auf Aufstockungsunterhalt lägen vor.

„a) Die erst durch das UÄndG 1986 eingeführte Möglichkeit zur Befristung des Aufstockungsunterhalts beruht auf dem Gedanken, dass eine lebenslange Beibehaltung des ehelichen Lebensstandards nur dann angemessen ist, wenn etwa die Ehe lange gedauert hat, wenn aus ihr gemeinsame Kinder hervorgegangen sind, die der Berechtigte betreut oder betreut hat, wenn er erhebliche berufliche Nachteile um der Ehe willen auf sich genommen hat oder wenn sonstige Gründe (z.B. Alter oder Gesundheitszustand des Berechtigten) für eine dauerhafte Lebensstandardgarantie sprechen. Liegen diese Voraussetzungen dagegen nicht vor, hat sich aber der Lebensstandard des Berechtigten durch die Ehe verbessert, wird es oft angemessen sein, ihm nach einer Übergangszeit einen Lebensstandard zuzumuten, der demjenigen entspricht, den er vor der Ehe gehabt hat; ein Aufstockungsunterhalt kommt dann nicht mehr bis zum vollen eheangemessenen Unterhalt (§ 1578 Abs. 1) in Betracht. Mit dem Moment der Ehedauer will das Gesetz auf die Unangemessenheit hinweisen, einen Ehegatten, der in seinem beruflichen Fortkommen durch die Ehe nicht benachteiligt wurde, selbst dann zu begünstigen, wenn die Ehe nicht lange gedauert hat (Senatsurteil FamRZ 2006, 1007).

Bei einer diese Zweckrichtung berücksichtigenden Gesetzesanwendung hat der Tatrichter vorrangig zu prüfen, ob sich die Einkommensdivergenz der Ehegatten, die den Anspruch auf Aufstockungsunterhalt begründet, als ein ehebedingter Nachteil darstellt, der einen dauerhaften unterhaltsrechtlichen Ausgleich zugunsten des bedürftigen Ehegatten rechtfertigt. Dieser Gesichtspunkt hat durch die Änderung der Rechtsprechung des Senats zur eheprägenden Haushaltsführung und den sich daraus ergebenden ehelichen Lebensverhältnissen ein noch stärkeres Gewicht erhalten, denn die Haushaltsführung und die Kindererziehung beeinflussen jetzt – über den Wert des später an ihre Stelle tretenden Surrogats (Senatsurteile BGHZ 148, 115 f.; FamRZ 2004, 1173, 1174 = FuR 2004, 500) – die ehelichen Lebensverhältnisse, was zu einem erhöhten Unterhaltsbedarf des Unterhaltsberechtigten und – im Falle hinreichender Leistungsfähigkeit – zu einem dauerhaft höheren Unterhaltsanspruch führt, wie der vorliegende Fall verdeutlicht."

b) Das Berufungsgericht habe die Befristung des Aufstockungsunterhalts nach § 1573 Abs. 5 zu Recht und im Einklang mit der Rechtsprechung des Senats nicht an der Ehedauer scheitern lassen.

„Das Gesetz legt in § 1573 Abs. 5 ebenso wie in § 1578 Abs. 1 S. 2 keine bestimmte Ehedauer fest, von der ab eine zeitliche Begrenzung des Unterhaltsanspruchs nicht mehr in Betracht kommt. Wie der Senat mehrfach ausgeführt hat, widerspräche es auch dem Sinn und Zweck des § 1573 Abs. 5, den Billigkeitsgesichtspunkt 'Dauer der Ehe' im Sinne einer festen Zeitgrenze zu bestimmen, von der ab der Unterhaltsanspruch grundsätzlich keiner zeitlichen Begrenzung mehr zugänglich sein kann; vielmehr stellt das Gesetz die Ehedauer als Billigkeitsgesichtspunkt gleichrangig neben die 'Gestaltung von Haushaltsführung und Erwerbstätigkeit'. Bei der Billigkeitsabwägung sind zudem die Arbeitsteilung der Ehegatten und die Ehedauer lediglich zu 'berücksichtigen'; jeder einzelne Umstand lässt sich also nicht zwingend für oder gegen eine Befristung ins Feld führen. Zudem beanspruchen beide Aspekte, wie das Wort 'insbesondere' verdeutlicht, für die Billigkeitsprüfung keine Ausschließlichkeit. Die Abwägung aller danach in Betracht kommenden Gesichtspunkte ist Aufgabe des Tatrichters. Sie kann vom Revisionsgericht nur daraufhin überprüft werden, ob der Tatrichter die im Rahmen der Billigkeitsprüfung maßgebenden Rechtsbegriffe nicht verkannt und alle für die Einordnung unter diese Begriffe wesentlichen Umstände berücksichtigt hat (Senatsurteil FamRZ 2007, 200, 203)."

3. Auf der Grundlage dieser Rechtsprechung bestünden keine Bedenken gegen die Befristung des Unterhaltsanspruchs der Klägerin.

„Das Berufungsgericht hat festgestellt, dass die Lebensverhältnisse der Parteien schon seit langem 'entflochten' sind, und die Klägerin inzwischen eine vollschichtige, angemessen vergütete Erwerbstätigkeit i.S.d. § 1574 ausübt. Damit sind ehebedingte Nachteile aufseiten der Klägerin nicht mehr ersichtlich. Zudem ist zu berücksichtigen, dass die Klägerin mit dem Alleineigentum an der Doppelhaushälfte einen Vermögenswert erlangt hat, der ihre wirtschaftlichen Verhältnisse verbessert und insoweit auch im Rahmen der hier gebotenen Gesamtwürdigung zu berücksichtigen ist, denn inzwischen ist der überwiegende Teil der Belastungen entfallen, so dass der Wohnwert die noch verbliebene monatliche Rate von rund 105 EUR deutlich übersteigt."

Mit Urteil vom 23.5.2007[348] hat der Bundesgerichtshof hat sodann erneut bestätigt, dass auch eine 20-jährige Ehedauer einer Befristung des nachehelichen Ehegattenunterhalts grundsätzlich nicht entgegen stehe.

Diese beeindruckende Reihe von Entscheidungen zur Begrenzung des Aufstockungsunterhalts hat der Bundesgerichtshof sodann mit zwei Urteilen vom 26.9.2007 fortgesetzt:

ee) Verfahren XII ZR 11/05

Amtlicher Leitsatz: Zur Befristung des Anspruchs auf Aufstockungsunterhalt nach § 1573 Abs. 5 und zur Begrenzung des Unterhaltsanspruchs nach den ehelichen Lebensverhältnissen nach § 1578 Abs. 1 S. 2, wenn die Ehegatten die erste Hälfte ihrer zwanzigjährigen Ehe in der früheren DDR verbracht hatten, und dort beide einer vollschichtigen Berufstätigkeit nachgegangen sind (im Anschluss an BGH FamRZ 2007, 200 = FuR 2007, 25; 2007, 793 = FuR 2007, 276; 2007, 1232).

Die beiden im Jahre 1960 geborenen Parteien hatten 1982 die Ehe geschlossen. Aus ihrer Ehe sind zwei 1982 und 1984 geborene Kinder hervorgegangen. 2001

---

[348] BGH FamRZ 2007, 1232.

III. Änderungen des Bürgerlichen Gesetzbuchs im Einzelnen

trennten sich die Ehegatten; ihre Ehe wurde 2004 geschieden. Während ihrer Ehezeit in der früheren DDR gingen beide Parteien einer Vollzeiterwerbstätigkeit nach. Die Ehefrau verdiente als Bauingenieurin monatlich 690 Mark, während der Ehemann in herausgehobener Stellung monatlich rund 1.000 Mark erhielt. Seit 1992 war die Ehefrau zunächst bei verschiedenen Arbeitgebern, zeitweise nur in Teilzeit, und später selbständig als Bauingenieurin tätig. Inzwischen ist sie im öffentlichen Dienst beschäftigt und erzielt ein Nettoeinkommen von rund 1.400 EUR. Der Ehemann verfügt als Geschäftsführer über monatliche Einkünfte in Höhe von rund 4.850 EUR. Das AG hatte den Ehemann zur Zahlung eines monatlichen Aufstockungsunterhalts in Höhe von 1.116 EUR verurteilt. Das Oberlandesgericht Brandenburg hat die Berufung des Ehemannes, mit der er eine Befristung des Unterhaltsanspruchs auf die Zeit bis März 2006 begehrte, zurückgewiesen.

Auf die Revision des Ehemannes hat der Bundesgerichtshof die Entscheidung des Oberlandesgerichts aufgehoben und die Sache zur erneuten Verhandlung an das Oberlandesgericht zurückverwiesen. Nach der neueren Rechtsprechung des Senats habe das Oberlandesgericht nicht allein wegen der Dauer der Ehe von mehr als 20 Jahren von einer Befristung des Unterhaltsanspruchs absehen dürfen; es hätte vielmehr prüfen müssen, ob auch jetzt, z.B. infolge der Haushaltstätigkeit und Kindererziehung, noch ehebedingte Nachteile vorliegen. Sei das nicht der Fall, und erziele die Ehefrau eigene Einkünfte, die sie auch ohne die Ehe erzielen würde, könne es ihr nach einer Übergangszeit zumutbar sein, auf den – höheren – Lebensstandard nach den ehelichen Lebensverhältnissen zu verzichten und sich mit dem Lebensstandard zu begnügen, den sie aus ihren eigenen Einkünften erreichen kann. Das Oberlandesgericht werde deswegen zu prüfen haben, ob die Ehefrau ohne die Einschränkung ihrer Erwerbstätigkeit während der Ehe heute ein höheres Einkommen erzielen würde. Dabei werde auch zu berücksichtigen sein, dass beide Ehegatten während der ersten Hälfte ihrer Ehe voll erwerbstätig waren, und die Kinder anderweit betreut wurden.

ff) Verfahren XII ZR 15/05

Amtlicher Leitsatz: Zur Befristung des Anspruchs auf Aufstockungsunterhalt nach § 1573 Abs. 5 und zur Begrenzung des Unterhaltsanspruchs nach den ehelichen Lebensverhältnissen nach § 1578 Abs. 1 S. 2, wenn die Ehe kinderlos geblieben ist und der unterhaltsberechtigte Ehegatte in dem auch vorehelich ausgeübten Beruf eine Vollzeittätigkeit ausübt (im Anschluss an an BGH FamRZ 2007, 200 = FuR 2007, 25; 2007, 793 = FuR 2007, 276; 2007, 1232).

Die 1961 bzw. 1962 geborenen Parteien hatten im Jahre 1982 die Ehe geschlossen, die kinderlos blieb. Nach der Trennung im Jahre 2002 wurde die Ehe 2004 geschieden. Der Ehemann erzielt als Zerspannungsmechaniker ein unterhaltsrelevantes Nettoeinkommen von monatlich rund 1.500 EUR. Die Ehefrau hat während der Ehezeit ihren schwer erkrankten Vater gepflegt und war daneben halbschichtig berufstätig. Seit 2003 arbeitet sie vollschichtig als Kassiererin und erzielt ein unterhaltsrelevantes Monatseinkommen von rund 1.000 EUR. Während der Ehezeit hatte die Ehefrau im Wege der vorweggenommenen Erbfolge ein Hausgrundstück im Wert von rund 133.000 EUR erhalten; mit Rechtskraft der Ehescheidung erhielt sie außerdem einen Zugewinnausgleich in Höhe von 60.000 EUR. Das AG hatte den Ehemann zur Zahlung eines monatlichen Aufstockungsunterhalts in Höhe von 164 EUR verurteilt. Auf die Berufung des Ehemannes hatte das Oberlandesgericht Hamm die Unterhaltspflicht auf die Zeit bis Juli 2011 befristet.

Der Bundesgerichtshof hat die – zugelassene – Revision der Ehefrau zurückgewiesen. Ehebedingte Nachteile lägen nach den Feststellungen des Oberlandesgerichts schon deswegen fern, weil die Ehe kinderlos geblieben ist, und die Ehefrau bei Zustellung des Scheidungsantrages trotz der relativ langen Ehe erst 42 Jahre alt und wieder vollschichtig erwerbstätig war. Soweit sie während der Ehezeit ihren eigenen Vater gepflegt habe, sei dies auf ihre familiäre Bindung und nicht auf die Ehe zurückzuführen. Der Ehefrau sei es deswegen zumutbar, nach einer Übergangszeit auf den Lebensstandard nach den ehelichen Lebensverhältnissen zu verzichten und sich mit dem Lebensstandard zu begnügen, den sie aus ihren eigenen Einkünften erreichen könne.

n) Neuere Rechtsprechung der Oberlandesgerichte zu §§ 1573 Abs. 5, 1578 Abs. 1 S. 2

aa) OLG Schleswig NJW-RR 2004, 1372

Bei einer Ehedauer von mehr als 10 Jahren kommt grundsätzlich die zeitliche Befristung von Unterhaltsansprüchen nicht in Betracht.

bb) OLG Hamm OLGR 2004, 340

1. Beträgt die Ehedauer rund 5 Jahre, kommt eine zeitliche Befristung des nachehelichen Unterhalts auf insgesamt 5 Jahre gemäß § 1573 Abs. 5 in Betracht, wenn die Unterhaltsberechtigte in einem unbefristeten Arbeitsverhältnis steht und ein ehebedingter Nachteil nicht vorliegt. Eine Rückkehr zu dem vor der Ehe bestehenden Lebenszuschnitt erscheint dann zumutbar.

2. Solange die unterhaltsberechtigte geschiedene Ehefrau in keinem dauerhaften Arbeitsverhältnis steht oder sie die Begründung eines solchen Arbeitsverhältnisses in unterhaltsrechtlich nicht vorwerfbarer Weise unterlässt, entspricht eine Befristung nicht der Billigkeit. Dies gilt insbesondere, wenn sie nach der Eheschließung eine nahezu unkündbare Stelle nach 19 Jahren in einem Krankenhaus zugunsten der Tätigkeit in der Praxis des Ehemannes aufgegeben hat.

3. Lässt sich nicht sicher prognostizieren, ob dieser ehebedingte Nachteil dauerhaft und nachhaltig sein wird, ist der Unterhaltsschuldner auf ein Abänderungsverfahren für den Fall zu verweisen, dass der Arbeitsplatz der geschiedenen Ehefrau gesichert ist.

cc) OLG Hamm FamRZ 2005, 35

Bei einer Ehedauer von mehr als $15^{1}/_{2}$ Jahren scheidet eine zeitliche Begrenzung des Elementarunterhaltsanspruchs der Ehefrau nach § 1573 Abs. 5 aus Billigkeitsgründen selbst dann aus, wenn die Ehe zwar kinderlos war, und die Ehefrau keine ehebedingten Nachteile oder Nachteile für ihr berufliches Fortkommen hat hinnehmen müssen, sie aber während der Ehe mangels eigener Einkünfte durchgängig vom Einkommen des Ehemannes abhängig war und den Haushalt allein geführt hat.

dd) KG FamRZ 2005, 458

Eine Befristung des nachehelichen Unterhalts (§ 1573 Abs. 2) kommt nach einer 17 Jahre langen Ehe nur in Ausnahmefällen in Betracht.

ee) OLG Düsseldorf ZFE 2005, 101 [Ls]

Haben die kinderlosen Ehegatten lediglich acht Jahre zusammengelebt, und sind sie während dieser Zeit beide erwerbstätig gewesen, so ist eine zeitliche Begrenzung des nachehelichen Unterhalts auf drei Jahre angemessen.

ff) OLG Karlsruhe FamRZ 2005, 1179

Auch bei einer Ehedauer von knapp 12 Jahren ist der nacheheliche (Aufstockungs-)Unterhalt zu befristen, wenn die Ehe bei beiderseitiger Erwerbstätigkeit kinderlos war, und der unterhaltsberechtigte Ehegatte keine ehebedingten beruflichen Nachteile in seiner beruflichen Entwicklung erlitten hat (hier: Befristung auf vier Jahre).

gg) OLG Hamm FuR 2005, 332 = FamRZ 2005, 1177

Nach der bisherigen Rechtsprechung gilt schon nach einer Ehedauer von 10 Jahren der Grenzbereich als erreicht, in dem der Dauer der Ehe als Billigkeitskriterium regelmäßig ein durchschlagendes Gewicht für eine dauerhafte Unterhaltsgarantie zukam. Auch wenn die Ehedauer unter Einrechnung der Zeiten der Kinderbetreuung mit mehr als 20 Jahren jenseits dieser Grenze liegt, kann dennoch eine zeitliche Begrenzung des Unterhaltsanspruchs geboten sein.

hh) OLG München FamRZ 2005, 459

Bei einer Ehedauer von $6^{1}/_{2}$ Jahren (Eheschließung bis Rechtshängigkeit) ist der nacheheliche Unterhalt nach § 1578 Abs. 1 S. 2 hinsichtlich des Elementarunterhalts zeitlich auf den angemessen Bedarf zu begrenzen, nachdem das gemeinsame Kind beim Antragsteller lebt (OLG München FamRZ 2003, 1100). Nach Auffassung des Senats ist es angemessen, die Begrenzung ab dem 1.1.2007 vorzunehmen. Da die Antragsgegnerin nach ihren eigenen Ausführungen vor der Eheschließung nur Aushilfstätigkeiten verrichtete und damit keine eigene dauerhafte Lebensstellung hatte, ist als angemessener Bedarf der angemessene Selbstbehalt von 1.000 EUR anzusetzen; bei Krankenversicherungs- und Altersvorsorgeunterhalt verbleibt es.

ii) OLG Düsseldorf FamRZ 2006, 1040 = FuR 2006, 89

1. Auch bei einer langen Dauer der bis zur Trennung 21 Jahre währenden und nach 28 Jahren geschiedenen Ehe ist eine Befristung des Unterhaltsanspruchs nach §§ 1578 Abs. 1 S. 2, 1573 Abs. 5 nicht ausgeschlossen.

2. Für eine zeitliche Begrenzung des Unterhaltsanspruchs gibt nicht der formale Gesichtspunkt der Ehedauer den Ausschlag, sondern es ist in jedem Einzelfall zu prüfen, ob und inwieweit die wirtschaftlichen und insbesondere die beruflichen Dispositionen der Eheleute miteinander verflochten und mithin ehebedingt sind, und im Hinblick auf die Dauer der Verpflichtung eine Unterhaltsgrenze geschaffen werden muss. Je weniger eine wirtschaftliche Verflechtung beider Ehepartner und das schützenswerte Bedürfnis eines Ehepartners nach Absicherung durch den Unterhalt festzustellen ist, desto weniger kommt der Ehedauer Gewicht zu.

Die Voraussetzungen einer zeitlichen Begrenzung des Unterhaltsanspruchs (hier: auf 5 Jahre) liegen vor, wenn die Ehefrau die lange Trennungszeit von ca. 7 Jahren dazu genutzt hat, eine eigene vollschichtige Erwerbstätigkeit aufzunehmen, die sie zusammen mit einer zu erwartenden nicht unerheblichen Altersvorsorge aus dem

III. Änderungen des Bürgerlichen Gesetzbuchs im Einzelnen

Versorgungsausgleich in die Lage versetzt, selber dauerhaft ihren angemessenen Lebensstandard zu erwirtschaften.

jj) OLG Oldenburg FamRZ 2006, 1842 = FuR 2007, 90

1. Konkurriert ein Anspruch auf Aufstockungsunterhalt nach langjähriger Ehe (mehr als 23 Jahre) mit dem Anspruch des kinderbetreuenden Ehegatten in einer neuen Ehe, ist es zur Vermeidung eines verfassungswidrigen Ergebnisses geboten, § 1582 Abs. 1 in der Weise auszulegen, dass es sich um keine Ehe von „langer Dauer" handelt, und beide Ansprüche gleichrangig sind. Dies gilt jedenfalls dann, wenn der Aufstockungsunterhalt lediglich dazu dient, dem geschiedenen Ehegatten einen die eigene, eheunabhängige Lebensstellung übersteigenden Lebensstandard zu sichern.

2. Alle nach der Ehescheidung entstandenen gleichrangigen Ansprüche wirken sich beim nachehelichen Unterhalt bedarfsmindernd aus.

kk) OLG Koblenz FamRZ 2007, 833 = FuR 2007, 44

1. Ist der Unterhaltsberechtigte krankheitsbedingt nur zu einer teilschichtigen Tätigkeit in der Lage, ist er durch den Krankenunterhalt so zu stellen, als wenn er ein Einkommen aus einer ihm möglichen vollen Erwerbstätigkeit erzielen würde. Eine darüber hinausgehende Differenz zum Einkommen des Unterhaltspflichtigen ist im Wege des Aufstockungsunterhalts auszugleichen.

2. Der Aufstockungsunterhalt kann auch nach 25-jähriger Ehe zeitlich begrenzt werden, wenn die Einkommensdivergenz der Ehegatten nicht auf ehebedingten Nachteilen beruht, und es dem Unterhaltsberechtigten – auch unter Berücksichtigung seines Alters – zumutbar ist, sich dauerhaft auf einen niedrigeren Lebensstandard einzurichten, der lediglich seinen eigenen beruflichen Möglichkeiten entspricht; das gilt auch dann, wenn der Unterhaltsberechtigte in der Ehe einen Großteil der Hausarbeit sowie der Erziehungs- und Betreuungsaufgaben gegenüber zwei gemeinsamen Kindern wahrgenommen hat (hier: Befristung auf fünf Jahre nach einer Trennungszeit von ebenfalls fünf Jahren, innerhalb derer bereits Unterhalt gezahlt wurde).

ll) OLG Celle FF 2007, 262

1. Der Tatrichter hat vorrangig zu prüfen, ob sich der den Anspruch auf Aufstockungsunterhalt begründende Einkommensunterschied als ehebedingter Nachteil

darstellt, der einen dauerhaften unterhaltsrechtlichen Ausgleich zugunsten des bedürftigen Ehegatten rechtfertigt.

2. Dabei ist zu berücksichtigen, dass die Haushaltsführung und die Kindererziehung über den Wert des an ihre Stelle tretenden Surrogats die ehelichen Lebensverhältnisse prägen, was zu einem erhöhten Unterhaltsbedarf des Unterhaltsgläubigers führt.

3. Die zu treffende Billigkeitsentscheidung über eine Befristung des Aufstockungsunterhalts ab einem bestimmten Zeitpunkt setzt zwar nicht voraus, dass dieser Zeitpunkt bereits erreicht ist; erforderlich ist jedoch, dass sämtliche relevanten Umstände eingetreten oder zuverlässig voraussehbar sind.

4. Zuverlässig voraussehbar sind nur Umstände, die vom bloßen Zeitablauf abhängen. Insoweit ist auch festzustellen, ob der Unterhaltsgläubiger ein solches Einkommen erzielt oder zu einem voraussehbaren Zeitpunkt erzielen kann, wie er es bei fortdauernder Berufstätigkeit, d.h. ohne die in der Ehe gewählte Rollenverteilung erzielt hätte.

5. Kann noch nicht abschließend beurteilt werden, dass die ehebedingten Nachteile durch eigene Erwerbstätigkeit vollständig und nachhaltig ausgeglichen werden können, sind die Voraussetzungen für eine Befristung nicht erfüllt und gegebenenfalls in einem Abänderungsverfahren erneut zu prüfen (hier: Der durch die Klägerin aufgrund Unterbrechung und Reduzierung ihrer Erwerbstätigkeit erlittene ehebedingte berufliche Nachteil dauerte; ob und wann dieser ausgeglichen werden kann, ließ sich heute noch nicht beurteilen). (Red.)

mm) OLG Karlsruhe FamRZ 2007, 1176

Zur Begrenzung eines Unterhaltsanspruchs wegen Krankheit gem. § 1572 (hier: Die Erkrankung der Ehefrau war dem Ehemann bei der Heirat bekannt. Die Ehe hatte von der Eheschließung bis zum Zeitpunkt der Rechtshängigkeit des Scheidungsantrages rund fünf Jahre gedauert; die Ehefrau hatte keine ehebedingten Nachteile erlitten: Kinder waren aus der Ehe nicht hervorgegangen, und die Ehefrau war während der Ehe nicht erwerbstätig gewesen, sondern der Ehemann hatte den Lebensunterhalt der Parteien alleine bestritten. Der Senat hielt eine unbegrenzte Unterhaltspflicht des Ehemannes für unbillig, im Hinblick auf die ihm bekannte Erkrankung der Ehefrau jedoch eine auf zu kurze Zeit begrenzte Dauer ebenfalls für nicht angemessen, somit Befristung des Unterhaltsanspruchs auf 5 1/2 Jahre). (Red.)

III. Änderungen des Bürgerlichen Gesetzbuchs im Einzelnen

nn) OLG Saarbrücken NJW-RR 2007, 1462

Im Rahmen der Befristung eines Aufstockungsunterhalts gemäß § 1573 Abs. 5 steht bei Abwägung aller in Betracht kommenden Gesichtspunkte einer Befristung des Aufstockungsunterhalts nach § 1573 Abs. 5 (hier: Für die Dauer von zehn Jahren) eine Ehedauer von über 20 Jahren grundsätzlich nicht entgegen (hier: Die Ehefrau hatte im Einvernehmen mit dem Ehemann während des Zusammenlebens der Parteien den gemeinsamen Haushalt der Parteien geführt und den Ehemann nach Aufnahme seiner selbständigen Tätigkeit auch hierbei jahrelang durch Mithilfe in seinem Betrieb unterstützt hat; allerdings hatten die Parteien keine gemeinsamen Kinder, war die Ehefrau zum Zeitpunkt der Scheidung noch relativ jung und nicht durch die Ehe darin gehindert worden, ihr Qualifikationsniveau zu steigern). (Red.)

oo) OLG München (Urteil vom 30.10.2007 – 4 UF 105/07 – n.v.)

Das Oberlandesgericht hat einen Anspruch auf Aufstockungsunterhalt in Höhe von monatlich 543 EUR ab 05/2009 auf 280 EUR zu begrenzt und in dieser Höhe bis 03/2014 befristet.

„a) Nach § 1573 Abs. 5 kann ein Anspruch auf Aufstockungs- oder Erwerbslosenunterhalt zeitlich begrenzt werden, soweit insbesondere unter Berücksichtigung der Dauer der Ehe sowie der Gestaltung von Haushaltsführung und Erwerbstätigkeit ein zeitlich unbegrenzter Unterhaltsanspruch unbillig wäre. Die Voraussetzungen einer Befristung und Begrenzung des Anspruchs auf Aufstockungsunterhalt liegen hier vor. Die Möglichkeit zur Befristung und Begrenzung des Aufstockungsunterhalts beruht auf dem Gedanken, dass eine lebenslange Beibehaltung des ehelichen Lebensstandards nur dann angemessen ist, wenn etwa die Ehe lange gedauert hat, wenn aus ihr gemeinsame Kinder hervorgegangen sind, die der Berechtigte betreut oder betreut hat, wenn er erhebliche berufliche Nachteile um der Ehe willen auf sich genommen hat, oder wenn sonstige Gründe (z.B. Alter oder Gesundheitszustand des Berechtigten) für eine dauerhafte Lebensstandardgarantie sprechen. Liegen diese Voraussetzungen dagegen nicht vor, hat sich aber der Lebensstandard der berechtigten Klägerin durch die Ehe verbessert, wird es oft angemessen sein, der Klägerin nach einer Übergangszeit einen Lebensstandard zuzumuten, der demjenigen entspricht, den die Klägerin vor der Ehe gehabt hat. Ein Aufstockungsunterhalt kommt dann nicht mehr bis zum vollen eheangemessenen Unterhalt in Betracht (BGH FamRZ 2006, 1006, 1007 = FuR 2006, 374; 2007, 200, 203 = FuR 2007, 25; BGHZ 171, 206 = FamRZ 2007, 793 = FuR 2007, 276; 172, 22 = FamRZ 2007, 983, und BGH, Urteile vom 26.9.2007 – XII ZR 15/05, sowie XII ZR 11/05, jeweils zVb). Bei einer diese Zweckrichtung berücksichtigenden Gesetzesanwendung ist vorrangig zu prüfen, ob sich die Einkommensdivergenz der Ehegatten die den Anspruch auf Aufstockungsunterhalt begründet, als ein ehebedingter Nachteil darstellt, der einen dauerhaften unterhaltsrechtlichen Ausgleich zugunsten des bedürftigen Ehegatten rechtfertigt (BGH a.a.O.).

III. Änderungen des Bürgerlichen Gesetzbuchs im Einzelnen

Vorliegend ist zu beachten, dass die Parteien bereits seit Mai 2000 geschieden sind. Das jüngste Kind der Parteien vollendete bereits im Januar 2000 das 15. Lebensjahr. Die Klägerin hat damit bis Mai 2009 ausreichend Zeit, sich auf die neue Situation unter Berücksichtigung ihrer Eigenverantwortung einzustellen.

Es kann nicht davon ausgegangen werden, dass die Klägerin ohne ihre Erziehungstätigkeit ein höheres Einkommen nach Abzug pauschalierter berufsbedingter Aufwendungen als von 1.135 EUR erzielen würde. Deshalb ist es gerechtfertigt, den Bedarf der Klägerin nach einer Übergangszeit von neun Jahren auf diese ehebedingten Nachteile zu begrenzen. Nach ihrer eigenen Einlassung könnte die Klägerin in ihrem erlernten Beruf als Fotolaborantin heute nicht mehr arbeiten. Nach ihrem Vortrag arbeitete die Klägerin zuletzt 1974 als Kontoristin. Der Bruttoverdienst einer Kontoristin beträgt durchschnittlich (www.boeckler.de-tarifarchiv/kontorist) zwischen 1.432 EUR und 2.033 EUR. Daraus errechnet sich aus einem durchschnittlichen Bruttoverdienst von 1.800 EUR ein Nettolohn von 1.195 EUR (Steuerklasse I, keine Kinderfreibeträge, Kirchensteuerpflicht). Nach Abzug pauschalierter berufsbedingter Aufwendungen verbliebe der Klägerin danach ein Einkommen von monatlich 1.135 EUR, so dass es billig erscheint, den Unterhalt auf diese ehebedingten Nachteile zu begrenzen (1.135 EUR ./. 855 EUR = 280 EUR).

b) Der Unterhalt ist zu befristen bis zum Eintritt der Klägerin ins Rentenalter. Ab Bezug der Rente werden die ehebedingten Nachteile größtenteils durch den durchgeführten Versorgungsausgleich ausgeglichen.

Dabei wird nicht außer Acht gelassen, dass die Ehe der Klägerin bereits 1976 geschlossen wurde. Einer Befristung steht dennoch nicht die lange Ehezeit entgegen. Die Klägerin kann sich insoweit auch nicht auf die Rechtsprechung des Bundesgerichtshofes stützen. Das Gesetz legt in § 1573 Abs. 5 keine bestimmte Ehedauer fest, von der ab eine zeitliche Begrenzung des Unterhaltsanspruchs nicht mehr in Betracht kommt. Es widerspräche auch dem Sinn und Zweck des § 1573 Abs. 5, den Billigkeitsgesichtspunkt (Dauer der Ehe) im Sinne einer festen Zeitgrenze zu bestimmen, von der ab der Unterhaltsanspruch grundsätzlich keiner zeitlichen Begrenzung mehr zugänglich sein kann; vielmehr stellt das Gesetz die Ehedauer als Billigkeitsgesichtspunkt gleichrangig neben der Gestaltung von Haushaltsführung und Erwerbstätigkeit. Bei der Billigkeitsabwägung sind zudem die Arbeitsteilung der Ehegatten und die Ehedauer lediglich zu ‚berücksichtigen', jeder einzelne Umstand lässt sich also nicht zwingend für oder gegen eine Befristung ins Feld führen. Zudem beanspruchen beide Aspekte – wie das Wort ‚insbesondere' verdeutlicht – für die Billigkeitsprüfung keine Ausschließlichkeit (BGHZ 171, 206 = FamRZ 2007, 793 = FuR 2007, 276 [Rn 66]). Zuletzt wies der Bundesgerichtshof bei einer 1968 geschlossenen und 1996 geschiedenen Ehe ausdrücklich auf die Möglichkeit der Befristung des Ehegattenunterhalts hin, obwohl aus der Ehe zwei Kinder hervorgingen. Wegen der Betreuung dieser Kinder erlitt die Unterhaltsberechtigte in ihrer Erwerbsbiographie Nachteile (BGHZ 172, 22 = FamRZ 2007, 983). Bei der Dauer der Befristung wurde berücksichtigt, dass die Klägerin wegen der langen Ehezeit in angemessener Weise auf den durch die Ehe begründeten Lebensstandard vertrauen darf. Andererseits kann nicht außer Acht bleiben, dass die Parteien bereits seit Mai 2000 geschieden sind und zuvor getrennt lebten, so dass die Lebensverhältnisse der Parteien bereits weitgehend entflochten sind (BGHZ 171 a.a.O. Rn 68)."

III. Änderungen des Bürgerlichen Gesetzbuchs im Einzelnen

o) Beispiele zur Anwendung des § 1578b

Beispiel 1

Die Ehe der Frau F wird nach 20 Jahren geschieden. Aus der Ehe ist ein jetzt 18-jähriger Sohn hervorgegangen. Frau F ist von Beruf Bankkauffrau; während der Ehezeit hat sie ihren Beruf nicht ausgeübt, sondern sich der Kinderbetreuung und dem Haushalt gewidmet. Herr M ist Vorstandsmitglied einer Versicherung. Begrenzung des nachehelichen Unterhalts?

Grundsätze
- Maß des Unterhalts: Eheliche Lebensverhältnisse (§ 1578 Abs. 1) – Herabsetzung gem. § 1578b Abs. 1.
- Dauer der Unterhaltsverpflichtung im Grundsatz lebenslang, jedoch begrenzbar gem. § 1578b Abs. 2.
- Umfang der Begrenzung: Die Begrenzungsmöglichkeit des § 1578b gilt für alle Unterhaltstatbestände.

Tatbestandliche Voraussetzungen

1. Bestehen eines vollen Unterhaltsanspruchs

2. Unbilligkeit einer lebenslangen vollen Verpflichtung

Prüfungskriterien
- fortbestehende ehebedingte Nachteile
- Grundsatz fortwirkender Solidarität aus bestimmten Gründen
- Dauer der Ehe
- geschaffene Vertrauenstatbestände (Gedanke der „Aufopferung" während der Ehe)

Lösung

(1) Unterhaltsanspruch aus § 1573 Abs. 1 wohl nicht, da F. einer Erwerbstätigkeit nachgehen muss

(2) Unterhaltsanspruch aus § 1573 Abs. 2 wahrscheinlich, jedoch nach § 1578 Abs. 1 S. 1 Unbilligkeit lebenslang fortbestehender Anknüpfung an die ehelichen Lebensverhältnisse?

Prüfung der Unbilligkeit im Verhältnis zur Herabsetzbarkeit auf einen Ersatzmaßstab <u>und</u> Befristung des Anspruchs; Prüfungsreihenfolge demnach

(1) Ist eine „Abkehr" vom Maß der ehelichen Lebensverhältnisse überhaupt zu rechtfertigen?

(2) Auf welches Maß ist der Unterhalt „herab zu setzen" (welcher „Ersatzmaßstab": vorehelich vorhanden oder fiktiv ohne Ehe erreicht)?

(3) Kann der so bemessene Unterhalt befristet werden?

Der Herabsetzung des Unterhalts können entgegen stehen:
- Kindesbelange („Kinderschutzklausel"): Begrenzung des Anspruchs aus § 1570 kaum möglich,
- Fortbestehen ehebedingter Nachteile: Es kann unzumutbar erscheinen, auf einen „Ersatzmaßstab" zu verweisen, etwa aufgrund Dauer der Pflege bzw. Erziehung gemeinschaftlicher Kinder, Gestaltung der Haushaltsführung bzw. Erwerbstätigkeit sowie Dauer der Ehe (§ 1578b Abs. 1 S. 3).

Steht die Unbilligkeit fest, besteht kein Ermessensspielraum des Gerichts; der Unterhaltsanspruch muss hinsichtlich Höhe und/oder Dauer begrenzt werden.

Beispiel 2

Frau F war bei Eheschließung krank; während der Dauer der kinderlosen Ehe hat sie krankheitsbedingt nicht gearbeitet. Die Eheleute trennten sich nach zehnjähriger Ehe; sie wurden nach Ablauf des Trennungsjahres geschieden. Unterhaltsrelevantes bereinigtes Nettoeinkommen des Herrn M: 4.000 EUR. Frau F ist zwischenzeitlich arbeitsunfähig krank; eine Rente erhält sie nicht. Unterhaltsanspruch der Frau F?

Unterhaltsanspruch aus § 1572 ist nunmehr ab 1.1.2008 (außerhalb des § 1579 Nr. 7 a.F.) begrenzbar. Keine ehebedingten Nachteile, aber nacheheliche Solidarität aufgrund der Dauer der Ehe, somit Begrenzung innerhalb einer angemessenen „Schonfrist".

9. § 1579 Beschränkung oder Versagung des Unterhalts wegen grober Unbilligkeit

Fassung bis 31.12.2007	Fassung ab 1.1.2008
§ 1579 – Beschränkung oder Wegfall der Verpflichtung	§ 1579 – Beschränkung oder Versagung des Unterhalts wegen grober Unbilligkeit
Ein Unterhaltsanspruch ist zu versagen, herabzusetzen oder zeitlich zu begrenzen, soweit die Inanspruchnahme des Verpflichteten auch unter Wahrung der Belange eines dem Berechtigten zur	Ein Unterhaltsanspruch ist zu versagen, herabzusetzen oder zeitlich zu begrenzen, soweit die Inanspruchnahme des Verpflichteten auch unter Wahrung der Belange eines dem Berechtigten zur

III. Änderungen des Bürgerlichen Gesetzbuchs im Einzelnen

Fassung bis 31.12.2007	Fassung ab 1.1.2008
Pflege oder Erziehung anvertrauten gemeinschaftlichen Kindes grob unbillig wäre, weil	Pflege oder Erziehung anvertrauten gemeinschaftlichen Kindes grob unbillig wäre, weil
1. die Ehe von kurzer Dauer war; der Ehedauer steht die Zeit gleich, in welcher der Berechtigte wegen der Pflege oder Erziehung eines gemeinschaftlichen Kindes nach § 1570 Unterhalt verlangen konnte,	1. die Ehe von kurzer Dauer war; *dabei ist die Zeit zu berücksichtigen*, in welcher der Berechtigte wegen der Pflege oder Erziehung eines gemeinschaftlichen Kindes nach § 1570 Unterhalt verlangen *kann,*
2. der Berechtigte sich eines Verbrechens oder eines schweren vorsätzlichen Vergehens gegen den Verpflichteten oder einen nahen Angehörigen des Verpflichteten schuldig gemacht hat,	2. *der Berechtigte in einer verfestigten Lebensgemeinschaft lebt,*
3. der Berechtigte seine Bedürftigkeit mutwillig herbeigeführt hat,	*3.* der Berechtigte sich eines Verbrechens oder eines schweren vorsätzlichen Vergehens gegen den Verpflichteten oder einen nahen Angehörigen des Verpflichteten schuldig gemacht hat,
4. der Berechtigte sich über schwerwiegende Vermögensinteressen des Verpflichteten mutwillig hinweggesetzt hat,	*4.* der Berechtigte seine Bedürftigkeit mutwillig herbeigeführt hat,
5. der Berechtigte vor der Trennung längere Zeit hindurch seine Pflicht, zum Familienunterhalt beizutragen, gröblich verletzt hat,	*5.* der Berechtigte sich über schwerwiegende Vermögensinteressen des Verpflichteten mutwillig hinweggesetzt hat,
6. dem Berechtigten ein offensichtlich schwerwiegendes, eindeutig bei ihm liegendes Fehlverhalten gegen den Verpflichteten zur Last fällt oder	*6.* der Berechtigte vor der Trennung längere Zeit hindurch seine Pflicht, zum Familienunterhalt beizutragen, gröblich verletzt hat,
7. ein anderer Grund vorliegt, der ebenso schwer wiegt wie die in den Nummern 1 bis 6 aufgeführten Gründe.	*7.* dem Berechtigten ein offensichtlich schwerwiegendes, eindeutig bei ihm liegendes Fehlverhalten gegen den Verpflichteten zur Last fällt oder
	8. ein anderer Grund vorliegt, der ebenso schwer wiegt wie die in den Nummern 1 bis *7* aufgeführten Gründe.

III. Änderungen des Bürgerlichen Gesetzbuchs im Einzelnen

Das **UÄndG 2008** hat auch in § 1579 eingegriffen: Neben der Änderung der Überschrift der Norm („*Beschränkung oder Versagung des Unterhalts wegen grober Unbilligkeit*") wurde § 1579 Nr. 1 neu gefasst, ein neuer Härtegrund durch § 1579 Nr. 2 eingeführt und die Nummerierung geändert (Verschiebung der bisherigen Nummern 2 mit 7 nach Nummern 3 mit 8). Da der in Nummer 2 geschilderte Härtegrund nicht an ein Fehlverhalten, sondern an eine rein objektive Veränderung in den Lebensverhältnissen des Unterhaltsgläubigers anknüpft, hat es der Gesetzgeber für sachgerecht erachtet, den Fall im räumlichen Zusammenhang mit der „Kurzehe" nach § 1579 Nr. 1 zu regeln, dem anderen Härtegrund mit rein objektivem Anknüpfungspunkt, und hat die neue Nummer nicht an das Ende der Vorschrift angefügt.

- In § 1579 Nr. 1 korrigiert das **UÄndG 2008** die missverständliche bisherige Regelung entsprechend der Entscheidung des Bundesverfassungsgerichts vom 4.7.1989[349] und konkretisiert sie: Die Dauer der in der Vergangenheit erfolgten und der zu erwartenden („kann" statt bisher „konnte") Kindesbetreuung ist nicht der Ehedauer hinzuzurechnen, sondern nur – auf der Basis der tatsächlichen Ehedauer – bei der Abwägung zu berücksichtigen, ob und gegebenenfalls in welchem Umfange es grob unbillig ist, Unterhalt zu gewähren.

- Das **UÄndG 2008** hat in Nr. 2 der Norm der Fall der verfestigten Lebensgemeinschaft geregelt, den die Rechtsprechung bislang in der früheren Nr. 7 (Auffangtatbestand) erfasst hat. Damit will der Gesetzgeber erreichen, dass die bisherige Vielfalt von Rechtskonstruktionen im Zusammenhang mit einer neuen Partnerschaft möglichst reduziert wird. Maßgeblich soll sein, ob objektive, nach außen tretende Umstände den Schluss auf eine feste Beziehung nahe legen, etwa eine längere gemeinsame Haushaltsführung, das Erscheinungsbild in der Öffentlichkeit, größere gemeinsame Investitionen oder – auch ohne gemeinsamen Haushalt – die Dauer der Verbindung. Auf die Ausgestaltung der Beziehung in persönlicher oder finanzieller Hinsicht kommt es hierbei nicht an, sondern ausschließlich darauf, dass sich der eine verfestigte Lebensgemeinschaft eingehende geschiedene (und über § 1361 Abs. 3 auch der getrennt lebende) Ehegatte aus der ehelichen Solidarität objektiv verabschiedet hat.

a) Normzweck

§ 1579 soll dem Gerechtigkeitsempfinden grob widersprechende Ergebnisse vermeiden, wenn ein geschiedener Ehegatte von dem anderen **nacheheliche Solidari-**

---

[349] BVerfGE 80, 286 = FamRZ 1989, 941 = FuR 1990, 47.

III. Änderungen des Bürgerlichen Gesetzbuchs im Einzelnen

tät durch Leistung von Unterhalt verlangt, diese Solidarität aber selbst vermissen lässt.[350] Die nach der Trennung/Scheidung fortwirkende personale Verantwortung der Ehegatten füreinander reduziert sich im Unterhaltsrecht auf die einseitige Unterhaltsverpflichtung des wirtschaftlich stärkeren gegenüber dem bedürftigen Partner und durchbricht damit den im ehelichen Unterhaltsrecht allgemein geltenden Grundsatz der Gegenseitigkeit der Unterhaltspflicht (s. § 1360 – „schulden einander"). Die Grenze des Zumutbaren eines schuldunabhängigen Unterhaltsanspruchs ist aber dort überschritten, wo ein getrennt lebender/geschiedener Ehegatte Unterhaltsansprüche zu erfüllen hätte, obwohl Ausschlusstatbestände nach § 1579 vorliegen. Damit ist zugleich verfassungsrechtlich sichergestellt, dass der Eingriff in die Handlungsfreiheit des Unterhaltsschuldners im finanziellen Bereich als Folge der Unterhaltslasten Bestandteil der verfassungsmäßigen Ordnung ist, vor dem Grundrecht des Art. 2 Abs. 1 GG bestehen kann und auch die vom Grundsatz der Verhältnismäßigkeit gezogenen Grenzen nicht überschreitet.[351]

Mit der Neufassung der amtlichen Überschrift durch das **UÄndG 2008** soll die Zielrichtung der Bestimmung besser verdeutlicht werden: Sie drückt nunmehr die **Rechtsfolge**, nämlich die Beschränkung des Unterhaltsanspruchs (nach Höhe, zeitlicher Dauer der Leistung oder einer Kombination aus Höhe und Dauer) und seine vollständige Versagung aus und nennt zugleich die entscheidende Voraussetzung hierfür, nämlich die **grobe Unbilligkeit**. Diese kann sich aus einem **vorwerfbaren Fehlverhalten** des Unterhaltsgläubigers (§ 1579 Nummern 3 bis 7) oder aus einer objektiven Unzumutbarkeit der Unterhaltsleistung für den Unterhaltspflichtigen (§ 1579 Nummern 1, 2, 8) ergeben. Die Überschrift dient gleichzeitig der besseren **Abgrenzung** dieser Norm zu § 1578b. Fälle von ehelichem Fehlverhalten werden von § 1578b nicht erfasst, auch nicht unter dem Gesichtspunkt der „Einzelfallgerechtigkeit"; für diese Fälle verbleibt es bei den spezielleren Tatbeständen von § 1579, der insoweit eine abschließende Regelung enthält.

Die Änderung des Gesetzeswortlauts in § 1579 Nr. 1 beruht auf einer Entscheidung des Bundesverfassungsgerichts aus dem Jahre 1989:[352] Auch bei Kinderbetreuung ist für die Prüfung der Frage, ob eine Ehe kurz ist, zunächst auf die tatsächliche Dauer der Ehe abzustellen, und erst im zweiten Schritt ist zu prüfen, ob sie durch die Dauer der Kinderbetreuung als nicht mehr kurz anzusehen ist. Wird eine kurze Ehedauer bejaht, geht § 1579 als speziellere Norm der Begrenzungsbestimmung nach § 1578b vor.

---

350 Palandt/Brudermüller BGB 66. Aufl. § 1579 Rn 1.
351 BVerfGE 57, 361 = FamRZ 1981, 745.
352 BVerfG FamRZ 1989, 941.

Trotz der in § 1578b Abs. 3 ausdrücklich erwähnten Möglichkeit, Herabsetzung und zeitliche Begrenzung des Unterhaltsanspruchs miteinander zu kombinieren, erschien dem Gesetzgeber eine entsprechende Klarstellung bei § 1579 entbehrlich, da eine abgestufte Unterhaltsbegrenzung von einer zeitlich begrenzten Herabsetzung bis zur vollständigen Versagung als Rechtsfolge des § 1579 bereits seit Jahrzehnten in Rechtsprechung und Literatur als unstreitige Möglichkeiten der Begrenzung im Rahmen des § 1579 anerkannt ist.

b) Bemessung der Ehedauer i.S.d. § 1579 Nr. 1

Das **UÄndG 2008** hat auf Vorgaben, bis zu welcher **Dauer** eine **Ehe** als „kurz" anzusehen ist, verzichtet: Die Bestimmung dieses Zeitraums könne nicht abstrakt und für alle Ehen gleich erfolgen; es handele sich hierbei vielmehr stets um einen an der konkreten Lebenssituation der Ehegatten orientierten Akt wertender Erkenntnis. Der zeitliche Bereich sei durch die Rechtsprechung bereits so weit konkretisiert, dass eine gesetzliche Festlegung nicht erforderlich erscheine. Insoweit ist daher auf die **bisherige Rechtsprechung** zurückzugreifen.

Die Ehedauer i.S.d. § 1579 Nr. 1 ist nicht nach festen abstrakten Maßstäben zu bemessen, sondern nach der **konkreten Lebenssituation** der Ehegatten im **Einzelfall**,[353] insbesondere nach derjenigen des Unterhaltsgläubigers. **Maßgebliches Kriterium** ist grundsätzlich, ob die Ehegatten ihre **Lebenspositionen** in der **Ehe** bereits so weit aufeinander eingestellt und in **wechselseitiger Abhängigkeit** auf ein **gemeinsames Lebensziel** ausgerichtet haben, dass die fortdauernde Unterhaltsverpflichtung nicht mehr als grob unbillig empfunden wird, somit das **Maß** der **Verflechtung** der **beiderseitigen Lebensdispositionen** und der **Grad** der **wirtschaftlichen Abhängigkeit** des **unterhaltsbedürftigen Ehegatten** von dem **anderen**: Die Lebenssituation der Partner in der Ehe wird durch den **gemeinsamen Lebensplan** entscheidend geprägt. Mit ansteigender Dauer der Ehe geht auch eine **zunehmende Verflechtung** der **beiderseitigen Lebensdispositionen** sowie im Allgemeinen eine **wachsende wirtschaftliche Abhängigkeit** des unterhaltsbedürftigen Ehegatten einher, gegenüber der sich dieser durch die unterhaltsrechtliche Solidarität des Ehepartners abgesichert zu fühlen pflegt.[354] Erfahrungsgemäß hat die Verflechtung der beiderseitigen Lebenspositionen in aller Regel schon nach ei-

---

353 BGH FamRZ 1981, 140 [Nr. 98].
354 FamRZ 1981, 140 [Nr. 98]; 1999, 710 = FuR 1999, 278; s. auch BVerfGE 80, 286, 293 mit Hinweis auf BGH FamRZ 1986, 886.

III. Änderungen des Bürgerlichen Gesetzbuchs im Einzelnen

ner Ehedauer von **drei Jahren** einen Grad erreicht, der die Beurteilung der Ehe als nicht mehr kurz i.S.v. § 1579 Nr. 1 rechtfertigt.[355]

Gleichwohl hat der Bundesgerichtshof im Interesse praktischer Handhabung der Norm die zeitlichen Bereiche konkretisiert, innerhalb derer eine Ehe **grundsätzlich** als von kurzer oder nicht mehr von kurzer Dauer anzusehen ist. Eine Ehedauer von nicht mehr als **zwei Jahren** ist regelmäßig als **kurz**, eine solche von **drei Jahren Dauer an** im Regelfall[356] **nicht** mehr als **kurz** i.S.d. § 1579 Nr. 1 anzusehen,[357] auch wenn die Ehe in vorgerücktem Alter geschlossen wurde.[358] Bei einer Ehedauer von vier Jahren und acht Monaten kann nicht mehr von einer kurzen Ehe gesprochen werden,[359] bei einer Ehedauer von knapp über 4 Jahren jedenfalls dann nicht, wenn die Parteien in hohem Maße – auch in Ansehung eines vorehelichen längeren Zusammenlebens in nichtehelicher Lebensgemeinschaft – ihre beiderseitigen Lebenspositionen verflochten haben.[360] Bei einer Ehedauer **zwischen zwei** und **drei Jahren** ist maßgebend, ob und gegebenenfalls inwieweit die Ehegatten ihre **Lebensführung** in der **Ehe** bereits aufeinander **eingestellt** und in **wechselseitiger Abhängigkeit** auf ein **gemeinsames Lebensziel** ausgerichtet haben.[361]

Allerdings schließt dieser (nur) für den **Regelfall** geltende Grundsatz **Ausnahmen** nicht aus, wenn aufgrund **besonderer**, vom Regelfall **abweichender Umstände** des **Einzelfalles** eine andere Beurteilung der Ehedauer geboten ist. Der Bundesgerichtshof hat in zwei Entscheidungen die Möglichkeit bejaht, eine Ehe von mehr als drei Jahren noch als kurz zu beurteilen.[362] Bei einer Ehedauer von knapp fünf Jahren hat er Erwägungen zu § 1579 Nr. 1 nicht von vornherein mit dem Hinweis auf den Zeitablauf verworfen, sondern ausgeführt, es seien keine Anhaltspunkte dafür ersichtlich, dass aufgrund besonderer Umstände des Falles „dennoch von ei-

---

355 OLG Köln OLGR 2002, 96.
356 BGH FamRZ 1981, 140 [Nr. 98]; 1989, 483; OLG Hamm FamRZ 2002, 430.
357 OLG Düsseldorf FamRZ 2000, 827 – Einreichung des Scheidungsantrages etwa 2 Jahre/9 Monate nach der Eheschließung; Rechtshängigkeit wegen Auslandszustellung erst nach Ablauf von 3 Jahren; Beschränkung des Unterhaltsanspruchs nach § 1572 auf einen Zeitraum von 2 Jahren nach Rechtskraft der Scheidung.
358 BGH FamRZ 1982, 582; OLG Hamm FamRZ 1988, 400; OLG Frankfurt FamRZ 1991, 823.
359 OLG Schleswig MDR 2000, 1077 – da die nicht berufstätige Ehefrau jedoch durch die Eheschließung keine beruflichen Nachteile erlitten hatte, wurde der Unterhalt gem. § 1578 Abs. 1 S. 2 etwa 5 Jahre nach der Scheidung auf den angemessenen Lebensbedarf herabgesetzt.
360 OLG Schleswig OLGR 1999, 342.
361 BGH FamRZ 1982, 894, 895; s. auch OLG Nürnberg FuR 1997, 351 = EzFamR *aktuell* 1997, 341; OLG Celle FamRZ 1987, 69 zur Kürzung und zur zeitlichen Begrenzung des eheangemessenen Unterhaltsanspruchs bei einer Ehedauer von knapp 3 Jahren.
362 BGHF 3, 1149; BGH FamRZ 1987, 463.

ner kurzen Ehedauer" auszugehen sei.[363] Solche Anhaltspunkte können etwa Verhaltensweisen[364] oder längeres Zusammenleben[365] vor der Heirat sein. Unerheblich ist, dass aus der Ehe keine Kinder hervorgegangen sind, und dass das Zusammenleben zeitweise durch Zwistigkeiten geprägt war;[366] auch eine unter Umständen 30-jährige Unterhaltsbelastung rechtfertigt keine Billigkeitskorrektur.[367] In der Rechtsprechung der Oberlandesgerichte sind – vornehmlich in jüngerer Zeit – Ehen von bis zu vier Jahren Dauer und darüber hinaus wegen besonderer Einzelumstände noch als kurz i.S.d. § 1579 Nr. 1 angesehen worden.[368] Der Bundesgerichtshof hat allerdings eine **erweiternde Auslegung** der Norm mit Rücksicht auf die grundsätzlich lebenslange Unterhaltslast abgelehnt:[369] Der Härtegrund des § 1579 Nr. 1 dürfe über seinen gesetzlichen Anwendungsbereich hinaus nicht ausgedehnt werden.

Die Begründung der Bundesregierung zum **UÄndG 2008** ging davon aus, im Bereich von „Kurzzeitehen" seien Überschneidungen von § 1578b mit § 1579 Nr. 1 denkbar: Einerseits könne eine unbeschränkte Unterhaltsverpflichtung bei kurzer Ehedauer nach § 1579 Nr. 1 grob unbillig sein; andererseits wirke sich eine kurze Ehe häufig nicht negativ auf die Möglichkeit des geschiedenen Ehegatten aus, selbst für seinen Unterhalt zu sorgen: Deshalb komme auch eine Anwendung von § 1578b in Betracht.

Hat eine Ehe nur wenige Jahre gedauert, ist zuerst § 1579 Nr. 1 zu prüfen. Während die Dauer der Ehe bei der Prüfung von § 1578b nur aufgegriffen wird, weil eine kurze Ehe darauf hindeutet, dass die Ehegatten durch die Ehe keine Nachteile haben hinnehmen müssen, ist bei § 1579 Nr. 1 die Ehe von kurzer Dauer das entscheidende Tatbestandsmerkmal. Liegt eine kurze Ehe i.S.d. § 1579 Nr. 1 vor, verengt sich der Entscheidungsspielraum des Gerichts. Die Versagung, Herabsetzung oder zeitliche Begrenzung des Unterhaltsanspruchs hängt dann nur noch von der in § 1579 Hs. 1 vorgesehenen Billigkeitsprüfung ab, die vor allem der Wahrung der Belange gemeinschaftlicher Kinder dient. An diese Prüfung waren schon bislang

---

363 FamRZ 1995, 1405.
364 BGH FamRZ 1986, 886.
365 BGH FamRZ 1995, 1405.
366 Palandt/Brudermüller BGB 66. Aufl. § 1579 Rn 8.
367 BGH FamRZ 1999, 710 = FuR 1999, 278.
368 S. etwa OLG Düsseldorf FamRZ 1983, 1139; OLG Frankfurt FamRZ 1989, 630; OLG Köln FamRZ 1992, 65; OLG Hamm FamRZ 1992, 326 – bei höherem Alter der Ehegatten im Zeitpunkt der Eheschließung; OLG Koblenz OLGR 2003, 131 – Ehedauer von 4 1/4 Jahren.
369 BGH FamRZ 1999, 710 = FuR 1999, 278.

keine allzu hohen Anforderungen zu stellen.[370] Liegt dagegen kein Fall des § 1579 Nr. 1 vor, gilt § 1587b mit der Folge, dass beispielsweise bei einer 4-jährigen Ehe eine Beschränkung eher in Betracht kommen kann als bei einer 10- oder 15-jährigen Ehe.

Besonderheiten der Billigkeitsprüfung im Rahmen des § 1579 Nr. 1: Das Tatbestandselement „kurze Ehedauer" allein begrenzt den Unterhaltsanspruch noch nicht;[371] vielmehr muss die Inanspruchnahme des geschiedenen Ehegatten – über die Wahrung der Belange eines gemeinschaftlichen Kindes hinaus – **grob unbillig** sein.[372] Bei einer Ehedauer bis zu zwei Jahren können an die Darlegung von Unbilligkeitsgründen im Regelfall geringere Anforderungen gestellt werden, soweit eine extrem kurze Ehedauer die Inanspruchnahme des geschiedenen Ehegatten im Einzelfall nicht schon für sich allein grob unbillig macht.[373] Je länger aber eine Ehe über zwei Jahre hinaus gedauert hat, umso mehr hängt die Anwendung der Härteklausel von der Feststellung konkreter Umstände ab, die die Inanspruchnahme des geschiedenen Ehegatten als unerträglichen Widerspruch zum Gerechtigkeitsempfinden erscheinen lassen.

c) § 1579 Nr. 2 n.F. – Verfestigte Lebensgemeinschaft des Unterhaltsgläubigers

Das **UÄndG 2008** hat in § 1579 Nr. 2 n.F. den in der Praxis bedeutsamsten Härtegrund, das **dauerhafte Zusammenleben** des Unterhaltsgläubigers mit einem **neuen Partner**, als eigenständigen Ausschlusstatbestand normiert. Die neue Vorschrift erfasst viele derjenigen Fälle, die von den Gerichten bislang über den bisherigen § 1579 Nr. 7 gelöst wurden, und die Anlass zur Herausbildung einer überaus reichen, nur schwer überschaubaren Kasuistik gegeben haben. Verbleibende, von der Neuregelung nicht erfasste Fallgruppen sind wie bisher zu lösen; die Neuregelung verändert insoweit nichts. Gleichwohl wird der bisherige **Auffangtatbestand** des § 1579 Nr. 7 (jetzt: Nr. 8) dadurch erheblich „entlastet" und kann seiner ursprünglichen Funktion besser gerecht werden, Auffangtatbestand für alle sonstigen, nicht benannten Fälle zu sein, in denen eine unbeschränkte Unterhaltsverpflichtung grob unbillig wäre. Der (alte und neue) Härtegrund sanktioniert **kein vorwerfbares Fehlverhalten** des Unterhaltsgläubigers, sondern er erfasst eine **rein objektive**

---

370 Vgl. BGH FamRZ 1989, 483, 486.
371 OLG Schleswig OLGR 2001, 349.
372 BGH FamRZ 1982, 582; 1992, 1045, bestätigt durch BVerfG FamRZ 1992, 1283.
373 FamRZ 1981, 944; 1982, 582 – Ehedauer von etwa 2 1/2 Jahren.

III. Änderungen des Bürgerlichen Gesetzbuchs im Einzelnen

Gegebenheit bzw. eine **Veränderung** in den **Lebensverhältnissen** des bedürftigen Ehegatten, die eine dauerhafte Unterhaltsleistung unzumutbar erscheinen lässt.[374]

Nachdem der Gesetzgeber trotz der Bedenken des Bundesrats[375] – welche die Praxis weitgehend geteilt hat – den neuen Härtegrund der „**Verfestigten Lebensgemeinschaft des Unterhaltsgläubigers**" als Nr. 2 in § 1579 eingefügt hat, musste auch die seit 1977 altbekannt und bewährte Nummerierung des § 1579 ab der Nr. 2 geändert werden. Diese gewaltige Verschiebung innerhalb des § 1579 hat der Gesetzgeber des **UÄndG 2008** damit begründet, die neue Fallgruppe könne nicht an das Ende der Vorschrift angefügt werden, weil der in Nr. 2 geschilderte Härtegrund nicht an ein Fehlverhalten des Unterhaltsgläubigers anknüpfe, sondern an eine rein objektive Veränderung in seinen Lebensverhältnissen; daher sei es sachgerecht, diese Fallgruppe im räumlichen Zusammenhang mit der „Kurzehe" nach § 1579 Nr. 1 zu regeln, dem anderen Härtegrund mit rein objektivem Anknüpfungspunkt.

Hauptproblem der Norm wird – wie bislang auch innerhalb der Nr. 7 a.F. – im **Tatbestandselement „Verfestigte Lebensgemeinschaft"** liegen. Das **Bürgerliche Gesetzbuch** definiert nicht, unter welchen Umständen und ab wann eine verfestigte Lebensgemeinschaft anzunehmen ist. Nachdem das **UÄndG 2008** auch bezweckt, das Familienrecht mit den sonstigen Rechtsgebieten (etwa Steuerrecht, Sozialrecht) zu harmonisieren, liegt es nahe, insoweit auf Bestimmungen des **Sozialrechts** zurückzugreifen. Nach der Vorgabe des Bundesverfassungsgerichts hatte der Gesetzgeber sorgfältig zu prüfen, inwieweit das Unterhaltsrecht mit dem **Steuer-** und **Sozialrecht harmonisiert** werden kann, um Wertungswidersprüche zwischen diesen Rechtsgebieten zu vermeiden. Eine vollständige deckungsgleiche Ausgestaltung dieser Rechtsgebiete ist allerdings wegen der bestehenden sachlichen Unterschiede nicht immer möglich und könnte auch der jeweils eigenen Rationalität der betroffenen Rechtsgebiete nicht gerecht werden: Die familiäre Solidarität zwischen Privatpersonen kann nicht mit dem gleichen Maße gemessen werden wie die Rechte, Pflichten und Obliegenheiten des Einzelnen gegenüber der Solidargemeinschaft aller Staatsbürger. Im Einzelfall kann eine Angleichung in der Sache aber durchaus geboten sein.

---

[374] S. auch Büttner (FamRZ 2007, 773 ff) zu der Frage „grober Unbilligkeit" trotz ehebedingter Bedürftigkeit.
[375] Er hat angeregt, die neue Norm als Nr. 7 einzufügen, so dass nur die bisherige Nr. 7 auf den Platz Nr. 8 hätte verschoben werden müssen.

III. Änderungen des Bürgerlichen Gesetzbuchs im Einzelnen

Die der bisherigen Rechtsprechung[376] entsprechende Formulierung grenzt die neue Partnerschaft klar von einer reinen Freundschaft ab. Die Partnerschaft kann dabei heterosexuell oder homosexuell sein. Erfasst werden sowohl die sog. **Unterhaltsgemeinschaft**, in der der Bedürftige durch die neue Partnerschaft wieder sein volles Auskommen hat, als auch die **eheähnliche Gemeinschaft** („sozio-ökonomische Lebensgemeinschaft"), die nach außen das Erscheinungsbild einer Ehe aufweist.

Der Begriff **verfestigte Lebensgemeinschaft** indiziert ein Zusammenleben und – wirtschaften, aber auch sog. Wochenendbeziehungen aus beruflichen Gründen. Maßgebend ist im Ergebnis, ob sich der geschiedene Ehepartner mit der neuen Lebensgemeinschaft endgültig aus der nachehelichen Solidarität gelöst hat. In der Praxis wird die Normierung zur Folge haben, die zeitlichen Voraussetzungen einer eheähnlichen Gemeinschaft in vielen Fällen künftig etwas früher als bisher (etwa bisher 2 bis 3 Jahre im Regelfall)[377] zu bejahen und vor allem das Vorliegen einer Unterhaltsgemeinschaft, z.B. bei Geburt eines gemeinsamen Kindes oder Kauf einer gemeinsamen Immobilie, eher anzunehmen. Die Belange der aus der Ehe stammenden gemeinsamen Kinder werden durch die Kinderschutzklausel im Rahmen der Billigkeitsabwägung ausreichend gewahrt. Bei Betreuung gemeinschaftlicher Kinder kommt nicht nur eine Herabsetzung des Unterhalts auf das für die Kinderbetreuung notwendige Maß in Betracht, sondern auch der frühere Beginn einer Teilzeiterwerbsobliegenheit ab dem 3. Lebensjahr des Kindes.

aa) § 7 SGB II

<u>§ 7 SGB II</u> normiert den Kreis derjenigen Personen, die Leistungen nach diesem Gesetz beanspruchen können. Nach § 7 Abs. 2 SGB II erhalten Leistungen auch Personen, die mit erwerbsfähigen Hilfebedürftigen in einer Bedarfsgemeinschaft leben. Das zum 1.8.2006 in Kraft getretene Gesetz zur Fortentwicklung der Grundsicherung für Arbeitsuchende vom 20.7.2006[378] hat der Begriff der Bedarfsgemeinschaft (§ 7 Abs. 3 SGB II) teilweise neu gefasst. Danach gehört zur Bedarfsgemeinschaft als Partner der erwerbsfähigen Hilfebedürftigen – neben dem nicht dauernd getrennt lebenden Ehegatten (Nr. 3a)) und dem nicht dauernd getrennt lebenden Lebenspartner (Nr. 3b)) – auch eine Person, die mit dem erwerbsfähigen

---

376   BGH FamRZ 1989, 487; 1995, 540; 1997, 671; BGHZ 150, 209 = FamRZ 2002, 810 = FuR 2002, 250.
377   BGH FamRZ 1989, 481; 1997, 671.
378   BGBl I 1706.

III. Änderungen des Bürgerlichen Gesetzbuchs im Einzelnen

Hilfebedürftigen in einem gemeinsamen Haushalt so zusammenlebt, dass nach verständiger Würdigung der wechselseitige Wille anzunehmen ist, Verantwortung füreinander zu tragen und füreinander einzustehen (Nr. 3c)). Die Neufassung des § 7 Abs. 3 Nr. 3c) SGB II erwähnt den Begriff der eheähnlichen Gemeinschaft nicht mehr explizit: Ausweislich der Gesetzesmaterialien[379] soll hierdurch auch die Zuordnung von zwei in einer nicht eingetragenen gleichgeschlechtlichen Partnerschaft lebenden Personen zu einer Bedarfsgemeinschaft ermöglicht werden.

§ 7 Abs. 3a SGB II definiert sodann insoweit eine Vermutung:

„(3a) Ein wechselseitiger Wille, Verantwortung füreinander zu tragen und füreinander einzustehen, wird vermutet, wenn Partner

1. länger als ein Jahr zusammenleben,

2. mit einem gemeinsamen Kind zusammenleben,

3. Kinder oder Angehörige im Haushalt versorgen oder

4. befugt sind, über Einkommen oder Vermögen des anderen zu verfügen."

Die Neufassung des § 7 SGB II knüpft an die Rechtsprechung des Bundesverfassungsgerichts[380] an, wonach für die Annahme einer eheähnlichen Gemeinschaft die Bindungen der Partner so eng sein müssen, dass von ihnen ein gegenseitiges Einstehen in den Not- und Wechselfällen des Lebens erwartet werden kann. Nur wenn sich die Partner einer Gemeinschaft so sehr füreinander verantwortlich fühlen, dass sie zunächst den gemeinsamen Lebensunterhalt sicherstellen, bevor sie ihr persönliches Einkommen zur Befriedigung eigener Bedürfnisse einsetzen, ist ihre Lage mit derjenigen nicht dauernd getrennt lebender Ehegatten im Hinblick auf die verschärfte Bedürftigkeitsprüfung vergleichbar. Insoweit ist es bei Prüfung der Voraussetzungen auch nicht ausschlaggebend, ob ein Wille, Verantwortung füreinander zu tragen und füreinander einzustehen, tatsächlich vorliegt.

bb) Rechtsprechung der Bundesgerichte

Zur Auslegung des Tatbestandselements der „verfestigten Lebensgemeinschaft" kann – wenn auch nur begrenzt – die bisherige Rechtsprechung der Bundesgerichte herangezogen werden (BGH zu § 1579, BVerwGE zu § 122 BSHG sowie BSG zum ALG bzw. zum SGB).

---

379 Vgl. BT-Dr. 16/1410 S. 19.
380 BVerfGE 87, 234 ff., 265; Beschluss vom 2.9.2004 – 1 BvR 1962/04 – juris, vgl. auch BVerwGE 98, 195, 199; BSGE 90, 90, 98 f.

III. Änderungen des Bürgerlichen Gesetzbuchs im Einzelnen

(1) Bundesverfassungsgericht

Das Bundesverfassungsgericht hat eine eheähnliche Gemeinschaft als „... allein die Lebensgemeinschaft eines Mannes und einer Frau, die auf Dauer angelegt ist, daneben keine weitere Lebensgemeinschaft gleicher Art zulässt und sich durch innere Bindungen auszeichnet, die ein gegenseitiges Einstehen der Partner füreinander begründen, also über die Beziehungen in einer reinen Haushalts- und Wirtschaftsgemeinschaft hinausgehen..." definiert.[381]

(2) Bundesgerichtshof (zu § 1579 Nr. 7 a.F.)

Der Gesetzgeber des **UÄndG 2008** hat in seiner Begründung zu § 1579 Nr. 2 n.F. auf die Rechtsprechung des Bundesgerichtshofes zur sog. sozio-ökonomischen Lebensgemeinschaft hingewiesen. In jahrzehntelanger Rechtsprechung hat der Bundesgerichtshof hierzu folgende Strukturen entwickelt:

Allein die Tatsache, dass der unterhaltsberechtigte geschiedene Ehegatte mit einem neuen Partner eine intime Beziehung unterhält, stellt grundsätzlich keinen anderen Grund i.S.d. § 1579 Nr. 7 dar, der zur Verwirkung des Unterhaltsanspruchs führen kann. Allerdings kann ein länger dauerndes Verhältnis des Unterhaltsgläubigers zu einem anderen Partner dann zur Annahme eines Härtegrundes im Rahmen des Auffangtatbestands des § 1579 Nr. 7 (a.F.) – mit der Folge der Unzumutbarkeit einer weiteren (uneingeschränkten) Unterhaltsbelastung für den Unterhaltsschuldner – führen, wenn sich die Beziehung in einem solchen Maße verfestigt hat, dass sie als eheähnliches Zusammenleben anzusehen und gleichsam an die Stelle einer Ehe getreten ist. Dabei setzt die Annahme einer derartigen Lebensgemeinschaft nicht zwingend voraus, dass die Partner räumlich zusammenleben und einen gemeinsamen Haushalt führen, auch wenn eine solche Form des Zusammenlebens in der Regel ein typisches Anzeichen hierfür sein wird.[382] Lebt der Unterhalt begehrende geschiedene Ehegatte nacheinander jeweils über kürzere Zeiträume mit verschiedenen Partnern zusammen, wobei keine Partnerschaft für sich genommen die zu fordernde Mindestdauer von 2 bis 3 Jahren erreicht, dann ist der Verwirkungsgrund

---

381 BVerfGE 87, 234, 264.
382 BGH FamRZ 2002, 23, 25; BGHZ 150, 209, 215 = FamRZ 2002, 810 = FuR 2002, 250 m.w.N.; 157, 395 = FamRZ 2004, 614 = FuR 2004, 228 [Berufungsurteil: OLG Koblenz OLGR 2002, 11] – die Beziehung der geschiedenen Ehefrau zu ihrem Lebensgefährten hatte sich seit Jahren so sehr verfestigt, dass sie in ihrer persönlichen und wirtschaftlichen Ausprägung und Intensität einem eheähnlichen Verhältnis gleichkam (beide Partner lebten schon seit Jahren in einer gemeinsamen Wohnung, führten einen gemeinsamen Haushalt und traten auch in der Öffentlichkeit und bei Familienfeiern als Paar auf); Gesichtspunkte, die der Annahme eines solchen eheähnlichen Verhältnisses entgegen stehen könnten, waren weder vorgetragen noch sonst ersichtlich.

einer auf längere Dauer angelegten eheähnlichen Gemeinschaft schon rein begrifflich ausgeschlossen. Der geforderte Mindestzeitraum des Zusammenlebens hat ja gerade den Sinn, verlässlich beurteilen zu können, ob es sich um eine auf Dauer angelegte verfestigte Gemeinschaft handelt oder die Partner nur „probeweise" zusammenleben. Wenn der geschiedene Ehegatten seine (wechselnden) Beziehungen jeweils nach kürzerer Zeit wieder beendet, kann nicht von verfestigter eheähnlicher Gemeinschaft gesprochen werden.[383]

Lebt der Unterhaltsgläubiger bereits über einen längeren Zeitraum hinweg mit seinem neuen Partner in einer festen sozialen Verbindung („auf **Dauer angelegtes Verhältnis**"), die beide als neue Lebensform gewählt haben, und in der sie künftig ihr Leben gemeinsam gestalten wollen, und hat sich diese Beziehung im Sinne einer ehegleichen ökonomischen Solidarität nach ihrem äusseren Erscheinungsbild in einem solchen Maße verfestigt, dass sie als **eheähnliches Zusammenleben** gleichsam an die Stelle einer neuen Ehe getreten ist (sog. „**sozio-ökonomische Lebensgemeinschaft**"), dann ist die weitere (uneingeschränkte) Unterhaltsbelastung für den Unterhaltsschuldner als unzumutbare (grob unbillig) anzusehen:[384] Die gemeinsame Lebensplanung, dieser „Formenumweg",[385] ist letztlich der innere Grund dafür, warum von einem bestimmten Zeitpunkt an die Fortdauer der Unterhaltsbelastung und der damit verbundene Eingriff in die Handlungsfreiheit und die Lebensgestaltung für den Unterhaltsschuldner unzumutbar erscheint. Eine solche eheersetzende Lebensgemeinschaft ist regelmäßig durch ständige gegenseitige Hilfe und Unterstützung im Alltag, gemeinsames Wohnen, gemeinsame Freizeitgestaltung und Zukunftsplanung sowie familiäre Kontakte zu den Angehörigen der Familie des Partners gekennzeichnet,[386] wobei nicht zwingend vorausgesetzt wird, dass die Partner räumlich zusammen leben und einen gemeinsamen Haushalt führen, auch wenn eine solche Form des Zusammenlebens in der Regel ein typisches Anzeichen hierfür sein wird.[387]

Der Verwirkungstatbestand setzt weder räumliches Zusammenwohnen noch gemeinsame Haushaltsführung[388] voraus; auch kommt es nicht darauf an, ob der

---

383 OLG Köln FamRZ 2005, 279.
384 Grundlegend BGH FamRZ 1989, 487, 490; 1995, 540, 542; 1997, 671, 672; BGHZ 150, 209 = FamRZ 2002, 810, 811 = FuR 2002, 250; s. auch OLG Schleswig FuR 2005, 476; OLG Stuttgart OLGR 2005, 127; OLG Karlsruhe OLGR 2005, 195.
385 OLG Bremen OLGR 2000, 296.
386 OLG Schleswig MDR 2002, 1252.
387 BGH FamRZ 1984, 986, 987; 1989, 487, 490 f; 1991, 670, 672; 1995, 540, 542 f; 1997, 671, 672; 2002, 23, 25 = FuR 2002, 127; 2002, 810 = FuR 2002, 250 mit Anm. Bergschneider FamRZ 2002, 951.
388 BGH FamRZ 1997, 671.

III. Änderungen des Bürgerlichen Gesetzbuchs im Einzelnen

neue Partner wirtschaftlich in der Lage ist, dem anderen ein Auskommen zu bieten, ihn also zu unterhalten.[389] Nicht notwendig muss eine „nachhaltige wirtschaftliche Verflechtung der Lebensverhältnisse" vorliegen.[390] Allerdings müssen, wenn die Parteien – nicht nur „**verkappt**" zur „Sicherung" des Unterhalts – in getrennten Wohnungen leben, eindeutige tatsächliche Merkmale festgestellt sein, die auf eine feste Lebensgemeinschaft hinweisen. Der Verwirkungstatbestand ist „in klassischer Weise"[391] gegeben, wenn die (Trennungs-)Unterhalt begehrende Ehefrau während der Trennungszeit über mehrere Jahre hinweg mit einem Lebensgefährten zusammengelebt und diesem zwei Kinder geboren hat. Eine seit fast drei Jahren bestehende Lebensgemeinschaft mit einem neuen Partner darf nicht als „nicht verfestigt" angesehen werden, weil es „in der Beziehung schon längere Zeit kriselt";[392] vielmehr kommt eine Begrenzung eines Unterhaltsanspruchs wegen grober Unbilligkeit i.S.d. § 1579 Nr. 7 wegen Bestehens einer eheglichen Lebensgemeinschaft nach Ablauf von drei Jahren deren Bestands auch dann in Betracht, wenn sich die Lebensgefährten während dieser Zeit für die Dauer eines Jahres räumlich distanziert haben, ohne dass sie die Beziehung abgebrochen hätten,[393] oder wenn sie gar zwischenzeitlich in getrennten Wohnungen leben, ohne ihre Beziehung abzubrechen.[394]

Unter welchen anderen Umständen – nach einer gewissen Mindestdauer – auf ein eheähnliches Zusammenleben geschlossen werden kann, lässt sich nicht allgemein verbindlich festlegen.[395] Grundsätzlich muss diese Beziehung jedoch bereits über einen **längeren Zeitraum** hinweg bestehen.[396] Nach welchem Zeitablauf – und unter welchen weiteren Umständen – dies angenommen werden kann, kann nicht allgemein verbindlich festgelegt werden. Nach Ansicht des Bundesgerichtshofes[397] darf eine gewisse **Mindestdauer** – im Einzelfall kaum unter zwei bis drei

---

389 OLG Bremen OLGR 2000, 296.
390 So aber OLG Karlsruhe FamRZ 2005, 1179.
391 OLG Zweibrücken FuR 2000, 438.
392 A. A. OLG Köln NJW-RR 2003, 938 – bedarfsmindernd seien jedoch die finanziellen Vorteile durch das Wirtschaften in einem gemeinsamen Haushalt zu werten.
393 OLG Hamm FuR 2003, 418 = NJW-RR 2003, 1297 – getrennte Wohnungen.
394 OLG Saarbrücken FF 2003, 252.
395 BGH FamRZ 1984, 986; 1989, 487, 490; 1991, 670, 672; 1995, 540, 542; 1997, 671; 2002, 23 = FuR 2002, 127.
396 BGH FamRZ 1984, 986, 987; 1989, 487, 490 f; 1991, 670, 672; 1995, 540, 542 f; 1997, 671, 672; 2002, 23, 25 = FuR 2002, 127; 2002, 810 = FuR 2002, 250 mit Anm. Bergschneider FamRZ 2002, 951.
397 FamRZ 1989, 487; 2002, 810 = FuR 2002, 250 mit Anm. Bergschneider FamRZ 2002, 951.

III. Änderungen des Bürgerlichen Gesetzbuchs im Einzelnen

Jahren[398] – in der Regel nicht unterschritten werden, weil vor Ablauf einer solchen zeitlichen Mindestgrenze im allgemeinen nicht verlässlich beurteilt werden kann, ob die Partner nur „probeweise" zusammen leben, etwa um eine spätere Eheschließung vorzubereiten – ein Verhalten, das keinen Härtegrund i.S.v. § 1579 Nr. 7 erfüllt –, oder ob sie auf Dauer in einer verfestigten Gemeinschaft leben und nach dem **Erscheinungsbild** der Beziehung in der Öffentlichkeit diese Lebensform bewusst auch für ihre weitere Zukunft gewählt haben.[399]

Ausnahmsweise kann eine solche „Verfestigung" auch schon nach **kürzerer Zeit** angenommen werden, wenn besondere Umstände auf eine Entscheidung der beiden Lebenspartner für eine langjährige gemeinsame Zukunft hindeuten, insbesondere gemeinsame bedeutende wirtschaftliche Dispositionen (etwa der Kauf einer gemeinsamen Immobilie für gemeinsame Wohnzwecke)[400] oder aber die künftige Familienplanung. Erwarten die neuen Lebenspartner bereits ein gemeinsames Kind, oder wurde ein solches gar in der neuen Lebenspartnerschaft bereits geboren, dann tritt das Zeitmoment deutlich hinter den vom Bundesgerichtshof gezogenen Zeitrahmen zurück.[401] Dies gilt auch dann, wenn die neue Lebenspartnerschaft zerbricht, etwa wenn die geschiedene Ehefrau mit ihrem Lebensgefährten zwar nur etwa 18 Monate lang zusammengelebt hat, aber auch sonst intensiven Umgang mit ihm hatte, und ausserdem drei gemeinsame Kinder aus der Gemeinschaft hervorgegangen sind, von denen das älteste bereits vier Monate nach der Scheidung der geschiedenen Ehefrau geboren wurde.[402]

---

398 BGH FamRZ 1989, 487; 1997, 671; 2002, 810 = FuR 2002, 250 mit Anm. Bergschneider FamRZ 2002, 951; BGHZ 150, 209, 215 = FamRZ 2002, 810 = FuR 2002, 250 m.w.N.; 157, 395 = FamRZ 2004, 614 = FuR 2004, 228; so auch OLG Nürnberg EzFamR *aktuell* 2000, 308; s. auch OLG Köln FamRZ 1998, 1236 – Verfestigung der neuen Beziehung „ seit nunmehr über zweieinhalb Jahren".

399 FamRZ 1983, 996; 1984, 986; 1989, 487; 1997, 671, 672; 2002, 23, 25 = FuR 2002, 127 m.w.N.; OLG Frankfurt OLGR 2002, 7; OLG Schleswig FuR 2005, 476; s. auch Luthin FamRZ 1986, 1166.

400 OLG Köln FamRZ 2000, 290 mit Anm. Heuschmid FF 1999, 155 – die Partner lebten bereits über ein Jahr lang in einem zu gemeinschaftlichem Eigentum erworbenen Hause zusammen; OLG Hamburg FamRZ 2002, 1038 – Kauf und Bezug eines gemeinsamen Hauses; OLG Köln FF 2005, 192 – Kauf und Bezug eines gemeinsamen Hauses, und aus der eheähnlichen Lebensgemeinschaft ging zudem noch ein Kind hervor; OLG Stuttgart OLGR 2005, 127 – gemeinsamer Erwerb von gemeinsam bewohntem Grundeigentum; OLG Schleswig FamRZ 2005, 277 – Erwerb des Miteigentumsanteils durch den neuen Lebenspartner von dem früheren Ehemann (Zeitmoment: 18 Monate); OLG Nürnberg FuR 2002, 328 – das Erscheinungsbild in der Öffentlichkeit war absolut vergleichbar mit einer Ehe (Zusammenleben etwa 1 1/2 Jahre, aus der Verbindung mit dem neuen Partner stammten drei Kinder, von denen das älteste etwa 4 Monate nach der Scheidung geboren wurde).

401 Zu allem OLG Schleswig NJW-RR 2005, 734; OLG Köln FamRZ 2005, 279; FF 2005, 192 – die Lebenspartner hatten zudem noch gemeinsam ein Familienheim errichtet.

402 OLG Nürnberg FuR 2002, 328 – damit sei jedenfalls in der Öffentlichkeit ein mit einer Ehe absolut vergleichbares Erscheinungsbild eingetreten.

III. Änderungen des Bürgerlichen Gesetzbuchs im Einzelnen

Ob die Aufnahme eines Verhältnisses zu einem anderen Partner die aus der Unterhaltspflicht erwachsende Belastung unzumutbar macht, hängt nicht davon ab, ob es zwischen den Partnern zu **Intimitäten** kommt oder nicht: Entscheidend für die Unzumutbarkeit einer fortdauernden (uneingeschränkten) Unterhaltsbelastung ist vielmehr der Umstand, dass der Unterhaltsberechtigte mit einem Partner in einer verfestigten Beziehung lebt, die Partner ihre Lebensverhältnisse so aufeinander abgestellt haben, dass sie wechselseitig füreinander einstehen, indem sie sich gegenseitig Hilfe und Unterstützung gewähren, und damit ihr Zusammenleben ähnlich gestalten, wie es sich aufgrund der nach außen dringenden Gegebenheiten auch in einer Ehe darstellt. Eine solche Verbindung rechtfertigt grundsätzlich die Annahme, der Berechtigte sei im Rahmen der neuen Partnerschaft „wie in einer Ehe" versorgt.[403] Insoweit ist es auch unerheblich, dass die Unterhalt begehrende Frau geltend macht, der Partner, mit dem sie eine verfestigte Beziehung unterhalte, sei **homosexuell**.[404]

Auch das mit einer Ehe vergleichbare **Erscheinungsbild** der neuen **Verbindung** in der **Öffentlichkeit**[405] kann dazu führen, dass die Fortdauer der Unterhaltsbelastung und des damit verbundenen Eingriffs in seine Handlungsfreiheit und Lebensgestaltung für den Unterhaltsschuldner nach relativ kurzer Zeit unzumutbar wird, wenn sich diese Beziehung bereits nach kurzer Zeit in einem solchen Maße verfestigt, dass damit gleichsam ein nichteheliches Zusammenleben an die Stelle einer Ehe getreten ist.[406] Hält sich etwa der neue Partner ganz überwiegend in der Wohnung der geschiedenen Ehefrau auf, übernachtet er auch dort, werden Freizeit (insbesondere die Wochenenden, hohe Festtage, Feierlichkeiten) und Urlaube – zumal unter Einbeziehung der Kinder – im Wesentlichen gemeinsam gestaltet und verbracht, und leistet der neue Partner moralischen und praktischen Beistand, so dass in der Öffentlichkeit der Eindruck einer verfestigten Gemeinschaft besteht, ist eine Verwirkung nach § 1579 Nr. 7 auch dann anzunehmen, wenn der neue Partner (auch) weiterhin eine eigene Wohnung unterhält.[407] Eine neue Partnerschaft bietet bereits dann das Erscheinungsbild einer quasi ehelichen Lebensgemeinschaft,

---

403 BGH FamRZ 1995, 344, 345.
404 BGH FamRZ 2002, 810 = FuR 2002, 250 mit Anm. Bergschneider FamRZ 2002, 951.
405 S. etwa OLG Nürnberg FuR 2002, 328.
406 Grundlegend BGH FamRZ 1983, 569; 1989, 487; 1995, 344; 1995, 540; FamRZ 1997, 671; OLG Zweibrücken FamRZ 2001, 833; OLG Frankfurt OLGR 2002, 7; Häberle FamRZ 1986, 311, 315; Büttner FamRZ 1996, 136; Palandt/Brudermüller BGB 66. Aufl. § 1579 Rn 39: „eine als Ehealternative auf Dauer bewusst gewählte und verfestigte nichteheliche Lebensgemeinschaft" – „Das Verdikt objektiver Unzumutbarkeit gründet sich hier dar auf, dass die Parteien redlicherweise eine Ehe (oder Lebenspartnerschaft) eingehen würden".
407 OLG Hamm NJW-RR 1996, 1474.

III. Änderungen des Bürgerlichen Gesetzbuchs im Einzelnen

wenn die Bindung seit drei Jahren besteht, die Partner Wochenenden, Freizeit und Ferien gemeinsam verbringen und der eine Partner an Familienfeiern des anderen teilnimmt.[408]

Weitere Indizien sind insbesondere das Auftreten als Paar, das Ausrichten gemeinsamer Feste, beiderseitiges Erscheinen in öffentlichen Anzeigen, Benennung als „Papa" oder „Mama" von den Kindern des anderen Partners, „gelebte Solidarität" (etwa durch Versorgung bei Krankheit u.a.).[409] Lebt etwa ein infolge schwerer Behinderung oder Krankheit pflegebedürftiger Ehegatte nach der Ehescheidung mit einem neuen Partner zusammen, der ihm eine so umfassende Betreuung und Zuwendung zuteil werden lässt, wie sie in aller Regel nur allernächste Angehörige, einem Erwachsenen zumeist nur der Ehepartner, gewähren, so ist der Tatbestand der Unterhaltsverwirkung nach § 1579 Nr. 7 erfüllt; auf sexuelle Kontakte kommt es insoweit nicht an.[410] Auch wenn die Unterhalt begehrende geschiedene Ehefrau nicht mit ihrem neuen Partner in einer gemeinsamen Wohnung lebt, jedoch angibt, sie unterhalte mit ihm eine intime Beziehung, träfe sich mit ihm in ihrer Freizeit, gehe mit ihm gemeinsam spazieren und zum Einkaufen, ist aufgrund dieser deutlichen Hinweise eine sehr enge Beziehung anzunehmen, die auch von Außenstehenden als eheliche Gemeinschaft gewertet werden kann, und die zur Annahme des Härtegrundes des § 1579 Nr. 7 führt.[411]

Der Tatrichter hat zu beurteilen, ob diese Voraussetzungen vorliegen, und die Verfestigung der sozialen Beziehung im Einzelfall festzustellen; das bloße „Erscheinungsbild" genügt nicht.[412]

Der Bundesgerichtshof[413] hat es offen gelassen, ob die Annahme einer auf Dauer angelegten verfestigten Verbindung voraussetzt, dass diese von der konkreten Umgebung des Berechtigten als ehegleiches Verhältnis wahrgenommen und gewertet wird, ob also das **Erscheinungsbild** der **nichtehelichen Lebensgemeinschaft** in der **Öffentlichkeit** maßgebend ist, oder ob es ausreicht, dass die Partner ihre Ver-

---

408 OLG Hamm FamRZ 1994, 1591; OLG Karlsruhe FamRZ 1997, 366 – im entschiedenen Fall verneint: die Parteien hätten insgesamt nur 1994 eine Woche Urlaub und 1995 einige Tage im Urlaub gemeinsam verbracht.
409 S. OLG Hamm FamRZ 2000, 229; Schnitzler FF 2001, 82 m.w.N.
410 OLG Köln FuR 2002, 531.
411 OLG Frankfurt FamRZ 2003, 99.
412 OLG Hamm FamRZ 1998, 1588 mit Anm. Born; s. auch OLG Düsseldorf FamRZ 2000, 1374 [Ls] – Kürzung eines Unterhaltsanspruchs nach einer Ehedauer bis zur Trennung von 20 Jahren trotz wissentlich falschen Prozessvortrags und fester sozialer Bindung zu einem (wirtschaftlich schwachen) Partner.
413 FamRZ 1997, 671.

III. Änderungen des Bürgerlichen Gesetzbuchs im Einzelnen

bindung als dauerhaft ansehen, auch wenn sie es verstehen, die Beziehung in der Öffentlichkeit **geheim** zu halten.[414] Die Maßgeblichkeit des Erscheinungsbildes einer neuen Partnerschaft in der Öffentlichkeit als Grund für die Unzumutbarkeit einer weiteren (uneingeschränkten) Unterhaltsbelastung des Unterhaltsschuldners betreffe jedenfalls allein die Erkennbarkeit der Partnerschaft aufgrund der nach außen dringenden Gegebenheiten und setze nicht voraus, dass die Partnerschaft auch tatsächlich in diesem Sinne bewertet wird.[415] Ist eine nichteheliche Lebensgemeinschaft eines geschiedenen Ehegatten nach dem maßgeblichen Erscheinungsbild in der Öffentlichkeit an die Stelle einer Ehe getreten, tritt eine Verwirkung seines Anspruchs auf nachehelichen Unterhalt unabhängig davon ein, ob die nichtehelichen Lebenspartner (auch) eine Unterhaltsgemeinschaft eingegangen sind.[416]

Äußerst schwierig ist die Abgrenzung zu einer zwar auf **Dauer angelegten**, aber bewusst auf **Distanz** gehaltenen nichtehelichen Partnerschaft mit zwei verschiedenen, klar abgrenzbaren Lebensmittelpunkten, die keine Unzumutbarkeit der Unterhaltsleistung begründet.[417] Wohnen die Partner einer nichtehelichen Lebensgemeinschaft jedenfalls am Wochenende zusammen, und besteht die Beziehung seit fast sechs Jahren, wobei beide nach außen hin als Paar auftreten und der nichteheliche Lebenspartner von den Kindern seiner Lebenspartnerin „Papa" genannt wird, hat sich die Beziehung derart verfestigt, dass der Umstand, dass die Partner keine gemeinsame Wohnung (dauerhaft) bewohnen, der Annahme der Verwirkung gem. § 1579 Nr. 7 nicht entgegen steht.[418] Ob hingegen eine zwar auf **Dauer angelegte**, aber bewusst auf **Distanz** gehaltene nichteheliche Partnerschaft mit zwei verschiedenen, klar abgrenzbaren Lebensmittelpunkten eine Unzumutbarkeit der Unterhaltsleistung begründet, hängt von dem **Umständen** des **Einzelfalles** ab.[419] Ein Verhältnis, das in seiner persönlichen und wirtschaftlichen Ausprägung und Intensität einem eheähnlichen Verhältnis gleichkommt, liegt jedenfalls dann vor, wenn die Parteien seit mehreren Jahren zwar in verschiedenen Wohnungen, aber im selben Hause leben, und die wirtschaftliche wie auch private Situation des ge-

---

414 S. Luthin FamRZ 1986, 1166, 1167.
415 BGH FamRZ 1995, 540; 1997, 671.
416 OLG Hamm FamRZ 2003, 877.
417 Hierzu ausführlich BGH FamRZ 2002, 23 = FuR 2002, 127 [Berufungsurteil: OLG Koblenz FamRZ 2000, 1372]; s. auch OLG Frankfurt FamRZ 2000, 427 – eigener Lebensmittelpunkt der getrennt wohnenden Partner.
418 OLG Hamm OLGR 2000, 236 im Anschluss an OLG Hamm FamRZ 1997, 374, und OLG Köln FamRZ 1998, 1236; s. aber auch OLG Hamm FamRZ 1994, 963.
419 BGH FamRZ 1984, 986; 1989, 487, 490 f.; 1991, 670, 672; 1995, 540, 542 f.; 1997, 671, 672; 2002, 23 = FuR 2002, 127.

schiedenen Ehegatten mit der seines Lebensgefährten ganz wesentlich verflochten ist.[420]

Allerdings darf nicht allein auf den Ausschnitt der Partnerbeziehung abgestellt werden, der das Bild der Beziehung in der Öffentlichkeit prägt, sondern es muss auch die vom Unterhaltsgläubiger und seinem Partner ganz bewusst **gewählte Lebenssituation** in ihrer **Gesamtheit** mit einbezogen werden. Halten die Partner einer nichtehelichen Lebensgemeinschaft in dem Bestreben, einen „gewissen Freiraum" zu behalten, ganz bewusst ihre Lebensbereiche getrennt[421] (etwa indem sie getrennt wohnen und die überwiegende Zeit in ihrem eigenen Lebenskreis verbringen), und haben sie damit ihre **Beziehung bewusst auf Distanz** angelegt, weil sie ein enges Zusammenleben – etwa aufgrund der in ihnen bisherigen Partnerschaften gemachten Erfahrungen – nicht wünschen, dann ist diese von den Beteiligten in eigener Verantwortung getroffene Lebensgestaltung zu respektieren,[422] und dann lässt das Gesamtbild der Beziehung des geschiedenen Unterhaltsgläubigers zu seinem neuen Partner eine weitere Heranziehung des Unterhaltsschuldners zu Unterhaltszahlungen weder insgesamt noch teilweise als (objektiv) unzumutbar erscheinen.[423]

Unter solchen Umständen kommt der Frage, ob die Gemeinschaft von ihrer Intensität her gleichwohl einem ehelichen Zusammenleben entspricht und gleichsam an die Stelle einer Ehe tritt, entscheidende Bedeutung zu. Erst wenn diese Feststellung getroffen werden kann, kommt es auf die weiteren Voraussetzungen, die an das Vorliegen des Härtegrundes zu stellen sind, an. Daraus folgt andererseits, dass eine **allein subjektiv** in Anspruch genommene **Distanz** zu dem neuen Partner, die in der **tatsächlichen Lebensgestaltung** nicht zum Ausdruck kommt, **nicht** berücksichtigt werden darf.[424]

Sind diese Voraussetzungen erfüllt, dann kann von dem Zeitpunkt an, in dem sich das nichteheliche Zusammenleben der neuen Partner als eine solchermaßen verfestigte Verbindung darstellt, die Bedeutung der geschiedenen Ehe als Grund für eine fortdauernde unterhaltsrechtliche Verantwortung des Unterhaltsschuldners gegenüber seinem geschiedenen Ehegatten zurücktreten, und es kann für ihn objektiv unzumutbar werden, den früheren Ehegatten unter derartig veränderten Lebensumständen – als Folgewirkung aus der geschiedenen Ehe – gleichwohl weiterhin

---

420 OLG Koblenz NJW-RR 2004, 1373.
421 S. auch OLG Frankfurt FamRZ 2000, 427.
422 BGH FamRZ 2002, 23 = FuR 2002, 127.
423 OLG Koblenz FamRZ 2000, 1372.
424 BGH FamRZ 2002, 23 = FuR 2002, 127.

III. Änderungen des Bürgerlichen Gesetzbuchs im Einzelnen

(uneingeschränkt – es bleibt dabei, dass auch dann zur Wahrung der Belange von zu betreuenden minderjährigen Kindern kein Unterhaltsausschluss, sondern nur eine Herabsetzung auf den notwendigen Bedarf in Betracht kommen kann)[425] unterhalten zu müssen.[426]

Die **wirtschaftliche Lage** des **neuen Partners** des Unterhaltsgläubiger spielt hierbei – anders als im Fall der Verweisung auf eine Unterhaltsgemeinschaft – grundsätzlich **keine Rolle**, auch wenn der geschiedene Ehegatte in dieser seiner neuen Beziehung in wirtschaftlicher Hinsicht kein Äquivalent zu den ehelichen Lebensverhältnissen oder gar kein Auskommen findet: Maßgebend ist, dass die jetzige eheähnliche Beziehung die frühere Ehe in den Hintergrund drängt, und dass die Fortdauer der Unterhaltspflicht wegen der eheähnlichen Verfestigung der neuen Lebenspartnerschaft für den früheren Ehegatten unzumutbar ist.[427] Allerdings können bei der Billigkeitsprüfung – neben anderen Kriterien – auch die wirtschaftlichen Verhältnisse des neuen Partners mit zu berücksichtigen sein.[428]

Der Grundsatz, wonach ein Härtegrund i.S.v. § 1579 Nr. 7 anzunehmen sein kann, wenn der Unterhaltsgläubiger seit längerer Zeit mit einem neuen, verschiedengeschlechtlichen Partner zusammenlebt, und diese Beziehung sich in einem solchen Maße verfestigt hat, dass damit gleichsam „ein nichteheliches Zusammenleben an die Stelle einer Ehe getreten ist",[429] kann nach Ansicht des Bundesgerichtshofes[430] nicht (ohne weiteres) auf die Verhältnisse in einer **gleichgeschlechtlichen Beziehung** übertragen werden. Dies beruhe nicht auf der fehlenden Möglichkeit einer Eheschließung an sich, sondern auf dem Umstand, dass der Gesetzgeber für das Zusammenleben zwischen Mann und Frau in einer festen Verbindung das Institut der Ehe mit ihren unterhaltsrechtlichen Folgen geschaffen habe, und dass bei eine eheähnliche Gemeinschaft als Lebensform in der gesellschaftlichen Wirklichkeit zunehmend Anerkennung finde. Für eine Beziehung zwischen zwei gleichgeschlechtlichen Partnern existiere hingegen (noch) **kein der Ehe vergleichbares**

---

425 OLG Köln FamRZ 1998, 1236.
426 BGH FamRZ 1997, 671.
427 OLG Schleswig NJW-RR 2004, 799.
428 BGH FamRZ 1989, 487; Luthin FamRZ 1986, 1166.
429 Ausführlich BGH FamRZ 1989, 487.
430 BGH FamRZ 1995, 344 – offen gelassen allerdings für die Fallgruppe „Unterhaltsgemeinschaft" (wenn also der Unterhaltsgläubiger eine dauerhafte Unterhaltsgemeinschaft mit einem gleichgeschlechtlichen Partner begründet, mit dem eine Eheschließung kraft Gesetzes nicht in Betracht kommt, oder wenn ein geschiedener Ehegatte auf Dauer von einem finanziell wesentlich besser gestellten gleichgeschlechtlichen Partner, ohne ihm den Haushalt zu führen, tatsächlich voll unterhalten wird); s. auch OLG Hamm FamRZ 2000, 21 – Zusammenleben zweier Frauen in häuslicher Gemeinschaft mit intimen Beziehungen.

III. Änderungen des Bürgerlichen Gesetzbuchs im Einzelnen

Rechtsinstitut. Damit habe sich in der Vergangenheit auch kein allgemeingültiges Leitbild mit der Vorstellung entwickelt, auch der in einer gleichgeschlechtlichen Partnerschaft lebende Unterhaltsgläubiger sei im Rahmen dieser Verbindung wie in einer Ehe versorgt. Demzufolge bestehe grundsätzlich kein Anlass für die hieran anknüpfende Annahme, die fortdauernde Unterhaltsbelastung könne unzumutbar sein.[431]

Mit dem Lebenspartnerschaftsgesetz vom 16.2.2001[432] hat der Gesetzgeber nunmehr insoweit ein rechtliches Institut mit Leitbild geschaffen. In seinem Urteil vom 20.3.2002[433] musste der Bundesgerichtshof nicht entscheiden, ob an dieser Auffassung mit Rücksicht auf das Lebenspartnerschaftsgesetz festzuhalten ist. Hierzu führt Brudermüller[434] (zutreffend) aus:

„Kommt es aber nur auf die tatsächliche Bildung einer „Unterhaltsgemeinschaft" an, ist bei der im Unterhaltsrecht angezeigten ökonomischen Betrachtungsweise die Binnenstruktur der gemeinsamen wirtschaftlichen „Einheit" unerheblich, insbesondere ob überhaupt sexuelle – auch gleichgeschlechtliche (offen BGH FamRZ 1995, 344) – Beziehungen bestehen. Erforderlich ist aber eine 'Solidarität' (hier im Unterschied zu freiwilligen Leistungen Dritter in Form von psychischer oder materieller Unterstützung zu verstehen), aufgrund deren der eine Partner ‚wie in einer Ehe von dem anderen unterhalten' wird (BGH FamRZ 1995, 540, 542), wie nunmehr das Lebenspartnerschaftsgesetz vorsieht. Unabhängig von der Frage, ob ein gleichgeschlechtliches Zusammenleben zur Anwendung der Nr. 6 oder 7 führen kann, ist in Betracht zu ziehen, dass auch insoweit tatsächliche oder fiktive Zuwendungen des (gleichgeschlechtlichen) Partners dem Unterhaltsberechtigten als Einkommen zuzurechnen sein können."

(3) Bundessozialgericht

Auch nach Ansicht des Bundessozialgerichts handelt es sich bei der eheähnlichen Gemeinschaft um eine **Verantwortungs-** und **Einstehensgemeinschaft**:

„Nur wenn sich die Partner einer Gemeinschaft so sehr füreinander verantwortlich fühlen, dass sie zunächst den gemeinsamen Lebensunterhalt sicherstellen, bevor sie ihr persönliches Einkommen zur Befriedigung eigener Bedürfnisse verwenden, ist ihre Lage mit derjenigen nicht dauernd getrennt lebender Ehegatten im Hinblick auf die verschärfte Bedürftigkeitsprüfung vergleichbar."

Eheähnlich sei demnach eine Verbindung zweier Partner unterschiedlichen Geschlechts dann, wenn sie auf Dauer angelegt ist, daneben keine weitere Lebensgemeinschaft gleicher Art zulässt und sich durch innere Bindungen auszeichnet,

---

431 BGH FamRZ 1995, 344; 2002, 810 = FuR 2002, 250 mit Anm. Bergschneider FamRZ 2002, 951.
432 BGBl I 266 ff.
433 BGH FamRZ 2002, 810 = FuR 2002, 250 mit Anm. Bergschneider FamRZ 2002, 951.
434 In Palandt BGB 66. Aufl. § 1579 Rn 38.

III. Änderungen des Bürgerlichen Gesetzbuchs im Einzelnen

die ein gegenseitiges Einstehen der Partner in den Not- und Wechselfällen des Lebens begründen, also über die Beziehungen einer reinen Haushalts- und Wirtschaftsgemeinschaft hinausgehen. Eine Entscheidung hierüber sei nur anhand bestimmter „Hilfstatsachen" möglich, die nicht losgelöst von ihrem Zweck gewertet und mithin nicht „verabsolutiert" werden dürfen.[435]

(4) Bundesverwaltungsgericht

Eine eheähnliche Gemeinschaft i.S.d. § 122 S. 1 BSHG liegt nur dann vor, wenn sie als auf **Dauer angelegte Lebensgemeinschaft** zwischen einem Mann und einer Frau über eine reine Haushalts- und Wirtschaftsgemeinschaft hinausgeht und sich – im Sinne einer Verantwortungs- und Einstehensgemeinschaft – durch innere Bindungen auszeichnet, die ein gegenseitiges Einstehen der Partner für einander begründen.[436]

cc) Bürgerlich-rechtliche Definition der „Verfestigten Lebensgemeinschaft"

Der Begriff der „**verfestigten Lebensgemeinschaft**" i.S.d. § 1579 Nr. 2 ist ein unbestimmter Rechtsbegriff. Der Gesetzgeber hat nicht den Begriff „eheähnliche Gemeinschaft", die vielfach an dem Institut der Ehe gemessen wird, sondern als Tatbestandselement des § 1579 Nr. 2 den umfassenderen Begriff der „verfestigten Lebensgemeinschaft" gewählt.

„Verfestigt" und damit „eheähnlich" ist die **Verbindung zweier Partner** – nicht nur unterschiedlichen Geschlechts[437] –, die **auf Dauer angelegt** ist, die daneben regelmäßig keine weitere Lebensgemeinschaft gleicher Art zulässt und sich durch innere enge Bindungen auszeichnet, die in den Not- und Wechselfällen des Lebens ein gegenseitiges Einstehen der Partner füreinander begründen, also über die Beziehung einer bloßen Haushalts- und Wirtschaftsgemeinschaft hinausgehen („Verantwortungs- und Einstehensgemeinschaft").[438] Es ist nicht notwendig, dass die Situation einer verfestigten Lebensgemeinschaft der Ehe bereits so ähnlich ist, dass als Unterscheidungsmerkmal lediglich das Fehlen eines Trauscheines fest-

---

435 BSGE 90, 90; s. auch BSG NDV-RD 2007, 3.
436 BVerwGE 98, 195 im Anschluss an BVerfGE 87, 234, 264 f.
437 BayLSG ZFSH/SGB 2005, 609 zu § 7 SGB II – bei verfassungsgemäßer Auslegung der Vorschrift sei eine eheähnliche Gemeinschaft auch zwischen gleichgeschlechtlichen Partnern möglich.
438 BVerfGE 87, 234, 264 zum früheren § 137 Abs. 2a) AFG; BVerfG NJW 2005, 462; BSGE 90, 90; BSG SozR 3–4100 § 119 Nr. 15 = EzA § 144 SGB III Nr. 1; BVerwGE 98, 195 zum früheren § 122 BSHG.

zustellen ist. Fühlen sich jedoch die Partner einer Gemeinschaft so sehr füreinander verantwortlich, dass sie zunächst den gemeinsamen Lebensunterhalt sicherstellen, bevor sie ihr persönliches Einkommen zur Befriedigung eigener Bedürfnisse verwenden, dann ist ihre Lage mit derjenigen nicht getrennt lebender Ehegatten im Hinblick auf die Anrechnung von Einkommen und Vermögen vergleichbar. Eine verfestigte Lebensgemeinschaft kann auch dann angenommen werden, wenn zwischen den Partnern keine geschlechtliche Beziehungen bestehen,[439] und auch dann, wenn (mindestens) einer der Partner noch anderweitig verheiratet ist.

Ziehen zwei erwachsene Partner in eine Wohnung, dann ist bereits nach der Lebenserfahrung davon auszugehen, dass es sich bei der **neuen Beziehung** dieser beiden Menschen um eine „**verfestigte Lebensgemeinschaft**" handelt, wobei selbstverständlich das Zusammenleben innerhalb einer Familie "im weiteren Sinne" hierzu nicht gerechnet werden darf. Wer von dieser Lebenserfahrung abweichend in seinem Fall eine Besonderheit behauptet, welche die (neue) Beziehung nicht als verfestigte Lebensgemeinschaft i.S.d. § 1579 Nr. 2 erscheinen lassen soll, trägt gegen diesen Erfahrungssatz die volle Darlegungs- und Beweislast.

Auf Grund der verschärften Eigenverantwortung (§§ 1569, 1578b) kann auch an dem sog. „**Zeitmoment**" – Tatbestandselement einer **sozio-ökonomischen Lebensgemeinschaft** nach der Rechtsprechung des Bundesgerichtshofes nicht unverändert festgehalten werden. Es entspricht ebenfalls der Lebenserfahrung, dass Partner, die innerhalb einer neuen Beziehung eine gemeinsame Wohnung nehmen, ihre Beziehung bereits ausreichend auf Tragfähigkeit geprüft haben. Auch insoweit trägt die Darlegungs- und Beweislast, wer von der Lebenserfahrung Abweichendes behauptet. Es kann nicht sein, dass ein Unterhaltsschuldner solche – gar mehrere Prüfungsphasen – finanzieren muss. **Korrektur der Partnerwahl** – aus welchen Gründen auch immer – auf Kosten des verlassenen Ehegatten ist im Regelfall als grob unbillig anzusehen.

Die Rechtsprechung wäre unehrlich, wenn sie nicht auch die sog. „**verkappten**" **verfestigten Lebensgemeinschaften** entsprechend den „aufrichtigen" Partnerschaften behandeln würde. Wer sich zu einer heimlichen verfestigten Lebensgemeinschaft verbindet, nur um sich die Vorteile des nachehelichen Unterhalts zu sichern, darf nicht besser behandelt werden als derjenige, der offen und ehrlich zu seiner neuen Partnerschaft steht. Daher ist der Tatrichter zunehmend aufgefordert, sich an Hand der Indizien im Einzelfall sorgfältig zu informieren, ob er es vorliegend mit einer – im Regelfall nicht unterhaltsschädlichen – „Distanz"-Beziehung

---

[439] BSG SozR 3–4100 § 119 Nr. 15 unter Hinweis auf BVerfGE 87, 234, 268 zu § 7 SGB II.

III. Änderungen des Bürgerlichen Gesetzbuchs im Einzelnen

zu tun hat, oder mit einer neuen verfestigten, zum Zwecke der Unterhaltssicherung geheim gehaltenen Lebensgemeinschaft.

dd) Indizienprüfung im Einzelfall

Entscheidender Umstand ist, dass der geschiedene Ehegatte, der eine **neue** verfestigte **Lebensgemeinschaft** eingegangen ist, sich damit endgültig aus der nachehelichen Solidarität herausgelöst hat und zu erkennen gibt, dass er diese nicht mehr benötigt. Daher ist die „verfestigte Lebensgemeinschaft" als Anwendungsfall der Unbilligkeit nach § 1579 zu begreifen und nicht als Fall der bloßen Deckung des Bedarfs i.S.v. § 1577 Abs. 1. Ob das der Tatbestandselement der verfestigten Lebensgemeinschaft vorliegt, kann daher aufgrund der Vielfalt der denkbaren Lebenssachverhalte oftmals nur im konkreten Einzelfall anhand einer Gesamtwürdigung von – nicht abschließend aufzählbaren – Indizien (**objektive**, nach **außen tretende Umstände**, aber auch innere Tatsachen, sog. äussere und innere Hinweistatsachen) beurteilt werden; unter Würdigung aller Umstände des Einzelfalles sind solche Indizien zu bewerten und zu gewichten: Im Ergebnis entscheidet das jeweilige Gesamtbild der im Einzelfall festgestellten tatsächlichen Verhältnisse. Ohne Belang ist, ob sich die Partner und/oder Dritte als „Lebensgefährte" bezeichnen.

(1) Übersicht über die Kriterien des SGB II

Nach § 7 Abs. 3a SGB II wird ein wechselseitiger Wille, Verantwortung füreinander zu tragen und füreinander einzustehen, vermutet, wenn Partner

- länger als ein Jahr zusammenleben (Nr. 1),
- mit einem gemeinsamen Kind zusammenleben (Nr. 2),
- Kinder oder Angehörige im Haushalt versorgen (Nr. 3) oder
- befugt sind, über Einkommen oder Vermögen des anderen zu verfügen (Nr. 4).

(2) Zeitkriterium (§ 7 Abs. 3a Nr. 1 SGB II)

Bereits die **Dauer** des **Zusammenlebens** lässt vielfach auf eine dauerhafte Verfestigung der Partnerschaft schließen: Der Dauer der Beziehung kommt eine wesentliche, wenn auch nicht ausschließliche Bedeutung zu. Das Zeitkriterium ist insbesondere deshalb von Bedeutung, weil die „Anlage einer Beziehung auf Dauer" sich gegen den Willen der Beteiligten meist nur für die Vergangenheit feststellen lässt, wenn die Beziehung bereits einige Zeit besteht.

III. Änderungen des Bürgerlichen Gesetzbuchs im Einzelnen

Aus der Sicht des Bundessozialgerichts[440] bot sich zur Beurteilung, wann eine derartige Beziehung im Sozialrecht als dauerhaft verfestigt bewertet werden, eine Orientierung an den Vorschriften des Bürgerlichen Gesetzbuchs an, die – gewissermaßen für den umgekehrten Fall – das Scheitern einer Ehe erst nach dreijähriger Trennung unwiderlegbar vermuten; dies lege nahe, diesen Gedanken insoweit nutzbar zu machen, als erst eine dreijährige Dauer der Beziehung genügende Ernsthaftigkeit und Kontinuität bezeugt. Allerdings sei die Drei-Jahresgrenze nicht im Sinne einer absoluten zeitlichen Mindestgrenze zu verstehen, unterhalb derer das Vorliegen einer eheähnlichen Gemeinschaft immer und in jedem Fall verneint werden müsse; vielmehr könne eine dauerhafte Beziehung bereits ab dem ersten Tag des Zusammenlebens vorliegen. Nach dreijährigem Zusammenleben hingegen dürften ohne gegenteilige Anhaltspunkte keine Zweifel mehr an der Dauerhaftigkeit bestehen.

(3) Zusammenleben mit einem gemeinsamen Kind (§ 7 Abs. 3a Nr. 2 SGB II)

Leben die Partner mit einem oder gar mehreren Kindern in einer familienähnlichen Gemeinschaft zusammen, ist bereits nach der Lebenserfahrung eine verfestigte Lebensgemeinschaft anzunehmen.

(4) Versorgung von Kindern oder Angehörigen im Haushalt (§ 7 Abs. 3a Nr. 3 SGB II)

Die Versorgung und Erziehung gemeinsamer Kinder oder sonstiger, nicht unbedingt gemeinsamer Angehöriger im gemeinsamen Haushalt lässt eine verfestigte Lebensgemeinschaft vermuten. Hierzu rechnet auch und erst recht die Pflege des bedürftigen anderen Partners, die das Zusammenleben prägt.

(5) Befugnis zu wirtschaftlichen Dispositionen (§ 7 Abs. 3a Nr. 4 SGB II)

Die Befugnis eines Partners, über Einkommen und Vermögensgegenstände des anderen Partners zu verfügen, ist nur ein Teilbereich des Kriteriums der „wirtschaftlichen Verflechtung" beider Lebenspartner. Ein gewichtiges Indiz kann bereits sein, ob und inwieweit die Partner gemeinsam wirtschaften, ob gar ein gemeinsames Konto besteht. Maßgebende Kriterien insoweit sind gemeinsame langfristige Vermögensdispositionen der Partner, etwa Bildung gemeinsamen Vermögens (Erwerb

---

[440] BSG SozR 4100 § 119 Nr. 15.

eines gemeinsamen Familienheims bzw. Anschaffung von wertvollen Gütern wie Immobilien oder Fahrzeugen).

(6) Art des (räumlichen) Zusammenlebens („Wohnverhältnisse")

Eine **Wohngemeinschaft** beider Lebenspartner deutet bereits erfahrungsgemäß (**Erfahrungssatz!**) auf eine verfestigte Lebensgemeinschaft hin, wobei umgekehrt – die Partner leben (jedenfalls meist „offiziell") nicht in einer gemeinsamen Wohnung – eine verfestigte Lebensgemeinschaft nicht von vornherein nicht angenommen werden darf. Fehlt eine eigene Intimsphäre jeden Partners innerhalb der Wohnung, oder werden mehrerer Räume gemeinsam genutzt, spricht dies für eine innere Bindung, wobei jedoch auch getrennte Wohn- oder Schlafbereiche nicht zwangsläufig dazu führen, eine eheähnliche Gemeinschaft abzulehnen. Ein „gemeinsames Schlafzimmer" jedenfalls deutet auf eine verfestigte Lebensgemeinschaft hin.[441]

Schwierig ist die Grenzziehung zwischen verfestigter Lebensgemeinschaft und Wohngemeinschaft, insbesondere wenn behauptet wird, der Partner sei nicht „Lebensgefährte", sondern nur „Wohngemeinschaftspartner". Hier ist insbesondere auf die nach außen erkennbare Dauer und Intensität einer gelebten Gemeinschaft vor Gründung einer angeblichen Wohngemeinschaft abzustellen. In seinem Urteil vom 17.10.2002[442] hat das BSG zwischen eheähnlicher Gemeinschaft und nichtehelicher Lebensgemeinschaft differenziert:

> „Eheähnlich ist danach eine Bindung zweier Partner unterschiedlichen Geschlechts nur dann, wenn sie auf Dauer angelegt ist, daneben keine weitere Lebensgemeinschaft gleicher Art zulässt und sich durch innere Bindungen auszeichnet, die ein gegenseitiges Einstehen der Partner in den Not- und Wechselfällen des Lebens begründen, also über die Beziehungen einer reinen Haushalts- und Wirtschaftsgemeinschaft hinausgehen. Eine Entscheidung hierüber ist nur anhand bestimmter ‚Hilfstatsachen' möglich. Kriterien für die Ernsthaftigkeit einer Beziehung im vorbezeichneten Sinne sind insbesondere deren Dauerhaftigkeit und Kontinuität und eine bestehende Haushalts- und Wirtschaftsgemeinschaft; daneben können weitere Umstände, wie etwa die gemeinsame Versorgung von Angehörigen, gewertet werden. Die Annahme einer eheähnlichen Gemeinschaft setzt allerdings nicht voraus, dass zwischen den Partnern geschlechtliche Beziehungen bestehen."

---

441 BayLSG, Beschluss vom 27.9.2006 – L 11 B 691/06 AS. ER, L 11 B 696/06 AS. PKH zu § 7 SGB II – „gegenseitige Einstandsgemeinschaft".
442 SozR 3–4300 § 144 Nr. 10.

Insoweit kann auch die Ausgestaltung des Mietverhältnisses von Bedeutung sein. Das bloße Zusammenleben unter derselben Meldeadresse genügt regelmäßig nicht zur Annahme einer eheähnlichen Gemeinschaft.[443]

(7) Weitere Kriterien

- Dauer und Intensität der Bekanntschaft vor dem Zusammenleben,
- Umstände des Zusammenziehens und der dazu führende Anlass,
- Aufnahme intimer Beziehungen als personales Element einer engen inneren Bindung im Regelfall,
- über einen längeren Zeitraum hinweg geführter gemeinsamer Haushalt,
- gemeinsame Lebensplanung der Partner für die neu begründete Partner- und Lebenssituation im Sinne des Aufbaus einer dauerhaften Beziehung, auch mit neuen gemeinsamen sozialen Kontakten, insbesondere nach etwaigen Scheidungen,
- Erscheinungsbild in der Öffentlichkeit, vor allem auch eine – nach außen erkennbare – Intensität der gelebten Gemeinschaft,
- Frage, ob die Partner der neuen Lebensgemeinschaft eine Ehe bzw. eine „offizielle" Lebenspartnerschaft eingehen könnten, und warum sie es nicht tun,
- konkrete Lebenssituation der Partner während der erheblichen gemeinsam verbrachten Lebenszeit
- Leistungsfähigkeit des neuen Partners,
- Verhalten in anderweitigen Rechtssachen, insbesondere Mitwirkung in familienrechtlichen Streitigkeiten des Partners (etwa wegen Unterhalt oder Umgangsrecht), da hieraus bereits eine persönliche Nähe und Vertrautheit deutlich wird, die klar für eine erhebliche und verpflichtende Bindung zwischen den Partnern spricht.

(8) Anwendung von Erfahrungssätzen bzw. Vermutungsregelungen

Die trotz substantiierten Vortrags des Unterhaltsschuldners abgegebene schlichte Erklärung des Unterhaltsgläubigers, er lebe nicht in einer verfestigten Lebensgemeinschaft (Verantwortungsgemeinschaft), genügt nicht:[444] Das Gericht hat unter Ausschöpfung aller verfügbaren prozessualen Möglichkeiten den Sachverhalt im Hinblick auf das Vorliegen solcher Hinweistatsachen aufzuklären; es darf sich (insbesondere) nicht auf die bloßen Erklärungen der betroffenen Partei oder ihres Partners stützen. Bereits die Tatbestände der **Vermutungsregelung** des § 7 Abs. 3a

---

443 BVerfG FamRZ 2004, 1950; so bereits BSGE 63, 12.
444 Vgl. auch BT-Dr. 16/1410 S. 19 zu § 7 SGB II.

III. Änderungen des Bürgerlichen Gesetzbuchs im Einzelnen

SGB II erleichtern die bürgerlich-rechtliche Prüfung im Einzelfall: Liegt (sogar) einer der Tatbestände des § 7 III Nr. 3b SGB II vor, dann kann auf das Bestehen einer eheähnlichen Gemeinschaft i.S.v. § 7 III Nr. 3b SGB II und erst recht auf eine bestehende verfestigte Lebensgemeinschaft i.S.v. § 1579 Nr. 2 geschlossen werden. Allerdings zeigt bereits der Begriff der Hinweistatsache, dass nicht sämtliche Indizien umfassend nachgewiesen sein müssen, und dass das Fehlen einzelner Indizien nicht zwangsläufig der Feststellung entgegen steht, es liege eine eheähnlichen Gemeinschaft vor.

Sind in der Sphäre des Unterhaltsgläubigers liegende Tatsachen nicht feststellbar, die der Unterhaltsschuldner in Ermangelung entsprechender Angaben des Unterhaltsgläubigers nicht kennt und nicht kennen muss, so dass er letztlich gehindert ist, sich über diese bedeutsamen Tatsachen zeitnah ein zutreffendes Bild zu machen, ist dem Unterhaltsschuldner ein entsprechender Auskunftsanspruch gem. §§ 1580, 1605 zuzubilligen. Es ist kein Argument, dass Indiztatsachen nicht zu einer Kontrolle der Lebensführung sowie des Intimbereichs des geschiedenen Ehegatten führen dürfen: Im Unterschied zum Sozialrecht betreffen die aufzuklärenden Tatsachen gleichermaßen die Lebenssituation beider geschiedener Ehegatten (**Gleichbehandlungsgrundsatz**).

Liegen nach erschöpfender Aufklärung des Sachverhalts **hinreichende Indizien** vor, die eine **verfestigte Lebensgemeinschaft nahe legen**, dann ist es Sache des Unterhaltsgläubigers, plausible Gründe darzulegen und gegebenenfalls zu beweisen, dass keine verfestigte Lebensgemeinschaft vorliegt, oder dass die Vermutung durch andere Umstände entkräftet wird bzw. dass das Zusammenwohnen (nunmehr) als reine Zweck- oder Wohngemeinschaft einzustufen ist. Auch die Vermutungsregelung des § 7 Abs. 3a SGB II und damit die Annahme einer Einstehensgemeinschaft ist widerleglich; allerdings bewirkt ein vorliegender „**Vermutungstatbestand**" nach § 7 Abs. 3a SGB II insoweit **Beweislastumkehr** zu Lasten des Unterhaltsgläubigers.[445]

Im Rahmen einer **Gesamtschau** sind in jedem Einzelfall die für und auch gegen eine verfestigte Lebensgemeinschaft sprechenden Indizien nach den Grundsätzen der freien Beweiswürdigung zu prüfen, wobei den Hinweistatsachen in der Regel unterschiedliches Gewicht zukommt. Besonderes Augenmerk ist auf etwaige Angaben, Umstände und Verhaltensweisen zu legen, die der Unterhaltsgläubiger oder dessen Partner erst im Hinblick auf die erhoffte Weiterleistung nachehelichen Unterhalts ändert oder ausgestaltet. Behauptet der Unterhaltsgläubiger etwa Beendi-

---

[445] BT-Dr. 16/1410 S. 19.

gung/Aufhebung einer verfestigten Lebensgemeinschaft, wird dies in der Lebensrealität regelmäßig mit der Auflösung der Wohngemeinschaft verbunden sein. Insoweit sind nur zeitnahe Umstände und Indizien von Belang, nicht solche aus zurückliegenden Zeiträumen.

(9) Summarisches Verfahren und Prozesskostenhilfe

Die Feststellung, ob eine verfestigte Lebensgemeinschaft im Sinne der Rechtsprechung vorliegt, ist eine komplexe juristische Bewertung, die eine **Gesamtwürdigung aller Umstände** des jeweiligen Einzelfalles erforderlich macht, und schon deshalb juristischen Laien regelmäßig ohne weiteres nicht möglich ist. Somit ist die entsprechende Indizienwürdigung weder in einem summarischen Verfahren möglich, noch darf im Regelfalle insoweit Prozesskostenhilfe versagt werden.

d) Kinderschutzklausel des § 1579

Die Belange eines gemeinschaftlichen Kindes, das von dem geschiedenen, in einer verfestigten Lebensgemeinschaft lebenden Ehegatten betreut wird, sind durch die „**Kinderschutzklausel**" im Einleitungssatz des § 1579 zu wahren. Im Einzelfall ist zu prüfen, inwieweit der eheangemessene Unterhalt auf das zur Kindesbetreuung erforderliche Maß reduziert werden, oder inwieweit der betreuende Elternteil – beispielsweise **nach** dem **dritten Lebensjahr** des **Kindes** – durch eine Teilzeiterwerbstätigkeit zum eigenen Unterhalt beitragen kann.

10. § 1582 Rang des geschiedenen Ehegatten bei mehreren Unterhaltsberechtigten

Fassung bis 31.12.2007	Fassung ab 1.1.2008
§ 1582 – Rangverhältnisse mehrerer Unterhaltsbedürftiger	*§ 1582 – Rang des geschiedenen Ehegatten bei mehreren Unterhaltsberechtigten*
(1) Bei Ermittlung des Unterhalts des geschiedenen Ehegatten geht im Falle des § 1581 der geschiedene Ehegatte einem neuen Ehegatten vor, wenn dieser nicht bei entsprechender Anwendung der §§ 1569 bis 1574, § 1576 und des § 1577 Absatz 1 unterhaltsberechtigt wäre. Hätte der neue Ehegatte nach diesen Vorschriften einen Unterhalts-	*Sind mehrere Unterhaltsberechtigte vorhanden, richtet sich der Rang des geschiedenen Ehegatten nach § 1609.*

III. Änderungen des Bürgerlichen Gesetzbuchs im Einzelnen

Fassung bis 31.12.2007	Fassung ab 1.1.2008
anspruch, geht ihm der geschiedene Ehegatte gleichwohl vor, wenn er nach § 1570 oder nach § 1576 unterhaltsberechtigt ist oder die Ehe mit dem geschiedenen Ehegatten von langer Dauer war. Der Ehedauer steht die Zeit gleich, in der ein Ehegatte wegen der Pflege oder Erziehung eines gemeinschaftlichen Kindes nach § 1570 unterhaltsberechtigt war.	
(2) § 1609 bleibt im Übrigen unberührt.	[Abs. 2 aufgehoben]

Die Änderungen betreffen die Überschrift der Vorschrift und den Text der Bestimmung. Durch die Neufassung wird die Überschrift präziser gefasst; gleichzeitig wird die Wortwahl an den an anderen Stellen des Bürgerlichen Gesetzbuchs üblichen Gebrauch angeglichen.

Die Neufassung führt zu einer deutlichen Kürzung der Vorschrift. Anstelle der bisherigen komplexen Regelung der unterhaltsrechtlichen Rangfolge, bei der es zur Klärung des unterhaltsrechtlichen Rangverhältnisses zwischen verschiedenen Unterhaltsberechtigten vielfach erforderlich war, mehrere, teilweise komplizierte Vorschriften parallel zu betrachten, tritt eine klare Gesamtkonzeption, bei der sich die Rangfolge zwischen allen Unterhaltsberechtigten aus einer einzigen, übersichtlich gefassten Vorschrift ergibt, dem neu gefassten § 1609. Sonderregelungen zur Rangfolge der Unterhaltsberechtigung in einzelnen Unterhaltsverhältnissen wie demjenigen zwischen geschiedenen Ehegatten, zwischen dem Vater und der Mutter des ausserhalb einer bestehenden Ehe geborenen Kindes wegen des Betreuungsunterhalts oder zwischen Lebenspartnern nach dem Lebenspartnerschaftsgesetz erübrigen sich. Mit der Neufassung genügt jeweils eine einfache Verweisung auf die zentrale Regelung der Rangfolge, die für alle Unterhaltsverhältnisse gilt.

11. § 1585b Unterhalt für die Vergangenheit

Fassung bis 31.12.2007	Fassung ab 1.1.2008
§ 1585b – Unterhalt für die Vergangenheit	**§ 1585b – Unterhalt für die Vergangenheit**
(1) Wegen eines Sonderbedarfs (§ 1613 Absatz 2) kann der Berechtigte Unterhalt für die Vergangenheit verlangen.	(1) Wegen eines Sonderbedarfs (§ 1613 Absatz 2) kann der Berechtigte Unterhalt für die Vergangenheit verlangen.

III. Änderungen des Bürgerlichen Gesetzbuchs im Einzelnen

Fassung bis 31.12.2007	Fassung ab 1.1.2008
(2) Im Übrigen kann der Berechtigte für die Vergangenheit Erfüllung oder Schadensersatz wegen Nichterfüllung erst von der Zeit an fordern, in der der Unterhaltspflichtige in Verzug gekommen oder der Unterhaltsanspruch rechtshängig geworden ist.	(2) Im Übrigen kann der Berechtigte für die Vergangenheit Erfüllung oder Schadensersatz wegen Nichterfüllung *nur entsprechend § 1613 Absatz 1 fordern.*
(3) Für eine mehr als ein Jahr vor der Rechtshängigkeit liegende Zeit kann Erfüllung oder Schadensersatz wegen Nichterfüllung nur verlangt werden, wenn anzunehmen ist, dass der Verpflichtete sich der Leistung absichtlich entzogen hat.	(3) Für eine mehr als ein Jahr vor der Rechtshängigkeit liegende Zeit kann Erfüllung oder Schadensersatz wegen Nichterfüllung nur verlangt werden, wenn anzunehmen ist, dass der Verpflichtete sich der Leistung absichtlich entzogen hat.

§ 1585b Abs. 2 wurde neu gefasst. Die Regelung des nachehelichen Unterhalts für die Vergangenheit (§ 1585b Abs. 2) wich seit 1.7.1998 (Inkrafttreten des KindUG 1998) von den entsprechenden Vorschriften für den Trennungsunterhalt (§§ 1361 Abs. 4 S. 4, 1360a Abs. 3, 1613 Abs. 1) und für den Verwandtenunterhalt (§ 1613 Abs. 1) ab, nachdem § 1613 durch das KindUG neu gefasst worden war. Da die Verweisung in § 1360a Abs. 3 und der Text von § 1585b Abs. 2, der vor der Neufassung im Wesentlichen demjenigen in § 1613 Abs. 1 a.F. entsprach, unverändert geblieben sind, kam es zu den derzeit bestehenden, allerdings geringfügigen Unterschieden bei der Behandlung des Unterhalts für die Vergangenheit. Nach der bisherigen Gesetzeslage galt § 1613 Abs. 1 für den nachehelichen Unterhalt nicht entsprechend, sondern über §§ 1361 Abs. 4, 1360a Abs. 3 nur für den Trennungsunterhalt. Diese seit längerem kritisierte unterschiedliche Fassung[446] wird nunmehr aufgegeben weil kein Grund dafür ersichtlich ist, die Voraussetzungen für die Geltendmachung von Unterhalt für die Vergangenheit in § 1585b Abs. 2 anders zu gestalten als in § 1613 Abs. 1. § 1585b Abs. 2 verweist deshalb in der Neufassung auf § 1613 Abs. 1.

Allerdings hat die Praxis nach wie vor darauf zu achten, dass das Auskunftsverlangen zwar nunmehr auch beim nachehelichen Unterhalt genügt, den Unterhaltsschuldner in Verzug zu setzen, es aber dennoch erforderlich bleibt, die Auskunft erst **nach** Rechtskraft der Scheidung zu verlangen: Die schon vor Rechtskraft der

---

[446] S. etwa Gerhardt FuR 2005, 529, 537.

III. Änderungen des Bürgerlichen Gesetzbuchs im Einzelnen

Scheidung verlangte Auskunft begründet keinen Verzug, weil der nacheheliche Unterhalt vom Trennungsunterhalt wesensverschieden ist und erst mit Rechtskraft der Ehescheidung fällig wird. In Fällen, in denen nicht klar ist, wann die Rechtskraft eintritt oder schon eingetreten ist (z.b. bei Rechtsmittel nur in einer Folgesache mit Eintritt der Rechtskraft gem. § 629a ZPO) sollte vorsorglich wiederholt Auskunft verlangt werden.

12. § 1585c Vereinbarungen über den Unterhalt

Fassung bis 31.12.2007	Fassung ab 1.1.2008
§ 1585c – Vereinbarungen über den Unterhalt Die Ehegatten können über die Unterhaltspflicht für die Zeit nach der Scheidung Vereinbarungen treffen.	**§ 1585c – Vereinbarungen über den Unterhalt** Die Ehegatten können über die Unterhaltspflicht für die Zeit nach der Scheidung Vereinbarungen treffen. *Eine Vereinbarung, die vor der Rechtskraft der Scheidung getroffen wird, bedarf der notariellen Beurkundung. § 127a findet auch auf eine Vereinbarung Anwendung, die in einem Verfahren in Ehesachen vor dem Prozessgericht protokolliert wird.*

Das **UÄndG 2008** hat dieser Norm zwei weitere Sätze angefügt. Danach bedürfen vor Rechtskraft der Ehescheidung getroffene Vereinbarungen über den nachehelichen Unterhalt der notariellen Beurkundung (bzw. der Form eines gerichtlich protokollierten Vergleichs, § 127a); ein vor Rechtskraft der Scheidung erklärter Unterhaltsverzicht ist daher nur noch bei notarieller Beurkundung oder gerichtlicher Vergleichsprotokollierung (§ 127a) wirksam. Allerdings kann § 127a nur auf eine Vereinbarung angewendet werden, die in einem Verfahren in Ehesachen vor dem Prozessgericht protokolliert wird.

Bis zum 31.12.2007 war die Formbedürftigkeit von Vereinbarungen über Scheidungsfolgen uneinheitlich geregelt: Im Gegensatz zu Vereinbarungen über den Versorgungsausgleich (§§ 1408 Abs. 2, 1587o Abs. 2) oder zu güterrechtlichen Vereinbarungen (§§ 1410, 1378 Abs. 3), die der notariellen Beurkundung bedürfen, konnten Vereinbarungen über den nachehelichen Unterhalt auch privatschriftlich oder sogar mündlich geschlossen werden, dies, obwohl die Absicherung des laufenden Unterhalts für den Berechtigten in der Regel von weitaus existentiellerer Bedeutung war als etwa Zugewinn/Güterrecht oder der spätere Versorgungsausgleich. Die Annahme, das Wesen des Unterhalts sei jedem von sich aus verständlich, so dass es der Anordnung eines Formzwangs nicht bedürfe, hat sich in der Praxis häufig als unzutreffend erwiesen, denn immer wieder wurden weitreichende Unterhaltsregelungen in Unkenntnis ihrer Tragweite getroffen, ohne dass sachkundiger Rat eingeholt wurde.

Diese Gesetzesänderung trägt der Tatsache Rechnung, dass der Unterhalt häufig bei weitem größere Bedeutung hat als der Zugewinnausgleich oder auch der Versorgungsausgleich, auf die auch schon nach bisheriger Gesetzeslage vor Ehescheidung nur in einem notariellen Vertrag oder in einem gerichtlich protokollierten Vergleich verzichtet werden konnte. Der **Formzwang** bezweckt vor allem, durch die Mitwirkung eines Notars oder eines Rechtsanwalts die fachkundige und unabhängige **Beratung** der vertragsschließenden Parteien sicherzustellen, um die Vertragspartner vor übereilten Erklärungen zu bewahren und ihnen die rechtliche Tragweite ihrer Vereinbarungen vor Augen zu führen.

Die Frage, welche **inhaltlichen Grenzen** Unterhaltsvereinbarungen gezogen sind, ist vom Bundesgerichtshof in seiner Entscheidung vom 11.2.2004[447] unter Heranziehung allgemeiner zivilrechtlicher Grundsätze treffend beantwortet worden. Ob die dort dargelegten Voraussetzungen vorliegen, ist vom Gericht jeweils anhand des konkreten Einzelfalles zu entscheiden.[448]

Die Neuregelung führt den **Formzwang** nicht für jede nacheheliche Unterhaltsvereinbarung ein, sondern nur für solche, die <u>vor</u> Rechtskraft des Scheidungsurteils abgeschlossen werden. Eine besondere Schutzbedürftigkeit des Ehegatten, der sich in der schwächeren Verhandlungsposition befindet, wird in aller Regel nur im Zeitraum bis zur Rechtskraft des Scheidungsurteils bestehen; auch soll eine spätere, im Verlaufe des Unterhaltsverhältnisses eventuell erforderlich werdende Anpassung der Vereinbarung an geänderte Umstände nicht durch Einführung eines Formzwangs unnötig erschwert werden.

Missraten ist allerdings die Neuregelung zu § 127a für die Praxis: Vielfach wird in der familienrechtlichen Praxis bereits in einem Verfahren wegen **Trennungsunterhalt** (§ 1361) auch der nacheheliche Unterhalt (§§ 1569 ff.) mit geregelt, was nun nicht mehr möglich ist. Der Gesetzgeber hätte besser normiert, dass § 127a auch auf eine Vereinbarung Anwendung findet, die in einem Verfahren in Ehesachen vor dem Prozessgericht <u>oder</u> aber in einem Verfahren wegen Ehegattenunterhalts pro-

---

447 BGHZ 158, 81 ff. = FamRZ 2004, 601 = FuR 2004, 119.
448 Hierzu auch Bergschneider FamRZ 2006, 153 ff.

III. Änderungen des Bürgerlichen Gesetzbuchs im Einzelnen

tokolliert wird, wenn beide Ehegatten im Unterhaltsprozess durch Rechtsanwälte vertreten sind (§ 78 ZPO).

Ein Versäumnis des Gesetzgebers: Vereinbarungen über den Unterhalt gem. § 1615l sind trotz ähnlichen Schutzbedürfnisses nicht formbedürftig.

Nach der Scheidung können Verzichtsvereinbarungen weiterhin formlos wirksam abgeschlossen werden, wie das auch bei Vereinbarungen über den Zugewinnausgleich möglich ist (Formzwang nur gem. § 1378 Abs. 2 S. 3), da sie regelmäßig auf der Anpassung an veränderte Umstände, z.B. auf fehlender Bedürftigkeit und/oder auf grober Unbilligkeit, beruhen. Die Einführung eines Formzwangs auch insoweit würde einvernehmliche Regelungen sehr erschweren.

13. § 1586a Wiederaufleben des Unterhaltsanspruchs

Fassung bis 31.12.2007	Fassung ab 1.1.2008
§ 1586a – Wiederaufleben des Unterhaltsanspruchs	**§ 1586a – Wiederaufleben des Unterhaltsanspruchs**
(1) Geht ein geschiedener Ehegatte eine neue Ehe oder Lebenspartnerschaft ein und wird die Ehe oder Lebenspartnerschaft wieder aufgelöst, so kann er von dem früheren Ehegatten Unterhalt nach § 1570 verlangen, wenn er ein Kind aus der früheren Ehe zu pflegen oder zu erziehen hat. Ist die Pflege oder Erziehung beendet, so kann er Unterhalt nach den §§ 1571 bis 1573, 1575 verlangen.	(1) Geht ein geschiedener Ehegatte eine neue Ehe oder Lebenspartnerschaft ein und wird die Ehe oder Lebenspartnerschaft wieder aufgelöst, so kann er von dem früheren Ehegatten Unterhalt nach § 1570 verlangen, wenn er ein Kind aus der früheren Ehe zu pflegen oder zu erziehen hat.
(2) Der Ehegatte der später aufgelösten Ehe haftet vor dem Ehegatten der früher aufgelösten Ehe. Satz 1 findet auf Lebenspartnerschaften entsprechende Anwendung.	(2) Der Ehegatte der später aufgelösten Ehe haftet vor dem Ehegatten der früher aufgelösten Ehe. Satz 1 findet auf Lebenspartnerschaften entsprechende Anwendung.
	[Abs. 1 S. 2 aufgehoben]

Nach bisherigem und auch weiter geltendem Recht kann der durch eine neue Ehe erloschene Anspruch auf Betreuungsunterhalt mit der Scheidung der neuen Ehe wieder aufleben. Der Gesetzgeber des **UÄndG 2008** hat die durch § 1586a Abs. 1 S. 2 gewährten Unterhaltsansprüche (gem. §§ 1571 bis 1573 und § 1575) im Anschluss an den Betreuungsanschlussunterhalt gegen einen früheren Ehegatten nach

Scheidung einer weiteren Ehe des unterhaltsbedürftigen Ehegatten ersatzlos gestrichen: Im Gegensatz zu dem aus Gründen des Kindeswohls gebotenen Betreuungsunterhaltsanspruch gegen den früheren Ehegatten nach § 1586a Abs. 1 S. 1 fehle es für den Anschlussunterhalt an einer inneren Rechtfertigung. Der unterhaltsbedüftige Ehegatte löse sich mit der Eingehung einer neuen Ehe endgültig von der aus der früheren, geschiedenen Ehe abgeleiteten nachehelichen Solidarität; der Grundsatz der Eigenverantwortung des geschiedenen Ehegatten stehe dem Wiederaufleben von Anschlussunterhaltsansprüchen entgegen. Nach heutigem Recht endet also nach Scheidung der Folge-Ehe jeder wiederaufgelebte Unterhaltsanspruch aus der früheren Ehe, aus der gemeinsame Kinder stammen, mit dem Ende des Betreuungsunterhalts in vollem Umfange.

14. § 1604 Einfluss des Güterstands

Fassung bis 31.12.2007	Fassung ab 1.1.2008
§ 1604 – Einfluss des Güterstands Besteht zwischen Ehegatten Gütergemeinschaft, so bestimmt sich die Unterhaltspflicht des Mannes oder der Frau Verwandten gegenüber so, wie wenn das Gesamtgut dem unterhaltspflichtigen Ehegatten gehörte. Sind bedürftige Verwandte beider Ehegatten vorhanden, so ist der Unterhalt aus dem Gesamtgut so zu gewähren, wie wenn die Bedürftigen zu beiden Ehegatten in dem Verwandtschaftsverhältnis ständen, auf dem die Unterhaltspflicht des verpflichteten Ehegatten beruht.	**§ 1604 – Einfluss des Güterstands** *Lebt der Unterhaltspflichtige in Gütergemeinschaft, bestimmt sich seine Unterhaltspflicht Verwandten gegenüber so, als ob das Gesamtgut ihm gehörte. Haben beide in Gütergemeinschaft lebende Personen bedürftige Verwandte, ist der Unterhalt aus dem Gesamtgut so zu gewähren, als ob die Bedürftigen zu beiden Unterhaltspflichtigen in dem Verwandtschaftsverhältnis stünden, auf dem die Unterhaltspflicht des Verpflichteten beruht.*

Bei der Änderung handelt es sich lediglich um eine Anpassung des Unterhaltsrechts an das Lebenspartnerschaftsgesetz (LPartG) idF des Gesetzes zur Überarbeitung des Lebenspartnerschaftsrechts vom 15.12.2004.[449] Die durch § 6 LPartG idF dieses Gesetzes geschaffene Möglichkeit, dass Lebenspartner durch Lebenspartnerschaftsvertrag Gütergemeinschaft vereinbaren können, wird auch im Unterhaltsrecht nachvollzogen. Der Text der Bestimmung wurde dabei zugleich redaktionell überarbeitet und verständlicher gefasst.

---

449 BGBl I 3396.

III. Änderungen des Bürgerlichen Gesetzbuchs im Einzelnen

15. 1609 Rangfolge mehrerer Unterhaltsberechtigter

Fassung bis 31.12.2007	Fassung ab 1.1.2008
§ 1609 – Rangverhältnisse mehrerer Bedürftiger (1) Sind mehrere Bedürftige vorhanden und ist der Unterhaltspflichtige ausserstande, allen Unterhalt zu gewähren, so gehen die Kinder im Sinne des § 1603 Absatz 2 den anderen Kindern, die Kinder den übrigen Abkömmlingen, die Abkömmlinge den Verwandten der aufsteigenden Linie und unter den Verwandten der aufsteigenden Linie die näheren den entfernteren vor. (2) Der Ehegatte steht den Kindern im Sinne des § 1603 Absatz 2 gleich; er geht anderen Kindern und den übrigen Verwandten vor. Ist die Ehe geschieden oder aufgehoben, so geht der unterhaltsberechtigte Ehegatte den anderen Kindern im Sinne des Satzes 1 sowie den übrigen Verwandten des Unterhaltspflichtigen vor.	**§ 1609 – Rangfolge mehrerer Unterhaltsberechtigter** Sind mehrere *Unterhaltsberechtigte* vorhanden und ist der Unterhaltspflichtige ausserstande, allen Unterhalt zu gewähren, so *gilt folgende Rangfolge:* *1. minderjährige unverheiratete Kinder und Kinder im Sinn des § 1603 Absatz 2 Satz 2,* *2. Elternteile, die wegen der Betreuung eines Kindes unterhaltsberechtigt sind oder im Fall einer Scheidung wären, sowie Ehegatten und geschiedene Ehegatten bei einer Ehe von langer Dauer; bei der Feststellung einer Ehe von langer Dauer sind auch Nachteile im Sinne des § 1578b Absatz 1 Satz 2 und 3 zu berücksichtigen,* *3. Ehegatten und geschiedene Ehegatten, die nicht unter Nummer 2 fallen,* *4. Kinder, die nicht unter Nummer 1 fallen,* *5. Enkelkinder und weitere Abkömmlinge,* *6. Eltern,* *7. weitere Verwandte der aufsteigenden Linie; unter ihnen gehen die Näheren den Entfernteren vor.* [Abs. 2 aufgehoben]

§ 1609 regelt die **Rangfolge**, wenn das für den Unterhalt verfügbare Einkommen des **Unterhaltsschuldners** nicht für alle Ansprüche **mehrerer Unterhaltsgläubiger** ausreicht (sog. „Gläubigerrang"): Es ist dann eine **Mangelfallberechnung** veranlasst.[450] Die bisherige Bestimmung wird durch eine vollständige Neuregelung ersetzt. Die unterhaltsrechtlichen Rangverhältnisse werden zentral an einer Stelle geregelt; der Rang, der den einzelnen Unterhaltsansprüchen zukommt, ergibt sich aus einer klaren, übersichtlichen Aufreihung. Beruft sich der Unterhaltsschuldner auf § 1609, dann muss er darlegen und beweisen, dass er an vorrangig Berechtigte Unterhalt schuldet bzw. leistet.[451]

In der Praxis wurde vielfach – auch in sog. Mangellagen – der prägende Unterhalt gemeinschaftlicher Kinder wegen der gemeinsamen Verantwortung der Eheleute für ihre Kinder als vorrangig angesehen und deshalb bei der Bemessung des Ehegattenunterhalts vorweg abgezogen, sofern dadurch nicht der verbleibende Bedarf für den Ehegatten unverhältnismäßig gering ausfiel.[452] Der tatsächliche Vorrang des Kindesunterhalts führt im Ergebnis auch bei beengten Verhältnissen in der Regel zur notwendigen Sicherung des Unterhalts aller minderjährigen und ihnen gem. § 1603 Abs. 2 S. 2 gleichgestellten volljährigen Kinder, unabhängig davon, ob sie aus der Ehe stammen oder erst nach der Scheidung aus einer neuen Verbindung hervorgehen. Nur damit wird das Kindeswohl beachtet und die verfassungsrechtlich geforderte Gleichbehandlung aller ehelichen und nichtehelichen Kinder erreicht. Der Gesetzgeber hat in der Begründung zum **UÄndG 2008** sogar darauf verwiesen, dass die Bereitschaft von Unterhaltsschuldnern, Kindesunterhalt zu bezahlen, in der Praxis wesentlich höher ist, als Ehegattenunterhalt zu leisten.

Gerade wegen der neuen Rangordnung des § 1609 wird es zunächst häufig – außergerichtlich wie auch gerichtlich – zu Abänderungsverfahren wegen geänderter Rangverhältnisse kommen.

a) Strukturen der Neuregelung

Das **UÄndG 2008** hat § 1609 a.F. durch eine vollständige Neuregelung ersetzt. Die <u>drei</u> **bedeutsamsten Regelungen**:

- Zum einen werden die unterhaltsrechtlichen Rangverhältnisse **mehrerer Unterhaltsgläubiger** nunmehr **zentral** in **§ 1609 n.F.** – anstelle der bisherigen, äußerst komplizierten, über mehrere Bestimmungen (§§ 1582 Abs. 1, 1609, 1615l Abs. 3, § 16 Abs. 2 LPartG a.F.) im Gesetz verteilten und nur schwer durchdringbaren Normierung des unterhaltsrechtlichen Gläubigerrangs – geregelt,

---

450 Zum Rang im Unterhaltsrecht s. ausführlich Schürmann FamRB 2007, 276 ff.
451 RGZ 72, 199.
452 BGH FamRZ 1999, 367; 2003, 363 = FuR 2003, 75.

III. Änderungen des Bürgerlichen Gesetzbuchs im Einzelnen

- Zum zweiten anderen hat der Gesetzgeber die Rangfolge verändert: Kernpunkt der Neuregelung ist der absolute Vorrang des Unterhalts minderjähriger unverheirateter und ihnen gem. § 1603 Abs. 2 S. 2 gleichgestellter volljähriger Kinder, und
- Zum dritten ist der den einzelnen Unterhaltsansprüchen nunmehr zukommende Rang nunmehr klar und übersichtlich numerisch aufgereiht.

Die Neuregelung hat zu einer deutlichen Vereinfachung des Unterhaltsrechts geführt. Die Zahl der Fälle, in denen komplizierte, zeitaufwendige und fehleranfällige Mangelfallberechnungen anzustellen sind, wird sich künftig wesentlich reduzieren. Damit wollte der Gesetzgeber die Gerichte, aber auch die Jugendämter in ihrer Funktion als Unterhaltsbeistand (§ 1712 Abs. 1 Nr. 2), entlasten, gleichzeitig jedoch auch das Unterhaltsrecht für den rechtsuchenden Bürger transparenter machen in der Erwartung, dass nunmehr an die Stelle undurchsichtiger, mehrstufiger Mangelfallberechnungen klare und besser nachvollziehbare Entscheidungen treten werden.

b) Rangverschiebungen

Der Unterhaltsschuldner kann sich auf die Rangordnung des § 1609 nur dann berufen, wenn er **mehreren Unterhaltsgläubigern** Unterhalt zu gewähren hat, wenn die **vorhandenen Mittel nicht** zur Leistung des jeweils vollen Unterhalts an alle Unterhaltsgläubiger **ausreichen**, und wenn die Unterhaltsgläubiger ihre Ansprüche auch tatsächlich in einem Umfang geltend machen, dass die verfügbaren Mittel nicht ausreichen, um alle Unterhaltspflichten zu erfüllen.

aa) Abänderungsklage

Der **Anteil** jedes **Unterhaltsgläubigers** ist individuell so zu bestimmen, wie wenn bei gleichzeitiger Entscheidung über alle Ansprüche zu entscheiden wäre. Im **Verhältnis aller Unterhaltsgläubiger untereinander** ist somit ohne Belang, in welcher Höhe der Unterhalt eines von ihnen (auch rechtskräftig) gerichtlich festgesetzt worden ist. Auf Grund der geänderten Rangfolge der Neuregelung wird es künftig vermehrt zu Anpassungen von Unterhaltstiteln kommen.

Verfügt ein **Unterhaltsgläubiger** über einen Unterhaltstitel, der ihm mehr Unterhalt gewährt, als ihm nunmehr nach der neu gefassten Vorschrift des § 1609 zusteht, dann muss der Unterhaltsschuldner notfalls gerichtlich nach § 323 ZPO (Urteil) bzw. § 313 [§ 242] i.V.m. § 323 ZPO (Vergleich oder sonstige Titel nach § 794 ZPO) gegen den betreffenden Unterhaltsgläubiger, dessen Unterhalt zu hoch tituliert ist, vorgehen. Machen vor- oder mitberechtigte Unterhaltsgläubiger ihre Ansprüche teilweise oder auch insgesamt erst später oder erst aufgrund der Gesetzesänderung geltend, dann ist die (veränderte) Rangfolge im Wege der Abänderungsklage zu berücksichtigen.[453]

bb) Rangordnung des § 1609

Die **gesetzliche Rangordnung** des § 1609 kann durch **entsprechende Vereinbarungen** aller berechtigten Unterhaltsgläubiger durchbrochen sein, wenn darin nicht ein unwirksamer Unterhaltsverzicht zu sehen ist (etwa Ausbildungsunterhalt des volljährigen Kindes, wenn die Finanzierung seines Studiums dem Willen beider Eltern entsprach).[454] Gibt es insoweit keine Vereinbarungen, dann gilt nunmehr die Änderung der Rangfolge durch das **UÄndG 2008**; sie bezieht sich nur auf die in § 1609 Nr. 1 bis 3 aufgeführten Unterhaltsgläubiger; die in § 1609 Nr. 4 bis 7 geregelte weitere Rangfolge entspricht dem bisherigen Recht.

c) Die Neue Rangordnung im Einzelnen

aa) 1. Rang (§ 1609 Nr. 1)

Der Unterhalt **minderjähriger unverheirateter Kinder** und **privilegierter volljähriger Kinder** (§ 1603 Abs. 2 S. 2) hat – und das ist der Kernpunkt der Neuregelung – künftig **Vorrang** vor allen anderen Unterhaltsansprüchen (**§ 1609 Nr. 1**). Dieser **absolute Vorrang** des **Kindesunterhalts** dient der Förderung des Kindeswohls, da damit die materiellen Grundlagen für Pflege und Erziehung von Kindern gesichert werden sollen. Der unterhaltsrechtliche Vorrang ist somit Komplementärstück zur gesteigerten Unterhaltspflicht der Eltern gegenüber ihren minderjährigen unverheirateten und diesen gleichgestellten volljährigen Kindern (§ 1603 Abs. 2). Mit dieser Einräumung des Vorrangs des Kindesunterhalts hat der Gesetzgeber nicht nur der Entschließung des Deutschen Bundestages vom 28.6.2000[455] entsprochen, sondern er ist auch den wiederholt vorgetragenen Empfehlungen des Deutschen Familiengerichtstages[456] und der unterhaltsrechtlichen Praxis[457] gefolgt.

---

453 Zu den Anpassungsmöglichkeiten vor der Gesetzesänderung im Jahre 2007 s. auch BGH FamRZ 1980, 555 [Nr. 340]; 1992, 797; OLG Stuttgart FamRZ 1991, 1092.
454 BGH FamRZ 1986, 553 [Nr. 325]; OLG Frankfurt FamRZ 1984, 176.
455 BT-Dr. 14/3781, 3.
456 Vgl. zuletzt Arbeitskreis 1 des 15. DFGT 2003 (Brühler Schriften zum Familienrecht Bd. 13 [2004] S. 75).
457 Vgl. etwa Luthin FPR 2004, 567, 572; Scholz FamRZ 2004, 751, 761 f; Peschel-Gutzeit FPR 2002, 169 ff.; Puls FamRZ 1998, 865, 875.

III. Änderungen des Bürgerlichen Gesetzbuchs im Einzelnen

Der Gesetzgeber hat diesen **absoluten Vorrang** zutreffend mit dem Gedanken des **Kinderschutzes** rechtfertigt: Kinder sind die wirtschaftlich schwächsten Mitglieder der Gesellschaft und können im Gegensatz zu anderen Unterhaltsgläubigern ihre wirtschaftliche Lage nicht aus eigener Kraft verändern, während die nachrangigen erwachsenen Unterhaltsgläubiger im Notfall durchaus in der Lage sind, teilweise oder insgesamt für ihren Lebensunterhalt selbst zu sorgen. Zu Recht hat wurde das sog. „Giesskannenprinzip" aufgegeben, nach dem vormals in Mangelfällen durch verhältnismäßige Kürzung aller erstrangigen Unterhaltsansprüche – Ehegatte/n und minderjährige bzw. ihnen gem. § 1603 Abs. 2 gleichgestellte volljährige Kinder – die ausgeurteilten Unterhaltszahlbeträge vielfach so gering waren, dass sie weder für die Existenz der Kinder noch der (damals) gleichrangigen Ehegatte ausgereicht hatten.

bb) 2. Rang (§ 1609 Nr. 2)

Aus Gründen des Kindeswohls hat der Gesetzgeber nunmehr die Unterhaltsansprüche von **Eltern** wegen der **Betreuung** von **Kindern** im Rang unmittelbar hinter denjenigen der Kinder und <u>neben</u> den Unterhaltsansprüchen von Ehegatten bei **Ehen** von **langer Dauer** eingestellt (**§ 1609 Nr. 2**). Diese Neuregelung differenziert nicht mehr danach, ob der betreuende unterhaltsbedürftige Elternteil mit dem anderen unterhaltspflichtigen Elternteil verheiratet ist oder nicht:[458] Künftig spielt es beim Rang keine Rolle mehr, ob der Betreuungsunterhaltsanspruch aus der Ehe der Kindeseltern hergeleitet wird, oder ob es sich um den Anspruch auf Betreuungsunterhalt eines nicht verheirateten Elternteils gem. § 1615l Abs. 2 S. 2, Abs. 4 handelt. Nach Ansicht des Gesetzgebers ist der Personenstand, soweit es lediglich um die rangmäßige Einordnung des Unterhaltsanspruchs nicht verheirateter Elternteile im Verhältnis zu anderen Unterhaltsansprüchen geht, kein taugliches Differenzierungskriterium; sachliche Rechtfertigung für die Zuerkennung der Rangposition ist vielmehr allein die Tatsache der Kindesbetreuung: Da die Ausgangslage bei getrennt lebenden bzw. geschiedenen Berechtigten und bei nicht verheirateten Berechtigten insoweit identisch sei, sei es gerechtfertigt, die entsprechenden Ansprüche auf Betreuungsunterhalt rangmäßig gleich zu behandeln. Andere zwischen ihnen bestehende Unterschiede würden hinreichend durch die schwächere Ausgestaltung des Betreuungsunterhalts nach § 1615l Abs. 2 berücksichtigt.

Elternteile i.S.v. **§ 1609 Nr. 2**, die wegen der Betreuung eines Kindes unterhaltsberechtigt sind oder im Fall einer Scheidung wären, sind neben in einer bestehen-

---

[458] Wenn der RegE (BT-Dr. 16/1830) davon ausgeht, hiermit werde „einem Gerechtigkeitsdefizit des geltenden Rechts beggenet", dann verletzt dies den Schutz von Ehe und Familie i.S.d. Art. 6 GG.

III. Änderungen des Bürgerlichen Gesetzbuchs im Einzelnen

den Ehe lebenden und wegen der Betreuung von Kindern Familienunterhalt beziehenden Elternteilen auch getrennt lebende und geschiedene Eltern. Weiter erfasst § 1609 Nr. 2 auch die Ansprüche der nicht verheirateten Mutter nach § 1615l Abs. 1 und 2 bzw. des nicht verheirateten Vaters (§ 1615l Abs. 4). Mit der Einführung der Stiefkindadoption durch Lebenspartner (§ 9 Abs. 7 LPartG i.d.F. des Gesetzes zur Überarbeitung des Lebenspartnerschaftsrechts vom 15.12.2004)[459] gehören hierzu auch Unterhaltsansprüche von Lebenspartnern i.s.d. LPartG, die ein Adoptivkind betreuen. Der **Familienunterhalt** fällt in den zweiten Rang, soweit dadurch ein aus Anlass der Betreuung von Kindern entstandener Unterhaltsbedarf gedeckt wird.

Der Gesetzgeber hat die Unterhaltsansprüche von Ehegatten bei **Ehen** von **langer Dauer** in den gleichen Rang mit Unterhaltsansprüchen wegen Kinderbetreuung gestellt. (Auch) das **UÄndG 2008** hat (bewusst) auf zeitliche Vorgaben verzichtet, wann von einer langen Ehedauer i.s.v. § 1609 Nr. 2 Alt. 2 auszugehen ist. Diese Zeitspanne kann nicht absolut und für alle Fälle gleich gefasst werden; sie ist vielmehr tatrichterlich anhand aller Umstände des Einzelfalles zu bestimmen. Ausgangspunkt ist dabei der Zweck der Regelung, **Vertrauensschutz** zu gewährleisten. Kriterien, die dabei herangezogen werden können, können neben der absoluten zeitlichen Dauer der Ehe auch das Lebensalter der Parteien im Zeitpunkt der Scheidung sein, ob sie also in jungen Jahren bzw. erst im Alter geheiratet haben. Weitere wichtige Kriterien sind die Dauer der Pflege und Erziehung eines gemeinschaftlichen Kindes sowie das Ausmaß gegenseitiger wirtschaftlicher Verflechtungen und Abhängigkeiten wegen der Ausrichtung auf ein gemeinsames Lebensziel. In bestimmten Konstellationen kann es auch angezeigt sein, die Art der konkurrierenden Unterhaltsverhältnisse zu berücksichtigen, etwa wenn der Anspruch der Ehefrau auf Familienunterhalt oder der Anspruch der geschiedenen, alleinerziehenden Mutter auf Anschlussunterhalt auf denjenigen der nicht verheirateten Mutter auf Betreuungsunterhalt nach § 1615l Abs. 2 trifft.

Ehegatten, die viele Jahre lang das traditionelle Modell der „Einverdienerehe" gelebt haben, müssen auch künftig umfassend geschützt werden, auch wenn ihr Unterhaltsanspruch nunmehr rangmäßig dem Unterhaltsanspruch eines betreuenden Elternteils gleichgestellt ist (siehe Kommentierung zu § 1578b).

Auch der **Betreuungsunterhalt II** („Billigkeitsunterhalt I") gem. §§ 1570, 1615l fällt – auch als „Ergänzungsunterhalt" – unter § 1609 Nr. 2, weil es sich um einen einheitlichen (Betreuungs-)Unterhaltsanspruch handelt.

---

[459] BGBl I 3396.

III. Änderungen des Bürgerlichen Gesetzbuchs im Einzelnen

Die lange Zeit politisch sehr umstrittene Einordnung von Unterhaltsgläubigern in den zweiten Rang – Gleichstellung aller kinderbetreuenden Elternteile, damit auch der nichtehelichen gem. § 1615l – soll ebenfalls die Belange der schutzwürdigen minderjährigen Kinder wahren. Durch die verfassungsrechtlich notwendige Gleichstellung ehelicher und nichtehelicher Kinder dürfen auch die betreuenden Elternteile nicht unterschiedlich behandelt werden. Zur Sicherung des verfassungsrechtlichen Rangs der Ehe gem. Art. 6 GG („besonders") waren rangmäßig mit diesen Ansprüchen auch Unterhaltsansprüche bei langer Ehedauer gleichzustellen, da es sich bei Scheidung einer langen Ehe vielfach um Unterhaltsgläubiger handelt, die altersmäßig nicht mehr in der Lage sind, beruflich noch voll Fuß zu fassen bzw. die durch die Familienarbeit („Aufopferung") in der Ehe erlittenen beruflichen Nachteile auszugleichen.

Diese neue Rangordnung im 2. Rang wird in der Praxis freilich auch zu Härten führen, etwa wenn bei einer bestehenden kinderlosen Ehe mit keiner langen Ehedauer der Anspruch der Kindsmutter nach § 1615l dem Familien- bzw. Trennungsunterhalt der Ehefrau vorgeht[460] („Ehebrecher vor Ehegatte"). Da der Gesetzgeber aus Gründen des Kindeswohls den betreuenden Elternteil in den ersten drei Lebensjahren des Kindes vorrangig unterstützt wissen will, ist der Ehefrau somit zuzumuten, diese Situation durch eigene Berufstätigkeit mitzutragen. Diese neue Rangregelung kann im Einzelfall auch zu weiteren Härten führen, etwa bei krankheitsbedingt nicht erwerbsfähigen Ehegatten in oder aus einer nicht als von langer Dauer anzusehenden Ehe, ist aber wegen der vorrangig zu beachtenden Belange minderjähriger Kinder gerechtfertigt. Ob sich hier die Praxis bei der Verteilung der für den Unterhalt verfügbaren Mittel in der Billigkeits- und Angemessenheitsstufe gewisser Umverteilungsmechanismen bedienen kann, erscheint angesichts der klaren gesetzlichen Regelung sehr fraglich, auch wenn der Gesetzgeber in der Begründung des **UÄndG 2008** davon ausgegangen ist, auch im Verhältnis vorrangiger Kinder und nachrangiger Ehegatten sowie Erst- und Zweitfamilien sei auf gerechte Ergebnisse zu achten.[461]

cc) 3. Rang (§ 1609 Nr. 3)

Das Gesetz stellt Ansprüche von Ehegatten bzw. geschiedenen Ehegatten, die von der vorangehenden Rangklasse nicht erfasst werden, in den 3. Rang (**§ 1609 Nr. 3**). Damit hat das Gesetz die bisherige Privilegierung des Unterhaltsanspruchs des ersten Ehegatten gegenüber demjenigen des zweiten Ehegatten modifiziert: Künftig

---

460 Schwab FamRZ 2005, 1417 ff.
461 RegE S. 37 (BT-Dr. 16/1830).

zählt nicht mehr der zeitliche Vorrang der Eheschließung, sondern allein die Schutzbedürftigkeit des Unterhaltsgläubigers. Als insoweit besonders schutzbedürftig hat § 1609 Nr. 2 Unterhaltsgläubiger, die wegen der Betreuung eines Kindes unterhaltsbedürftig sind oder die wegen der langen Dauer der Ehe einen besonderen Vertrauensschutz beanspruchen können, in denselben Rang gestellt, während ein Unterhaltsgläubiger, der aufgrund einer kürzeren Ehedauer sein Leben noch nicht in derselben Weise auf die Ehe eingestellt hat, wie dies bei längerer Ehedauer der Fall ist, zurücktreten muss.

Können sich sowohl der erste als auch der spätere Ehegatte auf Kindesbetreuung oder Vertrauensschutz berufen, dann besteht zwischen ihren jeweiligen Unterhaltsansprüchen – im Gegensatz zur früheren Rechtslage, die Kinder aus der „Zweitfamilie" belastet hat – Gleichrang. Künftig gilt damit auch im Falle der Konkurrenz zwischen mehreren Ehegatten das Gleiche, was bereits heute bei der Konkurrenz mehrerer Kinder gilt: Bei gleichbleibendem Einkommen des Unterhaltsschuldners müssen Kinder schon jetzt eine Schmälerung des auf sie entfallenden Unterhaltsanteils hinnehmen, sobald weitere unterhaltsberechtigte Kinder hinzukommen. Für den geschiedenen Ehegatten gilt künftig Entsprechendes; auch er hat **keinen „Vertrauensschutz"** dahingehend, dass sich durch Wiederheirat und Gründung einer Zweitfamilie der Kreis der unterhaltsberechtigten Personen nicht vergrößert und seine Unterhaltsquote nicht gekürzt wird.

dd) 4. Rang (§ 1609 Nr. 4)

§ 1609 Nr. 4 regelt den unterhaltsrechtlichen Rang von **Kindern**, die nicht unter § 1609 Nr. 1 fallen, also denjenigen von **volljährigen, nicht privilegierten Kindern**. In der Sache handelt es sich zumeist um volljährige Kinder, die sich in der Berufsausbildung befinden oder ein Studium absolvieren. Die Rangfolge nach § 1609 Nr. 4 entspricht derjenigen des bisherigen Rechts; der Unterhaltsanspruch bleibt gegenüber demjenigen minderjähriger Kinder, privilegierter volljähriger Kinder sowie dem eines Ehegatten und eines unverheirateten Elternteils gem. § 1615l nachrangig. Anders etwa als bei einem kinderbetreuenden Elternteil oder einem aufgrund Alters oder Krankheit unterhaltsbedürftigen Ehegatten ist es volljährigen, nicht privilegierten Kindern eher zuzumuten, für den eigenen Lebensbedarf zu sorgen, denn sie werden regelmäßig eine Ausbildungsvergütung beziehen, oder es besteht ein Anspruch auf staatliche Ausbildungsförderung. Die Ausbildungsförderung wird dabei auch dann geleistet, wenn der Auszubildende glaubhaft macht, dass seine Eltern keinen oder einen zu geringen Unterhalt leisten, und deshalb die Ausbildung unter Berücksichtigung des Einkommens eines eventuellen

Ehegatten des Auszubildenden gefährdet ist (Vorausleistung von Ausbildungsförderung, § 36 BAföG).

Nach wie vor wird allerdings davon auszugehen sein, dass diese Rangregelung des § 1609 Nr. 4 **außerhalb** von **Mangellagen**, also bei hinreichender Leistungsfähigkeit des Unterhaltsschuldners, bei der Bemessung des Ehegattenunterhalts keine Bedeutung hat.[462] In guten wirtschaftlichen Verhältnissen ist vielmehr davon auszugehen, dass der Unterhaltsbedarf für diese nach § 1609 Nr. 4 nachrangigen Kinder sogar **vor** der Ermittlung des Ehegattenunterhalts vom unterhaltsrelevanten Bemessungseinkommen des Unterhaltsschuldners abzuziehen ist, weil (auch) dieser Unterhaltsaufwand die ehelichen Lebensverhältnisse belastend geprägt hat und somit für Konsum nicht verfügbar war. Allerdings wirkt sich dieser unterhaltsrechtliche Vorrang des geschiedenen Ehegatten gegenüber volljährigen, nicht nach § 1603 Abs. 2 S. 2 privilegierten Kindern nach § 1609 Nr. 4 dann nicht aus, wenn die verbleibenden Einkünfte des Unterhaltsschuldners nicht ausreichen, um den **angemessenen Unterhalt** des getrennt lebenden/geschiedenen Ehegatten zu gewährleisten: Dann – und erst dann – unterbleibt ein Vorwegabzug des Kindesunterhalts.[463]

ee) 5. Rang (§ 1609 Nr. 5)

Nach **§ 1609 Nr. 5** sind die Unterhaltsansprüche von **Enkelkindern** gleichrangig mit denen weiterer Abkömmlinge.

ff) 6. Rang (§ 1609 Nr. 6)

Das Gesetz hat die Unterhaltsansprüche von **Eltern** aufgrund der praktischen Bedeutung unter einer eigenen Nummer (**§ 1609 Nr. 6**) aufgeführt und nicht zusammen mit den Ansprüchen weiterer Verwandter der aufsteigenden Linie genannt.

gg) 7. Rang (§ 1609 Nr. 7)

Zwischen den Unterhaltsansprüchen von **weiteren Verwandten** der aufsteigenden Linie nach **§ 1609 Nr. 7** besteht kein Gleichrang, sondern es ist – wie früher (§ 1609 Abs. 1 a.F.) – ausdrücklich bestimmt, dass die Ansprüche der näheren Verwandten denjenigen von entfernteren vorgehen.

---

462 OLG Nürnberg FamRZ 1997, 445.
463 So BGH FamRZ 1985, 912; 1986, 553 [Nr. 325], jeweils vor Änderung des § 1609 durch das UÄndG 2008.

d) Mangelfalllagen

Verteilungsfähig ist nur das gem. § 1603 für den Unterhalt verfügbare Einkommen (gegebenenfalls auch Vermögen) des Unterhaltsschuldners. Auf der Grundlage der bisherigen Rangfolge (§ 1609 a.f.) hatten Rechtsprechung und Literatur Methoden zur Berechnung von Unterhaltsansprüchen im Mangelfall entwickelt. Auch auf der Basis der neuen Rangordnung gilt es nach der Begründung des Gesetzgebers,

> „... in besonderem Maße auf den Rechenweg Bedacht zu nehmen, um in Mangelfällen und hier insbesondere im Verhältnis vorrangiger Kinder zu nachrangigen Unterhaltsberechtigten, etwa dem betreuenden Elternteil, oder im Verhältnis von Erst- und Zweitfamilien zu gerechten Ergebnissen zu gelangen."

Die unter der Geltung des alten Rechts entwickelten Berechnungsmethoden sind unter Berücksichtigung der Maßgaben und Ziele der Neuregelung entsprechend zu nutzen und fortzuentwickeln. Danach kann nach den Vorgaben des Gesetzgebers, soweit es etwa um die Verteilung des Resteinkommens zwischen Erst- und Zweitfamilie geht, besonders geprüft werden, ob nicht die Selbstbehaltsätze des Unterhaltsschuldners zu reduzieren sind, um der Erstfamilie auch im Vergleich zur Zweitfamilie ein angemessenes Auskommen zu sichern.

Nach früherem Recht konnten sich **verschiedene Verteilungsmassen** ergeben, wenn mehrere Unterhaltsgläubiger zwar innerhalb derselben Rangstufe gleichrangig waren, jedoch für die verschiedenen Unterhaltsansprüche **unterschiedliche Selbstbehalte** galten. In solchen Fallgestaltungen wurden sog. **mehrstufige Mangelfallberechnungen** durchgeführt.[464] Dies ist künftig nicht mehr notwendig, weil dem Unterhaltsschuldner nur in Ausnahmefällen und nur bei erstrangigen Unterhaltsgläubigern der notwendige Selbstbehalt gem. § 1603 Abs. 2 verbleibt. Allerdings ergeben sich nunmehr noch komplizierte Mangelfallrechnungen unter Erwachsenen im zweiten bzw. im dritten Rang.

Auch im Rahmen von Mangelfallrechnungen ist das rechnerische Gesamtergebnis im Wege einer **Billigkeits-** und **Angemessenheitskontrolle** („**Gesamtschau**") daraufhin zu überprüfen, ob im konkreten Einzelfall die Aufteilung des verfügbaren Einkommens auf die minderjährigen Kinder und den oder die unterhaltsberechtigten Ehegatten insgesamt billig und angemessen ist.[465] Korrekturbedürftig kann eine Mangelfallberechnung insbesondere dann sein, wenn nach ihrem Gesamtergebnis die Erstfamilie (zusätzlich) auf Sozialleistungen angewiesen ist, während die nach der Scheidung gegründete zweite Familie auch unter Berücksichtigung

---

464 Vgl. etwa BGHZ 104, 158 = FamRZ 1988, 705; 1992, 539.
465 BGH FamRZ 1997, 806, 811; BGHZ 161, 124 = FamRZ 2005, 347, 351 = FuR 2005, 165.

des Selbstbehalts des Unterhaltsschuldners und des Vorteils aus einem eventuellem Ehegattensplitting einer neuen Ehe im konkreten Vergleich ein gutes Auskommen hat.

Auf der Grundlage der bisherigen Rangfolge hat die Rechtsprechung Methoden zur Berechnung von Unterhaltsansprüchen im Mangelfall entwickelt.[466] Auch auf der Basis der neuen Rangordnung gilt es, in besonderem Maße auf den Rechenweg Bedacht zu nehmen, um in Mangelfällen und hier insbesondere im Verhältnis vorrangiger Kinder zu nachrangigen Unterhaltsberechtigten, etwa dem betreuenden Elternteil, oder im Verhältnis von Erst- und Zweitfamilien zu gerechten Ergebnissen zu gelangen. Die unter der Geltung des alten Rechts entwickelten Methoden können hierbei unter Berücksichtigung der Maßgaben und Ziele der Neuregelung entsprechend genutzt und fortentwickelt werden. Danach kann, soweit es etwa um die Verteilung des Resteinkommens zwischen Erst- und Zweitfamilie geht, besonders geprüft werden, ob nicht die Selbstbehaltssätze des Unterhaltsschuldners zu reduzieren sind, um der Erstfamilie auch im Vergleich zur Zweitfamilie ein angemessenes Auskommen zu sichern.

e) Mangelfallrechnungen ab 1.1.2008

Die bisherigen Grundsätze zur Bemessung des Unterhalts in Mangellagen kann und darf nicht unbesehen auf die neue Rangordnung übertragen werden: Die Reihenfolge der Unterhaltsgläubiger richtet sich ab 1.1.2008 nunmehr (nur) noch nach § 1609 idF des **UÄndG 2008**. Im Regelfall wird das nach Abzug des Selbstbehalts verfügbare Einkommen bereits im 1. Rang (Kinderunterhalt) verbraucht; verbleibt ein Rest, ist er im zweiten Rang aufzuteilen, sodann weiter verbleibende Einkommensteile jeweils in den Folgerängen. Die Unterhaltsbeträge der Kinder sind nunmehr mit den (kindergeldbereinigten) **Zahlbeträgen** in die Mangelfallrechnung einzusetzen, da nunmehr das staatliche Kindergeld auf den Lebens**bedarf** der Kinder anzurechnen ist (§ 1612b idF des **UÄndG 2008**).

Ist der Unterhaltsschuldner nur **einem** Unterhaltsgläubiger gegenüber unterhaltsverpflichtet, dann muss (nur) **zweistufig** gerechnet werden:
- **Feststellung des vollen Unterhaltsbedarfs**, und
- **Kürzung** des festgestellten **vollen Unterhaltsbedarfs** um denjenigen **Teil**, der den **Selbstbehalt unterschreitet**, weil die Verteilungsmasse nicht ausreicht (der Unterhaltsanspruch entspricht in diesem Fall der Verteilungsmasse).

---

[466] Vgl. etwa FA-FamR /Gerhardt 5. Aufl. 6. Kap. Rn 498 ff.

III. Änderungen des Bürgerlichen Gesetzbuchs im Einzelnen

Auf Mangelfallberechnungen darf, auch wenn sie auf den ersten Blick kompliziert erscheinen, nur dann verzichtet werden, wenn Mutter und Kind/er eine Haushaltsgemeinschaft bilden und weder steuerliche (z.b. begrenztes Realsplitting gem. § 10 EStG) noch sonstige Gründe (z.b. Bezug von Sozialleistungen, etwa nach SGB II, SGB XII oder UVG) eine genaue Aufteilung erfordern. Vertragliche Verlagerungen der Verteilungsmasse zugunsten des getrennt lebenden/geschiedenen Ehegatten zu Lasten des Kindesunterhalts (etwa wegen § 10 EStG) sind unwirksam (§ 1614). Es muss daher bei einer korrekten Mangelfallrechnung verbleiben, wenn weitere Komponenten aus dem Steuerrecht, aus dem Sozialrecht und aus dem öffentlichen Dienstrecht (Familienzuschlag) bedeutsam sind.[467]

Der Unterhalt minderjähriger Kinder darf in Mangellagen nicht aus der dem Einkommen des Unterhaltsschuldners entsprechenden Einkommensgruppe der DT entnommen werden, sondern er ist immer mit dem (kindergeldbereinigten) Mindestunterhalt in die Mangelfallrechnung einzusetzen. Kindergeld ist nunmehr in die Unterhaltsbemessung mit einzubeziehen: Es wird bei der Ermittlung des Ehegattenunterhalts nurmehr der Zahlbetrag und nicht mehr der Tabellenbetrag angesetzt, sowieso bei der Ermittlung der Verteilungsmasse für den Ehegattenunterhalt.[468]

Die neue Rangordnung wird (nur) im 1. Rang zu einer Vereinfachung der Unterhaltsberechnung führen; im 2. Rang kann es dagegen bei mehreren gleichrangigen Ehegatten bzw. kinderbetreuenden Elternteilen zu sehr komplizierten Lösungen kommen. In diesen Fällen bietet es sich bei gleichrangigen Erwachsenen an, für die Ermittlung der Einsatzbeträge im Mangelfall (ebenfalls) den Verteilungsschlüssel nach den Hammer Leitlinien Nr. 24.2 heranzuziehen.[469]

Ist zwei gleichrangigen Ehegatten Unterhalt zu gewähren, dann ist bei der Berechnung des Unterhalts des ersten Ehegatten nach gefestigter Rechtsprechung das Einkommen des Unterhaltsschuldners fiktiv nach der Grundtabelle einschließlich Vorteil des begrenzten Realsplittings gem. § 10 EStG zu ermitteln, da der **Splittingvorteil** (Einkommen nach der Splittingtabelle) der zweiten Ehe zu verbleiben

---

467 Zu eventuellen Nachteilen s. Kemper FamRZ 2002, 1389.
468 RegE S. 37 (BT-Dr. 16/1830); so auch SüdL Nr. 23.1 bis zum 1.7.2005; a.A. nach der derzeitigen Rechtslage BGHZ 161, 124 = FamRZ 2005, 347 = FuR 2005, 165.
469 HL Nr. 24.2: Bei erwerbstätigen Unterhaltsschuldnern 4:3:3, bei nicht erwerbstätigen Unterhaltsschuldnern 1:1:1, bei Zusammenleben eines Unterhaltsgläubigers mit dem Unterhaltsschuldner 4:3,3:2,7 bzw. 3,6:3,6:2,8; zur Unterhaltsberechnung bei gleichrangigen Ehegatten nach dem Reformgesetz s. im Übrigen näher Gerhardt/Gutdeutsch FamRZ 2007, 778 ff.

hat.[470] Künftig wird daher im Mangelfall mit zwei Verteilungsmassen zu rechnen sein. Bei Gleichrang eines Ehegatten mit der Mutter eines nichtehelichen Kindes ist zu beachten, dass sich der Bedarf des Ehegatten nach den ehelichen Lebensverhältnissen richtet (§§ 1361, 1578 BGB), der Bedarf der Mutter des nichtehelichen Kindes jedoch nach ihrer Lebensstellung vor Geburt des Kindes (§ 1615l), begrenzt auf den Bedarf des Ehegatten.[471]

Der Selbstbehalt eines verheirateten Unterhaltsschuldners ist wegen der **Ersparnis** durch die **häusliche Gemeinschaft** im Mangelfall herabzusetzen,[472] z.B. entsprechend § 20 Abs. 3 SGB II um 20%.

Schließlich weist der Regierungsentwurf ausdrücklich darauf hin, dass die errechneten Unterhaltsbeträge nochmals zu überprüfen sind, ob das Ergebnis insgesamt billig und angemessen ist, insbesondere welche Mittel der Erst- und Zweitfamilie jeweils zur Verfügung stehen.[473] Es ist – wie schon bisher – das rechnerische Gesamtergebnis im Wege einer „Gesamtschau" daraufhin zu überprüfen, ob im konkreten Einzelfall die Aufteilung des verfügbaren Einkommens insgesamt billig und angemessen ist.[474] Korrekturbedürftig kann eine Mangelfallberechnung insbesondere dann sein, wenn nach ihrem Gesamtergebnis die Erstfamilie (zusätzlich) auf Sozialleistungen angewiesen ist, während die nach der Scheidung gegründete zweite Familie auch unter Berücksichtigung des Selbstbehalts des Unterhaltsschuldners und des Vorteils aus einem eventuellem Ehegattensplitting einer neuen Ehe im konkreten Vergleich ein gutes Auskommen hat.

aa) Beispiel eines einstufigen Mangelfalles: Mangellage (nur) im 1. Rang

Ehemann Nettoeinkommen um 5% EA pauschal bereinigt 1.602 EUR; die getrennt lebende Ehefrau betreut zwei Kinder im Alter von 12 und 6 Jahren, die neue Lebensgefährtin ein Kind im Alter von 2 Jahren (beide Frauen sind nicht unterhaltsbedürftig).

---

470 BVerfG FamRZ 2003, 1821.
471 BGH FamRZ 2005, 442 = FuR 2005, 174.
472 BGH FamRZ 2004, 24 = FuR 2004, 33; 2004, 792 = FuR 2004, 222.
473 RegE S. 38 (BT-Dr. 16/1830).
474 Vgl. BGH FamRZ 1997, 806, 811; BGHZ 161, 124 = FamRZ 2005, 347, 351 = FuR 2005, 165.

III. Änderungen des Bürgerlichen Gesetzbuchs im Einzelnen

1. Stufe: Bedarfsbestimmung (**Einsatzbeträge**)

Nettoeinkommen Kindesvater bereinigt		1.602
Mindestbedarf (§ 1612a i.V.m. § 35 Nr. 4 EGZPO) als Existenzminimum (kindergeldbereinigt, weil das Kindergeld nunmehr bedarfsdeckend anzurechnen ist)		
Kind 1 (Alter 12, Stufe 3)	288	
Kind 2 (Alter 6, Stufe 2)	245	
Kind 3 (Alter 2, Stufe 1)	<u>202</u>	
Summe Kinderbedarf	**735**	

2. Stufe: Verteilungsfähiges Einkommen (**Verteilungsmasse**)

Einkommen	1.602
./. Notwendiger Selbstbehalt (Ermessenssache)	<u>900</u>
Verteilungsmasse (Leistungsfähigkeit)	702

3. Stufe: Kürzungsberechnung (**Kürzungsfaktor**)

	Bedarf	Kürzung	Gekürzt
Kind 1	288	702 / 735	275
Kind 2	245	Faktor: 95,5	234
Kind 3	<u>202</u>		<u>193</u>
Summen	735		**702**

4. Stufe: Prüfung auf **Angemessenheit und Billigkeit**

Keine Korrektur veranlasst.

bb) Beispiel eines zweistufigen Mangelfalles: Mangellage im 2. Rang

Ehemann Nettoeinkommen 2.400 EUR ./. 5% EA pauschal = 2.280 EUR; die getrennt lebende Ehefrau betreut zwei Kinder im Alter von 3 und 5 Jahren, die neue Lebensgefährtin ein Kind im Alter von 1 Jahr (kein Einkommen sowie keine Erwerbsobliegenheit der beiden Frauen).

1. Stufe: Bedarfsbestimmung (**Einsatzbeträge**) im 1. Rang

Nettoeinkommen Kindesvater/Ehemann, bereinigt		2.280
Mindestbedarf (§ 1612a i.V.m. § 35 Nr. 4 EGZPO) als Existenzminimum (kindergeldbereinigt, weil das Kindergeld nunmehr bedarfsdeckend anzurechnen ist, und weil eine Mangellage im 2. Rang vorliegt)		

III. Änderungen des Bürgerlichen Gesetzbuchs im Einzelnen

Kind 1 (Alter 5, Stufe 1)	202	
Kind 2 (Alter 3, Stufe 1)	202	
Kind 3 (Alter 1, Stufe 1)	202	
Summe Kinderbedarf	**606**	:

2. Stufe: Verteilungsfähiges Einkommen (**Verteilungsmasse**) für den 2. Rang

Nettoeinkommen 2.280 EUR ./. UK (1. Rang) 606 EUR =	1.674
./. Selbstbehalt (Ermessenssache)	1.000
Verteilungsmasse (Leistungsfähigkeit)	674

3. Stufe: Kürzungsberechnung (**Kürzungsfaktor**) für den 2. Rang

	Bedarf	Kürzung	Gekürzt
§ 1361 (Existenzminimum, noch Familienversicherung))	770	674 / 1.330	390
§ 1615l (Bedarf fiktiv ohne Kind, wegen Mangellage jedoch ebenfalls nur Existenzminimum, jedoch Haushaltsersparnis durch Zusammenleben mit dem Ehemann [Anm. B. VI. DT])	560	Faktor: 50,7	284
Summen	1.330		674

4. Stufe: Prüfung auf **Angemessenheit und Billigkeit**

Erst auf dieser Stufe sollten wegen der Komplexität der Materie die steuerlichen Auswirkungen berücksichtigt werden: Der Ehemann kann sowohl begrenztes Realsplitting nach § 10 EStG als auch Sonderausgabenabzug nach § 33a EStG geltend machen. Die Steuerersparnis fiele an sich in die Verteilungsmasse des 2. Rangs. Bei konsequenter Anwendung der Splitting-Entscheidung des Bundesverfassungsgerichts[475] müsste der jeweilige Steuervorteil nach steuersparenden Anteilen auf die Unterhaltsgläubiger verteilt werden. Hier sollte vereinfacht die Steuerersparnis aus § 10 EStG ermittelt und auf den Anteil der getrennt lebenden Ehefrau aufgeschlagen werden, da die steuerliche Entlastung nach § 33 EStG ja im Ergebnis in dem gemeinsamen Topf des Unterhaltsschuldners mit seiner Lebensgefährtin verbleibt. Aus diesem Grunde sollte von einer **Korrekturberechnung** des Unterhalts aufgrund der erzielbaren Steuervorteile abgesehen und der Trennungsunterhalt pauschal erhöht werden.

---

475 BVerfGE 108, 351 = FamRZ 2003, 1821 = FuR 2003, 507.

cc) Beispiel eines zweistufigen Mangelfalles: Mangellage im 2. Rang

Die Eheleute M und F lassen sich nach 20-jähriger Ehe scheiden. Aus der Ehe sind die Kinder K_1 bis K_3 im Alter von 19, 17 und 16 Jahren hervorgegangen. Frau F hat sich während der Ehe allein der Kinderbetreuung gewidmet. K_1 ist in Berufsausbildung. Herr M heiratet erneut; mit seiner neuen Ehefrau E hat er ein weiteres Kind K_4 im Alter von jetzt 1 Jahr. Herr M verdient unterhaltsrechtlich bereinigt 2.800 EUR netto.

1. Stufe: Bedarfsbestimmung (**Einsatzbeträge**) im 1. Rang

K_1	0 EUR
K_2	288 EUR
K_3	288 EUR
K_4	202 EUR
Gesamtansprüche im 1. Rang	778 EUR

2. Stufe: Verteilungsfähiges Einkommen (**Verteilungsmasse**) für den 2. Rang

2.800 EUR ./. 778 EUR [1. Rang] ./. Selbstbehalt [2. Rang] 1.000 EUR verbleibt 1.022 EUR

F	770 EUR
E (Haushaltsgemeinschaft)	560 EUR
Gesamt	1.330 EUR

F ist mit E gleichrangig, wenn die Ehe der F von langer Dauer war (war die Ehe nicht von langer Dauer, geht die 2. Frau der 1. Frau vor).

3. Stufe: Kürzungsberechnung (**Kürzungsfaktor**) für den 2. Rang: 77%

M	592 EUR
E	430 EUR
Gesamt	1.022 EUR

4. Stufe: Prüfung auf **Angemessenheit und Billigkeit**

Erst auf dieser Stufe sollten wegen der Komplexität der Materie die steuerlichen Auswirkungen berücksichtigt werden (s. vorstehendes Beispiel).

dd) Beispiel zu den Rangeinstufungen

M verfügt über ein Nettoeinkommen von 2.000 EUR. Er hat aus geschiedener Ehe (22 Jahre Ehezeit) ein 20-jähriges studierendes Kind K_1 sowie ein 16-jähriges Kind K_2; K_2 ist Schüler. Die geschiedene Ehefrau F ist arbeitsunfähig. Aus einer sehr gelegentlichen „Bekanntschaft" mit L hat er ein weiteres 2 Jahre altes Kind. L

III. Änderungen des Bürgerlichen Gesetzbuchs im Einzelnen

betreut das Kind und hat kein eigenes Einkommen; sie verdiente zuvor netto 1.300 EUR. Alle Unterhaltsgläubiger machen Unterhaltsansprüche geltend.

Die einzelnen Unterhaltsansprüche und Einsatzbeträge

	bis 31.12.2007	ab 1.1.2008
K_1	640 EUR	640 EUR ./. 154 EUR
K_2	389 EUR	365 EUR ./. 77 EUR
F	770 EUR	770 EUR
K_3	273 EUR	279 EUR ./. 77 EUR
L	1.300 EUR	1.300 EUR

Rangverhältnisse im Mangelfall

Im 1. Rang:
K_2, K_3 und F: §§ 1609, 1603

Im 1. Rang:
K_2, K_3: § 1609 Nr. 1

Im 2. Rang:
L: § 1615l Abs. 3

Im 2. Rang:
F und L: § 1609 Nr. 2 (Gleichrang)

Im 3. Rang:
K_1: § 1609

Im 4. Rang:
K_1: § 1609 Nr. 4

Zahlbeträge

K_2: 288 EUR
K_3: 202 EUR
F: 190 EUR
L: 320 EUR

Entgegen dem Wortlaut des § 1612a verbleibt es gem. § 35 Nr. 4 EGZPO zunächst auch ab 1.1.2008 bei den Unterhaltsbeträgen (des 2. Halbjahres 2007) auf der Grundlage des § 1 Regelbetrag-Verordnung idF der Fünften Verordnung zur Änderung der Regelbetrag-Verordnung[476] (s. hierzu DT 2007 [Stand: 1.7.2007]). Mit der Übergangsvorschrift des § 35 Nr. 4 EGZPO ermöglicht das **UÄndG 2008** einen schonenden Übergang vom bisherigen System der Regelbeträge nach der Regelbetrag-Verordnung zu der neuen Bezugsgröße des Mindestunterhalts nach § 1612a. Diese Bestimmung stellt sicher, dass die für die konkrete Unterhaltsberechnung maßgebliche Bezugsgröße und damit das bis zum 31.12.2007 geltende Unterhaltsniveau in keinem Fall absinken, sichert jedoch zugleich, dass die gewünschte Har-

---

476 Vom 5.6.2007 (BGBl I 1044).

monisierung mit dem Steuerrecht erreicht wird. Zu diesem Zwecke überträgt diese neue Norm die bis zum 31.12.2007 geltenden Regelbeträge nach § 1 der Regelbetrag-Verordnung in das System der künftigen Unterhaltsberechnung und schreibt diese Regelbeträge als Mindestunterhalt solange fest, bis der jeweilige Mindestunterhalt nach § 1612a diesen Betrag übersteigt.

Mit der Anknüpfung an die Regelbeträge nach § 1 Regelbetrag-Verordnung gibt das **UÄndG 2008** bereits ab 1.1.2008 die bisherige Differenzierung in der Unterhaltshöhe zwischen Ost- und Westdeutschland auf; entsprechend erhöht sich die in Ostdeutschland maßgebliche Bezugsgröße. Die in den einzelnen Altersstufen festgeschriebenen Beträge ergeben sich nunmehr für das gesamte Bundesgebiet aus § 1 der Fünften Verordnung zur Änderung der Regelbetrag-Verordnung,[477] erhöht um das hälftige Kindergeld (77 EUR); damit trägt die Neuregelung der nunmehr bedarfsdeckenden Kindergeldverrechnung in § 1612b Abs. 1 Nr. 1 Rechnung.

16. § 1612 Art der Unterhaltsgewährung

Fassung bis 31.12.2007	Fassung ab 1.1.2008
§ 1612 – Art der Unterhaltsgewährung	§ 1612 – Art der Unterhaltsgewährung
(1) Der Unterhalt ist durch Entrichtung einer Geldrente zu gewähren. Der Verpflichtete kann verlangen, dass ihm die Gewährung des Unterhalts in anderer Art gestattet wird, wenn besondere Gründe es rechtfertigen.	(1) Der Unterhalt ist durch Entrichtung einer Geldrente zu gewähren. Der Verpflichtete kann verlangen, dass ihm die Gewährung des Unterhalts in anderer Art gestattet wird, wenn besondere Gründe es rechtfertigen.
(2) Haben Eltern einem unverheirateten Kind Unterhalt zu gewähren, so können sie bestimmen, in welcher Art und für welche Zeit im Voraus der Unterhalt gewährt werden soll, wobei auf die Belange des Kindes die gebotene Rücksicht zu nehmen ist. Aus besonderen Gründen kann das Familiengericht auf Antrag des Kindes die Bestimmung der Eltern ändern. Ist das Kind minderjährig, so kann ein Elternteil, dem die Sorge für die Per-	(2) Haben Eltern einem unverheirateten Kind Unterhalt zu gewähren, können sie bestimmen, in welcher Art und für welche Zeit im Voraus der Unterhalt gewährt werden soll, *sofern auf die Belange des Kindes die gebotene Rücksicht genommen wird*. Ist das Kind minderjährig, kann ein Elternteil, dem die Sorge für die Person des Kindes nicht zusteht, eine Bestimmung nur für die Zeit tref-

---

[477] Vom 5.6.2007 (BGBl I 1044).

III. Änderungen des Bürgerlichen Gesetzbuchs im Einzelnen

Fassung bis 31.12.2007	Fassung ab 1.1.2008
son des Kindes nicht zusteht, eine Bestimmung nur für die Zeit treffen, in der das Kind in seinen Haushalt aufgenommen ist.	fen, in der das Kind in seinen Haushalt aufgenommen ist.
(3) Eine Geldrente ist monatlich im Voraus zu zahlen. Der Verpflichtete schuldet den vollen Monatsbetrag auch dann, wenn der Berechtigte im Laufe des Monats stirbt.	(3) Eine Geldrente ist monatlich im Voraus zu zahlen. Der Verpflichtete schuldet den vollen Monatsbetrag auch dann, wenn der Berechtigte im Laufe des Monats stirbt.

Das **UÄndG 2008** hat § 1612 Abs. 2 verändert. Zwar haben auch künftig Eltern gegenüber einem nicht verheirateten Kind das Recht, die Art der Unterhaltsleistung zu bestimmen (Naturalunterhalt oder Barunterhalt). Während bisher jedoch nur verlangt wurde, dabei sei auf die Belange des Kindes die gebotene Rücksicht zu nehmen, ist die Unterhaltsbestimmung jetzt nur noch wirksam, wenn das **tatsächlich geschehen** ist; das ergibt sich aus dem Ersetzen des Wortes „wobei" durch das Wort „sofern" (§ 1612 Abs. 2. S. 1). Bei der Prüfung, ob in angemessenem Umfang Rücksicht genommen worden ist, müssen die Interessen der Eltern und des Kindes gegeneinander abgewogen werden.

Ob die Unterhaltsbestimmung wirksam ist, war nach überwiegender Ansicht gem. § 1612 Abs. 2 a.F. in einem gesonderten Verfahren zur Abänderung einer elterlichen Unterhaltsbestimmung vor dem Familiengericht zu prüfen. Das jetzige Recht stellt mit dem Wegfall des Satzes, dass das Familiengericht abändern könne, klar, dass ein gesondertes Verfahren nicht erforderlich ist; das Familiengericht hat vielmehr im Rahmen des **einheitlichen Unterhaltsverfahrens** zu prüfen, ob eine wirksame Unterhaltsbestimmung vorliegt. Nur wenn sie wirksam ist, entfällt die Barunterhaltspflicht.

In **Satz 1** hat der Gesetzgeber sprachlich geschärft, dass eine Unterhaltsbestimmung nur dann wirksam ist, **sofern** auf die Belange des Kindes die **gebotene Rücksicht** genommen wird. Darüber hinaus wurde der frühere **Satz 2** der Bestimmung aufgehoben, in dem bislang das familiengerichtliche Verfahren zur Änderung der elterlichen Unterhaltsbestimmung geregelt war. Damit hat das Gesetz das Bestimmungsverfahren (Änderung der Unterhaltsbestimmung) als gesondertes Verfahren abgeschafft; jetzt hat das Familiengericht über den Unterhalt wie auch die Art seiner Gewährung einheitlich zu entscheiden.

III. Änderungen des Bürgerlichen Gesetzbuchs im Einzelnen

Die neue Regelung soll zu einer erheblichen Straffung des Unterhaltsprozesses führen, da es nunmehr nicht mehr zu einer Verzögerung des Verfahrens kommen kann, um in einem gesonderten Verfahren vorab eine Entscheidung zur Abänderung der Unterhaltsbestimmung einzuholen. Die Abänderung der elterlichen Unterhaltsbestimmung wird damit künftig genauso behandelt wie die Einrede des Gestattungsanspruchs des Unterhaltsschuldners nach § 1612 Abs. 1 S. 2; in beiden Fällen ist hierüber im Unterhaltsprozess zu entscheiden. Künftig kann das Kind, das die elterliche Unterhaltsbestimmung nicht hinnehmen will, im Unterhaltsprozess den entsprechenden Einwand geltend machen. Mit dieser Gesetzesänderung ist keine Korrektur des Änderungsmaßstabs verbunden: Die Erwägungen des bisherigen Satzes 2, also die „besonderen Gründe", bei deren Vorliegen die elterliche Bestimmung geändert werden konnte, sind künftig im Rahmen der Prüfung anzustellen, ob auf die Belange des Kindes die gebotene Rücksicht genommen wurde.

Zunächst ist daher zu prüfen, ob die elterliche **Unterhaltsbestimmung überhaupt wirksam** ist, ob also die Eltern entsprechend § 1612 Abs. 2 S. 1 auf die Belange des Kindes die **gebotene Rücksicht** genommen haben. Die Neufassung von § 1612 Abs. 2 S. 1 – das Ersetzen des Wortes „wobei" durch „sofern" – legt damit fest, dass eine Unterhaltsbestimmung nur dann wirksam ist, wenn die „gebotene Rücksicht" genommen wurde: Sofern die gebotene Rücksicht genommen wurde, ist die Bestimmung wirksam; andernfalls nicht. Kommt das Gericht zu dem Ergebnis, dass die Bestimmung nicht wirksam ist, verbleibt es bei dem Grundsatz der Barunterhaltspflicht gem. § 1612 Abs. 1 S. 1. Künftig ist die Überprüfung einer dem Barunterhaltsanspruch entgegenstehenden Unterhaltsbestimmung damit lediglich eine „Vorfrage", über die das Prozessgericht im Rahmen des Unterhaltsprozesses abschließend zu entscheiden hat.

17. § 1612a Mindestunterhalt minderjähriger Kinder

Fassung bis 31.12.2007	Fassung ab 1.1.2008
§ 1612a – Art der Unterhaltsgewährung bei minderjährigen Kindern (1) Ein minderjähriges Kind kann von einem Elternteil, mit dem es nicht in einem Haushalt lebt, den Unterhalt als Vomhundertsatz des jeweiligen Regelbetrages nach der Regelbetrag-Verordnung verlangen.	*§ 1612a – Mindestunterhalt minderjähriger Kinder* (1) Ein minderjähriges Kind kann von einem Elternteil, mit dem es nicht in einem Haushalt lebt, den Unterhalt als *Prozentsatz des Mindestunterhalts* verlangen. *Der Mindestunterhalt richtet sich nach dem doppelten Freibetrag für das sächliche Existenzminimum eines*

III. Änderungen des Bürgerlichen Gesetzbuchs im Einzelnen

Fassung bis 31.12.2007	Fassung ab 1.1.2008
(2) Der Vomhundertsatz ist auf eine Dezimalstelle zu begrenzen; jede weitere sich ergebende Dezimalstelle wird nicht berücksichtigt. Der sich bei der Berechnung des Unterhalts ergebende Betrag ist auf volle EUR aufzurunden. (3) Die Regelbeträge werden in der Regelbetrag-Verordnung nach dem Alter des Kindes für die Zeit bis zur Vollendung des sechsten Lebensjahres (erste Altersstufe), die Zeit vom siebten bis zur Vollendung des zwölften Lebensjahres (zweite Altersstufe) und für die Zeit vom dreizehnten Lebensjahr an (dritte Altersstufe) festgesetzt. Der Regelbetrag einer höheren Altersstufe ist ab dem Beginn des Monats maßgebend, in dem das Kind das betreffende Lebensjahr vollendet. (4) Die Regelbeträge ändern sich entsprechend der Entwicklung des durchschnittlich verfügbaren Arbeitsentgelts erstmals zum 1. Juli 1999 und danach zum 1. Juli jeden zweiten Jahres. Die neuen Regelbeträge ergeben sich, indem die zuletzt geltenden Regelbeträge mit den Faktoren aus den jeweils zwei der Veränderung vorausgegangenen Kalenderjahren für die Entwicklung 1. der Bruttolohn- und -gehaltssumme je durchschnittlich beschäftigten Arbeitnehmer und 2. der Belastung bei Arbeitsentgelten vervielfältigt werden; das Ergebnis ist auf volle EUR aufzurunden. Das Bundesministerium der Justiz hat die Regelbetrag-Verordnung durch Rechtsverord-	*Kindes (Kinderfreibetrag) nach § 32 Absatz 6 Satz 1 des Einkommensteuergesetzes. Er beträgt monatlich entsprechend dem Alter des Kindes* *1. für die Zeit bis zur Vollendung des sechsten Lebensjahrs (erste Altersstufe) 87 Prozent,* *2. für die Zeit vom siebten bis zur Vollendung des zwölften Lebensjahrs (zweite Altersstufe) 100 Prozent, und* *3. für die Zeit vom 13. Lebensjahr an (dritte Altersstufe) 117 Prozent eines Zwölftels des doppelten Kinderfreibetrages.* *(2) Der Prozentsatz* ist auf eine Dezimalstelle zu begrenzen; jede weitere sich ergebende Dezimalstelle wird nicht berücksichtigt. Der sich bei der Berechnung des Unterhalts ergebende Betrag ist auf volle EUR aufzurunden. (3) Der *Unterhalt* einer höheren Altersstufe ist ab dem Beginn des Monats maßgebend, in dem das Kind das betreffende Lebensjahr vollendet. [Abs. 3 S. 1 und Abs. 4 und 5 aufgehoben]

Fassung bis 31.12.2007	Fassung ab 1.1.2008
nung, die nicht der Zustimmung des Bundesrates bedarf, rechtzeitig anzupassen. (5) Die Faktoren im Sinne von Absatz 4 Satz 2 werden ermittelt, indem jeweils der für das Kalenderjahr, für das die Entwicklung festzustellen ist, maßgebende Wert durch den entsprechenden Wert für das diesem vorausgegangene Kalenderjahr geteilt wird. Der Berechnung sind 1. für das der Veränderung vorausgegangene Kalenderjahr die dem Statistischen Bundesamt zu Beginn des folgenden Kalenderjahrs vorliegenden Daten der Volkswirtschaftlichen Gesamtrechnung, 2. für das Kalenderjahr, in dem die jeweils letzte Veränderung vorgenommen wurde, die vom Statistischen Bundesamt endgültig festgestellten Daten der Volkswirtschaftlichen Gesamtrechnung, sowie 3. im Übrigen die der Bestimmung der bisherigen Regelbeträge zugrunde gelegten Daten der Volkswirtschaftlichen Gesamtrechnung zugrunde zu legen; sie ist auf zwei Dezimalstellen durchzuführen.	

a) Neufassung der Norm

Das **UÄndG 2008** hat § 1612a Abs. 1 bis 3 neu gefasst. In § 1612a Abs. 1 und 2 wurde – wie bereits im Bürgerlichen Gesetzbuch – der veraltete Ausdruck „Vomhundertsatz" durch die moderne Formulierung „**Prozentsatz**" ersetzt. § 1612a Abs. 1 definiert nunmehr den **Mindestunterhalt** minderjähriger Kinder (wieder) als **Bezugsgröße** für den Unterhalt. Nachdem im Jahre 1998 der bis dahin gesetzlich geregelte Mindestunterhalt mit der Einführung des Regelbetrages durch das KindUG (mit unterschiedlicher Höhe in den alten und den neuen Bundesländern) weggefallen war, hat der Gesetzgeber nunmehr den gesetzlichen Mindestunterhalt wieder „reaktiviert", anknüpfend an den steuerlichen Kinderfreibetrag gem. § 32 Abs. 6 S. 1 EStG, und damit dem steuerlichen sächlichen Existenzminimum gleichgestellt. Da das steuerliche sächliche Existenzminimum für das gesamte Bundesgebiet gleich hoch angesetzt ist, gilt der neue **Mindestunterhalt einheitlich** in den **alten** und **neuen Bundesländern**.[478]

Die erneute Normierung des Mindestunterhalts entspricht nicht nur Forderungen aus der Praxis,[479] sondern auch der Rechtsprechung des Bundesverfassungsgerichts und des Bundesgerichtshofes,[480] Unterhaltsrecht, Steuerrecht und Sozialrecht aus Gründen der Normenklarheit zu harmonisieren.[481] Damit korrigiert der Gesetzgeber zugleich die 2002 geschaffene, nach einhelliger Auffassung verfehlte Regelung der Kindergeldverrechnung in § 1612b Abs. 5, die nunmehr aufgehoben ist.

Mit dieser Bezugnahme auf den Kinderfreibetrag des § 32 EStG wurde die Regelbetrag-Verordnung entbehrlich; sie wurde daher zusammen mit der Ermächtigungsgrundlage und den weiteren Regelungen im bisherigen § 1612a Abs. 3 S. 1, Abs. 4 und 5 aufgehoben.

Diese Neuregelung zwang zur Neufassung der **Düsseldorfer Tabelle 2008**, wobei die Unterhaltssätze nunmehr bei den Einkommensgruppen entsprechend dem unterhaltsrelevanten Einkommen der Unterhaltsschuldner wieder differenzieren.

b) Dynamiksystem (§ 1612a Abs. 1)

Es ist auch nach der Neufassung der Norm bei dem bewährten Dynamiksystem verblieben. Nach § 1612a Abs. 1 S. 1 kann ein minderjähriges Kind von demjenigen Elternteil, mit dem es nicht in einem Haushalt lebt, den Unterhalt als **Prozentsatz** des nunmehr in Abs. 1 S. 2 **gesetzlich definierten Mindestunterhalts** verlangen („**Dynamiksystem**"), und zwar gem. Abs. 1 S. 3 gestaffelt nach (**drei**) **Altersstufen** („**Alterssprung = 6/12/18**"). Erreicht ein Kind (an seinem 6. bzw. 12. Geburtstag die jeweils höhere Altersstufe, dann ist der angepasste Unterhaltsbetrag zur Vermeidung sonst erforderlichen Berechnungsaufwands ab Beginn desjenigen Monats zu bezahlen, in dem das Kind die neue Altersstufe erreicht (§ 1612a Abs. 3). Vollendet ein Kind etwa am 17. Juli eines bestimmten Jahres das 12. Le-

---

478 RegE S. 45 (BT-Dr. 16/1830).
479 Arbeitskreis 1 des 15. Deutschen Familiengerichtstages 2003.
480 BVerfGE 108, 52 ff. = FamRZ 2003, 1371 = FuR 2003, 535; BGHZ 150, 12 = FamRZ 2002, 536 = FuR 2002, 228.
481 BVerfGE 108, 52 ff. = FamRZ 2003, 1371 = FuR 2003, 535.

bensjahr (12. Geburtstag), dann erreicht es somit die 3. Altersstufe unterhaltsrechnerisch bereits am 1. Juli dieses betreffenden Jahres.

§ 1612a Abs. 1 S. 1 erfüllt die gleiche Funktion wie schon bisher: Der **Mindestunterhalt** bleibt auch weiterhin **Rechengröße**, der die **Dynamisierung** des Individualunterhalts minderjähriger Kinder ermöglicht und Anknüpfungspunkt für die Statthaftigkeit des vereinfachten Verfahrens zur Festsetzung des Unterhalts minderjähriger Kinder nach §§ 645 ff. ZPO ist. An die Stelle des Regelbetrages (nach der Regelbetrag-Verordnung) ist als neue Bezugsgröße nunmehr lediglich der Mindestunterhalt getreten.

c) Mindestunterhalt (§ 1612a Abs. 1 S. 2 und 3)

§ 1612a Abs. 1 S. 2 und 3 definieren nunmehr den **gesetzlichen Mindestunterhalt**. Bezugspunkt hierfür ist der einkommensteuerrechtliche Kinderfreibetrag nach § 32 Abs. 6 S. 1 EStG, der gewährleistet, dass derjenige Betrag, der zur Sicherung des existenznotwendigen Bedarfs eines minderjährigen Kindes aufzubringen ist, von der Besteuerung verschont wird. Der Kinderfreibetrag kommt steuerrechtlich jedem einzelnen einkommensteuerpflichtigen Elternteil zu. Deshalb hat der Steuergesetzgeber den Betrag, der im Existenzminimumbericht als sächliches Existenzminimum von Kindern ausgewiesen ist, halbiert; die Summe der beiden Elternteilen gewährten Kinderfreibeträge stellt das volle sächliche Existenzminimum eines Kindes dar (§ 32 Abs. 6 S. 2 EStG). § 1612a Abs. 1 S. 2 definiert den Mindestunterhalt daher als den **doppelten Freibetrag**; auf diese Weise wird der volle Betrag des sächlichen Existenzminimums nach dem Existenzminimumbericht erreicht. Da der Kinderfreibetrag im Einkommensteuerrecht als Jahresbetrag ausgewiesen ist, das Unterhaltsrecht aber auf den Monat als Bezugsgröße abstellt (§ 1612 Abs. 3 S. 1), wird der Mindestunterhalt in § 1612a Abs. 1 S. 3 als der zwölfte Teil des doppelten Kinderfreibetrages festgelegt.

Basis für die **Berechnung** ist der verdoppelte Kinderfreibetrag, der zur Zeit (für jeden Elternteil) 1.824 EUR ausmacht, so dass also alle Berechnungen des monatlichen Unterhalts auszugehen haben von (1.824 EUR x 2) : 12 = **304 EUR**; dies sind 100% des Mindestunterhalts. In der ersten Altersstufe (bis zum 6. Geburtstag) sind 87% hiervon zu zahlen, also – aufgerundet gem. § 1612a Abs. 2 S. 2 – 265 EUR, in der zweiten Altersstufe (bis zum 12. Geburtstag) 100% und damit 304 EUR sowie in der dritten Altersstufe (ab dem zwölften Geburtstag) 117%, also 356 EUR. Die Beträge liegen somit etwa 10% unter den bisher häufig als eine Art von Mindestunterhalt betrachteten 135% des Regelbetrages (276 EUR, 334 EUR und 393 EUR).

III. Änderungen des Bürgerlichen Gesetzbuchs im Einzelnen

Der **Mindestunterhalt** ist derjenige Barunterhaltsbetrag, auf den das minderjährige Kind grundsätzlich Anspruch hat, und den der Unterhaltsschuldner grundsätzlich zu leisten verpflichtet ist (s. hierzu seine verschärfte Leistungspflicht, § 1603 Abs. 2 S. 1). Entscheidende Neuerung ist, dass die Bestimmung des Mindestunterhalts von der Anknüpfung an die Regelbetrag-Verordnung abgekoppelt ist. **Anknüpfungspunkt** ist nunmehr das Steuerrecht und die dort enthaltene Bezugnahme auf den existenznotwendigen Bedarf von Kindern, der nach der Entscheidung des Bundesverfassungsgerichts vom 10.11.1998[482] von der Einkommensteuer verschont bleiben muss. Dieses Existenzminimum wird von der Bundesregierung alle zwei Jahre in einem Existenzminimumbericht auf der Grundlage der durchschnittlichen sozialhilferechtlichen Regelsätze der Bundesländer und statistischer Berechnungen der durchschnittlichen Aufwendungen für Wohn- und Heizkosten in den alten Bundesländern ermittelt (zuletzt Fünfter Existenzminimumbericht der Bundesregierung[483]) und bildet die Orientierungsgröße für die Höhe des einkommensteuerlichen sächlichen Existenzminimums. Auf dieser Grundlage gewährt das Steuerrecht in § 32 Abs. 6 S. 1 EStG den steuerpflichtigen Eltern einen entsprechenden Kinderfreibetrag (derzeit je 1.824 EUR).

Mit der Anknüpfung an den Kinderfreibetrag des EStG ist zugleich die in bestimmten Bereichen des Kindesunterhaltsrechts bislang übliche Differenzierung bei der Unterhaltshöhe danach, ob das unterhaltsbedürftige Kind in West- oder Ostdeutschland bzw. den östlichen Bezirken von Berlin lebt, entfallen: Eine Differenzierung nach Ost-/West-Werten kennen weder die einkommensteuerrechtlichen Existenzminimumsbeträge noch der Existenzminimumbericht der Bundesregierung. Daher wurde die bisherige gesetzliche Grundlage für diese Unterscheidung (Art. 5 § 1 KindUG)[484] zusammen mit der Regelbetrag-Verordnung aufgehoben. Für die Höhe des Unterhalts eines Kindes, das in den neuen Bundesländern oder den östlichen Bezirken von Berlin lebt, sind damit keine Sonderregelungen mehr zu beachten.

Für das Unterhaltsrecht – so der Gesetzgeber des **UÄndG 2008** – biete die Bezugnahme auf das Steuerrecht erhebliche Vorteile, denn der steuerrechtliche Kinderfreibetrag basiere unmittelbar auf dem Existenzminimumbericht; er gelte – anders als etwa die sozialhilferechtlichen Regelsätze – bundeseinheitlich, werde der Entwicklung der tatsächlichen Verhältnisse angepasst und nenne konkrete Zahlen, so dass die Berechnung für den Unterhaltsschuldner und den -gläubiger unmittelbar

---

[482] BVerfGE 99, 216 ff. = FamRZ 1999, 285 = FuR 1999, 112.
[483] BT-Dr. 15/2462.
[484] Vom 6.4.1998 – BGBl I 666.

einsichtig und nachvollziehbar sei. Über eine Anpassung des steuerlichen Kinderfreibetrages werde es auch künftig zu Anpassungen des Mindestunterhalts an geänderte Lebenshaltungskosten kommen.

Das **UÄndG 2008** lässt den **Grundsatz** unberührt, dass sich der Kindesunterhalt nach der individuellen Leistungsfähigkeit des Barunterhaltspflichtigen bemisst (§ 1603), schreibt nunmehr jedoch den unterhaltsrechtlichen Mindest-(Bar-)bedarf eines minderjährigen Kindes ausdrücklich fest. Unverändert wird daher unzureichende Leistungsfähigkeit des Unterhaltsschuldners bereits bei der Höhe des Unterhaltsanspruchs berücksichtigt: Über den Selbstbehalt ist stets gewährleistet, dass dem Unterhaltsschuldner das eigene Existenzminimum verbleibt, so dass der Mindestunterhalt von vornherein unter dem Vorbehalt der Leistungsfähigkeit steht.

Dieser Mindestunterhalt, der nun in gleicher Höhe in ganz Deutschland gilt, kann verlangt werden, ohne dass zum Einkommen des Schuldners etwas vorgetragen oder bewiesen werden müsste. Mindestunterhalt bedeutet nicht, dass stets jedenfalls dieser Betrag gezahlt werden müsste; es bleibt vielmehr dabei, dass sich die Unterhaltshöhe gem. § 1603 nach der Leistungsfähigkeit des Schuldners richtet: Zu geringes Einkommen des Schuldners führt zu einer Reduzierung unter den Mindestunterhalt. In diesem Fall ist es Sache des Schuldners, seine schlechten wirtschaftlichen Verhältnisse einzuwenden und zu beweisen. Wird mehr Unterhalt als der Mindestunterhalt gefordert, so müssen die Voraussetzungen hierfür vom Unterhaltsgläubiger dargelegt und gegebenenfalls auch bewiesen werden.

d) Alterssprünge (§ 1612a Abs. 1 S. 3)

§ 1612a Abs. 1 S. 3 enthält unverändert die drei Altersstufen, die auch allen Tabellen/Leitlinien zugrunde lagen und liegen. Der Gesetzgeber hat – anders als im Steuerrecht, bei dem er nach der Rechtsprechung des Bundesverfassungsgerichts[485] berechtigt ist, die Höhe des Existenzminimums von Kindern für alle Altersstufen und im ganzen Bundesgebiet einheitlich festzulegen – eine solche Pauschalierung im stets einzelfallbezogenen Unterhaltsrecht als nicht sinnvoll erachtet: Es entspricht der Lebenserfahrung (und ist nicht nur statistisch belegt), dass ältere Kinder höhere Kosten verursachen als jüngere Kinder. Ausgangspunkt für die Aufspreizung des Mindestunterhalts ist die 2. Altersstufe; diese knüpft direkt an den steuerlichen Bezugswert an; die Werte in der ersten und dritten Altersstufe leiten sich hieraus ab. Bei der Höhe des prozentualen Ab- bzw. Aufschlags hat sich

---

[485] BVerfGE 91, 93, 111 f. = FuR 1994, 307.

der Gesetzgeber an der prozentualen Aufspreizung der Unterhaltsbeträge nach der früheren Regelbetrag-Verordnung orientiert.

18. § 1612b Deckung des Barbedarfs durch Kindergeld

Fassung bis 31.12.2007	Fassung ab 1.1.2008
§ 1612b – Anrechnung von Kindergeld	**§ 1612b – *Deckung des Barbedarfs durch Kindergeld***
(1) Das auf das Kind entfallende Kindergeld ist zur Hälfte anzurechnen, wenn an den bar unterhaltspflichtigen Elternteil Kindergeld nicht ausgezahlt wird, weil ein anderer vorrangig berechtigt ist.	(1) Das auf das Kind entfallende Kindergeld ist zur *Deckung seines Barbedarfs zu verwenden:* *1. zur Hälfte, wenn ein Elternteil seine Unterhaltspflicht durch Betreuung des Kindes erfüllt (§ 1606 Absatz 3 Satz 2);* *2. in allen anderen Fällen in voller Höhe.* *In diesem Umfang mindert es den Barbedarf des Kindes.*
(2) Sind beide Elternteile zum Barunterhalt verpflichtet, so erhöht sich der Unterhaltsanspruch gegen den das Kindergeld beziehenden Elternteil um die Hälfte des auf das Kind entfallenden Kindergeldes.	*(2) Ist das Kindergeld wegen der Berücksichtigung eines nicht gemeinschaftlichen Kindes erhöht, ist es im Umfang der Erhöhung nicht bedarfsmindernd zu berücksichtigen.* [Abs. 2, 3 und 5 aufgehoben]
(3) Hat nur der barunterhaltspflichtige Elternteil Anspruch auf Kindergeld, wird es aber nicht an ihn ausgezahlt, ist es in voller Höhe anzurechnen.	
(4) Ist das Kindergeld wegen Berücksichtigung eines nicht gemeinschaftlichen Kindes erhöht, ist es im Umfang der Erhöhung nicht anzurechnen.	
(5) Eine Anrechnung des Kindergeldes unterbleibt, soweit der Unterhaltspflichtige außerstande ist, Unterhalt in Höhe von 135 Prozent des Regelbetrages nach der Regelbetrag-Verordnung zu leisten.	

III. Änderungen des Bürgerlichen Gesetzbuchs im Einzelnen

a) Neukonzeption des § 1612b

Der bisherige § 1612b wird durch eine Neukonzeption der Vorschrift ersetzt.[486] An die Stelle der bisherigen Anrechnung des Kindergeldes auf den Barunterhaltsanspruch des Kindes ist nunmehr der bedarfsmindernde Vorwegabzug des Kindergeldes getreten: Bereits der Bedarf des Kindes wird um das Kindergeld gekürzt, zur Hälfte bei alleiniger Barunterhaltspflicht eines Elternteils, und ansonsten (z.b. bei beiderseitiger Betreuung eines minderjährigen Kindes nach dem Wechselmodell, bei Fremdunterbringung des minderjährigen Kindes oder beim volljährigen Kind) voll. Die hälftige Kürzung des Bedarfs des Kindes, das durch einen Elternteil allein oder weit überwiegend betreut wird, entspricht der bisherigen Berechnungsweise für den Fall, dass das minderjährige Kind eigenes Einkommen hat, z.B. Ausbildungsvergütung; auch dieses Eigeneinkommen wurde und wird weiterhin wegen der Gleichwertigkeit von Betreuungs- und Barunterhalt hälftig vom Bedarf abgezogen. Wenn beide Eltern Barunterhalt schulden, wird das Kindergeld, weil es vorweg vom Bedarf abgezogen wird, im Ergebnis entsprechend der Quote aufgeteilt, mit der jeder Elternteil zum Barunterhalt beiträgt. Mit der Formulierung, das Kindergeld sei zur Deckung des Lebensbedarfs zu verwenden, will der Gesetzgeber zum Ausdruck bringen, dass das Kind einen Anspruch darauf hat, dass ihm das Kindergeld – wie Unterhalt – überlassen wird.

Gegen die bisherige Rechtsprechung wird der zu berücksichtigende Teil des Kindergeldes damit faktisch als Einkommen des Kindes behandelt; auch insoweit wird eine Anpassung an das Sozialrecht vorgenommen (§ 11 Abs. 1 S. 3 SGB II und § 82 Abs. 1 S. 2 SGB XII). Diese Änderung führt unter anderem dazu, dass jetzt bei der Berechnung des Ehegattenunterhalts nicht mehr der volle Kindesunterhaltsbetrag vor Kindergeldanrechnung (meist Tabellenunterhalt), sondern nur noch der schon um das Kindergeld gekürzte, tatsächlich zu zahlende Kindesunterhalt vom Einkommen des Schuldners abgezogen wird (wie das auch bisher schon geschehen ist, wenn das Kind sonstiges Einkommen hatte, z.B. Ausbildungsvergütung).

Es entfällt die komplizierte Regelung des bisherigen § 1612b Abs. 5, wonach bei schlechteren Einkommensverhältnissen nur weniger als die Hälfte des Kindergeldes anzurechnen war. Diese Regelung ist jetzt überflüssig, weil der Zahlbetrag (Mindestbedarf nach Abzug des halben Kindergeldes) feststeht, in der 1. Altersstufe 265 EUR ./. 77 EUR = 188 EUR, in der 2. Altersstufe 304 EUR ./. 77 EUR =

---

[486] Ausführlich zur Kindergeldanrechnung nach dem neuen Recht Dose FamRZ 2007, 1289 ff.; im Übrigen orientiert sich die nachstehende Kommentierung zu § 1612b weitgehend an der Begründung des RegE (BT-Dr. 16/1830) zum UÄndG 2008.

227 EUR und in der 3. Altersstufe 356 EUR ./. 77 EUR = 279 EUR (vorbehaltlich § 35 Nr. 4 EGZPO). Man hat § 1612b so zu verstehen, dass das Kindergeld auf den Mindestunterhalt anzurechnen ist und nicht auf den – wegen schlechter Einkommensverhältnisse vielleicht geringeren – tatsächlich geschuldeten Unterhalt.

b) Grundgedanken der Regelung

Das Einkommensteuergesetz und das Bundeskindergeldgesetz gewähren zwar beiden Elternteilen einen eigenen Anspruch auf Kindergeld (§§ 32 Abs. 4, 62 Abs. 1 EStG bzw. § 1 BKGG), legen aber gleichzeitig fest, dass das Kindergeld stets nur von einem Anspruchsberechtigten (im Regelfall einem Elternteil) bezogen werden kann (§ 64 EStG bzw. § 3 BKGG, Konzentration der Bezugsberechtigung bei einem Anspruchsberechtigten aus Gründen der Verwaltungsvereinfachung nach dem sog. **Obhutsprinzip**). Schwierigkeiten in der praktischen Handhabung können sich jedoch ergeben, sobald die Eltern getrennt leben: Wenn die Unterhaltspflicht gegenüber dem Kind von einem Elternteil durch dessen Pflege und Erziehung und vom anderen Elternteil durch die Leistung von Barunterhalt erfüllt wird, oder wenn beide Elternteile barunterhaltspflichtig sind, bedarf es eines internen Ausgleichs des Kindergeldes zwischen dem bezugsberechtigten und dem anderen Elternteil. Der hierfür erforderliche **Ausgleichsmechanismus** findet sich nicht in den einschlägigen öffentlich-rechtlichen Leistungsgesetzen; vielmehr wird das Kindergeld zwischen den beiden Elternteilen nach Maßgabe des § 1612b traditionell im Wege der Verrechnung mit dem Barunterhalt und damit unter Einbeziehung des Unterhaltsrechts ausgeglichen.

Die heutige unterhaltsrechtliche Bestimmung über die interne Verrechnung des Kindergeldes (§ 1612b) beruht auf dem KindUG vom 6.4.1998.[487] Mit dem Ziel der Rechtsvereinfachung wurden damals die nur für außerhalb einer bestehenden Ehe der Eltern geborenen Kinder geltende Vorschrift des früheren § 1615g und die von der Rechtsprechung entwickelten, nur für innerhalb einer bestehenden Ehe der Eltern geborenen Kinder geltenden Grundsätze zur anteiligen Anrechnung des Kindergeldes zu einer alle Kinder umfassenden Bestimmung zusammengefasst. Durch das Gesetz zur Ächtung der Gewalt in der Erziehung und zur Änderung des Kindesunterhaltsrechts vom 2.11.2000[488] wurde § 1612b Abs. 5 geändert und ein teilweises Anrechnungsverbot eingeführt. Seither unterbleibt eine Anrechnung von

[487] BGBl I 666.
[488] BGBl I 1479.

III. Änderungen des Bürgerlichen Gesetzbuchs im Einzelnen

Kindergeld, soweit der Unterhaltspflichtige außerstande ist, Unterhalt in Höhe von 135% des Regelbetrages nach der Regelbetrag-Verordnung zu leisten.

Trotz dieser Reformen sind nach wie vor eine Reihe von Unsicherheiten und Zweifelsfragen im Zusammenhang mit der unterhaltsrechtlichen Behandlung des Kindergeldes nur unzureichend geklärt oder stehen im Streit. Dazu gehört die Kritik des Bundesverfassungsgerichts im Beschluss vom 9.4.2003,[489] wonach die Kompliziertheit der Kindergeldanrechnung sowie deren schwer durchschaubare Wechselwirkung mit den sozial- und steuerrechtlichen Bestimmungen im Hinblick auf das in Art. 20 Abs. 3 GG wurzelnde Gebot der Normenklarheit bedenklich ist. Weiter bestehen Schwierigkeiten bei der Kindergeldanrechnung in Mangelfällen sowie bei der Kindergeldverrechnung bei volljährigen Kindern, die jüngst vom 16. Deutschen Familiengerichtstag [2005] erneut kritisiert worden sind.[490] Unzureichend ist schließlich auch die Harmonisierung zwischen den unterhalts- und sozialrechtlichen Wertungen: Im Sozialrecht wird das Kindergeld für minderjährige Kinder nach Maßgabe des § 11 Abs. 1 S. 3 SGB II und des § 82 Abs. 1 S. 2 SGB XII dem jeweiligen Kind als Einkommen zugerechnet mit der Folge, dass der individuelle Hilfebedarf entsprechend gemindert ist.[491]

Im Unterhaltsrecht wird das Kindergeld dagegen nicht als Einkommen des Kindes, sondern als solches der Eltern angesehen, das sich allerdings auf die unterhaltsrechtliche Leistungsfähigkeit des Unterhaltsschuldners nicht auswirkt, obwohl Einigkeit darüber besteht, dass das Kindergeld im wirtschaftlichen Ergebnis dem Kind zusteht und dazu bestimmt ist, dessen Existenzminimum zu sichern.[492] Schließlich gab auch die jüngste höchstrichterliche Rechtsprechung Anlass, die geltende Regelung zu überdenken: Mit Urteil vom 26.10.2005[493] hat der Bundesgerichtshof eine generelle Abkehr von der bislang üblichen Anrechnung des Kindergeldes bei volljährigen Kindern vollzogen und sich für eine unmittelbar bedarfsdeckende Anrechnung des Kindergeldes entschieden.

Die Neuregelung hat diesen Missstand beseitigt. Davon ausgehend, dass das Kindergeld zwar den Eltern ausbezahlt wird, es sich dabei aber um eine zweckgebun-

---

489 BVerfGE 108, 52 ff.
490 Vgl. die Empfehlungen des Vorstands des DFGT an die Gesetzgebung, u.a. FamRZ 2005, 1962, 1963.
491 Vgl. Eicher/Spellbrink/Mecke SGB II [2005] § 11 Rn 53; vgl. auch BVerwGE 94, 326, 328 f.; BVerwG NVwZ 2002, 96.
492 Vgl. § 74 Abs. 1 EStG, sowie BVerfGE 45, 104, 131 ff.; 108, 52, 69 ff. = FamRZ 2003, 1371 = FuR 2003, 535; BGHZ 70, 151, 153; 164, 375 = FamRZ 2006, 99, 102, 103 = FuR 2006, 76.
493 BGHZ 164, 375 = FamRZ 2006, 99 ff. = FuR 2006, 76.

III. Änderungen des Bürgerlichen Gesetzbuchs im Einzelnen

dene, der Familie für das Kind zustehende Leistung handelt, soll das jeweilige, auf das unterhaltsberechtigte Kind entfallende Kindergeld von dessen Unterhaltsbedarf vorweg abgesetzt werden. Die unterhaltsrechtliche Funktion des Kindergeldes, den Bedarf des Kindes zu decken, kommt auf diese Weise klar zum Ausdruck. Gleichzeitig werden damit die zivilrechtlichen Bestimmungen in Einklang mit den sozialrechtlichen Grundentscheidungen gebracht. Der steuer- bzw. kindergeldrechtliche Grundsatz, dass es sich beim Kindergeld um eine staatliche Leistung für das Kind an die Eltern handelt (§ 62 Abs. 1 EStG, § 1 BKGG), bleibt unverändert. § 1612b trifft nur eine Entscheidung darüber, wie sich das Kindergeld unter Berücksichtigung seiner Zweckbestimmung unterhaltsrechtlich auswirkt.

Die Neuregelung bietet erhebliche Vorteile und wird die unterhaltsrechtliche Behandlung des Kindergeldes ganz entscheidend vereinfachen: Zunächst kann dadurch auf die komplizierte, streitträchtige Vorschrift des § 1612b Abs. 5 verzichtet werden. Die Regelung, dass der barunterhaltspflichtige Elternteil seinen Kindergeldanteil im Mangelfall zur Aufstockung des Kindesunterhalts einzusetzen hat, ist jetzt überflüssig. Das Kindergeld wird unmittelbar auf den Bedarf angerechnet; auf diese Weise wird der Mindestunterhalt teilweise sichergestellt. Gleichzeitig wird damit einer Empfehlung des 16. Deutschen Familiengerichtstages entsprochen.[494]

Die Neuregelung führt weiterhin zu einer deutlichen Vereinfachung des Kindergeldausgleichs; viele der heute streitigen oder unklaren Fallkonstellationen werden künftig entfallen. Schließlich gestaltet sich der Kindergeldausgleich in Fällen, in denen beide Eltern barunterhaltspflichtig sind, gerechter, denn der Abzug des Kindergeldes vom Unterhaltsbedarf zusammen mit dem anteiligen Ausgleich des verbleibenden Restbedarfs entsprechend der jeweiligen Leistungsfähigkeit des betreffenden Elternteils (§ 1606 Abs. 3 S. 1) führt dazu, dass auch das Kindergeld zwischen den Eltern entsprechend dem Verhältnis ihrer Unterhaltsbeiträge ausgeglichen wird. Die bisherige, streng an der hälftigen Aufteilung des Kindergeldes orientierte Regelung führt demgegenüber zu einer bedenklichen, in der Rechtsprechung bisweilen kritisierten[495] Benachteiligung des Elternteils, der die größere Barunterhaltslast trägt.

In diesem Punkt hat die Neuregelung nicht nur Gedanken aus der jüngsten Rechtsprechung des Bundesgerichtshofes im Urteil vom 26.10.2005[496] aufgegriffen,

---

494 Vgl. die Empfehlungen des Vorstands des DFGT an die Gesetzgebung, u.a. FamRZ 2005, 1962, 1963.
495 Vgl. OLG Hamburg FamRZ 2003, 180, 183.
496 BGHZ 164, 375 = FamRZ 2006, 99, 102 f. = FuR 2006, 76.

III. Änderungen des Bürgerlichen Gesetzbuchs im Einzelnen

sondern auch an Grundprinzipien angeknüpft, die für die frühere, vor der Neufassung des § 1612b geltende Rechtsprechung kennzeichnend waren,[497] und trägt der diesbezüglichen Kritik in der Literatur[498] Rechnung. Damit wird beim volljährigen Kind das Kindergeld nicht anders behandelt als etwa Erwerbseinkünfte oder eine Ausbildungsvergütung des Kindes; auch diese werden – wie künftig das Kindergeld – bedarfsmindernd auf den Unterhaltsanspruch angerechnet.

Schließlich führt die Neuregelung zu gerechteren Ergebnissen in Fällen, in denen es um das Verhältnis vorrangiger Kinder zu nachrangigen Unterhaltsberechtigten, insbesondere zu dem unterhaltsberechtigten, betreuenden Elternteil, oder im Verhältnis von Erst- zu Zweitfamilie geht: Der bedarfsmindernde Vorwegabzug des Kindergeldes beim Barunterhalt des Kindes bewirkt, dass im Mangelfall von der für eine Verteilung zur Verfügung stehenden Maße ein geringerer Anteil für den Kindesunterhalt erforderlich ist, und ein entsprechend größerer Anteil für die Verteilung unter nachrangig Unterhaltsberechtigten, etwa dem betreuenden Elternteil, zur Verfügung steht. Soweit es sich bei dem nachrangig Unterhaltsberechtigten um den geschiedenen oder dauernd getrennt lebenden Ehegatten handelt, greift – aufgrund des auf diese Weise erhöhten Unterhaltszahlbetrages – die Entlastung durch die Möglichkeit des einkommensteuerlichen Sonderausgabenabzugs von tatsächlich geleistetem Ehegattenunterhalt (begrenztes Realsplitting, § 10 Abs. 1 Nr. 1 EStG) in stärkerem Maße.

c) Die Neuregelungen im Einzelnen

Mit der Neufassung der amtlichen **Überschrift** soll die geänderte Zielrichtung der Vorschrift zum Ausdruck gebracht werden. Aufgrund der Umstellung der Verrechnungsmethode wird auf das Wort „Anrechnung" verzichtet und von einer „Deckung" des Barbedarfs durch das Kindergeld gesprochen.

§ 1612b Abs. 1 hebt die Grundprinzipien des Kindergeldausgleichs hervor: Das individuelle, auf das jeweilige unterhaltsbedürftige Kind entfallende Kindergeld ist als zweckgebundene, existenzsichernde Leistung für dieses zu verwenden und mindert damit dessen individuellen Unterhaltsbedarf. Das Wort „verwenden" bringt dabei zum Ausdruck, dass das Kind Anspruch auf die Auszahlung des Kindergeldes oder die Erbringung entsprechender Naturalleistungen gegenüber demjenigen hat, der das Kindergeld ausgezahlt erhält. Insoweit zeichnet die Neuregelung

---

497 Vgl. BGH FamRZ 1981, 347, 349; 1997, 806, 809; OLG Hamm FamRZ 1997, 960.
498 Vgl. Schürmann FamRZ 2005, 407, 410; Becker FamRZ 1999, 65, 66; Weychardt FamRZ 1999, 828 f.; Duderstadt FamRZ 2003, 1058 ff.

III. Änderungen des Bürgerlichen Gesetzbuchs im Einzelnen

die Rechtsprechung des Bundesgerichtshofes im Urteil vom 26.10.2005[499] nach, derzufolge dem Kind ein entsprechender unterhaltsrechtlicher Anspruch auf Auskehr des Kindergeldes oder Verrechnung mit erbrachten Naturalleistungen zusteht. In welchem Umfang das Kindergeld für das Kind zu verwenden ist und dessen Barbedarf mindert, wird durch § 1612b Abs. 1 S. 1 Nr. 1 und 2 entsprechend der jeweiligen Fallgestaltung unterschiedlich festgelegt. Der Wortlaut der Bestimmung bringt zugleich zum Ausdruck, dass die Zuweisung des Kindergeldes an das Kind familienrechtlich bindend ist. Das **Außenverhältnis** zwischen den Anspruchsberechtigten und der Familienkasse bleibt unberührt.

§ 1612b Abs. 1 S. 1 Nr. 1 bezieht sich auf die Situation minderjähriger, unverheirateter Kinder i.S.v. § 1606 Abs. 3 S. 2, die von einem Elternteil betreut werden. In diesem Fall ist regelmäßig der betreuende Elternteil kindergeldbezugsberechtigt (Obhutsprinzip, § 64 Abs. 2 S. 1 EStG, § 3 Abs. 2 S. 1 BKGG). Seine Unterhaltspflicht gegenüber dem Kind erfüllt der betreuende Elternteil durch die Pflege und Erziehung des Kindes. Nach dem Gesetz (§ 1606 Abs. 3 S. 2) sind Betreuungs- und Barunterhalt grundsätzlich gleichwertig; deshalb ist es gerechtfertigt, wenn jedem Elternteil die Hälfte des Kindergeldes zu gute kommt.[500] Für den barunterhaltspflichtigen Elternteil bedeutet dies, dass der Unterhaltsbedarf des Kindes nur um das halbe Kindergeld gemindert ist; nur in diesem Umfang hat der andere Elternteil das an ihn ausgezahlte Kindergeld für den Barunterhalt zu verwenden. Die andere Hälfte des Kindergeldes unterstützt den betreuenden Elternteil bei Erbringung der Betreuungsleistung.

§ 1612b Abs. 1 S. 1 Nr. 2 erfasst die Fälle, in denen das Kind einer Betreuung nicht mehr bedarf (§ 1606 Abs. 3 S. 2) bzw. die Betreuung nicht durch einen Elternteil erfolgt und deshalb nur Barunterhalt zu leisten ist. In diesem Fall ist das auf das Kind entfallende Kindergeld voll auf dessen Bedarf anzurechnen; von den Eltern ist nur noch der verbleibende Barbedarf zu decken. Daneben kann das Kind Auszahlung des vollen Kindergeldes oder entsprechende Naturalleistungen von demjenigen verlangen, der das Kindergeld ausgezahlt bekommt.

Bei einem **volljährigen**, noch im **Haushalt** lebenden Kind, für das noch ein Kindergeldanspruch besteht, sind damit die Haftungsanteile der Eltern auf der Grundlage des nach Abzug des vollen Kindergeldes verbleibenden Restbedarfs zu ermit-

---

499 BGHZ 164, 375 = FamRZ 2006, 99, 102 = FuR 2006, 76.
500 Vgl. BGHZ 164, 375 = FamRZ 2006, 99, 101 f. = FuR 2006, 76, sowie bereits BGH FamRZ 1997, 806, 809.

teln. Dies ist angemessen, weil kein Elternteil mehr dem Kind zum Betreuungsunterhalt verpflichtet ist.

Bei einem **volljährigen, außerhalb** des elterlichen **Haushalts** lebenden Kind gilt im Prinzip Entsprechendes; auch hier ist das Kindergeld voll auf den Unterhaltsbedarf anzurechnen. Der verbleibende Bedarf ist von den Eltern entsprechend ihrer Leistungsfähigkeit anteilig zu decken (§ 1606 Abs. 3 S. 1). Soweit in diesem Fall das Kindergeld nicht direkt an das Kind ausbezahlt wird, hat das Kind schon nach der bisherigen Rechtsprechung des Bundesgerichtshofes[501] gegen den Elternteil, der das Kindergeld bezieht, einen Anspruch auf Auskehrung. Dieser Anspruch kommt im Wortlaut der Bestimmung dadurch zum Ausdruck, dass das Kindergeld zur **Deckung** des **Barbedarfs** des Kindes „zu **verwenden**" ist; er besteht unabhängig von der unterhaltsrechtlichen Leistungsfähigkeit des kindergeldbeziehenden Elternteils. Im Einklang mit der in der Literatur vertretenen Auffassung[502] kann das Kind also auch von einem Elternteil, der leistungsunfähig ist, Zahlung des diesem zugeflossenen Kindergeldes verlangen, denn beim Kindergeld handelt es sich um eine zweckgebundene öffentliche Leistung, die unterhaltsrechtlich nicht als Einkommen der Eltern angesehen wird. Neben dem unterhaltsrechtlichen Anspruch auf Auskehrung besteht im Übrigen noch die Möglichkeit, das Kindergeld nach öffentlichem Recht abzuzweigen und direkt an das Kind auszuzahlen (§ 74 EStG).

§ 1612b Abs. 1 S. 1 Nr. 2 erfasst schließlich auch die Fälle, in denen kein Elternteil seine Unterhaltspflicht gegenüber einem minderjährigen Kind durch die Betreuung des Kindes erfüllt, etwa bei einer Fremdunterbringung des Kindes. Die Vorschrift gilt auch, wenn das Kindergeld in diesen Fällen an einen Dritten ausbezahlt wird.

§ 1612b Abs. 2 entspricht dem bisherigen § 1612b Abs. 4. Zwischen den beiden Elternteilen soll nur derjenige Kindergeldbetrag ausgeglichen werden, der für ein gemeinschaftliches Kind anfallen würde und nicht der so genannte „**Zählkindvorteil**"; dieser wird vielmehr in der Regel dem bezugsberechtigten Elternteil als Einkommen verbleiben.[503]

---

[501] BGHZ 164, 375 = FamRZ 2006, 99, 102 = FuR 2006, 76.
[502] Vgl. Scholz FamRZ 2006, 106, 107.
[503] Vgl. Johannsen/Henrich/Graba Eherecht 4. Aufl. [2003] § 1612b Rn 9, 14.

19. § 1615l Unterhaltsanspruch von Mutter und Vater aus Anlass der Geburt

Fassung bis 31.12.2007	Fassung ab 1.1.2008
§ 1615l – Unterhaltsanspruch von Mutter und Vater aus Anlass der Geburt (1) Der Vater hat der Mutter für die Dauer von sechs Wochen vor und acht Wochen nach der Geburt des Kindes Unterhalt zu gewähren. Dies gilt auch hinsichtlich der Kosten, die infolge der Schwangerschaft oder der Entbindung außerhalb dieses Zeitraums entstehen. (2) Soweit die Mutter einer Erwerbstätigkeit nicht nachgeht, weil sie infolge der Schwangerschaft oder einer durch die Schwangerschaft oder die Entbindung verursachten Krankheit dazu außerstande ist, ist der Vater verpflichtet, ihr über die in Absatz 1 Satz 1 bezeichnete Zeit hinaus Unterhalt zu gewähren. Das Gleiche gilt, soweit von der Mutter wegen der Pflege oder Erziehung des Kindes eine Erwerbstätigkeit nicht erwartet werden kann. Die Unterhaltspflicht beginnt frühestens vier Monate vor der Geburt; sie endet drei Jahre nach der Geburt, sofern es nicht insbesondere unter Berücksichtigung der Belange des Kindes grob unbillig wäre, einen Unterhaltsanspruch nach Ablauf dieser Frist zu versagen. (3) Die Vorschriften über die Unterhaltspflicht zwischen Verwandten sind entsprechend anzuwenden. Die Verpflichtung des Vaters geht der Verpflichtung der Verwandten der Mutter vor. Die	§ 1615l – Unterhaltsanspruch von Mutter und Vater aus Anlass der Geburt (1) Der Vater hat der Mutter für die Dauer von sechs Wochen vor und acht Wochen nach der Geburt des Kindes Unterhalt zu gewähren. Dies gilt auch hinsichtlich der Kosten, die infolge der Schwangerschaft oder der Entbindung außerhalb dieses Zeitraums entstehen. (2) Soweit die Mutter einer Erwerbstätigkeit nicht nachgeht, weil sie infolge der Schwangerschaft oder einer durch die Schwangerschaft oder die Entbindung verursachten Krankheit dazu außerstande ist, ist der Vater verpflichtet, ihr über die in Absatz 1 Satz 1 bezeichnete Zeit hinaus Unterhalt zu gewähren. Das Gleiche gilt, soweit von der Mutter wegen der Pflege oder Erziehung des Kindes eine Erwerbstätigkeit nicht erwartet werden kann. Die Unterhaltspflicht beginnt frühestens vier Monate vor der Geburt *und besteht für mindestens drei Jahre nach der Geburt. Sie verlängert sich, solange und soweit dies der Billigkeit entspricht. Dabei sind insbesondere die Belange des Kindes und die bestehenden Möglichkeiten der Kinderbetreuung zu berücksichtigen.* (3) Die Vorschriften über die Unterhaltspflicht zwischen Verwandten sind entsprechend anzuwenden. Die Verpflichtung des Vaters geht der Verpflichtung der Verwandten der Mutter vor. § 1613

III. Änderungen des Bürgerlichen Gesetzbuchs im Einzelnen

Fassung bis 31.12.2007	Fassung ab 1.1.2008
Ehefrau und minderjährige unverheiratete Kinder des Vaters gehen bei Anwendung des § 1609 der Mutter vor; die Mutter geht den übrigen Verwandten des Vaters vor. § 1613 Absatz 2 gilt entsprechend. Der Anspruch erlischt nicht mit dem Tod des Vaters.	Absatz 2 gilt entsprechend. Der Anspruch erlischt nicht mit dem Tod des Vaters.
(4) Wenn der Vater das Kind betreut, steht ihm der Anspruch nach Absatz 2 Satz 2 gegen die Mutter zu. In diesem Falle gilt Absatz 3 entsprechend.	(4) Wenn der Vater das Kind betreut, steht ihm der Anspruch nach Absatz 2 Satz 2 gegen die Mutter zu. In diesem Falle gilt Absatz 3 entsprechend.

Die Neufassung von § 1615l Abs. 2[504] stellt die Betreuungsunterhaltsansprüche geschiedener bzw. getrennt lebender Eltern einerseits und nicht verheirateter Eltern andererseits im Hinblick auf den Unterhaltszeitraum gleich; insoweit ist auf § 1570 Abs. 1 zu verweisen.

Die Änderung trägt – wie in § 1570 Abs. 1 – der Entscheidung des Bundesverfassungsgerichts vom 28.2.2007[505] Rechnung, ebenso der Rechtsprechung des Bundesgerichtshofes zur Annäherung der Betreuungstatbestände der §§ 1570, 1615l.[506] Die Dauer des Anspruchs wegen der Betreuung des Kindes richtet sich beim nichtehelichen Kind künftig nach denselben Grundsätzen wie beim ehelichen Kind und ist gleich lang ausgestaltet.

Für die ersten drei Lebensjahre des Kindes wird klargestellt, dass der nicht verheiratete Elternteil – ebenso wie der geschiedene – im Falle der Bedürftigkeit stets einen Unterhaltsanspruch hat. Ausnahmslos wird in dieser Zeit unterhaltsrechtlich **keinem betreuenden Elternteil** eine **Erwerbstätigkeit** zugemutet (§ 1615l Abs. 2 S. 3). Für die Zeit nach Vollendung des dritten Lebensjahres kann der Unterhaltsanspruch des nicht verheirateten Elternteils nach Billigkeit verlängert werden (§ 1615l Abs. 2 S. 4). Bei der Billigkeitsentscheidung kommt den Belangen des Kindes – wie im Rahmen des nachehelichen Betreuungsunterhalts – entscheidende Bedeutung zu, in deren Licht auch die bestehenden Möglichkeiten der Kinder-

---

504 Die nachstehende Kommentierung zu § 1615l orientiert sich – teilweise wörtlich – an der Begründung des RegE (BT-Dr. 16/1830) zum UÄndG 2008.
505 FamRZ 2007, 965.
506 Hierzu ausführlich Hahne FF 2006, 24 ff., Schürmann jurisPR-FamR 13/2007 Anm. 1 und Viefhues ZFE 2007, 244 ff., jeweils zum Verhältnis des Betreuungsunterhalts nach § 1615l zu dem Betreuungsunterhalt gem. § 1570; zur Neuregelung s. Katzenstein/Schmidt JAmt 2007, 333.

III. Änderungen des Bürgerlichen Gesetzbuchs im Einzelnen

betreuung zu berücksichtigen sind. Wesentlich ist, dem nichtehelichen Kind Lebensverhältnisse zu sichern, die seine Entwicklung fördern und dem Gleichstellungsauftrag aus Art. 6 Abs. 5 GG Rechnung tragen.

Neben den kindbezogenen Gründen können im Einzelfall zusätzlich auch andere Gründe, namentlich **elternbezogene Gründe**, berücksichtigt werden. Das wird durch das Wort „insbesondere" klargestellt. Die in der Rechtspraxis bewährte Differenzierung nach kind- und elternbezogenen Umständen wird damit fortgeführt und im Lichte des Beschlusses des Bundesverfassungsgerichts vom 28.2.2007[507] weiter entwickelt werden. Gewichtige elternbezogene Gründe für einen längeren Unterhaltsanspruch liegen beispielsweise vor, wenn die Eltern in einer **dauerhaften Lebensgemeinschaft** mit einem **gemeinsamen Kinderwunsch** gelebt und sich hierauf eingestellt haben.[508] So ist es etwa von Bedeutung, wenn ein Elternteil zum Zwecke der Kindesbetreuung einvernehmlich seine Erwerbstätigkeit aufgeben hat, oder wenn ein Elternteil mehrere gemeinsame Kinder betreut. Auch die Dauer der Lebensgemeinschaft kann ein Gradmesser für gegenseitiges Vertrauen und Für-Einander-Einstehen-Wollen sein.

Mit der Neufassung wird die Schwelle, ab der eine Durchbrechung der zeitlichen Begrenzung des Betreuungsunterhaltsanspruchs der nicht verheirateten Mutter (und über § 1615l Abs. 4 des Anspruchs des nicht verheirateten Vaters) möglich ist, abgesenkt. Künftig kann Betreuungsunterhalt über den Drei-Jahreszeitraum hinaus gewährt werden, sofern es insbesondere unter Berücksichtigung der Belange des Kindes unbillig wäre, einen Unterhaltsanspruch nach Ablauf dieser Frist zu versagen.

Die Neufassung setzt den vom Gesetzgeber bereits früher eingeschlagenen Weg, den Betreuungsunterhaltsanspruch der nicht verheirateten Mutter auszudehnen, konsequent fort: Der Anspruch der nicht verheirateten Mutter gegen den Vater ihres Kindes auf Zahlung von Betreuungsunterhalt wurde erstmals durch das Gesetz über die rechtliche Stellung der nichtehelichen Kinder vom 19.8.1969 (Nichtehelichengesetz)[509] geregelt, und war in der ursprünglichen Fassung auf ein Jahr nach der Entbindung befristet. Durch das Schwangeren- und Familienhilfeänderungsgesetz vom 21.8.1995[510] wurde der Anspruch auf eine Dauer von drei Jahren ausgedehnt. Durch das KindRG vom 16.12.1997[511] wurde schließlich die Möglichkeit

---

507 FamRZ 2007, 965.
508 BGHZ 168, 245 = FamRZ 2006, 1362.
509 BGBl I 1243.
510 BGBl I 1050.
511 BGBl I 2942.

III. Änderungen des Bürgerlichen Gesetzbuchs im Einzelnen

geschaffen, die Drei-Jahresgrenze in Härtefällen zu durchbrechen. Die regelmäßige Begrenzung des Unterhaltsanspruchs auf drei Jahre nach der Geburt des Kindes gilt danach nur, sofern es nicht insbesondere unter Berücksichtigung der Belange des Kindes grob unbillig wäre, einen Unterhaltsanspruch nach Fristablauf zu versagen. Das **UÄndG 2008** führt zu einer Absenkung dieser Schwelle.

An der bisherigen Begrenzung des Betreuungsunterhalts auf regelmäßig bis zu drei Jahre nach der Geburt des Kindes wird festgehalten. Die **Begrenzung** des Betreuungsunterhalts auf **drei Jahre** ist bei der gebotenen, typisierenden Betrachtung im Regelfall angemessen, weil ab dem dritten Lebensjahr des Kindes eine Fremdbetreuung regelmäßig möglich ist und tatsächlich auch erfolgt, ohne dass sich dies zum Nachteil des Kindes auswirkt, denn an den Drei-Jahreszeitraum knüpfen zahlreiche sozialstaatliche Leistungen und Regelungen an. Insoweit sind etwa der Anspruch des Kindes auf einen Kindergartenplatz vom vollendeten dritten Lebensjahr (§ 24 SGB VIII – Kinder- und Jugendhilfe) zu nennen oder die Zumutbarkeit einer Erwerbstätigkeit eines Hilfebedürftigen, soweit die Betreuung des Kindes, das das dritte Lebensjahr vollendet hat, in einer Tageseinrichtung sichergestellt ist (§ 10 Abs. 1 Nr. 3 SGB II – Grundsicherung für Arbeitsuchende).

Die Frage, wann Betreuungsunterhalt über die **Drei-Jahresgrenze** hinaus gewährt werden kann, ist eine Frage der **Billigkeit**. Mit der Neufassung wird der Maßstab deutlich abgesenkt; es ist nun nicht mehr erforderlich, dass die Versagung von Betreuungsunterhalt dem Gerechtigkeitsempfinden in unerträglicher Weise widersprechen würde. Wann die Versagung weiteren Betreuungsunterhalts unbillig ist, kann nur von den Gerichten aufgrund einer **umfassenden Abwägung** unter Berücksichtigung **aller Umstände** des **konkreten Einzelfalles** bestimmt werden. In erster Linie sind dabei **kindbezogene Belange** zu berücksichtigen. Durch das Wort „insbesondere" in der Gesetzesformulierung ist es aber möglich, auch elternbezogene Belange oder sonstige Umstände, die geeignet sind, eine Durchbrechung der Drei-Jahresgrenze zu rechtfertigen, bei der Abwägung zu berücksichtigen. Damit erhalten die Gerichte genügend Raum, um eine dem Einzelfall gerecht werdende Lösung zu finden; dies auch im Hinblick auf eine mögliche Begrenzung des Unterhaltsanspruchs der Höhe nach oder in zeitlicher Hinsicht, wenn Unterhalt über die Drei-Jahresgrenze hinaus zu leisten ist.[512]

---

512 Vgl. OLG Düsseldorf FamRZ 2005, 1772, 1775.

IV. Übergangsvorschriften

Zum Zwecke der Anpassung des bis zum 31.12.2007 geltenden Rechts an das neue Unterhaltsrecht hat der Gesetzgeber Übergangsregelungen normiert: Nach § 34 EGZPO wird die **neue Vorschrift** des **§ 35 EGZPO** angefügt; sie enthält die materiell-rechtlichen und verfahrensrechtlichen Übergangsvorschriften.

> *Übergangsregelungen*
>
> *1. Ist über den Unterhaltsanspruch vor dem 1. Januar 2008 rechtskräftig entschieden, ein vollstreckbarer Titel errichtet oder eine Unterhaltsvereinbarung getroffen worden, sind Umstände, die vor diesem Tag entstanden und durch das Gesetz zur Änderung des Unterhaltsrechts erheblich geworden sind, nur zu berücksichtigen, soweit eine wesentliche Änderung der Unterhaltsverpflichtung eintritt und die Änderung dem anderen Teil unter Berücksichtigung seines Vertrauens in die getroffene Regelung zumutbar ist.*
>
> *2. Die in Nummer 1 genannten Umstände können bei der erstmaligen Änderung eines vollstreckbaren Unterhaltstitels nach dem 31. Dezember 2007 ohne die Beschränkungen des § 323 Absatz 2 und des § 767 Absatz 2 der Zivilprozessordnung geltend gemacht werden.*
>
> *3. Ist einem Kind der Unterhalt aufgrund eines vollstreckbaren Titels oder einer Unterhaltsvereinbarung als Prozentsatz des jeweiligen Regelbetrages nach der Regelbetrag-Verordnung zu leisten, gilt der Titel oder die Unterhaltsvereinbarung fort. An die Stelle des Regelbetrages tritt der Mindestunterhalt. An die Stelle des bisherigen Prozentsatzes tritt ein neuer Prozentsatz. Hierbei gilt:*
>
> *a) Sieht der Titel oder die Vereinbarung die Anrechnung des hälftigen oder eines Teils des hälftigen Kindergeldes vor, ergibt sich der neue Prozentsatz, indem dem bisher zu zahlenden Unterhaltsbetrag das hälftige Kindergeld hinzugerechnet wird und der sich so ergebende Betrag ins Verhältnis zu dem bei Inkrafttreten des Gesetzes zur Änderung des Unterhaltsrechts geltenden Mindestunterhalt gesetzt wird; der zukünftig zu zahlende Unterhaltsbetrag ergibt sich, indem der neue Prozentsatz mit dem Mindestunterhalt vervielfältigt und von dem Ergebnis das hälftige Kindergeld abgezogen wird.*
>
> *b) Sieht der Titel oder die Vereinbarung die Hinzurechnung des hälftigen Kindergeldes vor, ergibt sich der neue Prozentsatz, indem vom bisher zu zahlenden Unterhaltsbetrag das hälftige Kindergeld abgezogen und der sich so ergebende Betrag ins Verhältnis zu dem bei Inkrafttreten des Gesetzes zur Änderung des Unterhaltsrechts geltenden Mindestunterhalt gesetzt wird; der zukünftig zu zahlende Unterhaltsbetrag ergibt sich, indem der neue Prozentsatz mit dem Mindestunterhalt vervielfältigt und dem Ergebnis das hälftige Kindergeld hinzugerechnet wird.*

IV. Übergangsvorschriften

c) Sieht der Titel oder die Vereinbarung die Anrechnung des vollen Kindergeldes vor, ist Buchstabe a) anzuwenden, wobei an die Stelle des hälftigen Kindergeldes das volle Kindergeld tritt.

d) Sieht der Titel oder die Vereinbarung weder eine Anrechnung noch eine Hinzurechnung des Kindergeldes oder eines Teils des Kindergeldes vor, ist Buchstabe a) anzuwenden. Der sich ergebende Prozentsatz ist auf eine Dezimalstelle zu begrenzen. Die Nummern 1 und 2 bleiben unberührt.

4. Der Mindestunterhalt minderjähriger Kinder im Sinne des § 1612a Abs. 1 des Bürgerlichen Gesetzbuchs beträgt

a) für die Zeit bis zur Vollendung des sechsten Lebensjahrs (erste Altersstufe) 279 Euro,

b) für die Zeit vom siebten bis zur Vollendung des zwölften Lebensjahrs (zweite Altersstufe) 322 Euro,

c) für die Zeit vom 13. Lebensjahr an (dritte Altersstufe) 365 Euro

jeweils bis zu dem Zeitpunkt, in dem der Mindestunterhalt nach Maßgabe des § 1612a Abs. 1 des Bürgerlichen Gesetzbuchs den hier festgelegten Betrag übersteigt.

5. In einem Verfahren nach § 621 Absatz 1 Nummern 4, 5 oder Nummer 11 der Zivilprozessordnung können die in Nummer 1 genannten Umstände noch in der Revisionsinstanz vorgebracht werden. Das Revisionsgericht kann die Sache an das Berufungsgericht zurückverweisen, wenn bezüglich der neuen Tatsachen eine Beweisaufnahme erforderlich wird.

6. In den in Nummer 4 genannten Verfahren ist eine vor dem 31. Dezember 2007 geschlossene mündliche Verhandlung auf Antrag wieder zu eröffnen.

7. Unterhaltsleistungen, die vor dem 1. Januar 2008 fällig geworden sind oder den Unterhalt für Ehegatten betreffen, die nach dem bis zum 30. Juni 1977 geltenden Recht geschieden worden sind, bleiben unberührt.

1. Grundgedanken der Regelung

Die neuen, durch dieses Gesetz geschaffenen unterhaltsrechtlichen Bestimmungen finden auf alle Unterhaltsansprüche Anwendung, die ab Inkrafttreten der Neuregelung entstehen. Regelungsbedürftig ist daher allein die Frage, in welchem Umfang das neue Recht für Unterhaltsansprüche gilt, die bereits vor dem Inkrafttreten der Neuregelung entstanden sind.[513]

---

[513] S. näher Ehinger FamRB 2006, 338 zur Übergangsvorschrift des § 35 EGZPO für den Ehegattenunterhalt und den Unterhalt nach § 1615l.

IV. Übergangsvorschriften

Die diesbezüglichen Bestimmungen finden sich in den Übergangsvorschriften für rechtskräftig abgeschlossene Verfahren, die in § 35 Nr. 1 bis 3 EGZPO eingestellt werden. Grundgedanke ist dabei, dass das neue Recht grundsätzlich auch für „Altfälle" gilt. Altes und neues Recht können nicht auf Dauer nebeneinander fortgelten. Im Interesse von Rechtssicherheit und Rechtseinheit ist eine schnellstmögliche und umfassende Anwendung des neuen Rechts geboten. Die Erstreckung des neuen Rechts auf bestehende Unterhaltsansprüche ist aber auch ein Gebot der Gerechtigkeit, denn soweit das bisherige Unterhaltsrecht zu unbilligen und damit ungerechten Ergebnissen geführt hat, können diese nicht dauerhaft aufrecht erhalten bleiben.

Die Neuregelungen des **UÄndG 2008** sind per se **Grund** für die **Abänderung** eines nach dem bis zum 31.12.2007 geltenden Recht errichteten Unterhaltstitels, wenn dies zu einer wesentlichen Änderung der Unterhaltsverpflichtung führt, und wenn die Änderung dem anderen Teil unter besonderen Berücksichtigung seines **Vertrauens** in die getroffene Regelung zumutbar ist. Dies entspricht der Rechtsprechung des Bundesgerichtshofes zur Abänderung von Vergleichen wegen geänderter höchstrichterlicher Rechtsprechung.[514] Die Präklusionsvorschrift des § 323 Abs. 2 ZPO ist ausdrücklich nicht anwendbar, soweit es um die Anwendbarkeit des neuen Rechts geht.[515]

2. Strukturen der Norm

Nummer 1 enthält die zentrale Bestimmung, um bestehende Unterhaltsregelungen an das neue Recht anzupassen; es handelt sich hierbei jedoch nicht um einen eigenen, neu geschaffenen Abänderungs-Rechtsbehelf. Die Vorschrift hat sowohl prozessualen als auch materiellrechtlichen Charakter. Eine Anpassung von bestehenden Titeln und Unterhaltsvereinbarungen im Wege der Abänderungsklage (§ 323 ZPO) ist nur dann möglich, wenn eine **wesentliche Änderung der Unterhaltsverpflichtung** eintritt, und darüber hinaus die Änderung dem anderen unter **besonderer Berücksichtigung** seines **Vertrauens** in die getroffene Regelung **zumutbar** ist und auf beiden „Seiten" zur Einzelfallgerechtigkeit führt. Diese Regelung dient neben dem Vertrauensschutz auch der Rechtssicherheit durch „einheitliches" Recht und dem Rechtsfrieden (Aufgabe „ungerechter" Ergebnisse).

---

514 BGH FamRZ 2001, 1687; 2004, 1357.
515 RegE S. 54 (BT-Dr. 16/1830).

IV. Übergangsvorschriften

Das Tatbestandselement „wesentlich" i.S.d. § 323 ZPO (hierzu auch „Bindungswirkung" bei Verträgen) kann nur in einer Gesamtschau aller im Einzelfall vorliegenden Kriterien beurteilt werden, wobei tatsächliche Veränderungen nicht notwendig sind. Ist eine Unterhaltsregelung Teil einer Gesamtregelung, dann kann sich **ergänzende Vertragsauslegung** als notwendig erweisen. Weiterhin ist auf Auswirkungen eine Abänderung auf andere Unterhaltsverhältnisse zu achten. Die **Eingriffsschranke „wesentliche Änderung"** bezweckt, dass es als Folge der Einführung neuer Unterhaltsregelungen nicht zu einer Flut von Abänderungsverfahren kommt. Allerdings kann die für ein Abänderungsverfahren notwendige Wesentlichkeitsgrenze von üblicherweise 10% bei beengten Verhältnissen („Mangellagen") durchaus auch unter 10% liegen.[516] Strengt der Unterhaltsschuldner Abänderungsklagen gegen Kinder des 1. Rangs (in § 1609 Nr. 1) an, sollte in deren Interesse die Wesentlichkeitsgrenze nur in Ausnahmefällen bejaht werden.[517]

Nummer 2 sieht Modifikationen bei den Voraussetzungen von zwei Rechtsbehelfen vor, mit denen Anpassungsverlangen durchgesetzt werden können.

Nummer 3 enthält eine Regelung für bestehende, dynamisierte Unterhaltstitel und -vereinbarungen.

Nummer 4 wurde erst im November 2007 in das Gesetz eingefügt. Mit der Einfügung dieser neuen, weiteren Nummer in die Übergangsvorschrift soll ein schonender Übergang vom bisherigen System der Regelbeträge nach der Regelbetrag-Verordnung zu der neuen Bezugsgröße des Mindestunterhalts nach § 1612a ermöglicht werden.

Nummern 5 und 6 enthalten die Übergangsvorschriften für im Zeitpunkt des Inkrafttretens dieses Gesetzes noch nicht rechtskräftig abgeschlossene, laufende Verfahren.

Nummer 7 sieht von dem Grundsatz der Anpassung von Unterhaltstiteln an das neue Recht zwei Ausnahmen vor.

---

516 BGH FamRZ 1992, 539.
517 Gerhardt FuR 2005, 529, 537.

3. Regelungen des § 35 EGZPO im Einzelnen

Der Gesetzgeber hat die Regelungen des § 35 EGZPO im Einzelnen wie folgt begründet:

a) § 35 Nr. 1 EGZPO

Zur Gewährleistung von Rechtssicherheit und Rechtsfrieden sowie aus Gründen des Vertrauensschutzes werden durch **Nummer 1** die Möglichkeiten, das neue Recht auf bereits bestehende Unterhaltsregelungen zu erstrecken, **begrenzt**. Das gilt sowohl in den Fällen, in denen es um die Anpassung einer rechtskräftigen Entscheidung oder eines anderen vollstreckbaren Titels an die neue Rechtslage geht, als auch dann, wenn über den Unterhalt kein vollstreckbarer Schuldtitel vorliegt, weil etwa Unterhaltsgläubiger und -schuldner eine nicht titulierte – ausdrückliche oder stillschweigende – Unterhaltsvereinbarung getroffen haben.

Eine Anpassung der bestehenden Unterhaltsregelung an die neue Rechtslage kann nur verlangt werden, soweit eine **wesentliche Änderung** der Unterhaltsverpflichtung eintritt. Die Wesentlichkeitsschwelle ist dabei i.S.v. § 323 Abs. 1 ZPO zu verstehen: In einer Gesamtschau aller Umstände – gegebenenfalls auch von der Reform unabhängiger Umstände – ist zu prüfen, in welchem Umfang sich die für Unterhaltsverpflichtung und -bemessung maßgeblichen Verhältnisse geändert haben. Sie gilt in allen Übergangsfällen; sowohl in Bezug auf die Abänderung titulierter Unterhaltsvereinbarungen als auch bei nicht titulierten Regelungen. In Fällen, in denen die Anpassung der Vereinbarung ausschließlich entsprechend den Bestimmungen des materiellen Rechts gefordert werden kann, bewirkt die Regelung eine Konkretisierung der Maßstäbe des § 313.

Eine **Änderung** der **tatsächlichen Verhältnisse** wird dabei <u>nicht</u> vorausgesetzt. In Anlehnung an die einhellige Auffassung von Rechtsprechung und Literatur, derzufolge bei der Abänderungsklage nach § 323 ZPO eine Änderung der Gesetzgebung die Anpassung eines Unterhaltstitels rechtfertigen kann, genügt auch hier die Änderung allein der Rechtslage, denn das reformierte Recht bringt es mit sich, dass Umstände, die bereits im Zeitpunkt der ersten Unterhaltsregelung vorlagen wie beispielsweise die Dauer der Ehe oder eine frühere Erwerbstätigkeit, eine neue Bedeutung erlangen und für die Entscheidung, ob und inwieweit die Erstregelung abgeändert wird, von Belang sind.[518]

---

[518] S. etwa Zöller/Vollkommer 26. Aufl. § 323 Rn 32 m.w.N.

IV. Übergangsvorschriften

Entscheidendes Kriterium, inwieweit eine bestehende Unterhaltsregelung aus Anlass der Neuregelung an das neue Recht anzupassen ist, ist neben der Wesentlichkeit die Zumutbarkeit einer Änderung unter Berücksichtigung des Vertrauens in den Fortbestand einer titulierten bzw. einer nicht titulierten Unterhaltsvereinbarung. Dieses Kriterium ermöglicht eine flexible, an der Einzelfallgerechtigkeit orientierte **Überleitung bestehender Unterhaltsregelungen** auf die **neue Rechtslage**.

Das Vertrauen sowohl eines Unterhaltsgläubigers als auch eines Unterhaltsschuldners, der sich in Anbetracht eines titulierten Unterhaltsanspruchs bzw. einer nicht titulierten – ausdrücklichen oder stillschweigenden – Unterhaltsvereinbarung auf den Fortbestand der Regelung eingestellt hat und nun mit einem Abänderungsverlangen konfrontiert wird, ist grundsätzlich schutzwürdig; es ist bei der Entscheidung über die Änderung der Unterhaltsregelung zu berücksichtigen. Das gilt insbesondere dann, wenn die Unterhaltsvereinbarung nur ein Bestandteil einer größeren, umfassenderen Regelung ist, etwa, wenn sich die Ehegatten anlässlich von Trennung oder Scheidung über Unterhalt, Güterrecht, Hausrat und Wohnung sowie gegebenenfalls über den Versorgungsausgleich geeinigt haben. Zwischen den **einzelnen Regelungsbereichen** wird häufig ein **Zusammenhang** bestehen, so dass vor einer Änderung des unterhaltsrechtlichen Teils sehr sorgfältig zu prüfen ist, welche Rückwirkungen sich dadurch auf die verbleibenden Bereiche ergeben, und inwieweit durch eine Änderung die Geschäftsgrundlage der Gesamtvereinbarung berührt wird. Dieses Problem erfordert keine gesonderte Regelung. Die Berücksichtigung des Vertrauens ist das Mittel, um – gegebenenfalls zusammen mit einer ergänzenden Vertragsauslegung – zu einer dem Einzelfall gerecht werdenden Lösung zu gelangen.

Die Erstreckung neuen Rechts auf bestehende Unterhaltsregelungen muss dem anderen Teil **zumutbar** sein. Insbesondere durch die Neuregelung der unterhaltsrechtlichen Rangordnung kann sich die Änderung in einem Unterhaltsverhältnis unmittelbar auf ein anderes Unterhaltsverhältnis auswirken. Wenn beispielsweise unterhaltsberechtigte Kinder, deren Unterhaltsansprüche bislang gleichrangig neben denjenigen des Ehegatten standen, nach neuem Recht vom barunterhaltspflichtigen Elternteil höheren Unterhalt fordern, weil ihre Ansprüche nunmehr Vorrang vor denen des Ehegatten haben und ihnen deshalb ein größerer Anteil an dem unter ihnen und dem unterhaltsberechtigten Ehegatten zu verteilenden Einkommen des Pflichtigen zukommt, könnte eine **Aufbesserung** beim **Kindesunterhalt** – bei unveränderter Leistungsfähigkeit des Barunterhaltspflichtigen – zu einer **Kürzung** oder – bei fehlender Leistungsfähigkeit des Unterhaltsschuldners – sogar zu einem **völligen Wegfall** der Unterhaltsansprüche des Ehegatten führen. Derartige Ergeb-

IV. Übergangsvorschriften

nisse können im Hinblick auf das bestehende Vertrauen unzumutbar sein. Der Übergang von altem zu neuem Recht soll möglichst schonend erfolgen. Unter dem Aspekt der Zumutbarkeit ist deshalb bei der Umstellung bestehender Titel und Vereinbarungen eine „**Gesamtschau**" vorzunehmen und zu prüfen, ob und inwieweit sich eine begehrte Abänderung der Regelung auf andere Unterhaltsverhältnisse auswirkt. Der Maßstab der „Zumutbarkeit" erlaubt es, von dem rechnerischen Ergebnis, wie ein bestimmter, für Unterhaltszwecke zur Verfügung stehender Betrag nach neuem Recht unter mehreren Unterhaltsberechtigten zu verteilen ist, maßvoll abzuweichen und eine billige, den **Übergangsfällen** gerecht werdende Art der Aufteilung zu finden.

b) § 35 Nr. 2 EGZPO

Nummer 2 der Übergangsvorschrift stellt sicher, dass Umstände, die erst durch das neue Recht erheblich geworden sind, in das Verfahren eingeführt werden können: Soweit die Anpassung im Wege einer Abänderungsklage (§ 323 ZPO) oder – soweit dies statthaft ist – im Wege einer Vollstreckungsgegenklage (§ 767 ZPO) erfolgt, sollen die Präklusionsvorschriften der jeweiligen Rechtsbehelfe (§ 323 Abs. 2 ZPO bzw. § 767 Abs. 2 ZPO) bei der Anpassung des Unterhaltstitels an das neue Recht nicht anwendbar sein. Dadurch wird es möglich, die in Nummer 1 beschriebenen Umstände bei der erstmaligen Änderung des Titels ohne Gefahr einer Präklusion in das Verfahren einführen zu können. Keine Besonderheiten gelten dagegen, wenn ein bereits an das neue Recht angepasster Titel zu einem späteren Zeitpunkt erneut geändert werden soll: In diesem Fall handelt es sich um ein reguläres Abänderungsverfahren entsprechend § 323 ZPO bzw. § 767 ZPO.

c) § 35 Nr. 3 EGZPO

Nummer 3 enthält eine **Sonderregelung** für **dynamische Unterhaltstitel** und **Vereinbarungen**. Diese Titel und Vereinbarungen werden ohne gesondertes Verfahren, allein durch Umrechnung, in das neue Recht überführt. Der vom Unterhaltsschuldner zu zahlende Betrag bleibt dabei gleich, so dass sich die Mittel, die für das Kind tatsächlich zur Verfügung stehen, nicht ändern. Durch die Umrechnung wird gleichzeitig sichergestellt, dass die bisherige Dynamisierung der Titel und Vereinbarungen erhalten bleibt, und die Titel und Vereinbarungen in der Zukunft an Steigerungen des Mindestunterhalts teilnehmen. Die Unterhaltstitel und -vereinbarungen werden dazu kraft Gesetzes in der Weise auf das neue Recht umgestellt, dass lediglich der Anknüpfungspunkt für die Dynamisierung ausgetauscht wird. Für diese Umstellung bedarf es keiner rechtlichen Wertung. Weder der Titel

IV. Übergangsvorschriften

oder die Vereinbarung, noch eine auf dem Titel angebrachte Vollstreckungsklausel müssen hierzu abgeändert oder umgeschrieben werden. Die erforderliche Berechnung kann auch unmittelbar durch das **Vollstreckungsorgan** vorgenommen werden.

Dementsprechend bestimmt Nummer 3 Satz 1, dass dynamische Titel und Vereinbarungen ihre Gültigkeit nicht verlieren, sondern auch nach dem Inkrafttreten der Neuregelung weiter wirksam bleiben. Insbesondere kann aus bereits errichteten Titeln – soweit sie bislang vollstreckbar waren – auch weiterhin die Vollstreckung betrieben werden.

Sätze 2 bis 5 wandeln die bisherigen, am Regelbetrag orientierten Titel und Vereinbarungen so ab, dass sie zukünftig auf den Mindestunterhalt Bezug nehmen und durch diesen dynamisiert sind. Nach Satz 2 tritt dazu in den Titeln und Vereinbarungen an die Stelle des Regelbetrages der Mindestunterhalt als neue Bezugsgröße. Nach Satz 3 tritt gleichzeitig an die Stelle des bisherigen Prozentsatzes ein neuer Prozentsatz. Die Berechnung dieses neuen Prozentsatzes ist in Satz 4 und 5 geregelt. In diese Berechnung ist auch das Kindergeld einzubeziehen. In Bezug auf die Kindergeldanrechnung mussten bislang eine Vielzahl von Konstellationen unterschieden werden (vgl. § 1612b a.F.); dementsprechend regelt Satz 4 a) bis d) vier verschiedene Fallgruppen:

Satz 4 a) enthält den gesetzlichen Regelfall, in dem der Titel oder die Vereinbarung die Anrechnung des hälftigen oder eines Teils des hälftigen Kindergelds anordnet (§§ 1612b Abs. 1 und Abs. 5 a.F.). In allen diesen Fällen kann bei Umstellung auf den Mindestunterhalt als neuen Anknüpfungspunkt zukünftig das gesamte hälftige Kindergeld berücksichtigt werden. Von dem jeweiligen Bedarfsbetrag, der nach neuem Recht durch einen Prozentsatz des Mindestunterhalts ausgedrückt wird, ist daher stets das hälftige Kindergeld abzuziehen. Um den neuen Prozentsatz zu berechnen und um sicherzustellen, dass sich der an das Kind zu zahlende Betrag durch die Umrechnung nicht verändert, ist dem derzeit zu zahlenden Betrag also zunächst das hälftige Kindergeld hinzuzurechnen. Sodann ist der sich ergebende Betrag ins Verhältnis zu dem bei Inkrafttreten des Gesetzes geltenden Mindestunterhalt zu setzen. Durch die Worte „bisher zu zahlenden Unterhaltsbetrag" wird deutlich, dass der bisherige „Zahlbetrag" und nicht der „Tabellenbetrag" bei der Berechnung einzusetzen ist.

Satz 4 b) behandelt die Fälle des bisherigen § 1612b Abs. 2, in denen das hälftige Kindergeld nicht anzurechnen, sondern hinzuzurechnen ist. Diese Fälle werden zukünftig durch § 1612b Abs. 1 Nr. 2 erfasst. Das neue System der bedarfsdeckenden Verrechnung führt dabei dazu, dass das Kindergeld den beiden barunterhaltspflich-

IV. Übergangsvorschriften

tigen Eltern nicht hälftig, sondern entsprechend ihren Haftungsanteilen zukommt (§ 1606 Abs. 3 Satz 1). Diese Gesetzesänderung kann im Rahmen einer bloßen Umstellung indes nicht berücksichtigt werden; hierzu ist eine Abänderungsklage erforderlich (Nummer 3 Satz 6 in Verbindung mit Nummern 1 und 2). Für die Umrechnung nach Satz 4 b) verbleibt es daher zunächst bei einer Hinzurechnung des hälftigen Kindergeldes. Dadurch kann die Dynamisierung auch in diesen Fällen erhalten bleiben.

Satz 4 c) behandelt die Fälle des bisherigen § 1612b Abs. 3. § 1612b Abs. 3 findet Anwendung, wenn der andere Elternteil verstorben oder nicht kindergeldberechtigt ist. Im letztgenannten Fall können sich durch die neue Regelung des § 1612b Änderungen ergeben, da das Kindergeld nach dieser Vorschrift auch dann bedarfsmindernd zu verrechnen ist, wenn nur einer der Elternteile kindergeldberechtigt ist. Auch diese Änderung kann bei einer bloßen Umstellung des Titels aber nicht berücksichtigt werden. Es bleibt daher zunächst in allen diesen Fällen bei einer Berücksichtigung des vollen Kindergeldes. Den Betroffenen steht gegebenenfalls der Weg über eine Abänderungsklage offen (Nummer 3 Satz 6 in Verbindung mit Nummern 1 und 2).

Satz 4 d) schließlich behandelt den Fall, dass der Titel oder die Vereinbarung weder eine Anrechnung noch eine Hinzurechnung des Kindergeldes oder eines Teils des Kindergeldes anordnet. Damit werden **zwei Fallkonstellationen** erfasst: Zum einen geht es um Fälle, in denen eine Anrechnung des Kindergelds wegen § 1612b Abs. 5 vollkommen unterbleibt; zum anderen werden Fälle geregelt, bei denen Kindergeld überhaupt nicht ausbezahlt wird. Da die genaue Ursache für eine unterbliebene Anrechnung oder Hinzurechnung des Kindergelds dem Titel bzw. der Vereinbarung nicht entnommen werden kann, behandelt die Übergangsvorschrift beide Fälle gleich und entsprechend zu den Fällen des Buchstaben a), denn auch in diesen Fällen kann bei Umstellung auf den Mindestunterhalt als neuen Anknüpfungspunkt zukünftig das gesamte hälftige Kindergeld berücksichtigt werden. Auf diese Weise bleibt die Dynamisierung auch dieser Titel erhalten.

Nummer 3 Satz 6 bestimmt, dass mit der Umstellung nach den vorangegangenen Sätzen noch keine Aussage darüber verbunden ist, ob die bisherigen Zahlbeträge dem neuen Recht entsprechen. So kann sich etwa durch den verbesserten Rang des Kindesunterhalts (§ 1609) in Mangelfällen ein höherer Kindesunterhalt ergeben. Die Regelungen der Sätze 1 bis 5 hindern die Beteiligten nicht daran, sich auf entsprechende Veränderungen zu berufen. Diese richten sich allein nach den Bestimmungen in den Nummern 1, 2.

IV. Übergangsvorschriften

d) § 35 Nr. 4 EGZPO

Nummer 4 stellt sicher, dass die für die konkrete Unterhaltsberechnung maßgebliche Bezugsgröße und damit das heute geltende Unterhaltsniveau in keinem Fall absinkt; zugleich sichert die neue Übergangsregelung, dass die gewünschte Harmonisierung mit dem Steuerrecht erreicht wird.

Zu diesem Zwecke werden die heute geltenden Regelbeträge nach § 1 der Regelbetrag-Verordnung vom 6.4.1998[519] in das System der künftigen Unterhaltsberechnung übertragen und als Mindestunterhalt solange festgeschrieben, bis der jeweilige Mindestunterhalt nach § 1612a diesen Betrag übersteigt. Mit der Anknüpfung an die Regelbeträge nach § 1 Regelbetrag-Verordnung wird daran festgehalten, dass die bisherige Differenzierung in der Unterhaltshöhe zwischen Ost- und Westdeutschland aufgegeben wird; entsprechend **erhöht** sich die in **Ostdeutschland maßgebliche Bezugsgröße**. Die in den einzelnen Altersstufen festgeschriebenen Beträge ergeben sich aus § 1 der Fünften Verordnung zur Änderung der Regelbetrag-Verordnung vom 5.6.2007,[520] erhöht um das hälftige Kindergeld (77 EUR). Mit der Hinzurechnung des hälftigen Kindergeldes wird der Neuregelung der Kindergeldverrechnung in § 1612b Abs. 1 Nr. 1 Rechnung getragen.

e) § 35 Nr. 5 EGZPO

Durch **Nummer 5** soll gewährleistet werden, dass Verfahren, die vor dem Bundesgerichtshof anhängig sind, auf der Grundlage des neuen Rechts sachgerecht abgewickelt werden können. Zu diesem Zweck regelt Satz 1 eine Ausnahme von dem Grundsatz, dass neue Tatsachen im Revisionsverfahren nicht berücksichtigt werden. Sind die aufgrund der Übergangsregelung neu vorgetragenen Tatsachen unstreitig, so hat das Revisionsgericht unter den Voraussetzungen von § 563 Abs. 3 ZPO eine eigene Sachentscheidung zu treffen. Wird jedoch eine Beweisaufnahme notwendig, so soll das Revisionsgericht nach Satz 2 befugt sein, die Sache an das Berufungsgericht zurückzuverweisen. Eine Zurückverweisung kommt insbesondere in Betracht, wenn aufgrund der neuen Tatsachen eine umfangreiche oder aufwendige Beweisaufnahme erforderlich wird. Das Revisionsgericht soll aber nicht zur Zurückverweisung verpflichtet sein, sondern wenigstens kleinere Beweisaufnahmen selbst durchführen können. Dies entspricht den von der Rechtsprechung entwickelten Grundsätzen zur Beweisaufnahme in der Revisionsinstanz, soweit neue Tatsachen ausnahmsweise berücksichtigungsfähig sind.

---

519 BGBl I 666, 668.
520 BGBl I 1044.

IV. Übergangsvorschriften

f) § 35 Nr. 6 EGZPO

Nummer 6 sieht vor, dass in einer **Unterhaltssache** eine bereits **geschlossene mündliche Verhandlung** auf **Antrag** wieder zu eröffnen ist, um den Parteien Gelegenheit zu geben, Tatsachen, die erst durch dieses Gesetz Relevanz erlangt haben, noch vorzutragen. Das Ermessen des Gerichts, die mündliche Verhandlung wiederzueröffnen (§ 156 Abs. 1 ZPO), wird durch diese Bestimmung reduziert, um eine einheitliche Rechtsanwendung sicherzustellen. Aus prozessökonomischen Gründen soll gewährleistet werden, dass die neuen Tatsachen noch in derselben Instanz bzw. in demselben Verfahren vorgebracht werden können und nicht erst im Rechtsmittelverfahren oder im Wege einer Abänderungsklage.

g) § 35 Nr. 7 EGZPO

Nummer 7 schließt eine Rückwirkung des neuen Rechts auf Unterhaltsleistungen aus, die vor dem Inkrafttreten dieses Gesetzes fällig geworden sind. Weiter wird durch Nummer 7 klargestellt, dass das neue Recht auch nicht in Bezug auf Unterhaltsansprüche von Ehegatten gilt, deren Ehe nach dem bis zum 30.6.1977 geltenden Recht geschieden wurde, denn deren Unterhaltsansprüche richten sich gem. Art. 12 Nr. 3 Abs. 2 des Ersten Gesetzes zur Reform des Ehe- und Familienrechts vom 14.6.1976 (1. EheRG)[521] nach dem bis zum Inkrafttreten des 1. Eherechtsreformgesetzes geltenden Recht und damit nach §§ 58 ff. EheG.

---

[521] BGBl I 1421.

V. Änderung sonstiger Vorschriften

Die gesetzliche Definition des Mindestunterhalts in § 1612a Abs. 1 und die Aufhebung der Regelbetrag-Verordnung macht Folgeänderungen in einer großen Zahl von Gesetzen und weiteren, untergesetzlichen Bestimmungen erforderlich. Hierbei handelt es sich in erster Linie um redaktionelle Änderungen und sprachliche Anpassungen, die aus sich heraus verständlich sind und deshalb keiner besonderen Begründung bedürfen. Nur die Änderungen, bei denen es sich um mehr als lediglich redaktionelle Änderungen handelt, werden im Folgenden erläutert.

Art. 2 des **UÄndG 2008** ändert das Lebenspartnerschaftsgesetz, Art. 3 des **UÄndG 2008** sonstige Vorschriften.

1. ZPO

Die Zivilprozessordnung wird wie folgt geändert:

1. § 645 Abs. 1 wird wie folgt gefasst:

„(1) Auf Antrag wird der Unterhalt eines minderjährigen Kindes, das mit dem in Anspruch genommenen Elternteil nicht in einem Haushalt lebt, im vereinfachten Verfahren festgesetzt, soweit der Unterhalt nach Berücksichtigung der Leistungen nach den §§ 1612b oder 1612c das 1,2-fache des Mindestunterhalts nach § 1612a Abs. 1 nicht übersteigt."

2. § 646 Abs. 1 Nr. 7 wird wie folgt gefasst:

„7. die Angaben über Kindergeld und andere zu berücksichtigende Leistungen (§§ 1612b oder 1612c);".

3. § 647 Abs. 1 S. 2 Nr. 1 wird wie folgt gefasst:

„1. von wann an und in welcher Höhe der Unterhalt festgesetzt werden kann; hierbei sind zu bezeichnen:

a) die Zeiträume nach dem Alter des Kindes, für die die Festsetzung des Unterhalts nach dem Mindestunterhalt der ersten, zweiten und dritten Altersstufe in Betracht kommt;

b) im Fall des § 1612a auch der Prozentsatz des jeweiligen Mindestunterhalts;

c) die nach den §§ 1612b oder 1612c zu berücksichtigenden Leistungen;".

V. Änderung sonstiger Vorschriften

4. § 648 Abs. 1 S. 1 Nr. 3 wird wie folgt geändert:

a) Buchstabe a wird wie folgt gefasst:

„a) die nach dem Alter des Kindes zu bestimmenden Zeiträume, für die der Unterhalt nach dem Mindestunterhalt der ersten, zweiten und dritten Altersstufe festgesetzt werden soll, oder der angegebene Mindestunterhalt nicht richtig berechnet sind;".

b) In Buchstabe c) wird das Wort „angerechnet" durch die Wörter „berücksichtigt worden" ersetzt.

5. § 653 Abs. 1 S. 1 wird wie folgt gefasst:

„(1) Wird auf Klage des Kindes die Vaterschaft festgestellt, hat das Gericht auf Antrag den Beklagten zugleich zu verurteilen, dem Kind Unterhalt in Höhe des Mindestunterhalts und gem. den Altersstufen nach § 1612a Abs. 1 S. 3 des Bürgerlichen Gesetzbuchs und unter Berücksichtigung der Leistungen nach den §§ 1612b oder 1612c des Bürgerlichen Gesetzbuchs zu zahlen."

6. § 655 wird wie folgt geändert:

a) Absatz 1 wird wie folgt gefasst:

„(1) Auf wiederkehrende Unterhaltsleistungen gerichtete Vollstreckungstitel, in denen nach den §§ 1612b oder 1612c des Bürgerlichen Gesetzbuchs zu berücksichtigende Leistungen festgelegt sind, können auf Antrag im vereinfachten Verfahren durch Beschluss abgeändert werden, wenn sich ein für die Berechnung dieses Betrags maßgebender Umstand ändert."

b) Absatz 3 Satz 1 wird wie folgt gefasst:

„Der Antragsgegner kann nur Einwendungen gegen die Zulässigkeit des vereinfachten Verfahrens, gegen den Zeitpunkt der Abänderung oder gegen die Berechnung der nach den §§ 1612b oder 1612c des Bürgerlichen Gesetzbuchs zu berücksichtigenden Leistungen geltend machen."

7. In § 790 Abs. 1 werden die Wörter „Vomhundertsatz des jeweiligen Regelbetrags nach der Regelbetrag-Verordnung" durch die Wörter „Prozentsatz des Mindestunterhalts" ersetzt.

8. § 850d Abs. 2 wird wie folgt gefasst:

V. Änderung sonstiger Vorschriften

„(2) Mehrere nach Absatz 1 Berechtigte sind mit ihren Ansprüchen in der Reihenfolge nach § 1609 und § 16 LPartG zu berücksichtigen, wobei mehrere gleich nahe Berechtigte untereinander den gleichen Rang haben."

Bei den **Nummern 1 bis 6** handelt es sich um rein redaktionelle Folgeänderungen, durch die das vereinfachte Verfahren über den Unterhalt Minderjähriger sprachlich an das neue System des Mindestunterhalts nach § 1612a Abs. 1 und die geänderte Kindergeldverrechnung nach § 1612b angepasst wird. Mit der Umstellung auf den Mindestunterhalt ergibt sich die Notwendigkeit, die in § 645 ZPO enthaltene Begrenzung des Unterhaltsbetrages, der im vereinfachten Verfahren verlangt werden kann – bislang ist das das Eineinhalbfache der jeweils maßgeblichen Regelbeträge –, an das neue System anzupassen. Die gewählte Grösse, das 1,2-fache des Mindestunterhalts, gewährleistet, dass das vereinfachte Verfahren künftig in etwa in dem gleichen Umfang wie bisher eröffnet ist. In Bezug auf die Kindergeldverrechnung war zu berücksichtigen, dass an die Stelle der bisherigen Anrechnung des Kindergelds auf den Barunterhaltsanspruch des Kindes künftig der bedarfsmindernde Vorwegabzug des Kindergelds tritt. Die bisherige Formulierung im Gesetz, dass das Kindergeld „angerechnet" wird, passt daher nicht mehr. Sie wird durch das Verb „berücksichtigen" ersetzt, ohne dass damit eine sachliche Änderung verbunden wäre.

Bei **Nummer 7** handelt es sich ebenfalls um eine redaktionelle Folgeänderung, mit dem der erst durch das EG-Vollstreckungstitel-Durchführungsgesetz vom 18. August 2005 (BGBl I 2477) neu gefasste § 790 ZPO an das neue System angepasst wird, um künftig Unterhaltstitel, die den Kindesunterhalt als Prozentsatz des Mindestunterhalts in dynamisierter Form festsetzen, für Zwecke der Zwangsvollstreckung im Ausland konkret beziffern zu können.

Bereits vorliegende dynamisierte Titel, die den Kindesunterhalt noch als Prozentsatz des jeweiligen Regelbetrags nach der Regelbetrag-Verordnung festsetzen, sind nach § [35] Nr. 3 EGZPO zunächst auf den Mindestunterhalt umzustellen und können sodann konkret beziffert werden. Entsprechendes gilt, soweit eine Berücksichtigung des Kindergeldes (§ 1612b) in dynamisierter Form möglich ist (vgl. BT-Dr. 15/5222, 12; Wagner, in Festschrift für Hans-Jürgen Sonnenberger [2004] S. 727, 731 f.).

Bei **Nummer 8** handelt es sich um eine sachlich gebotene Folgeänderung: Die in § 850d Abs. 2 ZPO enthaltene Rangfolge zwischen pfändenden Unterhaltsgläubigern wird, da die materiell-rechtliche Regelung und das Zwangsvollstreckungsrecht übereinstimmen müssen, mit der neuen, durch das **UÄndG 2008** geschaffenen unterhaltsrechtlichen Rangfolge (§ 1609, § 16 LPartG) in Einklang gebracht.

221

V. Änderung sonstiger Vorschriften

Im Zwangsvollstreckungsrecht wird im Übrigen zu prüfen sein, ob und inwieweit die neue unterhaltsrechtliche Rangfolge eine Fortentwicklung von § 850c Abs. 1 ZPO erforderlich macht. Da Änderungen im Vollstreckungsrecht stets das Verhältnis zwischen Gläubiger und Schuldner sowie der Gläubiger untereinander berühren, ist an dieser Stelle eine punktuelle Änderung nicht zweckmäßig. Eventuell notwendige Anpassungen sollen vielmehr in einem eigenen Gesetz erfolgen.

2. GKG

§ 42 Abs. 1 S. 2 GKG wird wie folgt gefasst:

„Bei Unterhaltsansprüchen nach den §§ 1612a bis 1612c ist dem Wert nach Satz 1 der Monatsbetrag des zum Zeitpunkt der Einreichung der Klage oder des Antrags geltenden Mindestunterhalts nach der zu diesem Zeitpunkt maßgebenden Altersstufe zugrunde zu legen."

Über die Umsetzung der erforderlichen Folgeänderung hinaus bezweckt die Änderung eine sprachliche Verbesserung von § 42 Abs. 1 S. 2 GKG.

3. KostO

§ 24 Abs. 4 S. 2 KostO wird wie folgt gefasst:

„Dem Wert nach Satz 1 ist der Monatsbetrag des zum Zeitpunkt der Beurkundung geltenden Mindestunterhalts nach der zu diesem Zeitpunkt maßgebenden Altersstufe zugrunde zu legen."

Über die Umsetzung der erforderlichen Folgeänderung hinaus bezweckt die Änderung eine sprachliche Verbesserung von § 24 Abs. 4 S. 2 KostO.

4. EGBGB

Art. 229 § 2 EGBGB wird wie folgt geändert:

1. Die Absatzbezeichnung „(1)" wird gestrichen.

2. Absatz 2 wird aufgehoben.

Es handelt sich um eine Folgeänderung: Der bisherige Art. 229 § 2 Abs. 2 EGBGB betraf die Umstellung der Regelbetrag-Verordnung auf den EUR zum 1.1.2002. Die Vorschrift ist nicht mehr erforderlich, weil die Regelbetrag-Verordnung mittlerweile umgestellt und mit der Einführung des Mindestunterhalts entbehrlich geworden ist.

VI. Inkrafttreten des UÄndG 2008; Außerkrafttreten sonstiger Gesetze

Art. 4 **UÄndG 2008** regelt das Inkrafttreten dieses Gesetzes sowie die Aufhebung des Kindesunterhaltsgesetzes und der Regelbetrag-Verordnung. Das Gesetz zur Änderung des Unterhaltsrechts (**UÄndG 2008**) ist zeitgleich mit der Anpassung des Unterhaltsvorschussgesetzes am 1.1.2008 in Kraft getreten;[522] gleichzeitig sind das Kindesunterhaltsgesetz (KindUG) vom 6.4.1998[523] und die Regelbetrag-Verordnung vom 6.4.1998[524] außer Kraft gesetzt worden. Ein Inkrafttreten der Unterhaltsrechtsreform zum Jahresbeginn 2008 ermöglicht einen Gleichlauf des „Unterhaltsjahres" mit dem „Steuer-" und dem Kalenderjahr.

Das KindUG konnte, nachdem die dort angeordneten Änderungen anderer Gesetze umgesetzt worden und einzelne Bestimmungen bereits mit Wirkung zum 2.7.2003 außer Kraft getreten sind (vgl. Art. 8 Abs. 2 KindUG), nunmehr vollständig aufgehoben werden: Art. 5 § 1 KindUG wurde aufgehoben, weil mit der Einführung eines einheitlichen Mindestunterhalts in § 1612a Abs. 1 die bisher im Bereich des Kindesunterhaltsrechts übliche Differenzierung bei der Unterhaltshöhe danach, ob das unterhaltsbedürftige Kind in West- oder in Ostdeutschland bzw. den östlichen Bezirken von Berlin lebt, entfällt. Mit der Aufhebung der Regelbetrag-Verordnung konnte auch Art. 8 KindUG entfallen. Mit der Anknüpfung des gesetzlichen Mindestunterhalts nach § 1612a Abs. 1 an den einkommensteuerrechtlichen Kinderfreibetrag wurde die Regelbetrag-Verordnung entbehrlich.

---

522 Zugleich wurde die KindesunterhaltvordruckVO geändert.
523 BGBl I 666.
524 BGBl I 666, 668.

VII. Das Gesetzgebungsverfahren

Am 5.4.2006 hat die Bundesregierung den Entwurf eines Gesetzes zur Änderung des Unterhaltsrechts (*Gesetzentwurf der Bundesregierung*) beschlossen und diesen Entwurf entsprechend dem Gang des Gesetzgebungsverfahrens zunächst dem Bundesrat zugeleitet (*Bundesrats-Drucksache 253/06 vom 7.4.2006*).

Der Bundesrat hat in seiner Sitzung vom 19.5.2006 zu dem Gesetzentwurf Stellung genommen (*Bundesrats-Drucksache 253/06 vom 19.5.2006*). Zu dieser Stellungnahme hat sich die Bundesregierung im Juni 2006 geäußert (*Bundestags-Drucksache 16/1830 vom 15.6.2006 S. 37 f.*).

Der Deutsche Bundestag hat den Gesetzentwurf (*Bundestags-Drucksache 16/1830 vom 15.6.2006*) in der Sitzung vom 29.6.2006 in erster Lesung beraten und beschlossen, den Entwurf an den Rechtsausschuss, den Finanzausschuss und den Ausschuss für Familie, Senioren, Frauen und Jugend zu überweisen. Der Rechtsausschuss des Deutschen Bundestages hat am 16.10.2007 eine öffentliche Sachverständigenanhörung zur Reform des Unterhaltsrechts durchgeführt (*Anhörung im Rechtsausschuss*).

Am 23.5.2007 hat das Bundesverfassungsgericht seinen Beschluss vom 28.2.2007 (FamRZ 2007, 965) veröffentlicht, wonach die Regelung unterschiedlicher Dauer von Unterhaltsansprüchen bezüglich der Betreuung ehelicher und nichtehelicher Kinder nach geltendem Recht verfassungswidrig ist: Eltern von ehelichen und nichtehelichen Kindern sind dann gleich zu behandeln, wenn und soweit es um Unterhalt geht, der ausschließlich wegen der Betreuung von Kindern geleistet werden muss.

Entscheidungsformel

1. Die unterschiedliche Regelung der Unterhaltsansprüche wegen der Pflege oder Erziehung von Kindern in § 1570 des Bürgerlichen Gesetzbuches einerseits und § 1615l Absatz 2 Satz 3 des Bürgerlichen Gesetzbuches andererseits ist mit Artikel 6 Absatz 5 des Grundgesetzes unvereinbar.

2. Dem Gesetzgeber wird aufgegeben, bis zum 31. Dezember 2008 eine verfassungsmäßige Regelung zu treffen.

[Diese Entscheidungsformel hat gemäß § 31 Abs. 2 BVerfGG Gesetzeskraft].

Da der Gesetzgeber im Rahmen der Reform des Unterhaltsrechts diese Rechtsprechung zu beachten hatte, wurde im Deutschen Bundestag die für den 25.5.2007

VII. Das Gesetzgebungsverfahren

geplante Verabschiedung des Reformgesetzes von der Tagesordnung genommen. Die unterhaltsrechtlichen Regelbeträge nach der Regelbetrag-Verordnung wurden zum 1.7.2007 turnusgemäß angepasst; diese Regelbeträge sind Rechen- und Orientierungsgrößen für den Kindesunterhalt und bilden die Grundlage für die unterhaltsrechtlichen Tabellenwerke der gerichtlichen Praxis, insbesondere auch für die „Düsseldorfer Tabelle".

Das Bundesministerium der Justiz hat sodann einen Formulierungsvorschlag erarbeitet, um den Gesetzentwurf den verfassungsgerichtlichen Vorgaben anzupassen. Die Koalitionsfraktionen haben sich am 25.10.2007 über diesen Formulierungsvorschlag (*Formulierungshilfe zu Bundestags-Drucksache 16/1830*) verständigt.

Der Rechtsausschuss des Deutschen Bundestages hat in seiner Sitzung vom 7.11.2007 den Gesetzentwurf auf der Grundlage des neuen Formulierungsvorschlags beraten und dem Deutschen Bundestag empfohlen, dem Gesetzentwurf mit den vereinbarten Änderungen zuzustimmen (*Bundestags-Drucksache 16/6980*).

Der Deutsche Bundestag hat die Reform des Unterhaltsrechts am 9.11.2007 verabschiedet (Protokoll Verabschiedung), und der Bundesrat hat dem Gesetz am 30.11.2007 zugestimmt. Das nicht zustimmungspflichtige Gesetz wurde sodann dem Bundespräsidenten zur Prüfung und Ausfertigung zugeleitet und sodann im Bundesgesetzblatt veröffentlicht.

Das neue Unterhaltsrecht ist am 1.1.2008 in Kraft getreten.

Folgende Gesetzesmaterialien zum **UÄndG 2008** können Sie auf der Homepage www.kk.famr.eu abrufen:
- Gesetzentwurf der Bundesregierung
- Bundesrats-Drucksache 253/06 (7.4.2006)
- Bundesrats-Drucksache 253/06 (19.5.2006)
- Bundestags-Drucksache 16/1830 (15.6.2006)
- Formulierungshilfe zu Bundestags-Drucksache 16/1830
- Anhörung im Rechtsausschuss (16.10.2006)
- Bundestags-Drucksache 16/6980 (7.11.2007)
- Protokoll Verabschiedung im Bundestag

VIII. UÄndG 2008 – Synopse

Fassung bis 31.12.2007	Fassung ab 1.1.2008
§ 1361 – Unterhalt bei Getrenntleben (1) Leben die Ehegatten getrennt, so kann ein Ehegatte von dem anderen den nach den Lebensverhältnissen und den Erwerbs- und Vermögensverhältnissen der Ehegatten angemessenen Unterhalt verlangen; für Aufwendungen infolge eines Körper- oder Gesundheitsschadens gilt § 1610a. Ist zwischen den getrennt lebenden Ehegatten ein Scheidungsverfahren rechtshängig, so gehören zum Unterhalt vom Eintritt der Rechtshängigkeit an auch die Kosten einer angemessenen Versicherung für den Fall des Alters sowie der verminderten Erwerbsfähigkeit. (2) Der nicht erwerbstätige Ehegatte kann nur dann darauf verwiesen werden, seinen Unterhalt durch eine Erwerbstätigkeit selbst zu verdienen, wenn dies von ihm nach seinen persönlichen Verhältnissen, insbesondere wegen einer früheren Erwerbstätigkeit unter Berücksichtigung der Dauer der Ehe, und nach den wirtschaftlichen Verhältnissen beider Ehegatten erwartet werden kann. (3) Die Vorschrift des § 1579 Nummern 2 bis 7 über die Herabsetzung des Unterhaltsanspruchs aus Billigkeitsgründen ist entsprechend anzuwenden. (4) Der laufende Unterhalt ist durch Zahlung einer Geldrente zu gewähren. Die Rente ist monatlich im Voraus zu zahlen. Der Verpflichtete schuldet den	**§ 1361 – Unterhalt bei Getrenntleben** (1) Leben die Ehegatten getrennt, so kann ein Ehegatte von dem anderen den nach den Lebensverhältnissen und den Erwerbs- und Vermögensverhältnissen der Ehegatten angemessenen Unterhalt verlangen; für Aufwendungen infolge eines Körper- oder Gesundheitsschadens gilt § 1610a. Ist zwischen den getrennt lebenden Ehegatten ein Scheidungsverfahren rechtshängig, so gehören zum Unterhalt vom Eintritt der Rechtshängigkeit an auch die Kosten einer angemessenen Versicherung für den Fall des Alters sowie der verminderten Erwerbsfähigkeit. (2) Der nicht erwerbstätige Ehegatte kann nur dann darauf verwiesen werden, seinen Unterhalt durch eine Erwerbstätigkeit selbst zu verdienen, wenn dies von ihm nach seinen persönlichen Verhältnissen, insbesondere wegen einer früheren Erwerbstätigkeit unter Berücksichtigung der Dauer der Ehe, und nach den wirtschaftlichen Verhältnissen beider Ehegatten erwartet werden kann. (3) Die Vorschrift des § 1579 Nummern 2 bis *8* über die *Beschränkung oder Versagung des Unterhalts wegen grober Unbilligkeit* ist entsprechend anzuwenden. (4) Der laufende Unterhalt ist durch Zahlung einer Geldrente zu gewähren. Die Rente ist monatlich im Voraus zu zahlen. Der Verpflichtete schuldet den

VIII. UÄndG 2008 – Synopse

Fassung bis 31.12.2007	Fassung ab 1.1.2008
vollen Monatsbetrag auch dann, wenn der Berechtigte im Laufe des Monats stirbt. § 1360a Absatz 3, 4 und die §§ 1360b, 1605 sind entsprechend anzuwenden.	vollen Monatsbetrag auch dann, wenn der Berechtigte im Laufe des Monats stirbt. § 1360a Absatz 3, 4 und die §§ 1360b, 1605 sind entsprechend anzuwenden.
§ 1569 – Abschließende Regelung	**§ 1569 – *Grundsatz der Eigenverantwortung***
Kann ein Ehegatte nach der Scheidung nicht selbst für seinen Unterhalt sorgen, so hat er gegen den anderen Ehegatten einen Anspruch auf Unterhalt nach den folgenden Vorschriften.	*Nach der Scheidung obliegt es jedem Ehegatten, selbst für seinen Unterhalt zu sorgen. Ist er dazu außerstande, so* hat er gegen den anderen Ehegatten einen Anspruch auf Unterhalt *nur* nach den folgenden Vorschriften.
§ 1570 – Unterhalt wegen Betreuung eines Kindes	**§ 1570 – Unterhalt wegen Betreuung eines Kindes**
Ein geschiedener Ehegatte kann von dem anderen Unterhalt verlangen, solange und soweit von ihm wegen der Pflege oder Erziehung eines gemeinschaftlichen Kindes eine Erwerbstätigkeit nicht erwartet werden kann.	*(1)* Ein geschiedener Ehegatte kann von dem anderen *wegen der Pflege oder Erziehung eines gemeinschaftlichen Kindes für mindestens drei Jahre nach der Geburt* Unterhalt verlangen. *Die Dauer des Unterhaltsanspruchs verlängert sich, solange und soweit dies der Billigkeit entspricht. Dabei sind die Belange des Kindes und die bestehenden Möglichkeiten der Kinderbetreuung zu berücksichtigen.* *(2) Die Dauer des Unterhaltsanspruchs verlängert sich darüber hinaus, wenn dies unter Berücksichtigung der Gestaltung von Kinderbetreuung und Erwerbstätigkeit in der Ehe sowie der Dauer der Ehe der Billigkeit entspricht.*
§ 1573 – Unterhalt wegen Erwerbslosigkeit und Aufstockungsunterhalt (1) Soweit ein geschiedener Ehegatte keinen Unterhaltsanspruch nach den §§ 1570 bis 1572 hat, kann er gleich-	**§ 1573 – Unterhalt wegen Erwerbslosigkeit und Aufstockungsunterhalt** (1) Soweit ein geschiedener Ehegatte keinen Unterhaltsanspruch nach den §§ 1570 bis 1572 hat, kann er gleich-

Fassung bis 31.12.2007	Fassung ab 1.1.2008
wohl Unterhalt verlangen, solange und soweit er nach der Scheidung keine angemessene Erwerbstätigkeit zu finden vermag. (2) Reichen die Einkünfte aus einer angemessenen Erwerbstätigkeit zum vollen Unterhalt (§ 1578) nicht aus, kann er, soweit er nicht bereits einen Unterhaltsanspruch nach den §§ 1570 bis 1572 hat, den Unterschiedsbetrag zwischen den Einkünften und dem vollen Unterhalt verlangen. (3) Absätze 1 und 2 gelten entsprechend, wenn Unterhalt nach den §§ 1570 bis 1572, 1575 zu gewähren war, die Voraussetzungen dieser Vorschriften aber entfallen sind. (4) Der geschiedene Ehegatte kann auch dann Unterhalt verlangen, wenn die Einkünfte aus einer angemessenen Erwerbstätigkeit wegfallen, weil es ihm trotz seiner Bemühungen nicht gelungen war, den Unterhalt durch die Erwerbstätigkeit nach der Scheidung nachhaltig zu sichern. War es ihm gelungen, den Unterhalt teilweise nachhaltig zu sichern, so kann er den Unterschiedsbetrag zwischen dem nachhaltig gesicherten und dem vollen Unterhalt verlangen. (5) Die Unterhaltsansprüche nach Absatz 1 bis 4 können zeitlich begrenzt werden, soweit insbesondere unter Berücksichtigung der Dauer der Ehe sowie der Gestaltung der Haushaltsführung und Erwerbstätigkeit ein zeitlich unbegrenzter Unterhaltsanspruch unbil-	wohl Unterhalt verlangen, solange und soweit er nach der Scheidung keine angemessene Erwerbstätigkeit zu finden vermag. (2) Reichen die Einkünfte aus einer angemessenen Erwerbstätigkeit zum vollen Unterhalt (§ 1578) nicht aus, kann er, soweit er nicht bereits einen Unterhaltsanspruch nach den §§ 1570 bis 1572 hat, den Unterschiedsbetrag zwischen den Einkünften und dem vollen Unterhalt verlangen. (3) Absätze 1 und 2 gelten entsprechend, wenn Unterhalt nach den §§ 1570 bis 1572, 1575 zu gewähren war, die Voraussetzungen dieser Vorschriften aber entfallen sind. (4) Der geschiedene Ehegatte kann auch dann Unterhalt verlangen, wenn die Einkünfte aus einer angemessenen Erwerbstätigkeit wegfallen, weil es ihm trotz seiner Bemühungen nicht gelungen war, den Unterhalt durch die Erwerbstätigkeit nach der Scheidung nachhaltig zu sichern. War es ihm gelungen, den Unterhalt teilweise nachhaltig zu sichern, so kann er den Unterschiedsbetrag zwischen dem nachhaltig gesicherten und dem vollen Unterhalt verlangen. [Absatz 5 aufgehoben]

Fassung bis 31.12.2007	Fassung ab 1.1.2008
lig wäre; dies gilt in der Regel nicht, wenn der Unterhaltsberechtigte nicht nur vorübergehend ein gemeinschaftliches Kind allein oder überwiegend betreut hat oder betreut. Die Zeit der Kindesbetreuung steht der Ehedauer gleich.	
§ 1574 – Angemessene Erwerbstätigkeit (1) Der geschiedene Ehegatte braucht nur eine ihm angemessene Erwerbstätigkeit auszuüben. (2) Angemessen ist eine Erwerbstätigkeit, die der Ausbildung, den Fähigkeiten, dem Lebensalter und dem Gesundheitszustand des geschiedenen Ehegatten sowie den ehelichen Lebensverhältnissen entspricht; bei den ehelichen Lebensverhältnissen sind die Dauer der Ehe und die Dauer der Pflege oder Erziehung eines gemeinschaftlichen Kindes zu berücksichtigen. (3) Soweit es zur Aufnahme einer angemessenen Erwerbstätigkeit erforderlich ist, obliegt es dem geschiedenen Ehegatten, sich ausbilden, fortbilden oder umschulen zu lassen, wenn ein erfolgreicher Abschluss der Ausbildung zu erwarten ist.	**§ 1574 – Angemessene Erwerbstätigkeit** *(1) Dem geschiedenen Ehegatten obliegt es, eine angemessene Erwerbstätigkeit auszuüben.* *(2) Angemessen ist eine Erwerbstätigkeit, die der Ausbildung, den Fähigkeiten, einer früheren Erwerbstätigkeit, dem Lebensalter und dem Gesundheitszustand des geschiedenen Ehegatten entspricht, soweit eine solche Tätigkeit nicht nach den ehelichen Lebensverhältnissen unbillig wäre. Bei den ehelichen Lebensverhältnissen sind insbesondere die Dauer der Ehe sowie die Dauer der Pflege oder Erziehung eines gemeinschaftlichen Kindes zu berücksichtigen.* (3) Soweit es zur Aufnahme einer angemessenen Erwerbstätigkeit erforderlich ist, obliegt es dem geschiedenen Ehegatten, sich ausbilden, fortbilden oder umschulen zu lassen, wenn ein erfolgreicher Abschluss der Ausbildung zu erwarten ist.
§ 1577 – Bedürftigkeit (1) Der geschiedene Ehegatte kann den Unterhalt nach den §§ 1570 bis 1573, 1575 und 1576 nicht verlangen, solange und soweit er sich aus seinen Einkünf-	**§ 1577 – Bedürftigkeit** (1) Der geschiedene Ehegatte kann den Unterhalt nach den §§ 1570 bis 1573, 1575 und 1576 nicht verlangen, solange und soweit er sich aus seinen Einkünf-

Fassung bis 31.12.2007	Fassung ab 1.1.2008
ten und seinem Vermögen selbst unterhalten kann. (2) Einkünfte sind nicht anzurechnen, soweit der Verpflichtete nicht den vollen Unterhalt (§ 1578) leistet. Einkünfte, die den vollen Unterhalt übersteigen, sind insoweit anzurechnen, als dies unter Berücksichtigung der beiderseitigen wirtschaftlichen Verhältnisse der Billigkeit entspricht. (3) Den Stamm des Vermögens braucht der Berechtigte nicht zu verwerten, soweit die Verwertung unwirtschaftlich oder unter Berücksichtigung der beiderseitigen wirtschaftlichen Verhältnisse unbillig wäre. (4) War zum Zeitpunkt der Ehescheidung zu erwarten, dass der Unterhalt des Berechtigten aus seinem Vermögen nachhaltig gesichert sein würde, fällt das Vermögen aber später weg, so besteht kein Anspruch auf Unterhalt. Dies gilt nicht, wenn im Zeitpunkt des Vermögenswegfalls von dem Ehegatten wegen der Pflege oder Erziehung eines gemeinschaftlichen Kindes eine Erwerbstätigkeit nicht erwartet werden kann. **§ 1578 – Maß des Unterhalts** (1) Das Maß des Unterhalts bestimmt sich nach den ehelichen Lebensverhältnissen. Die Bemessung des Unterhaltsanspruchs nach den ehelichen Lebensverhältnissen kann zeitlich begrenzt und danach auf den angemessenen Lebensbedarf abgestellt werden, soweit insbesondere unter Berücksichtigung	ten und seinem Vermögen selbst unterhalten kann. (2) Einkünfte sind nicht anzurechnen, soweit der Verpflichtete nicht den vollen Unterhalt (*§§ 1578 und 1578b*) leistet. Einkünfte, die den vollen Unterhalt übersteigen, sind insoweit anzurechnen, als dies unter Berücksichtigung der beiderseitigen wirtschaftlichen Verhältnisse der Billigkeit entspricht. (3) Den Stamm des Vermögens braucht der Berechtigte nicht zu verwerten, soweit die Verwertung unwirtschaftlich oder unter Berücksichtigung der beiderseitigen wirtschaftlichen Verhältnisse unbillig wäre. (4) War zum Zeitpunkt der Ehescheidung zu erwarten, dass der Unterhalt des Berechtigten aus seinem Vermögen nachhaltig gesichert sein würde, fällt das Vermögen aber später weg, so besteht kein Anspruch auf Unterhalt. Dies gilt nicht, wenn im Zeitpunkt des Vermögenswegfalls von dem Ehegatten wegen der Pflege oder Erziehung eines gemeinschaftlichen Kindes eine Erwerbstätigkeit nicht erwartet werden kann. **§ 1578 – Maß des Unterhalts** (1) Das Maß des Unterhalts bestimmt sich nach den ehelichen Lebensverhältnissen. Der Unterhalt umfasst den gesamten Lebensbedarf.

Fassung bis 31.12.2007	Fassung ab 1.1.2008
der Dauer der Ehe sowie der Gestaltung von Haushaltsführung und Erwerbstätigkeit eine zeitlich unbegrenzte Bemessung nach Satz 1 unbillig wäre; dies gilt in der Regel nicht, wenn der Unterhaltsberechtigte nicht nur vorübergehend ein gemeinschaftliches Kind allein oder überwiegend betreut hat oder betreut. Die Zeit der Kindesbetreuung steht der Ehedauer gleich. Der Unterhalt umfasst den gesamten Lebensbedarf.	
(2) Zum Lebensbedarf gehören auch die Kosten einer angemessenen Versicherung für den Fall der Krankheit und der Pflegebedürftigkeit sowie die Kosten einer Schul- oder Berufsausbildung, einer Fortbildung oder einer Umschulung nach den §§ 1574, 1575.	(2) Zum Lebensbedarf gehören auch die Kosten einer angemessenen Versicherung für den Fall der Krankheit und der Pflegebedürftigkeit sowie die Kosten einer Schul- oder Berufsausbildung, einer Fortbildung oder einer Umschulung nach den §§ 1574, 1575.
(3) Hat der geschiedene Ehegatte einen Unterhaltsanspruch nach den §§ 1570 bis 1573 oder § 1576, so gehören zum Lebensbedarf auch die Kosten einer angemessenen Versicherung für den Fall des Alters sowie der verminderten Erwerbsfähigkeit.	(3) Hat der geschiedene Ehegatte einen Unterhaltsanspruch nach den §§ 1570 bis 1573 oder § 1576, so gehören zum Lebensbedarf auch die Kosten einer angemessenen Versicherung für den Fall des Alters sowie der verminderten Erwerbsfähigkeit. [Abs. 1 S. 2 und 3 aufgehoben]
[Neue Norm]	*§ 1578b – Herabsetzung und zeitliche Begrenzung des Unterhalts wegen Unbilligkeit* *(1) Der Unterhaltsanspruch des geschiedenen Ehegatten ist auf den angemessenen Lebensbedarf herabzusetzen, wenn eine an den ehelichen Lebensverhältnissen orientierte Bemessung des Unterhaltsanspruchs auch unter Wahrung der Belange eines dem Berechtig-*

Fassung bis 31.12.2007	Fassung ab 1.1.2008
	ten zur Pflege oder Erziehung anvertrauten gemeinschaftlichen Kindes unbillig wäre. Dabei ist insbesondere zu berücksichtigen, inwieweit durch die Ehe Nachteile im Hinblick auf die Möglichkeit eingetreten sind, für den eigenen Unterhalt zu sorgen. Solche Nachteile können sich vor allem aus der Dauer der Pflege oder Erziehung eines gemeinschaftlichen Kindes, aus der Gestaltung von Haushaltsführung und Erwerbstätigkeit während der Ehe sowie aus der Dauer der Ehe ergeben. (2) Der Unterhaltsanspruch des geschiedenen Ehegatten ist zeitlich zu begrenzen, wenn ein zeitlich unbegrenzter Unterhaltsanspruch auch unter Wahrung der Belange eines dem Berechtigten zur Pflege oder Erziehung anvertrauten gemeinschaftlichen Kindes unbillig wäre. Absatz 1 Satz 2 und 3 gilt entsprechend. (3) Herabsetzung und zeitliche Begrenzung des Unterhaltsanspruchs können miteinander verbunden werden.
§ 1579 – Beschränkung oder Wegfall der Verpflichtung	**§ 1579 – Beschränkung oder Versagung des Unterhalts wegen grober Unbilligkeit**
Ein Unterhaltsanspruch ist zu versagen, herabzusetzen oder zeitlich zu begrenzen, soweit die Inanspruchnahme des Verpflichteten auch unter Wahrung der Belange eines dem Berechtigten zur Pflege oder Erziehung anvertrauten gemeinschaftlichen Kindes grob unbillig wäre, weil	Ein Unterhaltsanspruch ist zu versagen, herabzusetzen oder zeitlich zu begrenzen, soweit die Inanspruchnahme des Verpflichteten auch unter Wahrung der Belange eines dem Berechtigten zur Pflege oder Erziehung anvertrauten gemeinschaftlichen Kindes grob unbillig wäre, weil

Fassung bis 31.12.2007	Fassung ab 1.1.2008
1. die Ehe von kurzer Dauer war; der Ehedauer steht die Zeit gleich, in welcher der Berechtigte wegen der Pflege oder Erziehung eines gemeinschaftlichen Kindes nach § 1570 Unterhalt verlangen konnte, 2. der Berechtigte sich eines Verbrechens oder eines schweren vorsätzlichen Vergehens gegen den Verpflichteten oder einen nahen Angehörigen des Verpflichteten schuldig gemacht hat, 3. der Berechtigte seine Bedürftigkeit mutwillig herbeigeführt hat, 4. der Berechtigte sich über schwerwiegende Vermögensinteressen des Verpflichteten mutwillig hinweggesetzt hat, 5. der Berechtigte vor der Trennung längere Zeit hindurch seine Pflicht, zum Familienunterhalt beizutragen, gröblich verletzt hat, 6. dem Berechtigten ein offensichtlich schwerwiegendes, eindeutig bei ihm liegendes Fehlverhalten gegen den Verpflichteten zur Last fällt oder 7. ein anderer Grund vorliegt, der ebenso schwer wiegt wie die in den Nummern 1 bis 6 aufgeführten Gründe.	1. die Ehe von kurzer Dauer war; *dabei ist die Zeit zu berücksichtigen,* in welcher der Berechtigte wegen der Pflege oder Erziehung eines gemeinschaftlichen Kindes nach § 1570 Unterhalt verlangen *kann,* 2. *der Berechtigte in einer verfestigten Lebensgemeinschaft lebt,* 3. der Berechtigte sich eines Verbrechens oder eines schweren vorsätzlichen Vergehens gegen den Verpflichteten oder einen nahen Angehörigen des Verpflichteten schuldig gemacht hat, 4. der Berechtigte seine Bedürftigkeit mutwillig herbeigeführt hat, 5. der Berechtigte sich über schwerwiegende Vermögensinteressen des Verpflichteten mutwillig hinweggesetzt hat, 6. der Berechtigte vor der Trennung längere Zeit hindurch seine Pflicht, zum Familienunterhalt beizutragen, gröblich verletzt hat, 7. dem Berechtigten ein offensichtlich schwerwiegendes, eindeutig bei ihm liegendes Fehlverhalten gegen den Verpflichteten zur Last fällt oder 8. ein anderer Grund vorliegt, der ebenso schwer wiegt wie die in den Nummern 1 bis *7* aufgeführten Gründe.

Fassung bis 31.12.2007	Fassung ab 1.1.2008
§ 1582 – Rangverhältnisse mehrerer Unterhaltsbedürftiger	**§ 1582 – *Rang des geschiedenen Ehegatten bei mehreren Unterhaltsberechtigten***
(1) Bei Ermittlung des Unterhalts des geschiedenen Ehegatten geht im Falle des § 1581 der geschiedene Ehegatte einem neuen Ehegatten vor, wenn dieser nicht bei entsprechender Anwendung der §§ 1569 bis 1574, § 1576 und des § 1577 Absatz 1 unterhaltsberechtigt wäre. Hätte der neue Ehegatte nach diesen Vorschriften einen Unterhaltsanspruch, geht ihm der geschiedene Ehegatte gleichwohl vor, wenn er nach § 1570 oder nach § 1576 unterhaltsberechtigt ist oder die Ehe mit dem geschiedenen Ehegatten von langer Dauer war. Der Ehedauer steht die Zeit gleich, in der ein Ehegatte wegen der Pflege oder Erziehung eines gemeinschaftlichen Kindes nach § 1570 unterhaltsberechtigt war.	Sind mehrere Unterhaltsberechtigte vorhanden, richtet sich der Rang des geschiedenen Ehegatten nach § 1609.
(2) § 1609 bleibt im Übrigen unberührt.	[Abs. 2 aufgehoben]
§ 1585b – Unterhalt für die Vergangenheit	**§ 1585b – Unterhalt für die Vergangenheit**
(1) Wegen eines Sonderbedarfs (§ 1613 Absatz 2) kann der Berechtigte Unterhalt für die Vergangenheit verlangen.	(1) Wegen eines Sonderbedarfs (§ 1613 Absatz 2) kann der Berechtigte Unterhalt für die Vergangenheit verlangen.
(2) Im Übrigen kann der Berechtigte für die Vergangenheit Erfüllung oder Schadensersatz wegen Nichterfüllung erst von der Zeit an fordern, in der der Unterhaltspflichtige in Verzug gekommen oder der Unterhaltsanspruch rechtshängig geworden ist.	(2) Im Übrigen kann der Berechtigte für die Vergangenheit Erfüllung oder Schadensersatz wegen Nichterfüllung *nur entsprechend § 1613 Absatz 1 fordern.*
(3) Für eine mehr als ein Jahr vor der Rechtshängigkeit liegende Zeit kann	(3) Für eine mehr als ein Jahr vor der Rechtshängigkeit liegende Zeit kann

Fassung bis 31.12.2007	Fassung ab 1.1.2008
Erfüllung oder Schadensersatz wegen Nichterfüllung nur verlangt werden, wenn anzunehmen ist, dass der Verpflichtete sich der Leistung absichtlich entzogen hat.	Erfüllung oder Schadensersatz wegen Nichterfüllung nur verlangt werden, wenn anzunehmen ist, dass der Verpflichtete sich der Leistung absichtlich entzogen hat.
§ 1585c – Vereinbarungen über den Unterhalt Die Ehegatten können über die Unterhaltspflicht für die Zeit nach der Scheidung Vereinbarungen treffen.	**§ 1585c – Vereinbarungen über den Unterhalt** Die Ehegatten können über die Unterhaltspflicht für die Zeit nach der Scheidung Vereinbarungen treffen. *Eine Vereinbarung, die vor der Rechtskraft der Scheidung getroffen wird, bedarf der notariellen Beurkundung. § 127a findet auch auf eine Vereinbarung Anwendung, die in einem Verfahren in Ehesachen vor dem Prozessgericht protokolliert wird.*
§ 1586a – Wiederaufleben des Unterhaltsanspruchs (1) Geht ein geschiedener Ehegatte eine neue Ehe oder Lebenspartnerschaft ein und wird die Ehe oder Lebenspartnerschaft wieder aufgelöst, so kann er von dem früheren Ehegatten Unterhalt nach § 1570 verlangen, wenn er ein Kind aus der früheren Ehe zu pflegen oder zu erziehen hat. Ist die Pflege oder Erziehung beendet, so kann er Unterhalt nach den §§ 1571 bis 1573, 1575 verlangen. (2) Der Ehegatte der später aufgelösten Ehe haftet vor dem Ehegatten der früher aufgelösten Ehe. Satz 1 findet auf Lebenspartnerschaften entsprechende Anwendung.	**§ 1586a – Wiederaufleben des Unterhaltsanspruchs** (1) Geht ein geschiedener Ehegatte eine neue Ehe oder Lebenspartnerschaft ein und wird die Ehe oder Lebenspartnerschaft wieder aufgelöst, so kann er von dem früheren Ehegatten Unterhalt nach § 1570 verlangen, wenn er ein Kind aus der früheren Ehe zu pflegen oder zu erziehen hat. (2) Der Ehegatte der später aufgelösten Ehe haftet vor dem Ehegatten der früher aufgelösten Ehe. Satz 1 findet auf Lebenspartnerschaften entsprechende Anwendung. [Abs. 1 S. 2 aufgehoben]

Fassung bis 31.12.2007	Fassung ab 1.1.2008
§ 1609 – Rangverhältnisse mehrerer Bedürftiger (1) Sind mehrere Bedürftige vorhanden und ist der Unterhaltspflichtige ausserstande, allen Unterhalt zu gewähren, so gehen die Kinder im Sinne des § 1603 Absatz 2 den anderen Kindern, die Kinder den übrigen Abkömmlingen, die Abkömmlinge den Verwandten der aufsteigenden Linie und unter den Verwandten der aufsteigenden Linie die näheren den entfernteren vor. (2) Der Ehegatte steht den Kindern im Sinne des § 1603 Absatz 2 gleich; er geht anderen Kindern und den übrigen Verwandten vor. Ist die Ehe geschieden oder aufgehoben, so geht der unterhaltsberechtigte Ehegatte den anderen Kindern im Sinne des Satzes 1 sowie den übrigen Verwandten des Unterhaltspflichtigen vor.	**§ 1609 – *Rangfolge mehrerer Unterhaltsberechtigter*** Sind mehrere *Unterhaltsberechtigte* vorhanden und ist der Unterhaltspflichtige ausserstande, allen Unterhalt zu gewähren, so *gilt folgende Rangfolge:* *1. minderjährige unverheiratete Kinder und Kinder im Sinn des § 1603 Absatz 2 Satz 2,* *2. Elternteile, die wegen der Betreuung eines Kindes unterhaltsberechtigt sind oder im Fall einer Scheidung wären, sowie Ehegatten und geschiedene Ehegatten bei einer Ehe von langer Dauer; bei der Feststellung einer Ehe von langer Dauer sind auch Nachteile im Sinne des § 1578b Absatz 1 Satz 2 und 3 zu berücksichtigen,* *3. Ehegatten und geschiedene Ehegatten, die nicht unter Nummer 2 fallen,* *4. Kinder, die nicht unter Nummer 1 fallen,* *5. Enkelkinder und weitere Abkömmlinge,* *6. Eltern,* *7. weitere Verwandte der aufsteigenden Linie; unter ihnen gehen die Näheren den Entfernteren vor.* [Abs. 2 aufgehoben]
§ 1612 – Art der Unterhaltsgewährung (1) Der Unterhalt ist durch Entrichtung einer Geldrente zu gewähren. Der Verpflichtete kann verlangen, dass ihm die Gewährung des Unterhalts in anderer	**§ 1612 – Art der Unterhaltsgewährung** (1) Der Unterhalt ist durch Entrichtung einer Geldrente zu gewähren. Der Verpflichtete kann verlangen, dass ihm die Gewährung des Unterhalts in anderer

Fassung bis 31.12.2007	Fassung ab 1.1.2008
Art gestattet wird, wenn besondere Gründe es rechtfertigen. (2) Haben Eltern einem unverheirateten Kind Unterhalt zu gewähren, so können sie bestimmen, in welcher Art und für welche Zeit im Voraus der Unterhalt gewährt werden soll, wobei auf die Belange des Kindes die gebotene Rücksicht zu nehmen ist. Aus besonderen Gründen kann das Familiengericht auf Antrag des Kindes die Bestimmung der Eltern ändern. Ist das Kind minderjährig, so kann ein Elternteil, dem die Sorge für die Person des Kindes nicht zusteht, eine Bestimmung nur für die Zeit treffen, in der das Kind in seinen Haushalt aufgenommen ist. (3) Eine Geldrente ist monatlich im Voraus zu zahlen. Der Verpflichtete schuldet den vollen Monatsbetrag auch dann, wenn der Berechtigte im Laufe des Monats stirbt.	Art gestattet wird, wenn besondere Gründe es rechtfertigen. (2) Haben Eltern einem unverheirateten Kind Unterhalt zu gewähren, können sie bestimmen, in welcher Art und für welche Zeit im Voraus der Unterhalt gewährt werden soll, *sofern auf die Belange des Kindes die gebotene Rücksicht genommen wird.* Ist das Kind minderjährig, kann ein Elternteil, dem die Sorge für die Person des Kindes nicht zusteht, eine Bestimmung nur für die Zeit treffen, in der das Kind in seinen Haushalt aufgenommen ist. (3) Eine Geldrente ist monatlich im Voraus zu zahlen. Der Verpflichtete schuldet den vollen Monatsbetrag auch dann, wenn der Berechtigte im Laufe des Monats stirbt.
§ 1612a – Art der Unterhaltsgewährung bei minderjährigen Kindern (1) Ein minderjähriges Kind kann von einem Elternteil, mit dem es nicht in einem Haushalt lebt, den Unterhalt als Vomhundertsatz des jeweiligen Regelbetrages nach der Regelbetrag-Verordnung verlangen.	**§ 1612a – *Mindestunterhalt minderjähriger Kinder*** (1) Ein minderjähriges Kind kann von einem Elternteil, mit dem es nicht in einem Haushalt lebt, den Unterhalt als *Prozentsatz des Mindestunterhalts* verlangen. *Der Mindestunterhalt richtet sich nach dem doppelten Freibetrag für das sächliche Existenzminimum eines Kindes (Kinderfreibetrag) nach § 32 Absatz 6 Satz 1 des Einkommensteuergesetzes. Er beträgt monatlich entsprechend dem Alter des Kindes*

Fassung bis 31.12.2007	Fassung ab 1.1.2008
	1. für die Zeit bis zur Vollendung des sechsten Lebensjahrs (erste Altersstufe) 87 Prozent,
	2. für die Zeit vom siebten bis zur Vollendung des zwölften Lebensjahrs (zweite Altersstufe) 100 Prozent, und
	3. für die Zeit vom 13. Lebensjahr an (dritte Altersstufe) 117 Prozent eines Zwölftels des doppelten Kinderfreibetrages.
(2) Der Vomhundertsatz ist auf eine Dezimalstelle zu begrenzen; jede weitere sich ergebende Dezimalstelle wird nicht berücksichtigt. Der sich bei der Berechnung des Unterhalts ergebende Betrag ist auf volle EUR aufzurunden.	(2) Der *Prozentsatz* ist auf eine Dezimalstelle zu begrenzen; jede weitere sich ergebende Dezimalstelle wird nicht berücksichtigt. Der sich bei der Berechnung des Unterhalts ergebende Betrag ist auf volle EUR aufzurunden.
(3) Die Regelbeträge werden in der Regelbetrag-Verordnung nach dem Alter des Kindes für die Zeit bis zur Vollendung des sechsten Lebensjahres (erste Altersstufe), die Zeit vom siebten bis zur Vollendung des zwölften Lebensjahres (zweite Altersstufe) und für die Zeit vom dreizehnten Lebensjahr an (dritte Altersstufe) festgesetzt. Der Regelbetrag einer höheren Altersstufe ist ab dem Beginn des Monats maßgebend, in dem das Kind das betreffende Lebensjahr vollendet.	(3) Der *Unterhalt* einer höheren Altersstufe ist ab dem Beginn des Monats maßgebend, in dem das Kind das betreffende Lebensjahr vollendet.
	[Abs. 3 S. 1 und Abs. 4 und 5 aufgehoben]
(4) Die Regelbeträge ändern sich entsprechend der Entwicklung des durchschnittlich verfügbaren Arbeitsentgelts erstmals zum 1. Juli 1999 und danach zum 1. Juli jeden zweiten Jahres. Die neuen Regelbeträge ergeben sich, indem die zuletzt geltenden Regelbeträge mit den Faktoren aus den jeweils zwei	

Fassung bis 31.12.2007	Fassung ab 1.1.2008
der Veränderung vorausgegangenen Kalenderjahren für die Entwicklung 1. der Bruttolohn- und -gehaltssumme je durchschnittlich beschäftigten Arbeitnehmer und 2. der Belastung bei Arbeitsentgelten vervielfältigt werden; das Ergebnis ist auf volle EUR aufzurunden. Das Bundesministerium der Justiz hat die Regelbetrag-Verordnung durch Rechtsverordnung, die nicht der Zustimmung des Bundesrates bedarf, rechtzeitig anzupassen. (5) Die Faktoren im Sinne von Absatz 4 Satz 2 werden ermittelt, indem jeweils der für das Kalenderjahr, für das die Entwicklung festzustellen ist, maßgebende Wert durch den entsprechenden Wert für das diesem vorausgegangene Kalenderjahr geteilt wird. Der Berechnung sind 1. für das der Veränderung vorausgegangene Kalenderjahr die dem Statistischen Bundesamt zu Beginn des folgenden Kalenderjahrs vorliegenden Daten der Volkswirtschaftlichen Gesamtrechnung, 2. für das Kalenderjahr, in dem die jeweils letzte Veränderung vorgenommen wurde, die vom Statistischen Bundesamt endgültig festgestellten Daten der Volkswirtschaftlichen Gesamtrechnung, sowie 3. im Übrigen die der Bestimmung der bisherigen Regelbeträge zugrunde gelegten Daten der Volkswirtschaftlichen Gesamtrechnung zugrunde zu legen;	

Fassung bis 31.12.2007	Fassung ab 1.1.2008
sie ist auf zwei Dezimalstellen durchzuführen.	
§ 1612b – Anrechnung von Kindergeld	**§ 1612b – *Deckung des Barbedarfs durch Kindergeld***
(1) Das auf das Kind entfallende Kindergeld ist zur Hälfte anzurechnen, wenn an den bar unterhaltspflichtigen Elternteil Kindergeld nicht ausgezahlt wird, weil ein anderer vorrangig berechtigt ist.	(1) Das auf das Kind entfallende Kindergeld ist zur *Deckung seines Barbedarfs zu verwenden:* *1. zur Hälfte, wenn ein Elternteil seine Unterhaltspflicht durch Betreuung des Kindes erfüllt (§ 1606 Absatz 3 Satz 2);* *2. in allen anderen Fällen in voller Höhe.* *In diesem Umfang mindert es den Barbedarf des Kindes.*
(2) Sind beide Elternteile zum Barunterhalt verpflichtet, so erhöht sich der Unterhaltsanspruch gegen den das Kindergeld beziehenden Elternteil um die Hälfte des auf das Kind entfallenden Kindergeldes.	*(2)* Ist das Kindergeld wegen der Berücksichtigung eines nicht gemeinschaftlichen Kindes erhöht, ist es im Umfang der Erhöhung nicht *bedarfsmindernd zu berücksichtigen.*
(3) Hat nur der barunterhaltspflichtige Elternteil Anspruch auf Kindergeld, wird es aber nicht an ihn ausgezahlt, ist es in voller Höhe anzurechnen.	[Abs. 2, 3 und 5 aufgehoben]
(4) Ist das Kindergeld wegen Berücksichtigung eines nicht gemeinschaftlichen Kindes erhöht, ist es im Umfang der Erhöhung nicht anzurechnen.	
(5) Eine Anrechnung des Kindergeldes unterbleibt, soweit der Unterhaltspflichtige außerstande ist, Unterhalt in Höhe von 135 Prozent des Regelbetrages nach der Regelbetrag-Verordnung zu leisten.	

Fassung bis 31.12.2007	Fassung ab 1.1.2008
§ 1615l – Unterhaltsanspruch von Mutter und Vater aus Anlass der Geburt	**§ 1615l – Unterhaltsanspruch von Mutter und Vater aus Anlass der Geburt**
(1) Der Vater hat der Mutter für die Dauer von sechs Wochen vor und acht Wochen nach der Geburt des Kindes Unterhalt zu gewähren. Dies gilt auch hinsichtlich der Kosten, die infolge der Schwangerschaft oder der Entbindung außerhalb dieses Zeitraums entstehen.	(1) Der Vater hat der Mutter für die Dauer von sechs Wochen vor und acht Wochen nach der Geburt des Kindes Unterhalt zu gewähren. Dies gilt auch hinsichtlich der Kosten, die infolge der Schwangerschaft oder der Entbindung außerhalb dieses Zeitraums entstehen.
(2) Soweit die Mutter einer Erwerbstätigkeit nicht nachgeht, weil sie infolge der Schwangerschaft oder einer durch die Schwangerschaft oder die Entbindung verursachten Krankheit dazu außerstande ist, ist der Vater verpflichtet, ihr über die in Absatz 1 Satz 1 bezeichnete Zeit hinaus Unterhalt zu gewähren. Das Gleiche gilt, soweit von der Mutter wegen der Pflege oder Erziehung des Kindes eine Erwerbstätigkeit nicht erwartet werden kann. Die Unterhaltspflicht beginnt frühestens vier Monate vor der Geburt; sie endet drei Jahre nach der Geburt, sofern es nicht insbesondere unter Berücksichtigung der Belange des Kindes grob unbillig wäre, einen Unterhaltsanspruch nach Ablauf dieser Frist zu versagen.	(2) Soweit die Mutter einer Erwerbstätigkeit nicht nachgeht, weil sie infolge der Schwangerschaft oder einer durch die Schwangerschaft oder die Entbindung verursachten Krankheit dazu außerstande ist, ist der Vater verpflichtet, ihr über die in Absatz 1 Satz 1 bezeichnete Zeit hinaus Unterhalt zu gewähren. Das Gleiche gilt, soweit von der Mutter wegen der Pflege oder Erziehung des Kindes eine Erwerbstätigkeit nicht erwartet werden kann. Die Unterhaltspflicht beginnt frühestens vier Monate vor der Geburt *und besteht für mindestens drei Jahre nach der Geburt. Sie verlängert sich, solange und soweit dies der Billigkeit entspricht. Dabei sind insbesondere die Belange des Kindes und die bestehenden Möglichkeiten der Kinderbetreuung zu berücksichtigen.*
(3) Die Vorschriften über die Unterhaltspflicht zwischen Verwandten sind entsprechend anzuwenden. Die Verpflichtung des Vaters geht der Verpflichtung der Verwandten der Mutter vor. Die Ehefrau und minderjährige un-	(3) Die Vorschriften über die Unterhaltspflicht zwischen Verwandten sind entsprechend anzuwenden. Die Verpflichtung des Vaters geht der Verpflichtung der Verwandten der Mutter vor. § 1613 Absatz 2 gilt entsprechend.

Fassung bis 31.12.2007	Fassung ab 1.1.2008
verheiratete Kinder des Vaters gehen bei Anwendung des § 1609 der Mutter vor; die Mutter geht den übrigen Verwandten des Vaters vor. § 1613 Absatz 2 gilt entsprechend. Der Anspruch erlischt nicht mit dem Tod des Vaters. (4) Wenn der Vater das Kind betreut, steht ihm der Anspruch nach Absatz 2 Satz 2 gegen die Mutter zu. In diesem Falle gilt Absatz 3 entsprechend.	Der Anspruch erlischt nicht mit dem Tod des Vaters. (4) Wenn der Vater das Kind betreut, steht ihm der Anspruch nach Absatz 2 Satz 2 gegen die Mutter zu. In diesem Falle gilt Absatz 3 entsprechend.